Marcel Gisler

ErlebnisWandern mit Kindern

SCHWARZWALD SÜD

40 Wanderungen und Ausflüge

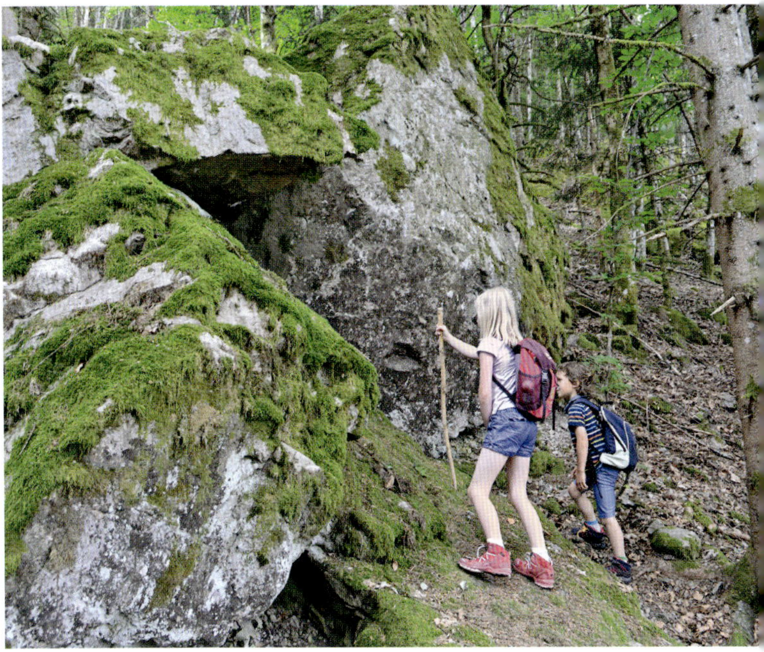

ROTHER
BERGVERLAG

Vorwort

Als ich meinen Freunden davon erzählte, dass ich ein Kinder-Wanderbuch schreiben möchte, reagierten die spontan: »Das passt wie die Faust aufs Auge, du bist als Tagespapa und als dreifacher Familienvater ja sowieso von Kindern umringt und du liebst das Wandern in den Bergen, also was wartest du, toller Plan!« Die Idee dazu kam aus dem heiteren Himmel wie ein Geschenk, und ich wunderte mich, dass ich sie nicht schon viel früher hatte.

Eigentlich braucht es nicht viel, um froh und glücklich zu sein. Ein paar gute Schuhe, etwas zu Essen und zu Trinken in den Rucksack, und ab nach draußen in die Natur. Alles andere kommt ganz von alleine. Wir brauchen keinen Fernseher, keine PlayStation, keinen Erlebnispark, keine wie auch immer gearteten Fahrzeuge, nur unsere beiden Füße. Und einen Weg, den wir gehen wollen. Die Erlebnisse kommen dann ganz alleine zu uns, irgendetwas Spannendes, Lustiges oder Interessantes ereignet sich immer, und natürlich freuen wir uns auch über Abenteuerspielplätze oder tolle Rastplätze an Flüssen oder Seen. Und gerade im südlichen Schwarzwald ist es so einfach, eine schöne Wanderung zu unternehmen. Die Berge und Täler sind voll von Wegen und Pfaden, man muss sich nur aufmachen. Und man kann hier zu jeder Jahreszeit Wandertouren starten, auch im Winter. Die Landschaft sieht dann ganz anders aus und hat andere Reize als im Frühjahr, Sommer oder Herbst. Dazu ist Wandern im Schwarzwald nicht nur günstiger für die Familienkasse, sondern auch noch schonender und nachhaltiger für unsere Umwelt als ein Skiurlaub oder eine Fernreise in warme Gefilde. Erst recht gilt das, wenn wir mit öffentlichen Verkehrsmitteln anreisen und das Auto in der Garage lassen.

Über die Frage einiger meiner Wanderkinder, ob sie jetzt berühmt werden, weil sie im Wanderbuch erscheinen, kann ich nur freundlich lächeln. Sie wissen noch nicht, dass sie sich noch in 50 oder 70 Jahren an jede einzelne Wanderung mit Freude zurückerinnern werden. Und das wiederum erfüllt mich mit großer und tiefer Zufriedenheit.

Mein Dank gilt dem Rother Bergverlag für die äußerst angenehme Zusammenarbeit und für die Möglichkeit, so ein schönes Projekt auf die Schiene zu bringen. Mein Dank gilt auch meinen Wanderkindern, die geduldig jeden Umweg mitgegangen sind, um ein noch besseres Foto zu schießen oder den noch interessanteren Jägerpfad zu entdecken. Besonderer Dank gebührt meiner lieben Frau, die mich immer unterstützt hat, und meiner tollen Tochter für viele, schöne gemeinsame Wanderkilometer.

Frühjahr 2021 — Marcel Gisler

Inhalt

Freizeit- und Schlechtwettertipps

Liebe Leserinnen und Leser,

infolge der Corona-Krise können sich Änderungen ergeben haben, die bei Redaktionsschluss noch nicht absehbar waren. Soweit möglich, werden wir aktuelle Hinweise unter www.rother.de (beim Buch) zur Verfügung stellen. Bitte informieren Sie sich vor der Wanderung zusätzlich über die derzeitigen Gegebenheiten.
Sollten Sie geänderte Gegebenheiten vor Ort feststellen, freuen wir uns über Korrekturhinweise per E-Mail an leserzuschrift@rother.de.

Allgemeine Hinweise

Schwierigkeitskategorien

■ Leichte Wanderung

Die blau markierten Touren sind kurze Wanderungen von ein bis zwei Stunden Gehzeit, selten mehr. Hierbei legen die Kinder zwei bis fünf Kilometer zurück. Das Gelände ist flach und auch der Untergrund macht den Kindern beim Wandern keine Probleme. Diese Touren eignen sich prinzipiell für alle Kinder, besonders aber für die kleinsten Wanderer ab drei oder vier Jahren.

■ Mittelschwere Wanderung

In der roten Kategorie finden wir Touren, die zwei bis vier Stunden dauern und durchaus kürzere steile Abschnitte aufweisen können. Die Streckenlänge liegt bei vier bis zehn Kilometern mit einem Höhenunterschied von bis zu 300 Metern, wobei der Untergrund stellenweise uneben sein kann, wie auf kleinen, verwurzelten Bergpfaden, aber immer griffig und fest. Diese Touren sind für Kinder im Alter ab fünf oder sechs Jahren zu empfehlen.

■ Schwierige Wanderung

Bei schwarz markierten Touren wandern wir vier oder etwas mehr Stunden und bewältigen dabei acht bis zwölf Kilometer. Der Höhenunterschied kann über 300 Meter betragen. Längere steile Abschnitte sind möglich, wenn wir auf höhere Berge steigen. Bei Nässe herrscht auf erdigem Untergrund größere Rutschgefahr. Kinder im Schulalter sind meist trittsicher und können sich diese Touren durchaus zutrauen.

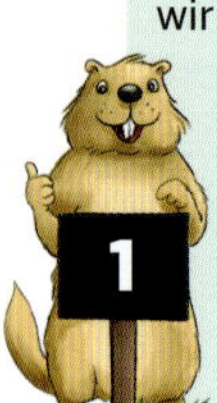

Anforderungen

Die Touren in diesem Wanderführer sind in drei farbig gekennzeichnete Schwierigkeitskategorien eingeteilt (siehe Kasten »Schwierigkeitskategorien« links), um die Suche nach einer geeigneten Wanderung zu erleichtern. Bei der Schwierigkeitsbewertung spielen die Steilheit des Geländes und die Beschaffenheit des Bodenbelags, aber auch die Dauer der Tour, die zu bewältigende Streckenlänge und die Höhenmeter eine Rolle. Wichtig ist es jedoch auch, die Konstitution des eigenen Kindes richtig einzuschätzen, da gerade bei Kindern große Unterschiede hinsichtlich der Leistungsfähigkeit bestehen. Oft erkennt man das Potenzial der Kinder erst während des Wanderns, da auch die Motivation eine große Rolle spielt. Kinder ohne große Wandererfahrung sollte man nicht gleich überfordern, denn das kann sie demotivieren und ihnen die Freude am Wandern nehmen. Deshalb beginnt man besser mit einfacheren Touren und steigert die Dauer und Schwierigkeit langsam.

Gehzeiten

Die im Buch angegebenen Gehzeiten sind reine Gehzeiten, Pausen sind also nicht mit eingerechnet. Dabei gilt, je jünger die Kinder sind, desto häufiger machen wir eine Pause, weil die Ausdauerleistung noch nicht so hoch ist. Da die Kleinen aber schnell regenerieren, müssen die Rastzeiten nicht lange sein, um wieder voller Tatendrang weitermarschieren zu können. Oft ergeben sich kurze Pausen durch die Sehenswürdigkeiten am Wegesrand, zum Beispiel Blumen oder Pilze, die ausgiebig inspiziert werden. Die längeren Pausen nutzen

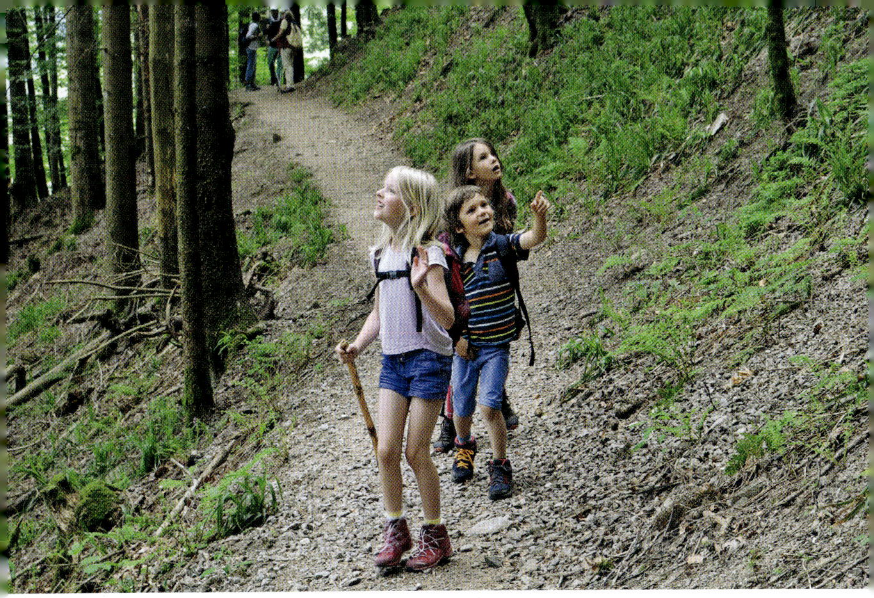

Unterwegs zum Nonnenmattweiher: Im Wald gibt es so viel zu entdecken, dass die Kinder jede Anstrengung schnell vergessen (Tour 24).

die Kinder sowieso eher zum Klettern und Rennen als zum Stillsitzen und Krafttanken.

Das Wandertempo ist bei den verschiedenen Altersgruppen sehr unterschiedlich und hängt auch ganz maßgeblich von der Motivation der Kinder ab. Ein einzelnes Kind geht meist langsamer als eine Gruppe aus zwei oder mehr Kindern. Wir rechnen in diesem Buch mit rund zweieinhalb Kilometern pro Stunde, die wir im flachen Gelände zurücklegen können, da wir oft Kinder unter zehn Jahren dabeihaben. Man sollte prinzipiell eher mehr Zeit für die Strecken einrechnen, damit aus der Tour keine Tortur wird, besonders da viele

GPS-Tracks und Koordinaten der Ausgangspunkte

Zu diesem Erlebniswanderbuch stehen auf www.rother.de GPS-Tracks und Koordinaten der Ausgangspunkte zum kostenlosen Download bereit.
1. Auflage, Passwort: **328001sws**
Sämtliche GPS-Daten wurden vom Autor im Gelände aufgezeichnet. Verlag und Autor haben die Tracks und Wegpunkte nach bestem Wissen und Gewissen überprüft. Dennoch können wir Fehler oder Abweichungen nicht ausschließen, außerdem können sich die Gegebenheiten vor Ort zwischenzeitlich verändert haben. GPS-Daten sind zwar eine hervorragende Planungs- und Navigationshilfe, erfordern aber nach wie vor sorgfältige Vorbereitung, eigene Orientierungsfähigkeit sowie Sachverstand in der Beurteilung der jeweiligen (Gelände-)Situation. Man sollte sich für die Orientierung auch niemals ausschließlich auf GPS-Gerät und -Daten verlassen.

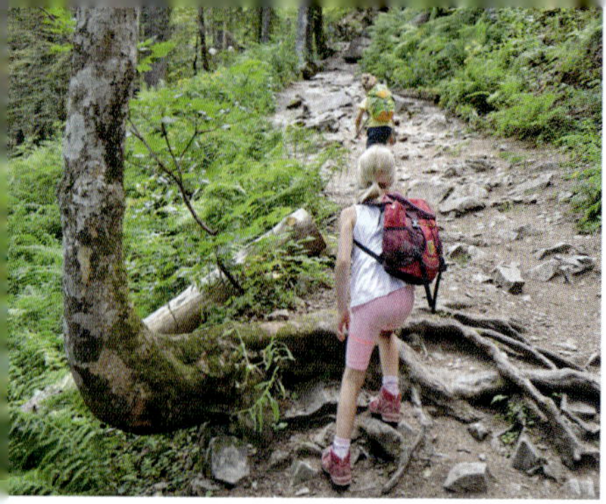

Über Stock und Stein hinauf auf den Höchsten (am Feldberg, Tour 19).

Wege im Schwarzwald Steigungen aufweisen und wir dort automatisch langsamer werden. Am Berg rechnet man bei Erwachsenen mit circa 400 Höhenmetern pro Stunde im Anstieg, Kindern brauchen je nach Alter und Kondition mehr Zeit. Wir haben bei den Gehzeiten in diesem Buch mit rund 250 Höhenmetern pro Stunde gerechnet. Das Bergablaufen mögen die Kinder erfahrungsgemäß lieber als wir Erwachsene und sind dabei oft auch genauso schnell.

Anfahrt

Die Ausgangspunkte der meisten Touren in diesem Buch sind mit dem Öffentlichen Personennahverkehr (ÖPNV) erreichbar, wobei darauf geachtet wurde, dass es maximal einen Umstieg gibt. Im beschriebenen Wandergebiet bieten die Verkehrsverbände RVF (Freiburg), TGO (Ortenau), RVL (Lörrach), VSB (Schwarzwald-Baar) und WTV (Waldshut) ein dichtes Netz an Reisemöglichkeiten. Als Besonderheit ermöglicht es die im ganzen Schwarzwald gültige KONUS-Karte allen Übernachtungsgästen, die ÖPNV-Angebote kostenlos zu nutzen (Tiere und Fahrräder sind jedoch ausgenommen).

Manche Einstiegspunkte sind nicht direkt oder nur schlecht mit den öffentlichen Verkehrsmitteln erreichbar. In diesen Fällen werden in der Kurzinfo der jeweiligen Wanderung Zugangsvarianten vom nächsten Bahnhof oder einer nahen Bushaltestelle beschrieben, teilweise kann auch die Vorbestellung eines Taxis

Balanceakt im Bernauer Zauberwald (Tour 28).

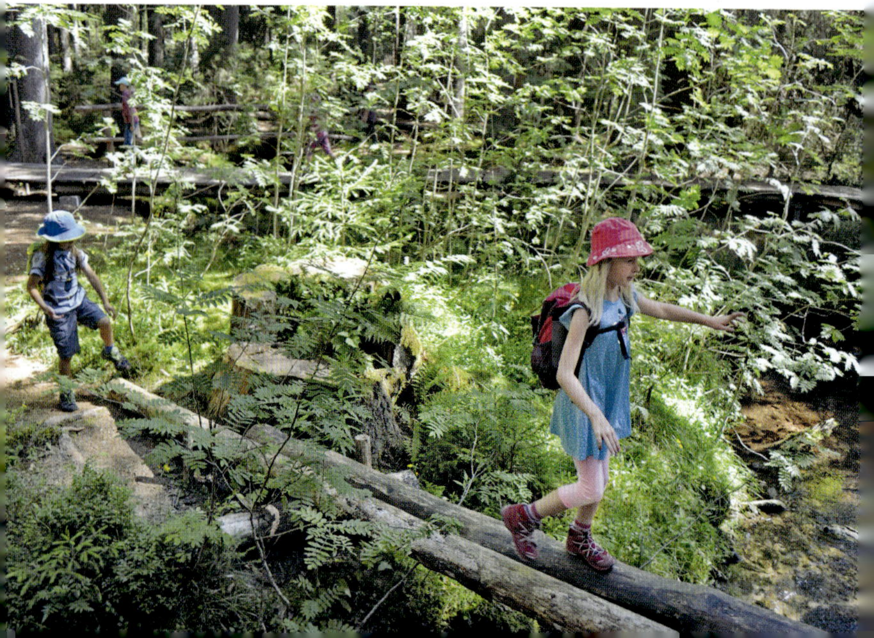

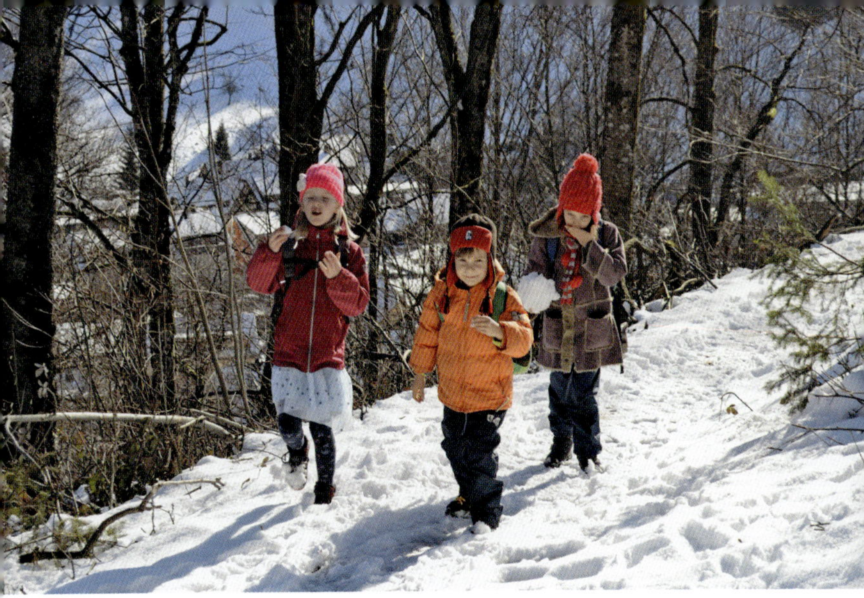

Im Schwarzwald schmeckt sogar der Schnee besser ...

für die letzten Kilometer bis zum Startpunkt sinnvoll sein.
Für die Anfahrt mit dem Auto sind bei jeder Tour Hinweise zu Parkmöglichkeiten angegeben.

Einkehr

Bei allen Touren in diesem Buch sind am Weg liegende Einkehrmöglichkeiten in der Kurzinfo aufgeführt. Dazu ist die genaue Adresse angegeben sowie Öffnungszeiten, Telefonnummer und Internetadresse, falls vorhanden. So kann man sich schon vorab informieren, damit man gerade unter der Woche nicht vor verschlossenen Türen steht. In den Detailkarten der Touren sind die Gaststätten ebenfalls eingezeichnet. Zur Sicherheit sollte man genug Essen und Trinken im Rucksack mitführen, auch wenn es Einkehrmöglichkeiten auf dem Weg gibt. Meist macht es sowieso viel mehr Spaß, wenn man eine selbst mitgebrachte Brotzeit an einem schönen Fleckchen in der Natur genießen kann.

Ausrüstung

Kleidung: Der Schwarzwald ist zwar kein Hochgebirge, dennoch gibt es hier in höhergelegenen Gegenden oft stärkere Winde, die uns schnell auskühlen lassen. In der Regel liegen die Temperaturen in den Höhen des Schwarzwalds vier bis fünf Grad tiefer als in den unteren Lagen, was im Sommer ganz erfrischend sein kann, im Herbst oder Winter jedoch einen wichtigen Unterschied bei der Kleidungswahl ausmacht. Wir passen deshalb unsere Kleidung an und nehmen für die Kinder immer noch ein Satz Wechselkleidung mit, falls wir im Anstieg stark geschwitzt haben oder im Bach nass geworden sind, sowie eine Windjacke und ein wärmendes Fleecehemd oder einen Fleecepullover. Einen Regenschutz sollte man immer dabeihaben, auch wenn die Wetter-App trockenes Wetter vorhersagt. Für kältere Tage sollte man an Handschuhe denken. Als Kopfbedeckung gegen Sonne oder Kälte gibt es mittlerweile tolle

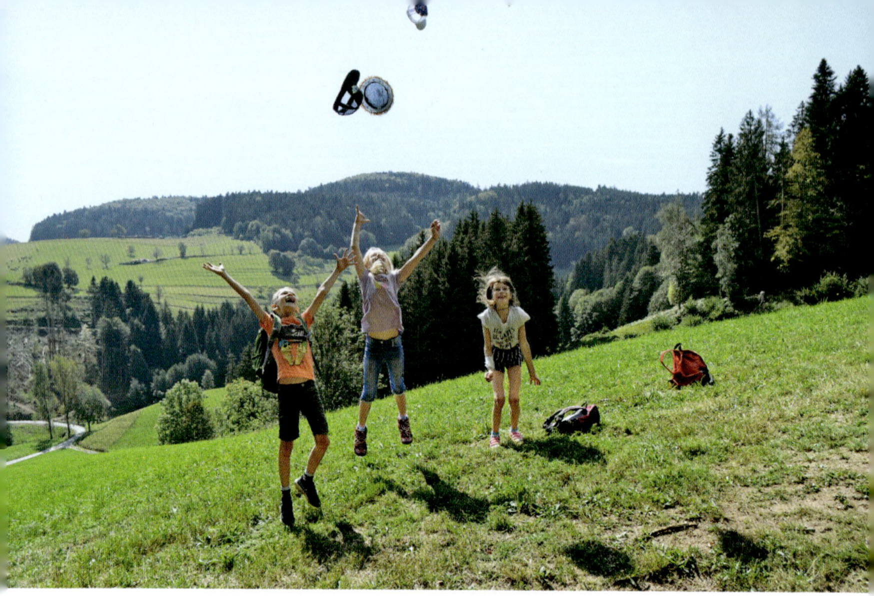

Die Wandermützen fliegen aus purer Lebenslust in der Natur (Tour 34).

Schlauchtücher, Schirmmützen oder Hüte mit integriertem UV-Schutz.
Jeans eignen sich vor allem bei schweißtreibenden Anstiegen nicht als Wanderbekleidung, denn einmal nassgeschwitzt trocknen sie nur schwer wieder ab. Dünne, längere Hosen schützen vor Sonne, Wind, Regen und, ganz besonders im Schwarzwaldgebiet wichtig, vor Zecken, die es hier reichlich gibt.
Prinzipiell hat sich beim Wandern das Zwiebelprinzip bewährt, bei dem man mehrere Schichten dünnerer Kleidung übereinander anzieht, sodass man auf alle Wetterschwankungen vorbereitet ist. Für Wanderungen an kalten Wintertagen hat sich eine weitere Kleiderlage gut bewährt. Man zieht also zum Beispiel eine warme Fleecejacke über das T-Shirt und hat eine wind- und regenfeste Jacke darüber, und trägt unter der Wanderhose eine lange Unterhose.
Schuhe und Socken: Das Schuhwerk sollte der Wanderung angemessen sein, so empfehlen sich für steilere Wege knöchelhohe, gut profilierte Wander- oder Trekkingschuhe für mehr Stabilität im Fußgelenk und besseren Grip an den Sohlen. Bei flachen Wanderungen genügen Turnschuhe oder leicht geschlossene Trekkingsandalen. Bei Schnee sollten knöchelhohe Schuhe getragen werden, damit die Füße trocken und warm bleiben können.
Empfehlenswert sind zudem Wandersocken, die robuster sind und besser unangenehme Blasen an den Füßen verhindern als gewöhnliche dünne Socken.
Sonnenschutz: Im Sommer und an sonnigen Wintertagen in höheren Schwarzwaldlagen sollten Sonnenbrille und Sonnencreme im Gepäck dabei sein, die Haut und die Augen danken es uns, wenn sie abends nach der Wanderung nicht gerötet sind oder brennen.
Rucksack: Jedes Kind ist stolz, wenn es seinen eigenen Rucksack bekommt und auf der Wanderung dafür verantwortlich ist. Natürlich soll-

te er nicht zu schwer sein, maximal zehn Prozent des Körpergewichts halten wir hier ein. Das genügt, um die eigene Brotzeit, ein Wechselshirt, Taschentücher und eventuell eine Wasserflasche selbst zu tragen. Falls noch genug Platz für gesammelte Tannenzweige oder andere Schätze im Rucksack bleibt, können die Kinder ihrem Sammeltrieb nachgehen. Ältere Kinder können noch den Wanderführer, ein Fernglas und einen Fotoapparat dazu bekommen. Oft sind Taschenmesser zum Schnitzen sowie eine Lupe zur Insektenerkundung sinnvolle Ausrüstungsgegenstände.

Sonstiges: Ein Erste-Hilfe-Set ist unbedingt empfehlenswert, denn eine Schürfwunde oder ein Kratzer sind schnell passiert. Für erwachsene Wanderer, die viel mit dem Handy navigieren, ist eine Powerbank angezeigt, denn Navigationsapps benötigen sehr viel Strom. Tipp: Die App nur ab und zu zur groben Orientierung starten, um Akkuleistung zu sparen.

Essen und Trinken: Gerade kleinere Kinder machen lieber öfter kurze Pausen und freuen sich schon beim Rucksackpacken auf das Essen. Mehrere kleine Knabberpausen sind also sinnvoller als einmal ein Riesenschnitzel mittags in der Gaststätte. Frisches Obst und Gemüse in kleine Stücke aufgeschnitten sollten auf der Wandertour immer verfügbar sein, denn sie sind gesund und lecker zugleich, und danach ist gegen die Gipfelschokolade oder die Limonade nach der Tour nichts einzuwenden. Zum Trinken ist am besten Wasser zu empfehlen, bei großem Flüssigkeitsverlust auf Bergtouren dürfen auch elektrolytreiche Saftschorlen im Gepäck sein. Wichtig ist, immer reichlich Getränke mitzunehmen, denn manchmal dauern Touren länger als geplant. Im Sinne der Umwelt und unserer Mitmenschen führen wir immer einen kleinen Müllbeutel mit uns, um Reste nicht in der Natur zu lassen, sondern mit nach Hause zu nehmen und dort zu entsorgen.

Nicht nur das Wandern, auch die Pausen machen Spaß.

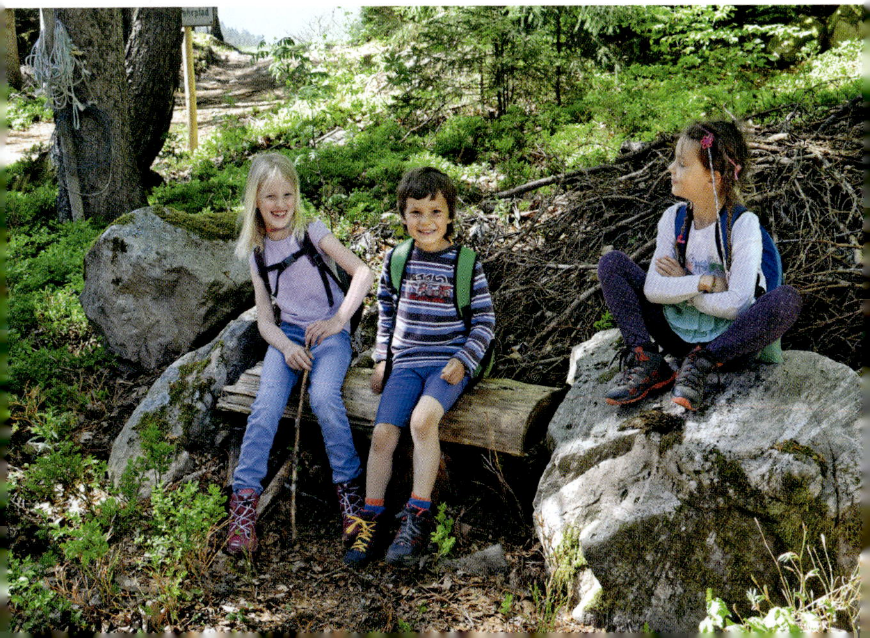

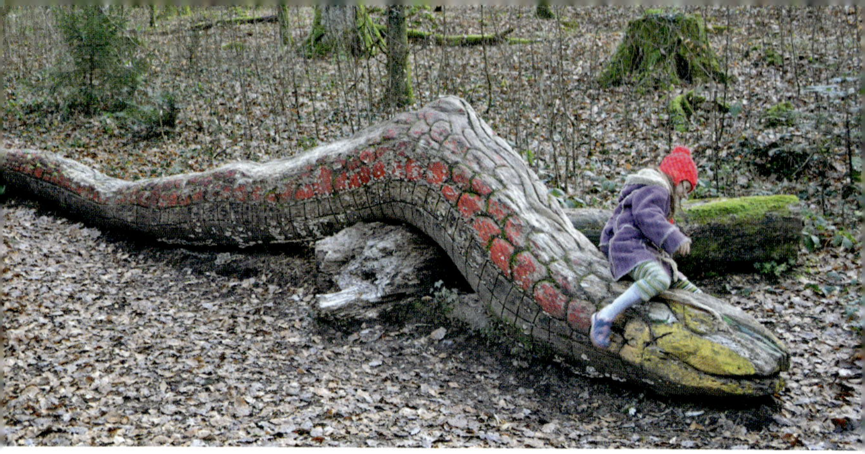

Diese freundliche Riesenschlange lässt sich im Kreuzberger Wald bei Hausach gerne reiten (Tour 3).

Gefahren

Kinder haben Freude in der Natur und erweitern durch das Wandern ihren Horizont wie von selbst. Dazu gehört auch, dass sie lernen, Gefahren selbstständig und eigenverantwortlich einzuschätzen. Schaffe ich es, über diesen Bach zu hüpfen? Komme ich auf diesen Felsen hinauf und heil wieder hinunter? Diese Lernchancen sollten wir Erwachsene ihnen nicht vorenthalten. Am förderlichsten ist es, das Alter und den Entwicklungsstand des Kindes zu betrachten und es zumutbare Risiken eingehen zu lassen. Blaue Flecken, kleine Kratzer oder Schürfwunden gehören mit zum Entwicklungsprozess.

Übergeordnete Gefahren, wie sie zum Beispiel durch Wind und Wetter entstehen, sollten die Erwachsenen unter sich kalkulieren und entsprechend Vorsicht walten lassen. Bei Gewitterwarnung sollte man prinzipiell die Wanderung verschieben. Nach Stürmen ist in Waldgebieten Vorsicht vor umstürzenden Bäumen oder herabfallenden Ästen geboten.

Tiere: Schwarzwaldkühe sind besonders nett anzuschauen, nur begegnen sie uns manchmal mitten auf unserem Wanderweg. Dann gilt es, besonnen zu handeln, besonders bei übermütigen Jungtieren oder Mutterkühen mit Kälbern. Wir leinen unseren Hund an, gehen langsam und ruhig in größerem Abstand weiter, und machen keine hektischen Bewegungen, um die Tiere möglichst nicht zu provozieren oder zu erschrecken.

Trifft man Wildschweine oder die mäßig giftige Kreuzotter, ist ein ruhiger, langsamer Rückzug angeraten, denn beide Tierarten haben Angst vor dem Menschen und bevorzugen großen Abstand.

Um uns vor Zecken zu schützen, die es vor allen in tieferen Lagen des Schwarzwalds gibt, ist lange Kleidung am effektivsten. Das Robert-Koch-Institut empfiehlt zusätzlich für ganz Süddeutschland eine Impfung gegen die von Zecken übertragene Frühsommer-Meningoenzephalitis (FSME). Gegen die ebenfalls übertragene Borreliose hilft sie allerdings nicht. Am besten sucht man nach der Wanderung den Körper nach Zecken ab und entfernt sie so frühzeitig wie möglich.

Pflanzen: Beeren und Pilze sollten die Kinder grundsätzlich stehen lassen und erst nach Rücksprache mit den Erwachsenen essen. Manchmal kommt es zu gefährlichen Verwechslungen, z. B. werden Maiglöckchen für Bärlauch, Knollenblätterpilze für Champignons oder Kirschlorbeeren für Heidelbeeren gehalten.

Landwirtschaft: Eine unterschätzte Gefahr können Traktoren in verwinkelten, abschüssigen Weinbergen sein. Wir machen also immer großzügig Platz, denn wir hören den Traktor meist eher als der Fahrer uns sehen kann. Die Trauben und Früchte der Obstbäume sind für die Kinder sicher eine große Verlockung, jedoch sind sie zum einen nicht unser Eigentum, zum anderen wissen wir nicht, wann hier zum letzten Mal mit Pflanzenschutzmittel gearbeitet wurde. Aber die Bauern sind meist sehr nett und werden eine Bitte um das moderate Pflücken ihrer Früchte nicht ablehnen.

Verhalten in der Natur

Da wir Besucher der Natur sind, sollten wir uns an einige Regeln halten, die zum Schutz und Erhalt von Tieren und Pflanzen wichtig sind. Teilweise bewegen wir uns in ausgewiesenen Schutzgebieten, die wir gut an den Schildern am Wegesrand erkennen. Insbesondere sind das Naturschutzgebiete und Landschaftsschutzgebiete. Wir verlassen die Wege nur im Ausnahmefall, pflücken keine seltenen Blumen oder Pilze, und vermeiden unnötigen Lärm, der Tiere stören könnte. Wir meiden Uferböschungen, wo Wassertiere brüten, und durchstöbern nicht jedes Dickicht.

In den Bergen ist es ein ungeschriebenes Gesetz, dass Steine oder andere Gegenstände nicht geworfen werden dürfen, da sie andere Wanderer treffen könnten. Und sie können beim Bergabrollen an Geschwindigkeit und Kraft zunehmen, wodurch Steinschlag ausgelöst werden kann.

Unseren Müll nehmen wir natürlich wieder mit nach Hause, und wo immer möglich reisen wir mit öffentlichen Verkehrsmitteln an.

In trockenen Jahreszeiten besteht auch im Schwarzwald Waldbrandgefahr, deswegen grillen wir nur an ausgewiesenen Grillstellen und halten uns an eventuelle Feuerverbote.

Traumhafte Idylle wie aus dem Bilderbuch, solange die Kühe hinter dem Zaun bleiben (Tour 20).

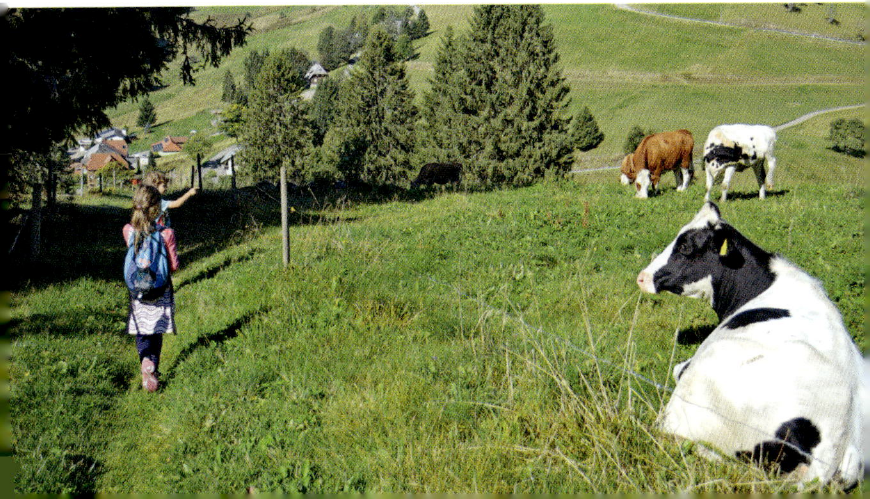

Wandern mit Kindern im Schwarzwald

Wandern im Schwarzwald

Der südliche Schwarzwald ist sicher zu Recht eine der beliebtesten Urlaubsregionen für Familien in Deutschland. Und er bietet durch seine vielfältige Natur weit mehr als die weltweit berühmten Kuckucksuhren oder die leckere Schwarzwälder Kirschtorte. Es gibt hier so viele verschiedenartige Wandermöglichkeiten, dass man damit mehrere Bücher füllen könnte. Im flacheren Markgräflerland finden sich Wandertouren durch die liebevoll gepflegten Weinberge, im unberührten Hotzenwald wandern wir entlang reißender Flüsse, die sich ihren Weg zum Rhein bahnen, und in den Mittelgebirgszügen des Hochschwarzwalds können wir aus allen Schwierigkeitsgraden auswählen – von leichten Höhenwanderungen bis zu alpin anmutenden Touren. Mit Freiburg im Breisgau als grüner Großstadt, die sich ganz dicht an den Schwarzwald anschmiegt und uns mit ihrer malerischen Innenstadt und dem quirligen Stadtleben mediterrane Gefühle beschert, hat man die Annehmlichkeiten der Zivilisation immer in der Nähe. Für uns Eltern ergeben sich dadurch viele abwechslungsreiche Gelegenheiten, mit unseren Kindern zusammen wertvolle Zeit in der Natur zu verbringen.

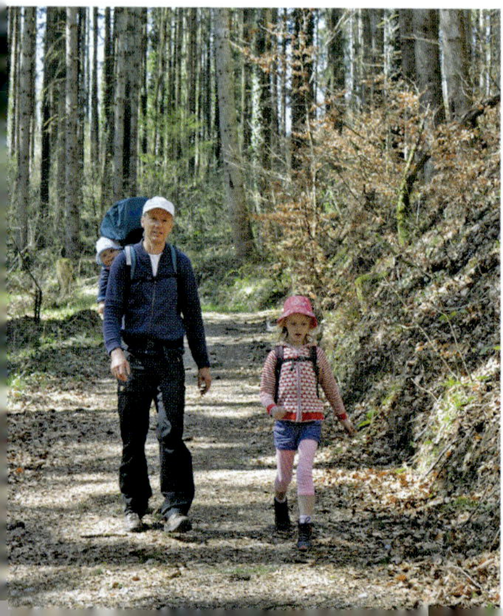

Tourenauswahl

Bei der Auswahl der Touren wurde besonders darauf geachtet, dass sich auf den Routen spannende Ziele für den Nachwuchs befinden, denn eine alte Ritterburg, ein Abenteuerspielplatz oder ein Badeweiher motiviert auch Kinder, die vielleicht nicht so gerne länger laufen. Einige Touren beinhalten Erlebnispfade, die erfahrungsgemäß bei allen Kindern sehr beliebt sind. Sie können es meist kaum erwarten, die jeweils nächste Station zu entdecken.

Zudem wurde versucht, Routen zu beschreiben, die weniger frequentiert sind und trotzdem die sehenswertesten Ziele beinhalten. Das kann nicht immer gelingen, vor allen Dingen an Sonn- und Feiertagen sind manche Wege sehr gut besucht.

Damit Kinder aller Altersgruppen Freude am Wandern haben, wurden in diesem Buch Touren mit Streckenlängen zwischen 2 und 11 km ausgewählt, die zu bewältigenden Höhenmeter überschreiten 400 m nicht. Dadurch bewegen sich die reinen Gehzeiten zwischen einer und vier Stunden. Die kürzeste und zugleich leichteste Tour verläuft durch den Bernauer Zauberwald und ist für Kinder ab 3 Jahren geeignet. Die Wanderung auf den Kaiserstühler Totenkopf ist mit 11 km die längste Tour, für Kinder ab 6 Jahren stellt sie schon eine kleine Herausforderung

In der Kraxe können auch die Allerkleinsten mit in die Natur.

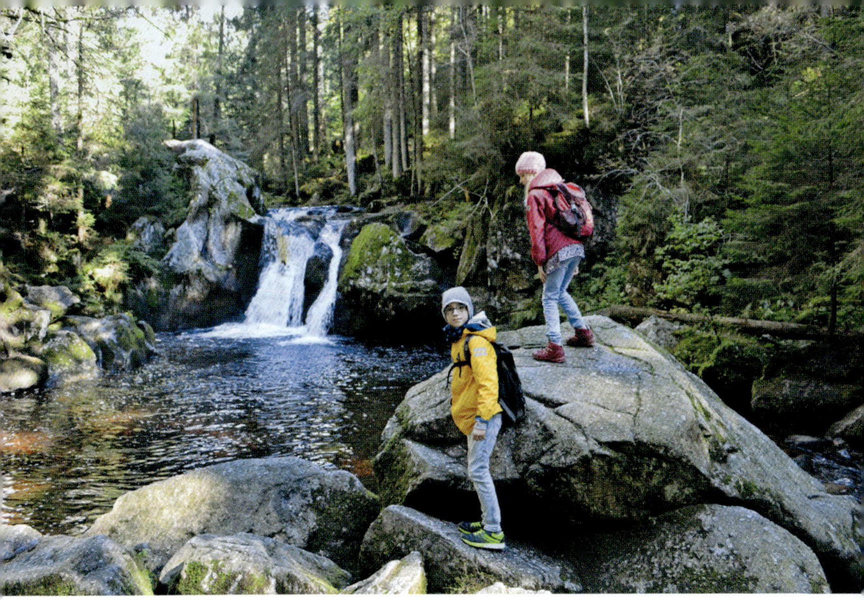

Jede Wanderung hält Abenteuer für die Kinder bereit (Tour 32).

dar, für Familien mit Jugendlichen ist sie angenehm zu gehen.

Bei jeder Wanderung wurde darauf geachtet, dass sie unkompliziert mit öffentlichen Verkehrsmitteln zu erreichen ist, möglichst von größeren Städten wie Freiburg im Breisgau oder Lörrach. Dies schont die Umwelt und alle können entspannter anreisen. Die meisten Wanderungen können zudem das ganze Jahr über durchgeführt werden, dazu muss nur die Kleidung angepasst werden, im Winter eine Thermoskanne mit heißem Tee gekocht werden und schon kann es losgehen. Viele Familien verzichten mittlerweile aus Umwelt- und Klimaschutzgründen auf Skiurlaube oder Fernreisen und erkunden mit ihren Kindern auch in der kalten Jahreszeit die Natur.

Altersempfehlungen

Dank der praktischen Tragen, in denen man Babys am Bauch oder Kleinkinder bis zum dritten Lebensjahr in Kraxen auf dem Rücken tragen kann, können auch schon die Allerkleinsten mit zum Wandern. Dabei ist es wichtig, auf die Körpertemperatur der Babys und Kleinkinder zu achten, denn beim Bergwandern wird es schon mal sehr warm am Bauch, wenn sich dort auch noch eine »lebendige Wärmflasche« anschmiegt. Hier empfiehlt sich bei der Kleidung das Zwiebelprinzip für Eltern und Kind, um eine angenehme Temperatur für beide zu finden. Beim Kauf einer Kraxe achtet man auf einen guten Nackenschutz und einen Sonnenschutz, denn die Kleinen schlafen dort oben gern ein und sind dem Wetter ausgesetzt. Gegen Kälte helfen ein warmer Schneeanzug und eine Lammfelleinlage.

Ab dem dritten Lebensjahr werden die Kinder immer größere, flache Strecken mitlaufen, bevor sie eine Pause brauchen. Wanderungen, die auch mit einem geländegängigen Kinderwagen unternommen werden können, sind im Infobereich jeder Tour extra gekennzeichnet.

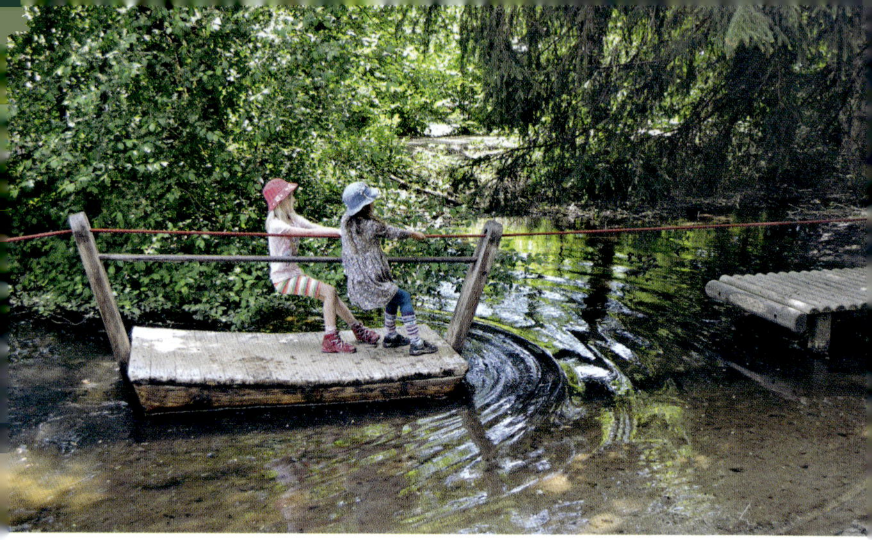

Am Wasserweg Unterkirnach: Starke Mädchen kommen überall hin (Tour 7).

Da nahezu jede Tour in diesem Wanderführer einige Anstiege aufweist, ist ein Laufrad generell nicht geeignet, auch wenn es auf flachen Strecken gerne benutzt wird.
Erste richtige Steigungen werden von den Kindern ab dem 4. oder 5. Lebensjahr bewältigt, die man von Tour zu Tour langsam ausbauen kann. Sechsjährige schaffen dann schon bis zu 400 Höhenmeter und mehr am Tag und damit alle hier beschriebenen Touren.

Motivation

Damit die kleinen und großen Wanderer immer viel Spaß bei den Touren haben, ist es sinnvoll, wenn wir sie schon bei der Planung einer Tour miteinbeziehen und mit ihnen Ziel und Länge der Wanderung besprechen. Wenn sie ihre eigenen Ideen einbringen können, erhöht das ihre Begeisterung und alle werden am Wandertag mehr Freude haben. Kinder haben oft eigene Vorstellungen, welche ihrer Freunde sie zur Tour einladen, was sie gerne zum Essen und Trinken einpacken und ob sie gerne etwas auf der Wandertour sammeln möchten, um es als wertvollen Schatz mit nach Hause zu nehmen.
Unterwegs wird es vor allem bei kleinen Wanderern ab und an einmal Phasen geben, in denen sie keine Lust mehr haben weiterzulaufen. Mit einem kleinen Spiel können wir aber die Zeit bis zur nächsten kleinen oder großen Attraktion überbrücken. Zum Beispiel lassen wir unsere Fantasie spielen und erkennen in Wolken, Felsen oder Wurzeln verschiedene Tiere oder Gegenstände. Oder wir spielen, wer zuerst einen bestimmten Vogel oder ein Insekt entdeckt. Hier sind die Möglichkeiten endlos und irgendetwas ergibt sich immer, was den Kindern Freude macht und sie anspornt.
Auch mit einem einfachen, selbstgefundenen Wanderstock sind die meisten Kinder zu begeistern, besonders wenn sie mit einem Schnitzmesser Verzierungen oder Initialen anbringen dürfen. Den versierten Geschichtenerzählern unter den Eltern sei empfohlen, sich über einige der zahlreichen spannenden Sagen

Im Zauberwald: ein Thron für junge Waldgeister (Tour 28).

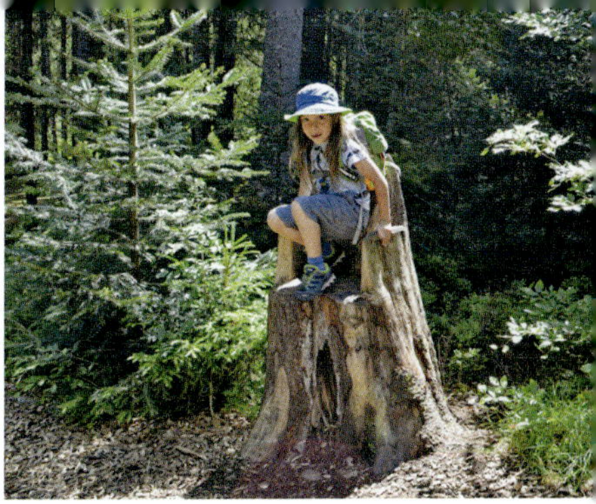

aus dem Schwarzwald zu informieren. Diese können bei Bedarf zum Besten gegeben werden und so zur Unterhaltung der kleineren und größeren Kinder beitragen.

Kinder-Highlights

Welche Besonderheiten und Sehenswürdigkeiten jede Wanderung für Kinder zu bieten hat, ist in dem Kasten »Highlights« zusammengefasst. Und das sind natürlich jede Menge, denn die Wanderungen sind extra so zusammengestellt und ausgesucht worden, dass alle Kinder auf ihre Kosten kommen. Das Angebot reicht von tollen Wasserfällen, einem Vogelpark, einem alten Bergwerk bis hin zu Barfußpfaden oder einer unberührten Auenlandschaft. Und dann ist da noch Rothi, das Murmeltier. Es erklärt den Kindern für jede Tour in leicht verständlicher Form ein besonderes Thema, das zur jeweiligen Wanderung passt.

Freizeittipps

Im Anschluss an den Tourenteil ist eine Auswahl an zusätzlichen Freizeit- und Schlechtwettertipps zusammengestellt, geordnet nach Kategorien und teilweise bebildert. Hier finden sich Erlebnis- und Kletterparks, Schlösser und Burgen, Bademöglichkeiten, Downhillroller und vieles mehr. Diese Vorschläge können als Alternative oder als Ergänzung zu einer Wanderung geplant werden. Zur besseren Übersicht wurden die Tipps mit Buchstaben gekennzeichnet und zusätzlich in der Übersichtskarte verzeichnet.

Pfiffige Baumeister lassen sich oft Ungewöhnliches einfallen (Tour 14).

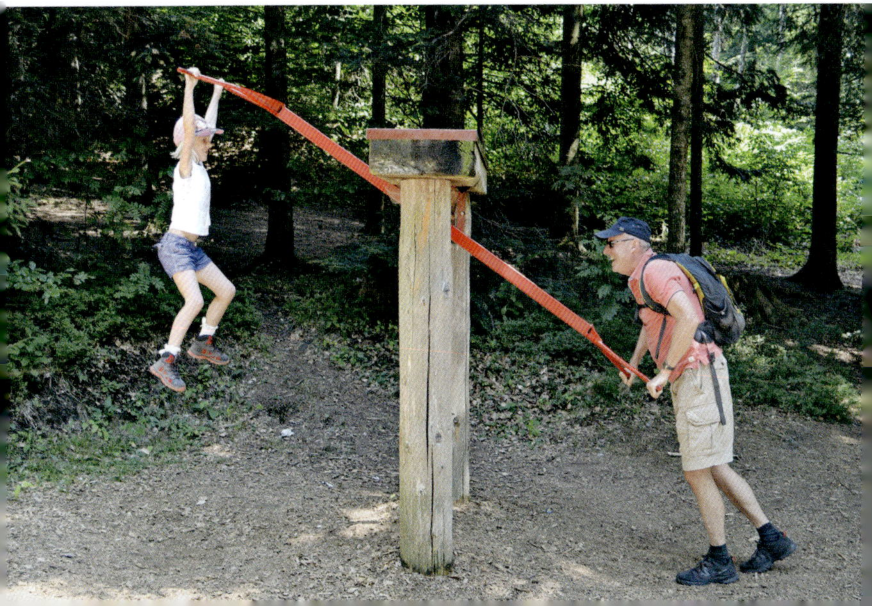

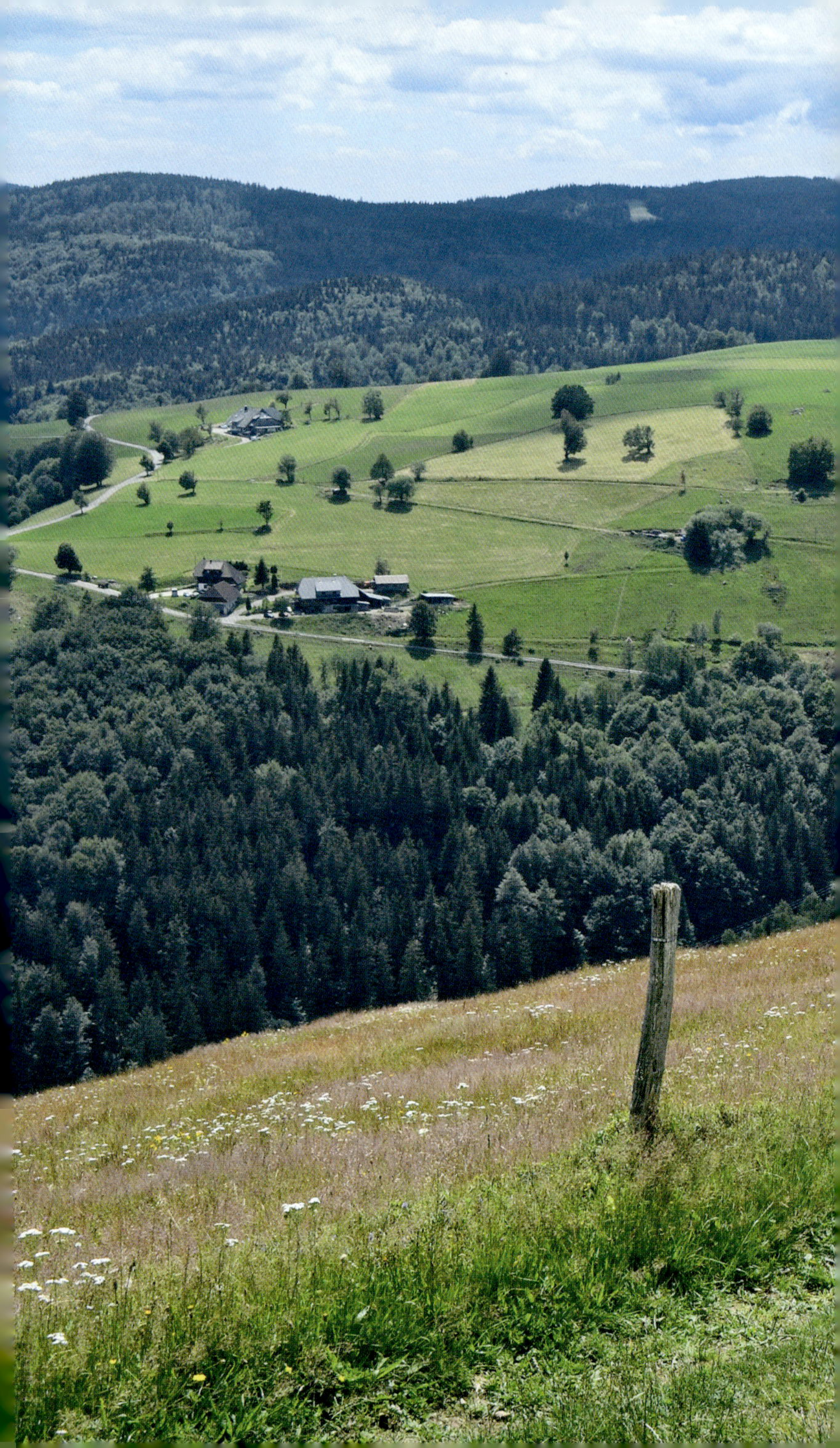

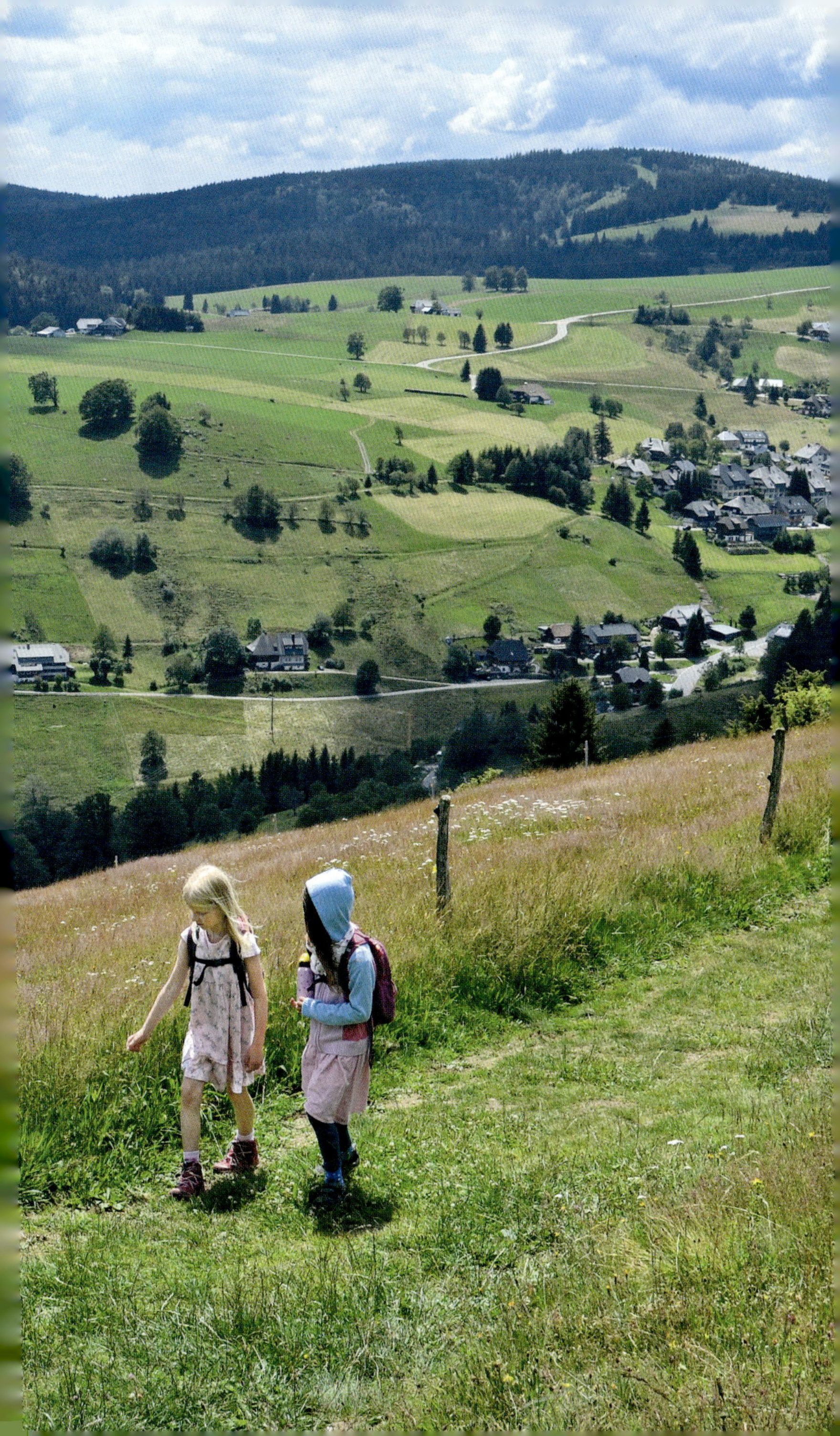

2.30 Std. | 7.1 km | ↗10 m | ↘10 m | ab 5 Jahren

1 Auf Vogelsafari im Taubergießen

Vom Zollhaus bei Kappel durch die Auen des Altrheins

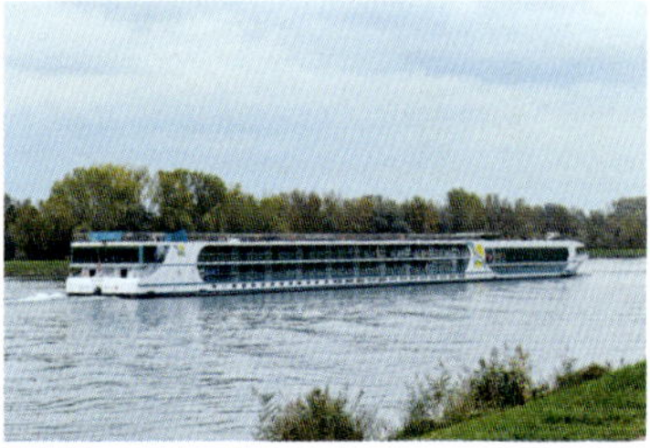

Ein schwimmendes Hotel auf dem Rheinkanal.

Amazonas am Oberrhein

Zugewachsene Flussläufe, ausgedehnte Wasserflächen, umrahmt von Silberweiden und Silberpappeln, dazu Fischadler und Möwen: Auf dieser Tour gibt es viel zu entdecken, was wir sonst nur selten zu sehen bekommen. Das Naturschutzgebiet Taubergießen am Oberrhein zwischen Wittenweier und Rheinhausen ist ein echtes Paradies für alle kleinen und großen Vogelkundler und Naturliebhaber. Durch unser Fernglas erspähen wir blaue Eisvögel im Auenwald und witzige Haubentaucher auf den spiegelglatten Wasserflächen, dazu gesellen sich Scharen von schwarzen Kormoranen und einige schlanke Silberreiher. Der unberührte Bannwald mit seinen verzweigten Flussläufen erinnert uns tatsächlich entfernt an den Amazonas-Urwald, auch seltene Orchideen-Arten gedeihen hier. Außer ein paar Vogelrufen ist es hier wunderbar ruhig, und sogar die Kinder sind stiller als gewohnt. Auf dem Rückweg tuckern dann imposante Lastschiffe und ellenlange Kreuzfahrtschiffe an uns vorbei und holen uns in die Zivilisation zurück.

Ein gutes Fernglas ist das wichtigste Utensil auf einer Vogelsafari.

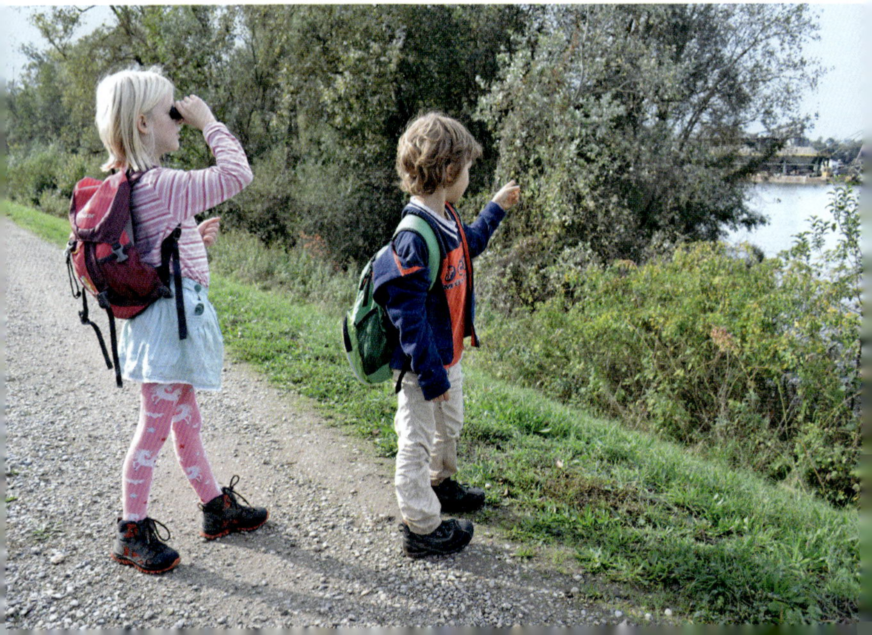

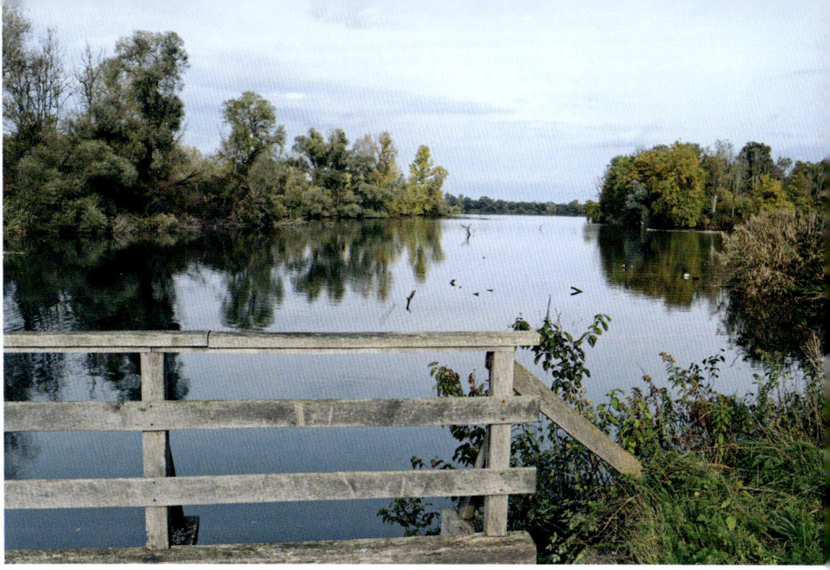

Riesige unberührte Wasserflächen laden auch seltene Vogelarten zum Bleiben ein.

Ausgangspunkt: Naturschutzbund (NABU)-Station Taubergießen, 165 m. Mit Bahn/Bus nicht direkt erreichbar. Ab Freiburger Hauptbahnhof mit der Regionalbahn Richtung Offenburg bis Orschweier, dort nimmt man ein Taxi bis zur NABU-Station (Taxi Widmer Tel. +49 7822 7202, Indiz-Transfer Tel. +49 7822 8618788, Taxi 700 Tel. +49 7822 1222).
Mit dem Auto: Parkplatz an der NABU-Station, am Ende der L103 aus 77966 Kappel-Grafenhausen kommend (Navi: N48.310975, E7.713807).
Ausrüstung: Trekkingsandalen oder Wanderschuhe, Fernglas.
Anforderungen: Mittellange, kinderwagengeeignete Wanderung ohne nennenswerte Schwierigkeiten auf grobsandigem Dammweg.
Einkehr: Unterwegs keine. Beim Kiosk an der NABU-Station kann man Snacks und Getränke kaufen, in Kappel-Grafenhausen oder auf der französischen Seite in Rhinau gibt es einige Restaurants zur Auswahl. Die Fähre über den Rhein ist kostenlos benutzbar.
Hinweis: Ältere Karten und Schautafeln im Gebiet Taubergießen enthalten Streckenführungen, die teilweise nicht mehr existieren und in Sackgassen enden. Zum Zeitpunkt der Drucklegung dieses Wanderführers z. B. gab es den Kormoranweg nicht mehr als Rundweg.
Tipp: Auf der Internetseite www.ornitho.de/index.php?m_id=1347&id=186 kann man alle Vogelarten sehen, die in dem Gebiet in den letzten 15 Tagen gesichtet wurden.

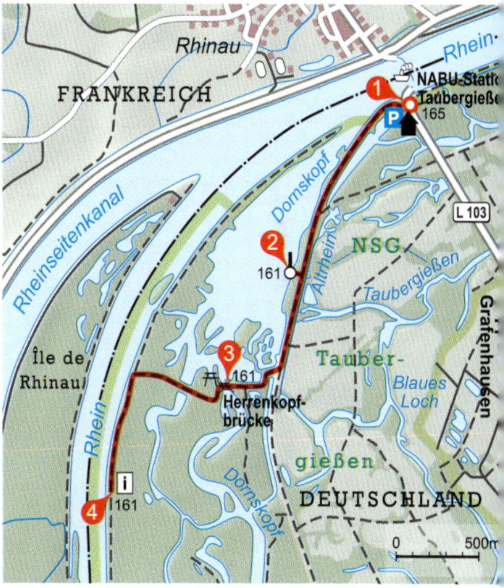

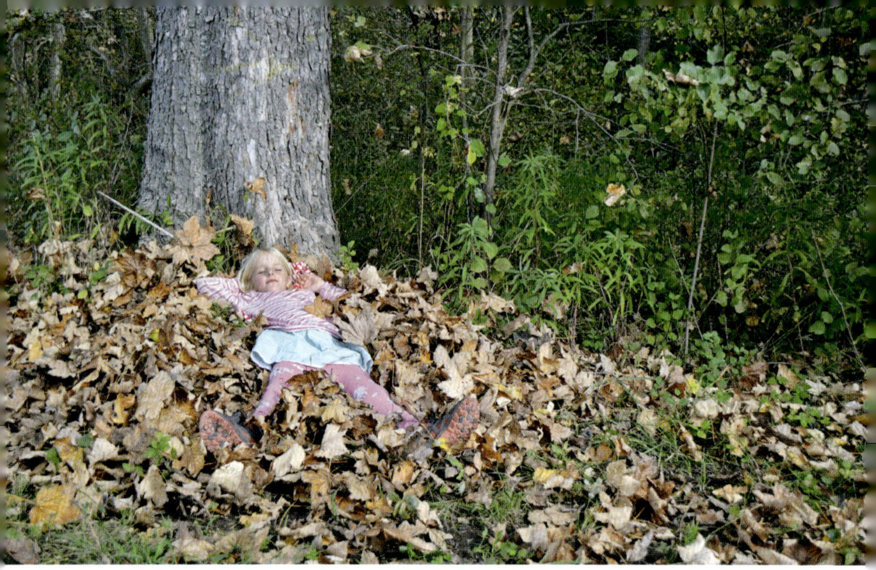

Ein Laubbett ist perfekt zum Ausruhen während der Wanderung.

Die **NABU-Station Taubergießen ❶**, ein ehemaliges Zollhaus, ist Startpunkt zu unserer Vogelexkursion und hier erfahren wir auch, welche Vogel- und Insektenarten in den letzten Wochen gesichtet wurden. Anhand der neu aufgestellten Tafeln machen wir uns zu Beginn kundig, welche Wege begehbar sind, und entscheiden uns für den Fischadlerweg zur Herrenkopfbrücke, ausgeschildert mit dem Kopf des Fischadlers. Wir wenden uns stromaufwärts und marschieren auf dem Damm am Rhein entlang. Wir passieren das Pegelhaus, in dem der Pegelstand des Rheins fortlaufend registriert wird, und blicken noch einmal zurück auf die Fähre, die hier Menschen und Fahrzeuge über den Fluss bringt, da die nächste Brücke weit entfernt ist. Weiterwandernd schweift unser Blick zur Linken immer wieder über die Gewässer des Altrheins mit seinen Auenwäldern und Flussverengungen, wo das Gewässer schneller fließt, und zur Rechten über die immer breiter werdende offene Wasserfläche des Taubergießen, auf der wir die ersten Wasservögel entdecken.

Nach rund einem Kilometer weist uns ein Schild hinunter ans Ufer zu einem **Beobachtungsturm ❷** in Höhe eines großen Schwimmbaggers. Oben auf dem Turm angelangt holen wir unser Fernglas aus dem Rucksack und versuchen, möglichst viele Vogelarten zu sichten und anhand der angebrachten Schaubilder

Highlights

- ★ Unberührte Auenlandschaft.
- ★ Aussichtsturm im Vogelparadies.
- ★ Seltene Orchideen.
- ★ Der sanft fließende Altrhein.
- ★ Imposante Rheindampfer und Lastkähne.
- ★ Mit Stocherkähnen kann man im Naturschutzgebiet Taubergießen wunderbare Flusstouren unternehmen. Infos unter www.naturzentrum-rheinauen.eu (Service, Bootstouren im Taubergießen), Tel. +49 7822 864536.

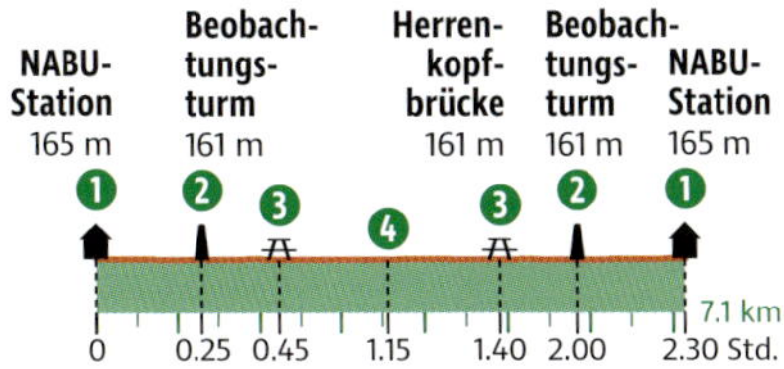

zu bestimmen. Die großen schwarzen Kormorane sind gut zu identifizieren, jetzt müssten wir nur noch einen Eisvogel entdecken, was leider nicht so einfach ist, da der blau schillernde Vogel sehr klein ist.

Von hier ist es ein halber Kilometer schnurgerade auf dem Damm, bis wir rechts der blauen Raute und dem Fischadlerzeichen folgen, um nach 350 m zur **Herrenkopfbrücke ❸** mit einer kleinen Raststation und den Auewald-Infotafeln zu gelangen. Sie liegt mitten im Schwemmland und gehört zur französischen Gemeinde Rhinau, obwohl sie sich auf deutschem Staatsgebiet befindet. Weitere 600 m danach erreichen wir den Altrhein, der zusammen mit dem Rheinseitenkanal die Insel Île de Rhinau umschließt. Wir wandern noch einen knappen Kilometer den Altrhein entlang, erfreuen uns an der Stille und der unberührten Natur, bevor wir am **Hinweisschild der Naturschutzverwaltung ❹** umdrehen (die in Karten verzeichneten weiterführenden Wege sind nicht beghbar) und auf demselben Weg zur **NABU-Station ❶** zurückkehren.

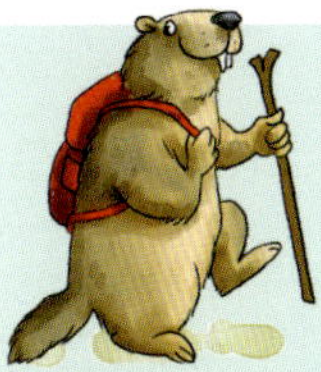

Hallo Kinder,

im Taubergießen brütet der wunderschön blaue Eisvogel, ein seltener und scheuer Vogel, der in Deutschland nur noch mit ein paar Hundert Brutpaaren vertreten ist und unter strengem Naturschutz steht. Der Eisvogel ist nur wenig größer als ein Spatz, hat aber einen ziemlich langen, starken Schnabel. Er ernährt sich von kleinen Fischen, Wasserinsekten und Kaulquappen und er braucht kleine Bäume und Sträucher am Wasser, auf denen er sitzen und nach Beute Ausschau halten kann. Nahrung und geeignete Sitzgelegenheiten finden sich hier im Naturschutzgebiet reichlich. Entdeckt der Eisvogel einen Fisch, taucht er von seinem Sitz aus im Sturzflug ins Wasser, schnappt den Fisch mit dem langen Schnabel, taucht wieder auf und fliegt mit der Beute im Schnabel zu seinem Sitz zurück. Dort schluckt er den Fisch dann im Ganzen hinunter. Mit diesem Tauchflug unter Wasser kann er auch Raubvögeln entkommen, die ihn jagen. Im Februar und März, wenn das Eisvogelmännchen ein Weibchen sucht, schluckt er den gefangenen Fisch nicht runter, sondern bringt ihn seiner Auserwählten als Geschenk.

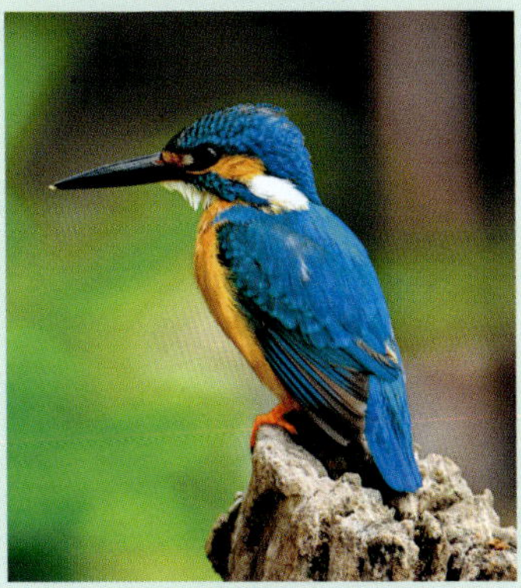

2.00 Std. | 5.9 km | ↗70 m | ↘70 m | ab 4 Jahren

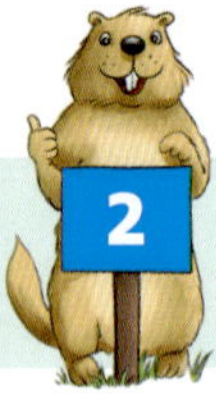

Wasserpfad im Sulzbachtal

Entlang des Sulzbaches zur Rennweghütte

Pfundiger Erlebnisweg – am liebsten zweimal

Was gibt es Schöneres für Kinder als plätschernde Wasserspiele? Und genau die bietet uns der Wasserpfad Sulzbachtal vom Anfang bis zum Ende und wieder zurück. Der Sulzbach fließt lustig durch das nach ihm benannte Tal, immer begleitet vom dichten Wald, der einen richtigen Tunnel über dem Bach bildet. Wir balancieren auf Bäumen über das Bachbett, durchsteigen kleine Furten und versuchen dabei, keine nassen Füße zu bekommen. Ab und an gibt es Stationen zum Mitmachen und Lernen über das Thema Bäche und seine Bewohner. Schließlich taucht eine richtige Experimentierstation auf, an der auch wir Erwachsene unsere Freude haben. Beim Füllen von Behältern und Umschütten in die gut durchdachten Apparaturen, wie zum Beispiel einen natürlichen Wasserfilter, bleibt kein Auge und kein Fuß trocken, sodass die mitgebrachte Wechselkleidung hier bestimmt zum Einsatz kommt. Der Pfad hat unseren Kindern so viel Spaß beim Überqueren der hölzernen und steinernen Brücken bereitet, dass sie unbedingt denselben Weg zurückgehen wollten und am liebsten am nächsten Tag nochmals hingefahren wären.

Ausgangspunkt: Bushaltestelle Sulz-Kirche, 183 m. Anfahrt mit der Regionalbahn vom Freiburger Hauptbahnhof bis Lahr, dort weiter mit dem Stadtbus 105 nach Sulz.
Mit dem Auto: Parkplatz am Naturbad Sulz, Bachstr. 51, 77933 Lahr-Sulz. Dort direkter Einstieg in die Tour.
Ausrüstung: Am besten eignen sich wasserunempfindliche Sandalen mit gutem Profil. Zusätzlich ist Wechselkleidung sinnvoll. Badesachen für das Naturbad in Sulz. Proviant mitnehmen.
Anforderungen: Einfache Wanderung ohne Steigungen, aber Rutschgefahr auf nassen Pfaden und an Bachübergängen.
Einkehr: Unterwegs keine. Einkehrmöglichkeiten in Sulz: Kebap & Pizza, 200 m entfernt von der Bushaltestelle in der Heitergaß 2, der Gasthof Engel genau daneben in der Lahrer Straße 1. Wer gerne die Wanderung verlängert, dem sei das Höhengasthaus Sternen empfohlen, 1 km und 180 Höhenmeter von der Rennweghütte entfernt am Hasenberg 1, 77960 Seelbach, Tel. +49 7823 96532, www.gasthaus-sternen.de.
Hinweis: Der Erlebnispfad darf nur von Anfang Mai bis Ende September begangen werden!

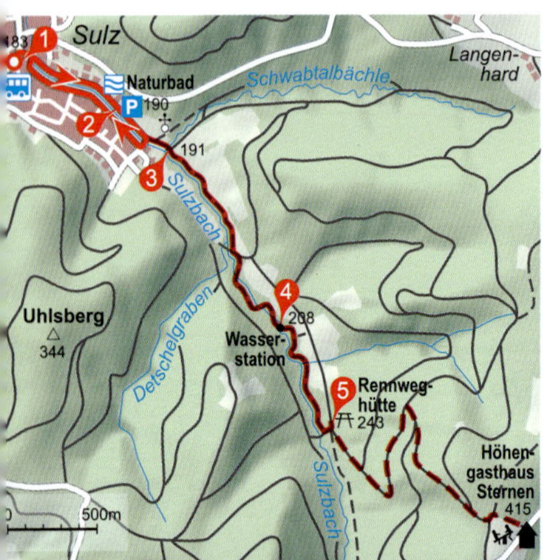

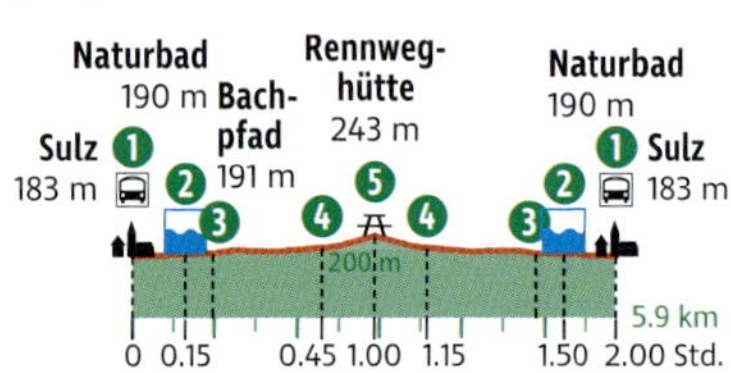

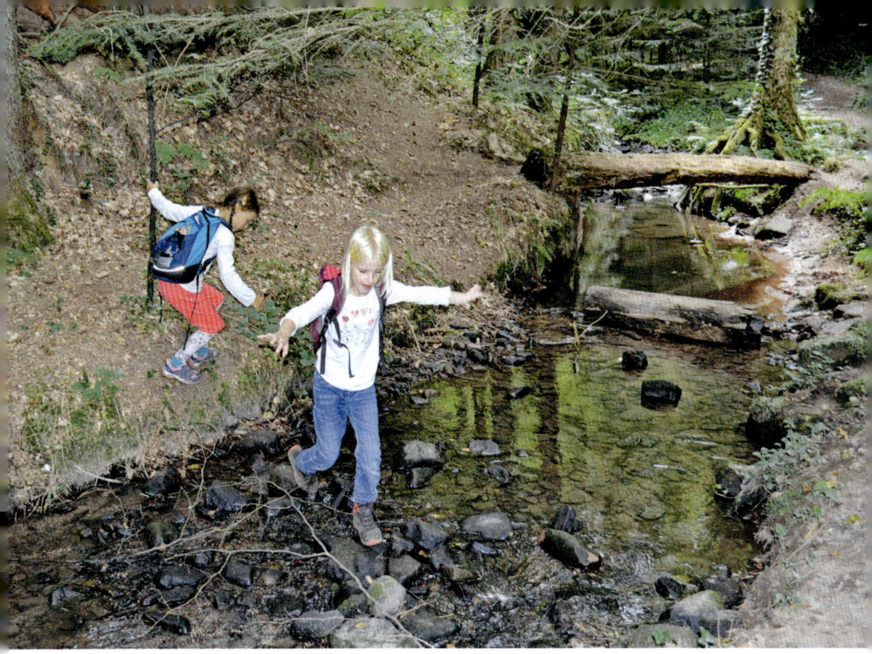

Balance halten heißt hier auch: trockene Füße behalten.

Diese im Badischen einmalige Tour beginnt an der **Bushaltestelle ❶** an der Kirche in Sulz. Dort biegen wir an der Kreuzung nach rechts in die Bachstraße ein und folgen dem Straßenverlauf für 600 m. Am Parkplatz des **Naturbades Sulz ❷** startet der beschilderte Teil unserer Wanderung. Hier gibt es eine Infotafel mit einer Übersicht über den gesamten Wasserpfad und wichtigen Hinweisen: Der Bach darf nur von Anfang Mai bis Ende September erkundet und der Pfad nicht verlassen werden, um den Lebensraum der Tiere und Pflanzen nicht zu zerstören. Zusätzlich können die Kinder hier für einen Euro die sogenannte Sulzbachkugel aus einem Automaten holen, in der Infomaterial und ein Erkundungsspiel enthalten sind.

Wir marschieren dann 300 m talaufwärts auf einem geteerten Weg und vorbei an einer großen Ansammlung von Springkraut, das den Kindern keine Ruhe lässt, bis nicht auch die letzte Kapsel aufgesprungen ist.

Dann beginnt der **Bachpfad ❸**, der rechts und links von Wald umgeben ist, und die Kinder erreichen die erste Bachquerung, die aus flachen, breiten Steinen besteht und leicht zu überwinden ist. Es folgen noch viele weitere Bachübergänge in Form

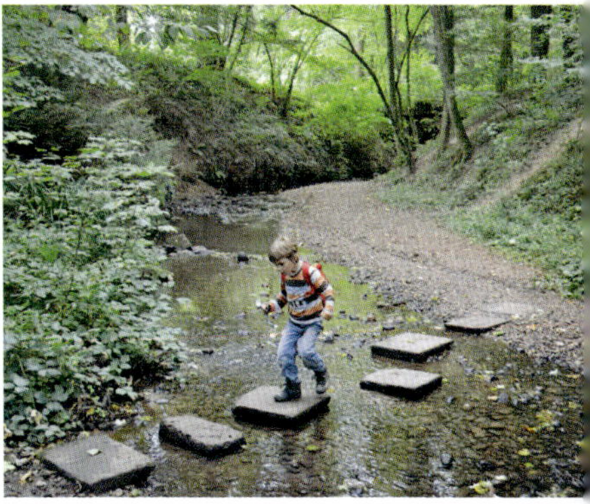

Eine der vielen Bachüberquerungen.

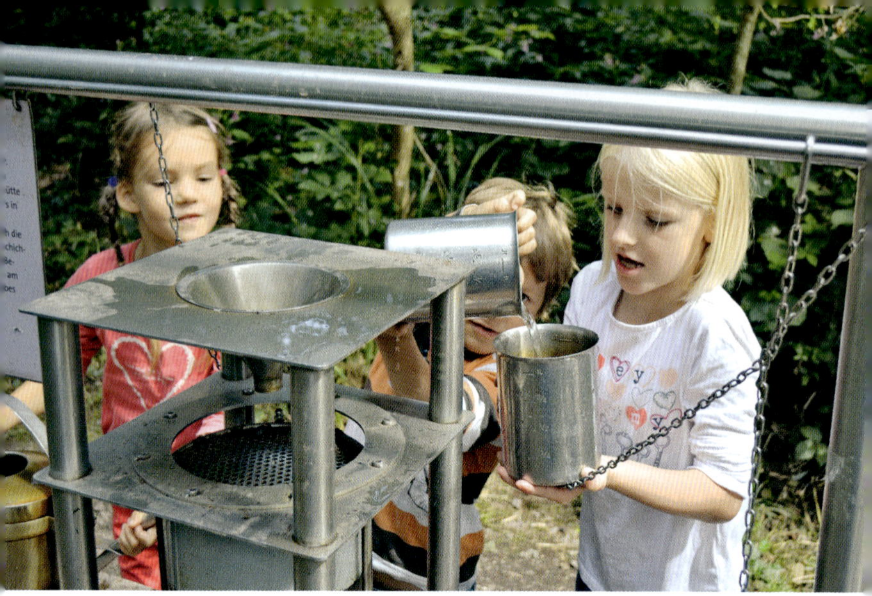

An der Wasserstation warten spannende Experimente auf die Kinder.

von Holzbrücken, Steinplatten oder flachen Furten, die den Kindern großen Spaß bereiten. Hier gibt es auch die Gelegenheit, mit dem pH-Messpapier aus der Sulzbachkugel die Wasserqualität des Baches zu messen. Dabei entdecken wir eine Menge Wasserläufer, die auf der Bachoberfläche entlanghuschen, und fragen uns, wie diese auf dem Wasser laufen können, während wir nasse Hosen und Schuhe bekommen.

Die erste Erlebnisstation kommt nach einigen weiteren Wanderminuten und erklärt den Kindern einiges über die nachtaktive Groppe, eine im Bach lebende Fischart (siehe auch »Hallo Kinder«).

Wir streifen dann immer weiter den Bach entlang, vorbei an den zotteligen Hochlandrindern des Fohlenhofes, und genießen die wunderbaren Dschungelblicke, die uns der Bachlauf mit der üppig wuchernden Natur schenkt. Dazu funkelt an manchen Stellen das Wasser so im Gegenlicht der Sonne, dass es uns fast blendet. Auch die nächsten Stationen werden von den Kindern intensiv erforscht, schließlich geht es auch darum, die Markierungen zu finden, die zum Suchspiel gehören. An der sechsten Station, der **Wasser-**

Highlights

- ★ Zahlreiche Bachüberquerungen.
- ★ Klettern und balancieren auf umgestürzten Bäumen.
- ★ Spannendes Suchspiel am Bach.
- ★ Wasserexperimente.
- ★ Springkraut, zottelige Hochlandrinder und Wasserläufer entdecken.
- ★ Nach der Tour wartet das Naturbad in Sulz – ein wunderschön angelegter Badeteich mit vielen hölzernen Stegen und reichlich Pflanzen, der sich organisch in die Landschaft einfügt. Öffnungszeiten ab Mitte Mai Mi–Fr 13–19 Uhr, an Wochenenden 11–18 Uhr, www.naturbad-sulz.de.

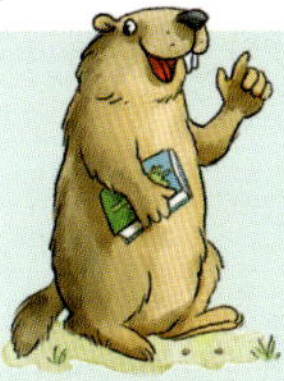

Hallo Kinder,

sauberes Wasser ist eines unserer wichtigsten Güter. Die Wasserqualität ist aber nicht überall gleich und kann sich auch in einem Bach von der Quelle bis zur Mündung verändern. Zur Bewertung der Qualität wird die Menge an Sauerstoff und Nährstoffen im Wasser gemessen. Aber auch die Trübheit durch Schlammsedimente oder die Klarheit des Wasser ist ein Maß für die Güte, wie auch die jeweiligen Tier- und Pflanzenarten, die am und im Wasser leben. Hier im Sulzbachtal ist das Wasser sehr sauber und wird mit der Güteklasse 1 bewertet. Es ist klar, enthält keine Schadstoffe und wenig Nährstoffe, ist aber reich an Sauerstoff. Hier gedeihen besonders gut Steinkrebse und Köcherfliegenlarven. Im Sulzbach lebt auch die nachtaktive Groppe, eine Fischart, die wie die Forelle ein Anzeiger dafür ist, dass ein Bach eine sehr hohe Wasserqualität hat. Sie mag gerne niedrige Wassertemperaturen und steinigen Boden, wo sie sich tagsüber verstecken kann. Von Februar bis Mai legt sie hier auch ihre Eier, den Fischlaich, ab, weswegen der Erlebnispfad immer erst ab Mai begangen werden darf.

station 4, legen wir unsere Vesperpause ein, bevor sich die Kinder an den fünf Wasserarbeitsplätzen von oben bis unten nassmachen dürfen. Das Wasser will von einem Arbeitsplatz zum nächsten umgeschüttet werden und verschwindet dann in den Trichtern, die die Apparaturen speisen. Jeder darf mal die Eigenschaften des Wassers austesten und Wasserreinigung, Wassertransport oder Wasserverdrängung erkunden. Für diese Experimentierstation nehmen sich die Kinder besonders viel Zeit, irgendwann ist jedoch auch sie genügend bespielt und die trockene Ersatzkleidung kommt zum Einsatz. Dann machen wir uns auf, die Libellenstation, die letzte Station der Tour, und danach die **Rennweghütte 5** zu finden, die uns noch mehr Infos und eine Rastgelegenheit bietet. Hier ist der offizielle Wasserpfad zu Ende, und die Kinder drängen darauf, denselben Weg wieder zurückzulaufen, so eine Freude hat ihnen diese Tour gemacht.

Wer die Wanderung noch ausdehnen möchte, kann hier der gelben Raute und dem Wegweiser Richtung Karlsbänke folgen, um zum Höhengasthaus Sternen zu gelangen.

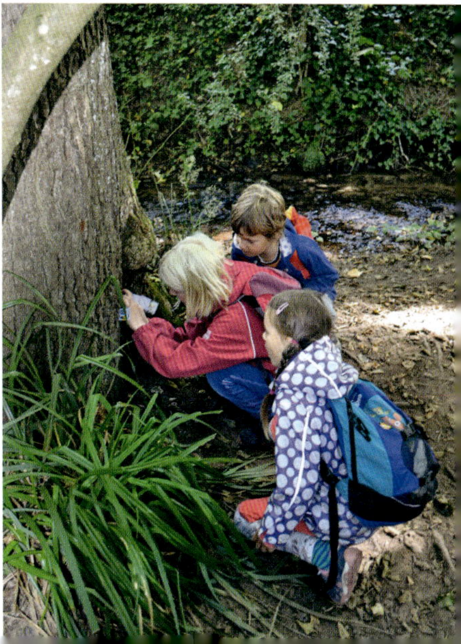

Ein Suchspiel sorgt für Spannung während der ganzen Tour.

3.00 Std. | 6.8 km | ↗ 170 m | ↘ 170 m | ab 5 Jahren

3 Burg Husen und Abenteuerweg Hausach

Rundtour von Hausach

Von Rittern, Waldabenteuern und Silberminen

Diese kurze Tour oberhalb des kleinen Städtchens Hausach eignet sich für jede Jahreszeit und bietet so viel Spannendes, dass sie zeitlich beliebig lang ausgedehnt werden kann. Die alte Burg Husen führt uns zurück in die Zeiten der Ritter und Burgfräulein und der Abenteuerweg, auf dem wir abschnittsweise unterwegs sind, überrascht uns mit seinen pfiffigen Kletter- und Spielmöglichkeiten. Baumhöhlen, Waldschaukeln und eine Zapfenschleuder sind nur einige der guten Ideen, die wir hier im Wald entdecken. Von der Kreuzbergkapelle, an der sich früher eine Einsiedelei befand, können wir ganz Hausach mit dem Fluss Kinzig und den umliegenden Schwarzwaldhöhen überblicken. Eine Abkürzung über das freie Feld führt uns schließlich zur Erzpoche, einem Freilicht-Bergbaumuseum, das anschaulich demonstriert, wie das Gestein der Erzgruben zerkleinert (gepocht), gewaschen und geschmolzen wurde, um an das wertvolle Eisen oder Silber zu gelangen.

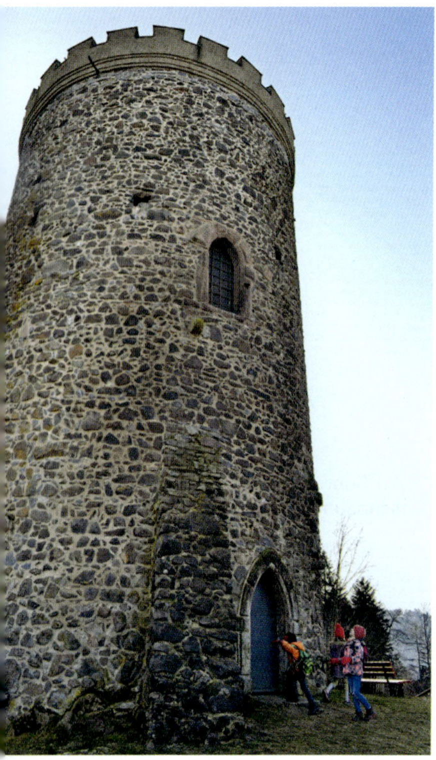

Ausgangspunkt: Bahnhof Hausach, 243 m. Anfahrt vom Freiburger Hauptbahnhof mit dem Regionalzug nach Offenburg, dort umsteigen in den Regionalzug Richtung Konstanz und am Bahnhof Hausach aussteigen.
Mit dem Auto: Wanderparkplatz Kinzigbrücke, 77756 Hausach (N48.284786, E8.166496). Dort ist der direkte Einstieg in die Wanderung am Wegpunkt ❸ möglich.
Ausrüstung: Wanderschuhe oder Trekkingsandalen.
Anforderungen: Mittelschwere Wanderung mit Steigungen bis zur Tourmitte. Die Forstwege sind breit und gut begehbar. Im Winter muss an den steilen Stellen mit Rutschgefahr gerechnet werden.
Einkehr: Unterwegs keine, in Hausach laden in der Hauptstraße einige Restaurants zur Einkehr. Auf der Wanderrunde gibt es Grillstellen.

Ob Rapunzel wohl ihr Haar herunterlässt, wenn wir kräftig genug an die Tür klopfen?

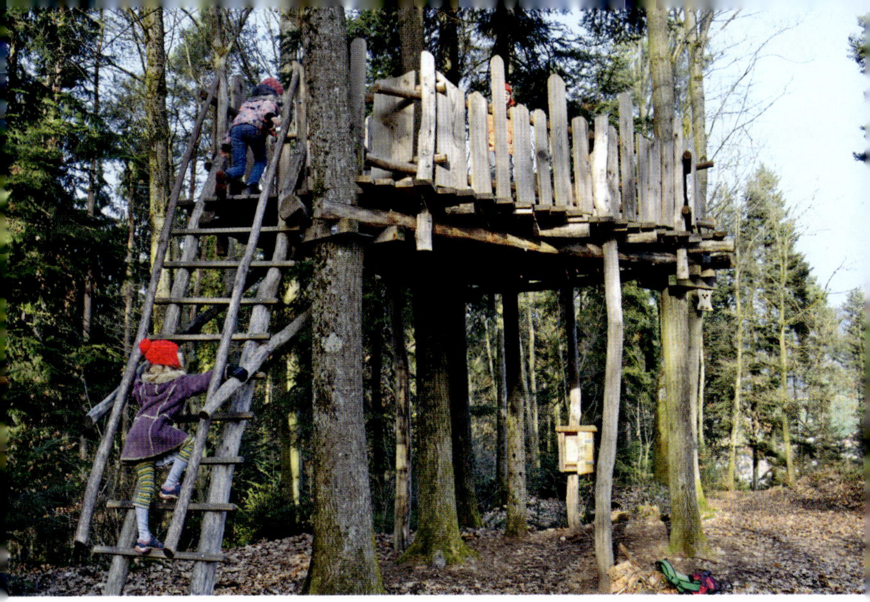

Dieser Abenteuerpfad im Wald verdient seinen Namen zu Recht.

Vom **Bahnhof Hausach** ❶ spazieren wir links die Eisenbahnstraße entlang, bis wir nach 300 m am Bistro Wintergarten das **Kinzigtaltor Hausach** ❷ durchschreiten und an der Kinzig stehen. Für gut 800 m wandern wir direkt an der Kinzig entlang flussabwärts und kommen nach dem Passieren von zwei kleinen Brücken an das Wanderschild am **Wanderparkplatz Kinzigbrücke** ❸. Oben am Berg können wir schon die Burg sehen. Wir biegen links in Richtung Burg Husen ab, gehen unter der Eisenbahnbrücke hindurch und über die Hauptstraße hinüber. Wir wenden uns nun rechts bergauf in die Kreuzbergstraße und erreichen nach 50 m den Wegweiser des Westwegs mit der roten Raute, dem wir zur **Burg Husen** ❹ hinauf folgen. Von der alten Ruine mit dem gut erhaltenen, dicken Turm haben wir einen ersten Ausblick auf das Städtchen Hausach und die Kinzig.
Weiter geht es der rot-weißen Beschilderung des **Abenteuerweges** nach, der den Kindern auf den nächsten Kilometern immer wieder wundervolle Kletterpartien und

Highlights

- ★ Wasserspielen an der Kinzig und dem Hauserbach.
- ★ Mittelalterliche Burg Husen. Der Burgturm ist von Mai bis Oktober an jedem 1. Sonntag im Monat 13–18 Uhr geöffnet. Geboten sind dann ein buntes Lagerleben, Schwertkämpfe und Armbrustschießen. Ansonsten ist der Schlüssel zur eisernen Turmtür im Tourismusbüro Hausach erhältlich.
- ★ Pfiffiger Abenteuerpfad mit Riesenbaumhaus.
- ★ Alte Wallfahrtskapelle mit schöner Aussicht aufs Kinzigtal.
- ★ Freilichtmuseum Erzpoche mit angeschlossenem Spielplatz. Das Gelände ist frei zugänglich, nur für Führungen muss Eintritt bezahlt werden. Infos im Tourismusbüro Hausach, Tel. +49 7831 7975.

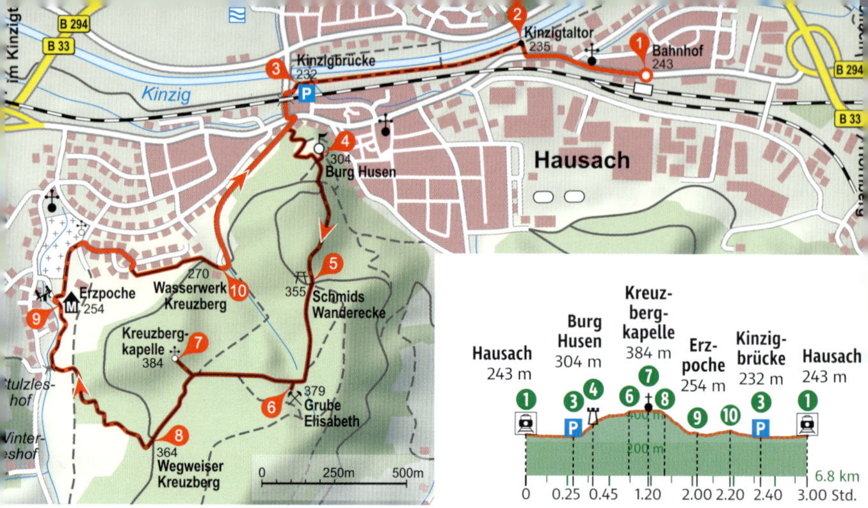

Geschicklichkeitsspiele bietet. Mal geht es links den Berg steil auf einer Baumtreppe empor, mal testen wir, wer beim Weitsprung weiter als der Frosch oder das Eichhörnchen springen kann.

Einen halben Kilometer nach der Burg treffen wir auf ein großes Baumhaus beim Rastplatz **Schmids Wanderecke 5**, von dem die Kinder nicht mehr so schnell herunterkommen. Die Sonne scheint hier schön hinein und lädt zu einer Pause ein.

Dann geht es mit der gelben Raute des Hausacher Bergsteigs in Richtung Kreuzberger Kapelle, vorbei an weiteren witzigen Waldspielgeräten wie einem Wurfring oder einer Zapfenschleuder. Nach 300 m erklimmen wir mithilfe eines dort angebrachten Seils einen steilen Hang und stehen dann vor der verschlossenen Tür der **Grube Elisabeth 6**, in der früher angeblich goldhaltiges Gestein gefunden wurde. Weitere 300 m sind es bis zum Abzweig zur **Kreuzbergkapelle 7**, einer Wallfahrtskapelle aus dem 17. Jahrhundert, von der aus wir noch mal über das ganze Tal blicken.

Wieder zurück auf dem Hauptweg gelangen wir nach 250 m zu einer Kreuzung mit dem **Wegweiser »Kreuzberg« 8**, an dem wir dem Hausacher Bergsteig folgen. Für einen halben Kilometer verläuft der Pfad noch durch den Wald und am Waldrand entlang, dann verlassen wir kurz nach einer Waldschule den Wald und wandern direkt über die Weide hinunter zu einer kleinen Brücke am Hauserbach. Wir wenden uns vor der Brücke rechts und pilgern den kleinen Pfad immer weiter am Bach entlang bis zur **Erzpoche 9**, einem Freilichtmuseum, das uns über die Verarbeitung des Erzes informiert, welches in den Gruben

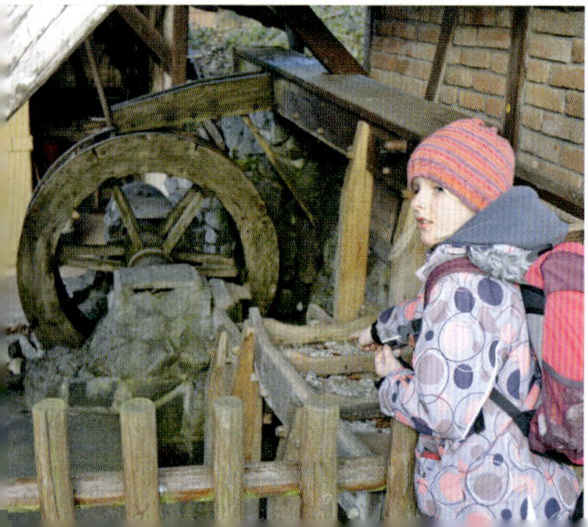

Mehrere dieser Wasserräder treiben die Maschinen in der Erzpoche an.

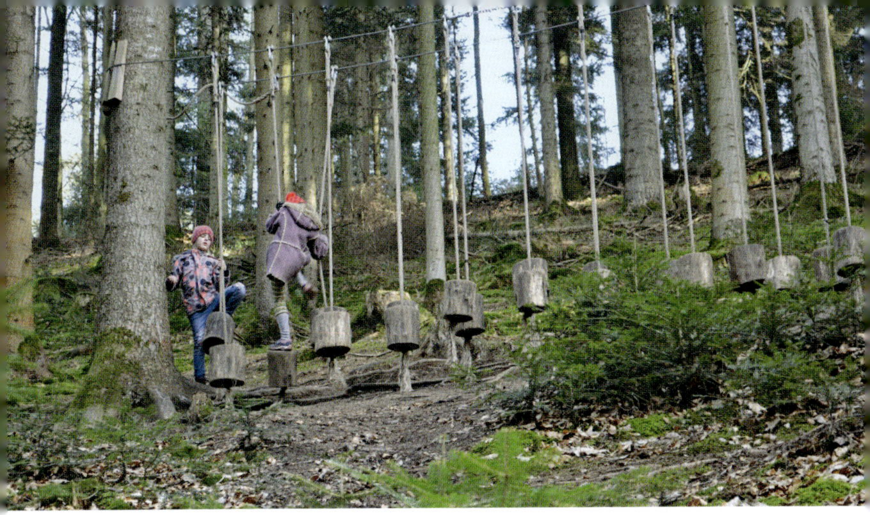

Die Kinder wissen intuitiv, wie dieses ungewöhnliche Klettergerät funktioniert.

gefördert wurde. Der Spielplatz nebenan wird dann erst einmal von den Kindern getestet, bevor uns ein kleines weißes Schild an der Veranda des Zechenhauses den Weg zur Stadt weist, am Friedhof vorbei bis zur geteerten Straßenkreuzung »Am Bühlhof«, an der wir geradeaus weiterwandern. In die zweite Querstraße biegen wir rechts ein und wenden uns nach 20 m gleich wieder links den Berg hinauf zum Feldrand, an dem wir nun für 300 m entlanggehen, bis wir das schöne alte **Wasserwerk Kreuzberg ⑩** erreichen. Dort richten wir uns nach dem Wegweiser zum **Wanderparkplatz ❸** und sind nach gut 1,5 Kilometern zurück an unserem Ausgangspunkt am **Bahnhof Hausach ❶**.

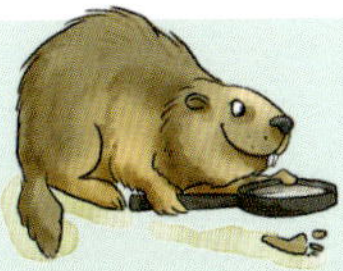

Hallo Kinder,

um an die wertvollen Metalle wie Silber, Blei, Eisen oder Zinn zu gelangen, musste das metallhaltige Gestein, das man Erz nennt, früher mühsam von Hand abgebaut werden. Dazu wurden die im Bergwerksstollen herausgehauenen Erzstücke in Förderwägen zur Erzpoche transportiert und dort auf einem holzbefeuerten Rost erhitzt, damit sie spröde wurden. Danach wurden sie im wasserbetriebenen Pochwerk maschinell zerhauen (gepocht), bis die Stücke kleiner als ein Zentimeter waren. Anschließend wurden sie mit fließendem Wasser aus dem Bach gewaschen, damit wertloser Sand und Schmutz nicht in den Schmelzofen gelangten. Im Ofen wurde das zerkleinerte und gesäuberte Erz bei rund 1200 Grad Celsius eingeschmolzen. Das geschmolzene Metall lief in einen Tiegel, während die unbrauchbaren Schlacken im Ofen verblieben und entsorgt wurden. Aus den so gewonnenen Metallen konnten die Menschen Schmuck, Münzen und nützliche Gegenstände des täglichen Lebens herstellen.

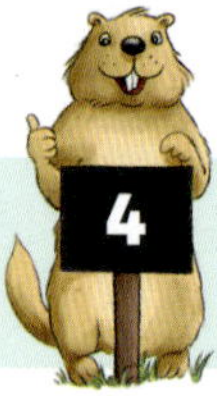

4.00 Std. | 9.5 km | ↗370 m | ↘370 m | ab 6 Jahren

Prechtaler Schanze und Huberfelsen

Rundtour von Oberprechtal

Vom Kurpark zum Windpark

Der Luftkurort Oberprechtal liegt in einer malerischen Bilderbuchlandschaft und lockt unsere Kinder in seinen kleinen, aber wunderschönen Park mit Freibad, Abenteuerspielplatz und Teich. Hier ist der ideale Startpunkt für eine Bergwanderung in das Naturschutzgebiet der Prechtaler Schanze, die für kleinere Wanderer schon eine Herausforderung darstellt. Umso stolzer sind sie, wenn sie den Gipfel erreicht haben. Höhepunkt ist der Huberfelsen auf 760 Meter Höhe, auf dem man wie auf einem steilen, hohen Berggipfel sitzt und einen weiten Ausblick in das ganze Elztal hinein hat. Aber keine Angst: Ein Metallgeländer sichert uns gegen jegliche Absturzgefahren. Der Abstieg ins Tal hinunter geht wie von alleine und an der Elz angekommen, wandern wir eine gute Weile einen schmalen Wiesenpfad immer am Fluss entlang nach Oberprechtal zurück. Dort besichtigen wir noch die alte restaurierte Hammerschmiede mit ihren gewaltigen Hammerwerken.

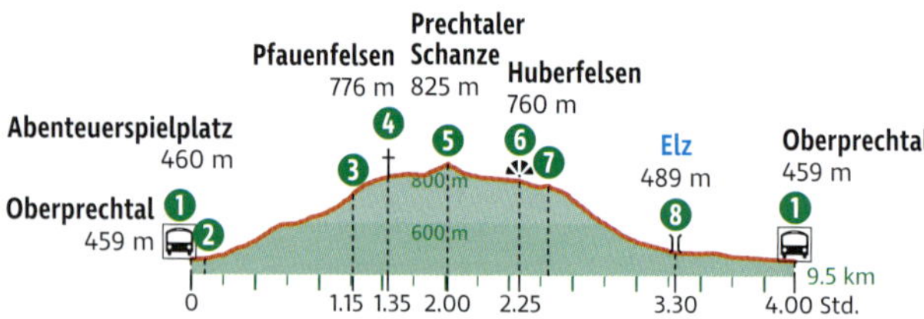

Die schöne Aussicht auf das Elztal können wir an vielen Stellen der Tour genießen.

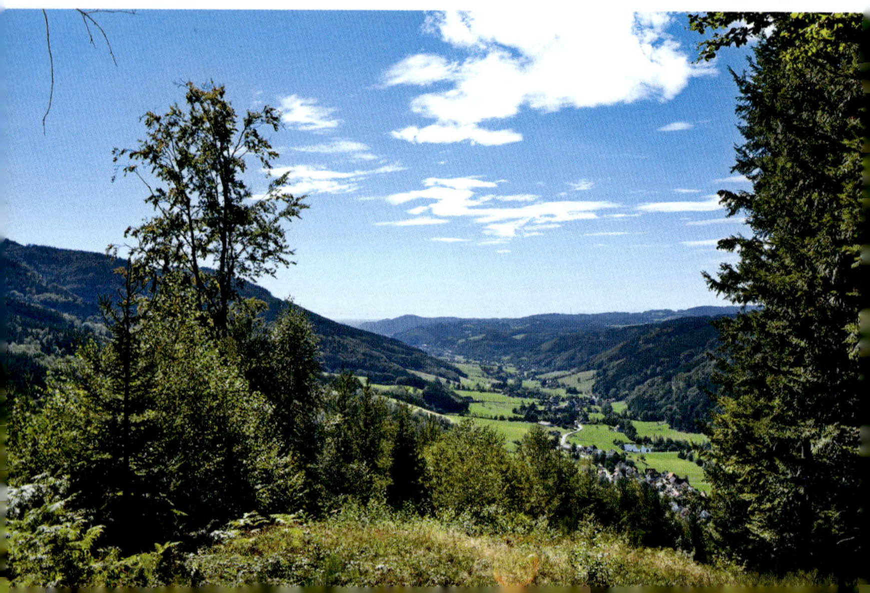

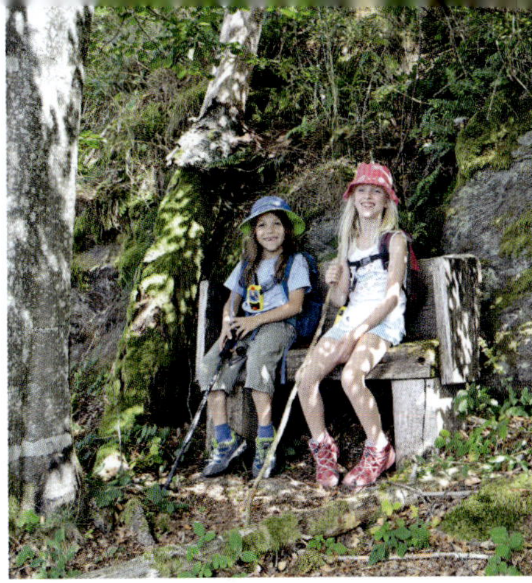

Diese idyllische Bank nutzen wir gerne zum kurzen Ausruhen.

Ausgangspunkt: Bushaltestelle Oberprechtal Kirche, 459 m. Anfahrt ab Bahnhof Elzach mit dem SBG-Bus 7274 Richtung Oberprechtal Forellenhof.
Mit dem Auto: Kostenfreie Parkplätze am Ende der Schulstraße in 79215 Oberprechtal. Der Einstieg in die Wanderung erfolgt dann am Abenteuerspielplatz ❷.
Ausrüstung: Feste Wanderschuhe. Eventuell Wechselkleidung, falls wir in die Elz steigen.
Anforderungen: Längere Bergwanderung mit teils steilem, felsigem An- und Abstieg und längerem Flachstück an der Elz entlang.
Einkehr: Auf dem Weg liegt der Landgasthof Rössle mit gutem Essen und netter Terrasse, Do Ruhetag, Triberger Str. 35, 79215 Oberprechtal, www.roessle-oberprechtal.de. Weitere Gasthäuser in der Dorfmitte von Oberprechtal.

Unsere Rundtour beginnt an der **Bushaltestelle Oberprechtal Kirche ❶** und führt an der Straße entlang um die Kirche herum, dem Wanderschild »Oberprechtal Dorf« in Richtung Tourist-Info folgend, da die Kinder den wunderschönen Park mit seinen vielfältigen Spielmöglichkeiten am **Abenteuerspielplatz ❷** begutachten wollen. Auch das Freibad liegt hier traumhaft im Grünen, doch wir steigen die Stufen hinauf zum Friedhof, halten uns am Kirchberg rechts und stoßen schnell auf die Hauptstraße. Der Einstieg in den Wanderweg ist knapp 100 m links die Straße hinauf, wo wir rechts der Felsentour-Beschilderung folgen.

Gleich am nächsten Schild biegen wir nach links ab in Richtung Huberfelsen, dem Hauptziel der Wanderung. Nach zwei Minuten sind wir »Am Pfauen« und halten uns auch hier an die Ausschilderung der Felsentour und zum Huberfelsen und wandern nun der gelben Rauten-Markierung nach. Gleich darauf wählen wir an der Weggabelung an einem Strommast den linken Weg bergauf und gelangen in den Wald. Dort bleiben wir auf dem schmalen Pfad, bis wir auf eine Lichtung kommen und nach 100 m rechts dem Pfad weiterfolgen. Bald darauf stoßen wir auf einen breiten Forstweg, in den wir links einbiegen, immer den roten Pfeilen der Felsentour nach. Nach einem knappen halben Kilometer geht es an einer Wegga-

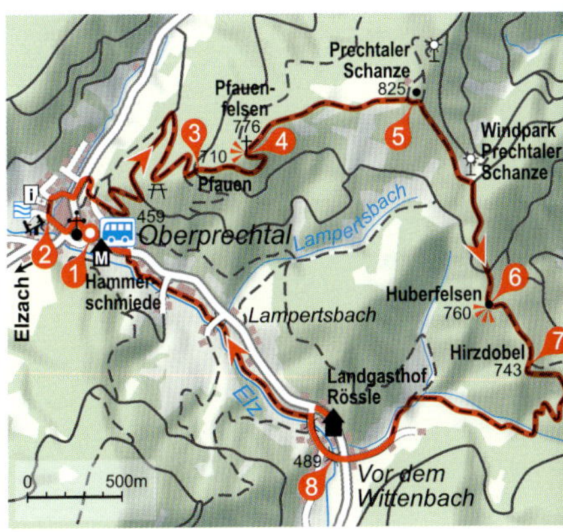

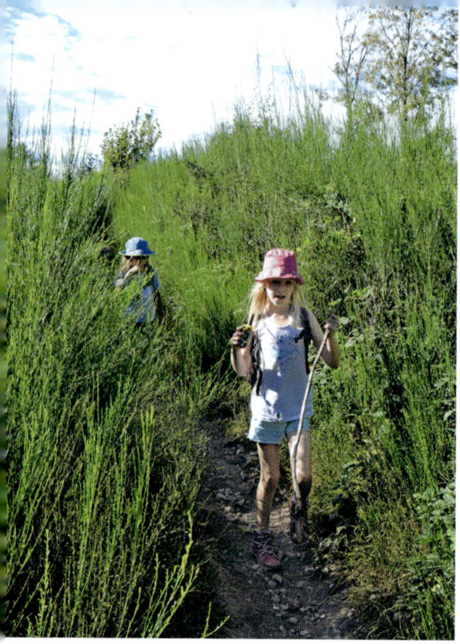

Wir pirschen durch meterhohen Besenginster, Gräser und Farne …

Highlights

- ★ Markanter Huberfelsen mit toller Aussicht.
- ★ Windpark Prechtaler Schanze mit riesigen Windrädern.
- ★ Kurpark mit Teich und einem Abenteuerspielplatz mit Barfußpfad und Spielgeräten aus Holz.
- ★ Wasserspiele an der Elz.
- ★ Die Funken fliegen in der alten Hammerschmiede gegenüber der Bushaltestelle. Die 200 Jahre alte Schmiede, die vom Wasser der Elz angetrieben wird, ist nach aufwendiger Renovierung voll funktionsfähig. Öffnungszeiten Sa 16–18 Uhr, Mi 10–12 Uhr. Triberger Straße, 79215 Elzach-Oberprechtal, Tel. +49 7682 8933, www.hammerschmiede-oberprechtal.de.
- ★ Nach der Wanderung lockt das wunderschön in der Natur gelegene und beheizte Freibad, www.schwimmbad-oberprechtal.de.

belung rechts bergauf und nach gut 5 Min. am Rastplatz links. Der gelben Raute nachgehend biegen wir an der Verzweigung nach 200 m rechts ab und gelangen kurz darauf an das **Wanderschild »Pfauen« ❸**.

Nun ist es noch etwa ein halber Kilometer, bis wir unter dem Gipfelkreuz des **Pfauenfelsens ❹** stehen, das ganze lang gestreckte Elztal liegt hier vor uns.

Auf einem schmalen Felsenpfad verläuft nun der Weg bis zur **Prechtaler Schanze ❺**, die sich nach rund einem Kilometer vor uns auftut. Diese ehemalige Verteidigungsschanze aus dem 17. Jahrhundert diente der Abwehr französischer Truppen in den verschiedenen Kriegen, die die Deutschen mit ihrem Nachbarn führten. Die Mauerreste dieses Schanzwerkes sehen wir heute noch hier stehen. Wir laufen nun immer öfter an mannshohem, urwaldartigem Besenginster vorbei, kommen auf größere Lichtungen und sehen und hören die riesigen Windräder des Windparks Prechtaler Schanze. Weiter geht es dem rotem Felsentourschild hinterher Richtung Huberfelsen, der sich nach einem guten Kilometer bergab mit seinem Stahlgeländer vor uns aufbaut, als wäre er ein U-Boot, das sich verfahren hat. Auf der Spitze des **Huberfelsens ❻** lässt es sich bei tollem Rundblick hervorragend vespern, und wir nutzen das ausgiebig, bevor wir den Abstieg ins Elztal in Angriff nehmen. An der nächsten Weggabelung weist uns das **Wanderschild »Hirzdobel« ❼** nach rechts, der schmale Waldweg führt hier steil bergab und bringt uns nach einem dreiviertel Kilometer über einen kleinen Bach und aus dem Wald hinaus. Wir marschieren an den schön herausgeputzten Bauernhöfen vorbei und queren die Landstraße an der

Brücke über die **Elz** ❽, die hier erst 10 km »alt« ist und schon munter vor sich hinplätschert. Wir bleiben für knapp 200 m auf dem Weg, bis wir am Wanderschild Wittenbach den rechten Weg Richtung »Am Wittenbach« gewiesen bekommen. Hinter der nächsten Elzbrücke zweigen wir links in den kleinen Wiesenpfad Richtung »Oberprechtal Dorf« ein (Falls wir zuerst dem Landgasthof Rössle einen Besuch abstatten wollen, gehen wir nach der Brücke geradeaus zur Hauptstraße und finden dort rechts nach 75 m den gemütlichen Gasthof mit Biergarten direkt am Fluss). Der Pfad verläuft nun für 1,5 km immer an der Elz entlang und

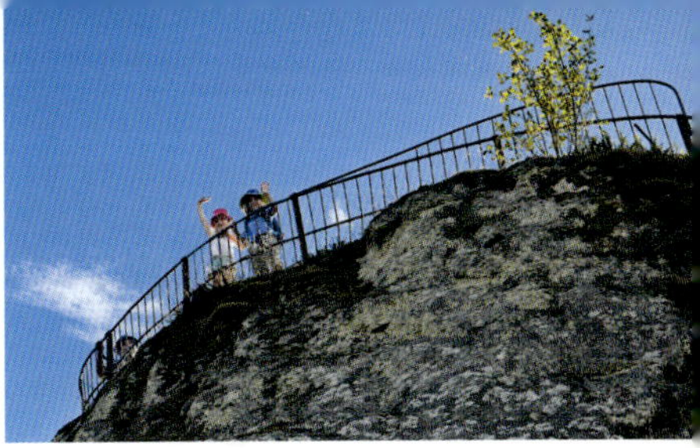

... und winken vom Huberfelsen hinunter.

bietet den Kindern viele Möglichkeiten, ins Wasser zu steigen und den Fluss zu erkunden. Die Kühe, Gänse, Hühner und Puten der anliegenden Bauernhöfe sowie die Fische im Fluss begleiten uns bis fast zur **Bushaltestelle Oberprechtal Kirche** ❶.

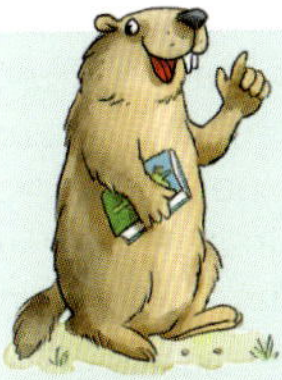

Hallo Kinder,

die sechs riesigen, 200 Meter hohen Windräder auf der Prechtaler Schanze bilden einen Windpark, der seit 2015 jedes Jahr über 40 Millionen Kilowattstunden elektrischen Strom produziert. Damit können etwa 14.000 Haushalte umweltfreundlich mit Elektrizität versorgt werden. Die Rotoren haben einen Durchmesser von über 100 Metern und sausen mit einer Geschwindigkeit von 250 Kilometern pro Stunde im Kreis. Dadurch entsteht allerdings ein mehr oder weniger starkes Geräusch, das Mensch und Tier stören kann. Und natürlich sollte kein Vogel mit so einem schnellen Rotor zusammenstoßen. Um die Lautstärke der Rotorblätter zu reduzieren, sind die Außenkanten der Rotoren mit Zacken versehen, wodurch das Windgeräusch vermindert wird. Trotzdem sind die Bestände an seltenen Tieren, wie dem für den Schwarzwald typischem Auerhuhn, hier in der Gegend sehr gering. Obwohl die Stromerzeugung durch Windkraft gut für unser Klima ist, hat sie also auch schlechte Auswirkungen auf die Natur. In solchen Fällen Kompromisse zu finden, ist keine leichte Aufgabe.

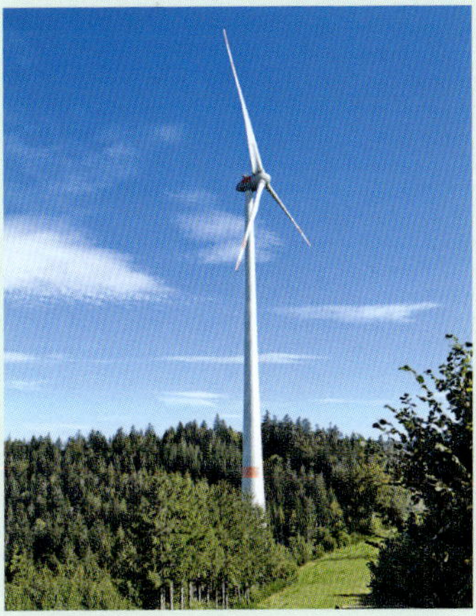

1.30 Std. | 3.6 km | ↗ 80 m | ↘ 80 m | ab 4 Jahren

5

Naturerlebnispfad Tennenbronn

Am Augen-auf-Lehrpfad entlang dem Eichbach

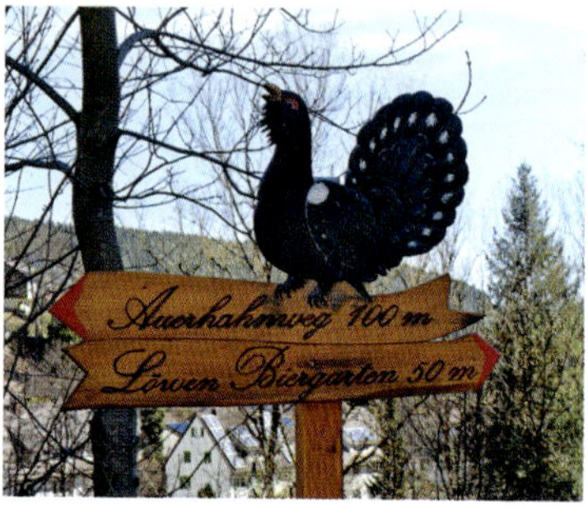

Schmetterlingsparadies und Natur pur für die ganze Familie

Diese kurze Familienrunde lädt alle ein, etwas genauer hinzuschauen und die Pflanzen und Tiere am Wegesrand etwas intensiver zu beobachten. Es sind eher die unscheinbaren Wunder der Natur, die man hier beim achtsamen Gehen entdecken kann und die durch interessante Schautafeln erklärt werden. Wir erwandern uns drei der typischen Schwarzwaldlandschaften: Der erste Teil unserer Tour führt uns am Schmetterlingsgewimmel der Eichbachauen entlang, dann kommen wir an landwirtschaftlich genutzten Weiden vorbei und schließlich geht es durch Nadel- und Mischwälder, die voller Pilze und Beeren sind. Für die Kinder ist das Bäume- und Spurenraten eine schöne Abwechslung zum Wandern und wir Erwachsene staunen immer wieder über die detailreichen Entdeckungen, die die Kinder im Bach und am Waldrand machen und die wir ohne sie nicht gesehen hätten.

Den Auerhahn, der das Symbol des Schwarzwalds ist, und sonderbare Gesellen treffen wir am Wegesrand.

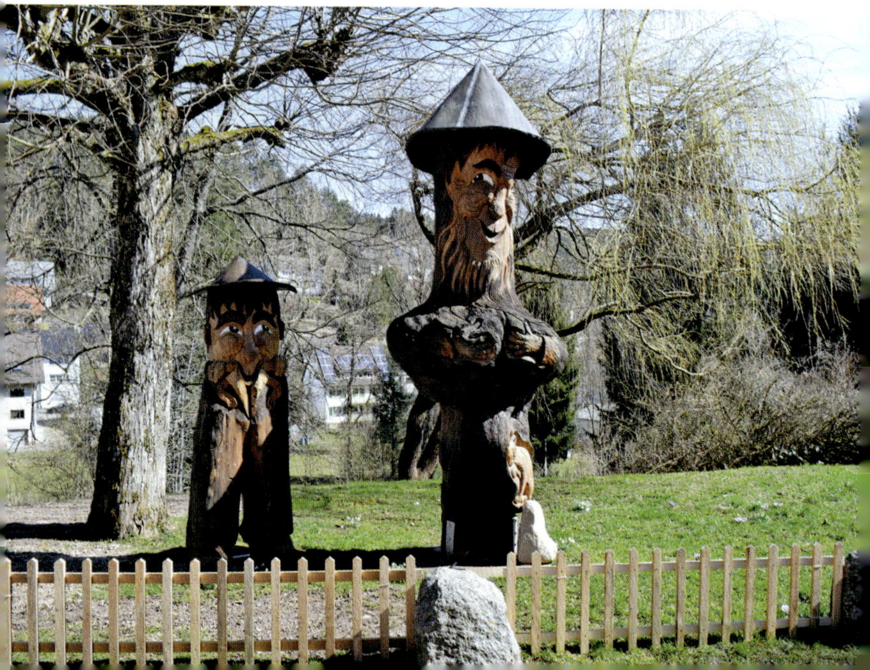

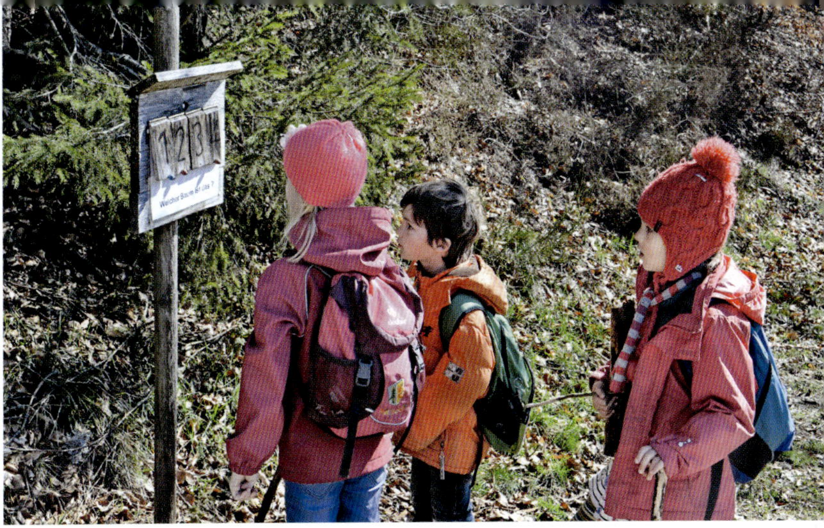

Der Lehrpfad bringt uns auf Schautafeln und mit Fragespielen die Natur nahe.

Ausgangspunkt: Bushaltestelle Tennenbronn Dorfplatz, 670 m. Anfahrt vom Bahnhof St. Georgen im Schwarzwald (Bahnlinie Offenburg–Donaueschingen) mit dem Regionalbus 55 Richtung Schramberg.
Mit dem Auto: Parken am Rathaus Tennenbronn, Hauptstraße 23, 78144 Schamberg-Tennenbronn.
Ausrüstung: Wanderschuhe oder Trekkingsandalen. Eventuell Wechselkleidung, falls die Kinder beim Spielen am Bach nass werden.
Anforderungen: Leichte Wanderung mit wenigen Steigungen. Die festen Forstwege sind breit und gut begehbar. Nur der erste Teil der Strecke am Eichbach entlang kann gut mit einem Kinderwagen begangen werden, der Abschnitt im Wald ist nicht kinderwagengeeignet.
Einkehr: Landgasthof Löwen, Sa Ruhetag, Löwenstraße 12, 78144 Schramberg-Tennenbronn, Tel. +49 7729 919 4630, www.landgasthof-loewen-tennenbronn.de.
Tipp: In der Tourist-Info Tennenbronn kann ein Forscherrucksack mit Fernglas, Lupe und Kompass gegen eine kleine Gebühr ausgeliehen werden, für Übernachtungsgäste ist er gratis. Hauptstraße 23, 78144 Schramberg, weitere Informationen auf www.schramberg.de.

Los geht's am Wanderwegweiser der **Bushaltestelle Dorfplatz** ❶ oder am daneben liegenden Parkplatz am Rathaus Tennenbronn. Wir folgen dem ausgeschilderten Weg nach Sommermoos rechts am **Gasthof Löwen** ❷ vorbei, wo uns zwei große Baummenschen freundlich begrüßen. Ein hölzerner Auerhahn zeigt uns dann den Einstieg in den gleichnamigen Weg, der gleichzeitig auch der Start des **Naturlehrpfads** ❸ ist.

Highlights

- ★ Der Eichbach lädt zu Wasserspielen ein.
- ★ Es gibt viele Tier- und Pflanzenarten zu entdecken.
- ★ Viele verschiedene Schmetterlinge flattern am Waldrand umher.
- ★ Wer erkennt die Tierspuren und kann die Bäume richtig benennen?

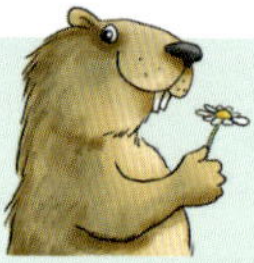

Hallo Kinder,

in den Eichbachauen gibt es ideale Lebensbedingungen für Schmetterlinge, weshalb man hier fast 50 verschiedene Arten finden kann. Manchmal schon ganz früh im Jahr, noch vor Frühlingsbeginn im Februar und März, flattert der Zitronenfalter über die Auwiesen und sucht sich einen Partner zur Paarung. Die befruchteten, weißen Eier legt er unterhalb von Blattknospen des Faulbaums oder des Kreuzdorns ab, und nach rund zwei Wochen schlüpfen die kleinen, grünen Raupen aus. Zwei Monate fressen sich die Raupen durch ihre Futterpflanze, verpuppen sich und schlüpfen im Sommer als neue, junge Zitronenfalter aus ihren Kokons. In sehr heißen Sommern verstecken sie sich im Wald oder im Gebüsch. Im Herbst kommen sie oft nochmal aus ihrem Versteck heraus und wir können sie bei der Nahrungssuche entdecken. Der Zitronenfalter ist einer der wenigen Schmetterlinge, die in ihrem Versteck auch harte Winter überleben, denn er hat Glycerin als Frostschutzmittel in seiner Körperflüssigkeit. So kann diese nicht zu Kristallen gefrieren und die Zellen zerstören. Nach dem Winter beginnt der Kreislauf des Schmetterlingslebens mit der Paarung und der Eiablage von Neuem.

Wir überqueren den Eichbach, orientieren uns an der Infotafel und den kleinen unscheinbaren Wegweisern des Naturlehrpfads. Bevor wir starten, schnitzen wir uns noch ein paar Wanderstöcke, damit die Kinder sich wie richtig große Wanderer fühlen können. Der breite Wanderweg zieht sanft den Berg hinauf, immer am Eichbach entlang, der in der Sonne glitzert und in dem wir uns gleich mal nasse Füße holen. Immer wieder gibt es Infotafeln über die Pflanzen und Tiere, die hier am Bach und am Waldrand vorkommen. Kröten und Frösche sind uns zwar noch keine über den Weg gehüpft, aber erste Schmetterlinge umflattern uns und lassen erahnen, warum das Eichbachtal dank seiner günstigen Hanglage und der Blütenvielfalt ein Paradies für die bunten Falter ist. Am Waldrand stehen immer wieder gemütliche Bänke und verleiten uns zu einem Sonnenbad.

Nach der alten **Schwarzwaldmühle** ❹ entfernen wir uns auf einem steilen Anstieg vom Bach und kom-

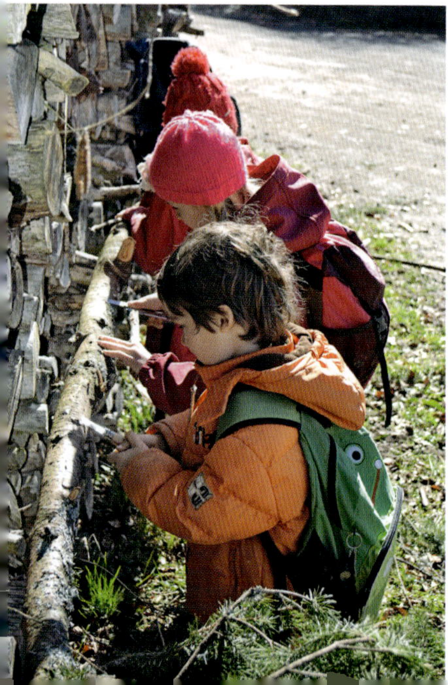

An einem Ast probieren wir die Schärfe unserer Kindermesser aus.

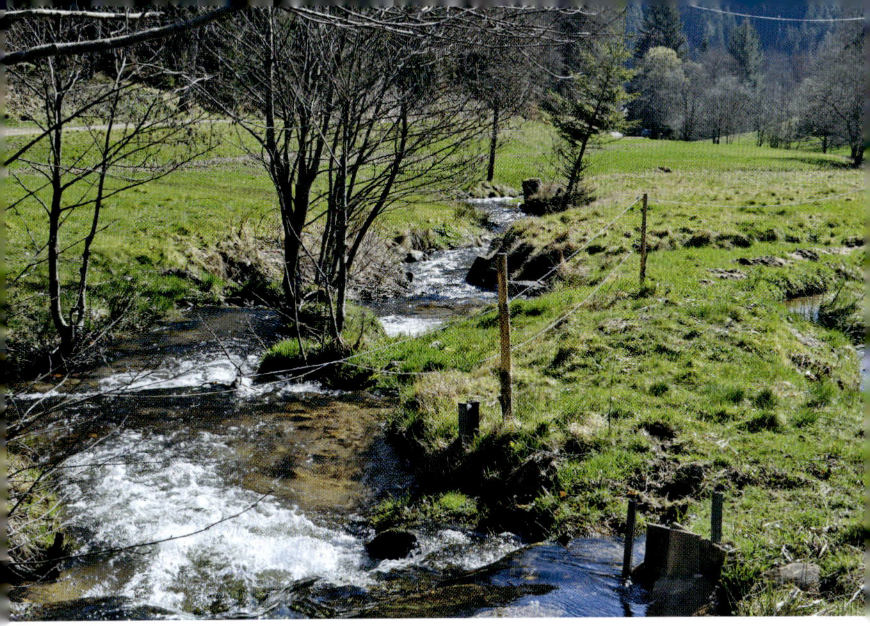

Der Eichbach mäandert, wie es ihm gefällt, durch das kleine Tal.

men nach 300 m zu einer Spitzkehre, der wir nach rechts folgen, um nach weiteren 100 m die **Eichbachhöfe 5** zu erreichen. Der Wegweiser hängt etwas versteckt am Baum und führt uns zwischen den Wirtschaftsgebäuden des Bauernhofs hindurch, am Fischteich vorbei, in den Wald hinein. Nach rund 100 m gabelt sich der Weg in zwei Forstwege auf, wir folgen dem linken mit der gelben Raute. Weitere Infostationen mit Baum- und Tierrätseln versüßen den kleinen Wanderern die Strecke bis zum **Sommermoos 6**, an dem mehrere Wege zusammenlaufen. Der Naturlehrpfad ist weiterhin mit kleinen Holzschildern ausgewiesen und führt uns halb rechts vom Sommermoos auf einem kleinen Trampelpfad bergab durch den Wald. Nach 300 m verlassen wir kurz den Wald, überqueren eine geteerte Straße und lassen uns vom Wegweiser nach rechts auf die letzten 200 m Waldweg leiten, der uns zum Startpunkt des **Naturlehrpfads 3** bringt. Zurück geht es nun auf dem bekannten Weg wieder am **Gasthof Löwen 2** vorbei zur **Bushaltestelle Dorfplatz 1**.

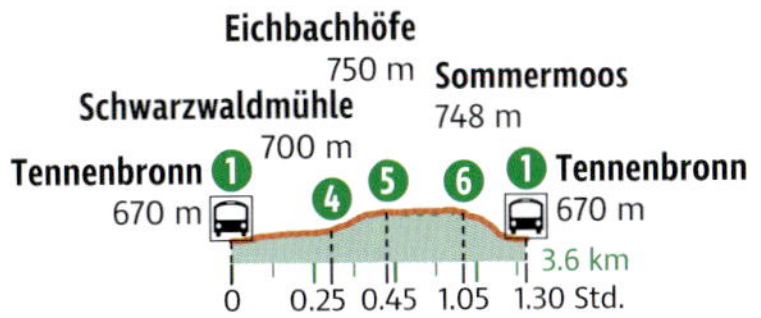

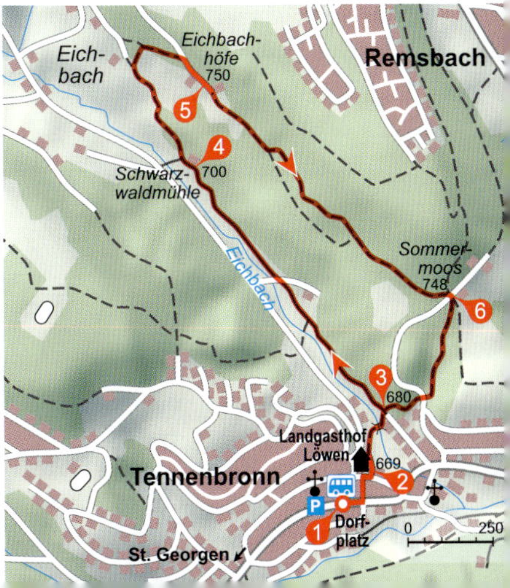

1.15 Std. | 2.9 km | ↗100 m | ↘100 m | ab 4 Jahren

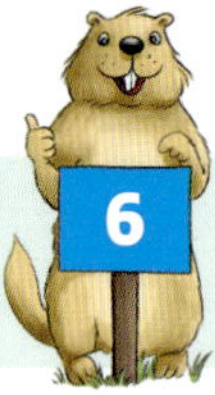

Zu den Triberger Wasserfällen

Rundweg entlang der sieben Staustufen

Ein Naturschauspiel der besonderen Art

Die Sehenswürdigkeiten und Erlebnismöglichkeiten in Triberg sind so vielfältig, dass man gerne zweimal herkommt. Allein schon die steile Hanglage des Städtchens im tief von Gletschern eingeschnittenen Tal der Gutach ist sehenswert. Unser Hauptaugenmerk liegt heute jedoch auf den bekannten Wasserfällen, die zu jeder Jahreszeit anders aussehen und die auch von vielen ausländischen Touristen gerne besucht werden. Im Frühjahr zur Zeit der Schneeschmelze und im Herbst nach ergiebigen Regenfällen kann es hier richtig tosen, während im Winter ein Teil des Flusses zufrieren kann und sich dann wundersame Eisskulpturen und meterlange Eiszapfen bilden. Auf verschiedenen Schautafeln werden Tiere des Waldes und berühmte Wasserfallbesucher gezeigt. Lohnenswert ist auch ein Abstecher zur Schwarzwaldbahn (siehe Tipp). Hier kann man von einer Aussichtskanzel beobachten, wie Züge an vier verschiedenen Stellen des Tals in Tunneleinfahrten verschwinden und später wieder auftauchen.

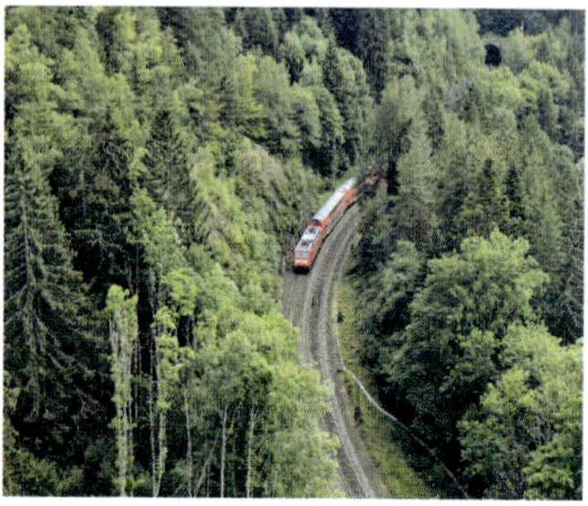

Von dieser Stelle kann man den Zug aus vier Tunnels auftauchen sehen.

Die Wasserfälle stehen bei allen Altersgruppen hoch im Kurs.

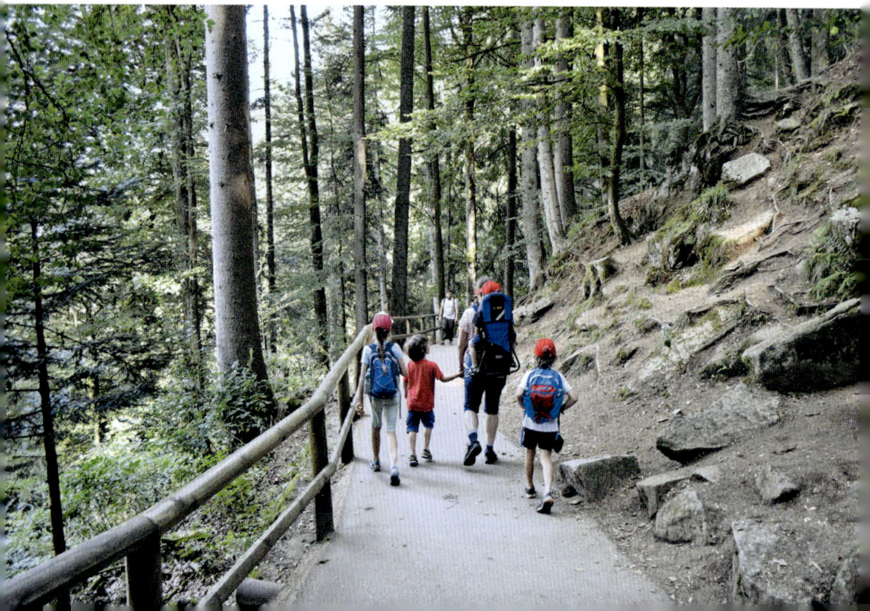

Ausgangspunkt: Marktplatz in Triberg, 673 m. Anfahrt vom Bahnhof Triberg (Bahnlinie Offenburg–Donaueschingen) mit dem Bus 7270 zum Marktplatz.
Mit dem Auto: Parken in der Friedrichstraße hinter der Trinitaskirche rechts oder entlang der Straße, jeweils gegen Parkgebühr, Friedrichstraße 6, 78098 Triberg.
Ausrüstung: Im Winter Wanderschuhe, ansonsten genügen auch gut profilierte Trekkingsandalen.
Anforderungen: Leichte, kurze Wanderung ohne nennenswerte Schwierigkeiten über Waldwege. Zusätzliche Zeit fürs Fotografieren und Füttern der Eichhörnchen einplanen.
Einkehr: Restaurant Bergseestüble, geöffnet ab 11.30 Uhr, Mi und Do Ruhetag, aber Kiosk geöffnet, Clemens-Maria-Hofbauerstr. 19, 78098 Triberg, Tel. +49 7722 916444, www.bergseestueble.com. Restaurants und Cafés in Triberg.
Info: Der Eintritt zum Areal der Wasserfälle ist kostenpflichtig (Preise siehe www.triberg.de, Tourismus & Freizeit, Natur-Erlebnis). Haupteingang in der Hauptstraße 85, 78098 Triberg im Schwarzwald, Tel. +49 7722 2724, barrierefrei für Rollstuhlfahrer über den Eingang Asklepios Klinik Ludwigstr. 1. Im Gelände ist der Weg bis zur 1. Aussichtsplattform eben.
Tipp: Mit Kindern, die sich für Züge interessieren, lohnt sich ein Abstecher zum Erlebnispfad der 1873 erbauten Schwarzwaldbahn (Schonachbach 27, 78098 Triberg; Bus 7150 oder 7269 ab Marktplatz Triberg bis Schonachbach, Haltestelle Kuckucksuhr Eble). Von der weltgrößten Kuckucksuhr im Uhrenpark führt ein Teilstück dieses Erlebnispfads zur Aussichtsplattform Vierbahnenblick. Von dort hat man die einzigartige Aussicht auf vier Stellen im Gutachtal, an denen die rote Regionalbahn in einer Doppelschleife aus einem Tunnel auftaucht und im nächsten wieder verschwindet. Spätestens alle 20 Minuten taucht eine Bahn auf, morgens und abends auch längere Güterzüge (1 Std., 2 km, 150 Hm, ab 6 Jahren; GPS-Track zum Download verfügbar).

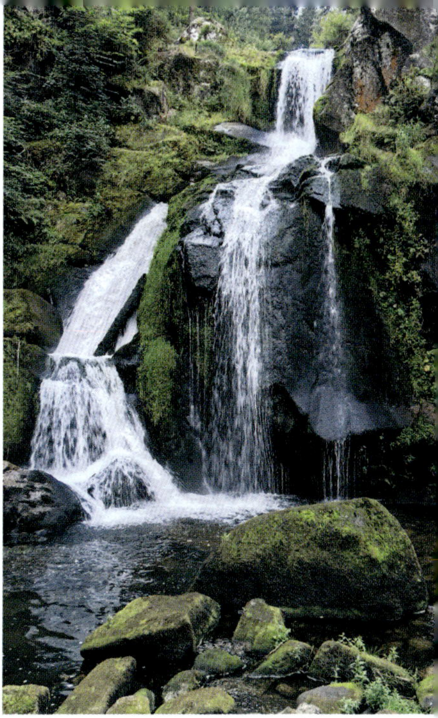

Wie in einem Urwald stürzen die Wassermassen der Gutach zu Tal.

Am **Marktplatz** ❶ in Triberg beginnen wir mit unserer Wasserfallexpedition und gehen die Hauptstraße in südlicher Richtung bergab. In der großen Kurve biegen wir links in die Ludwigstraße ein und kommen zum **Narrenbrunnen** ❷, der die typischen Narren der Triberger Fasnacht darstellt: Teufel, Fuchs, Federèschnabel und Spättléhanselé. Rund 50 m weiter führt ein kleiner Weg (»2 Min. bis zur Kasse«) gegenüber dem Hotel Ketterer in Richtung Eingang Wasserfälle »Klinik«, vorbei an der Asklepios-Klinik. An der **Kasse** ❸ erwerben wir zu den Tickets noch Erdnüsse, um die vielen Eichhörnchen zu füttern, die sich im Gelände tum-

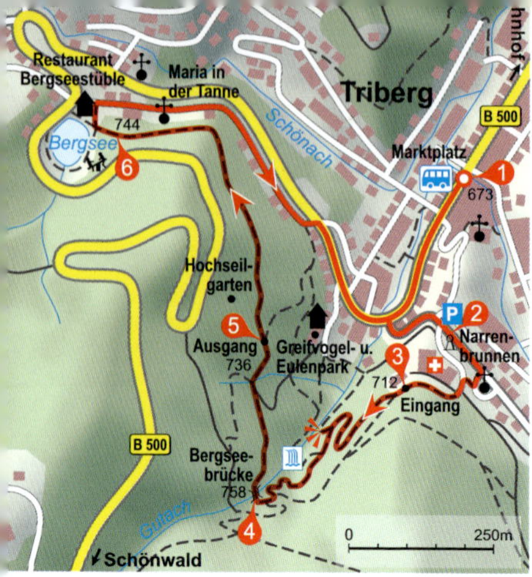

meln. Nach wenigen Minuten erwartet uns die erste Plattform, von der wir die herabstürzenden Wassermassen der Gutach bestaunen und fotografieren. Im Winter kann ein Teil des Flusses zufrieren und wir können dann bizarre Eisgebilde bestaunen. Interessiert lassen wir uns auf Schautafeln und Erinnerungssteinen über die tierischen und menschlichen Besucher in diesem Waldstück aufklären. Im 19. und 20. Jahrhundert haben so berühmte Leute wie der Schriftsteller Ernest Hemingway, der seine Angel zum Fischen in die Gutach gehalten hat, und die Kaiserfamilie um Kaiser Wilhelm I. und Fürst Otto von Bismarck die Wasserfälle besichtigt. Wir steigen den steilen Weg weiter bergauf und haben von der hölzernen **Bergseebrücke 4** noch einen tollen Blick auf den oberen und unteren Lauf des Wasserfalls. Um von hier aus zum Bergsee zu gelangen, folgen wir der Beschilderung und verlassen das Areal der Wasserfälle am **Ausgang 5** vorbei an einem Schild, das zum Greifvogel- und Eulenpark weist. Dort gibt es Flugvorführungen und einen Imbiss. Wir folgen jedoch dem Verlauf des Wegs, lassen auch den Hochseilgarten links

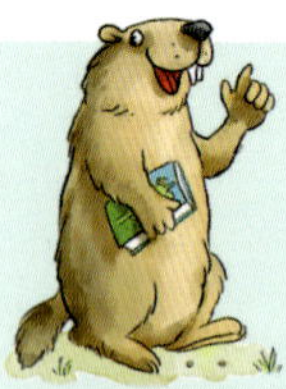

Hallo Kinder,

am Narrenbrunnen seht ihr vier seltsame Gesellen – es sind die Narren der Triberger Fasnacht. Ursprünglich diente die Fasnacht dazu, verderbliche Lebensmittel vor Beginn der Fastenzeit bei einem Fest »wegzufuttern«. Die Fasnacht (Fasnet) in Triberg wird schon seit über 500 Jahren gefeiert. Verarmte Bauern protestierten in Narrenkleidern im Jahr 1525 gegen die Abgabe eines Huhnes an den Burgherren. So entstanden im Lauf der Jahre die vier Figuren der Triberger Fasnet: Zuerst gab es den huhnartigen Federèschnabel mit dem bunten Federkleid, der auch in vielen anderen Städten schon seit dem Spätmittelalter zu sehen war. Dann kamen im 19. Jahrhundert der Fuchs und die roten Teufel dazu. Das Spättléhanselé wird zum ersten Mal 1929 erwähnt, es trägt ein Gewand aus 1500 Stofffetzen (Spättle) und hat eine Maske auf, die lächelt und gleichzeitig weint. Da kann man sich fast ein bisschen gruseln.

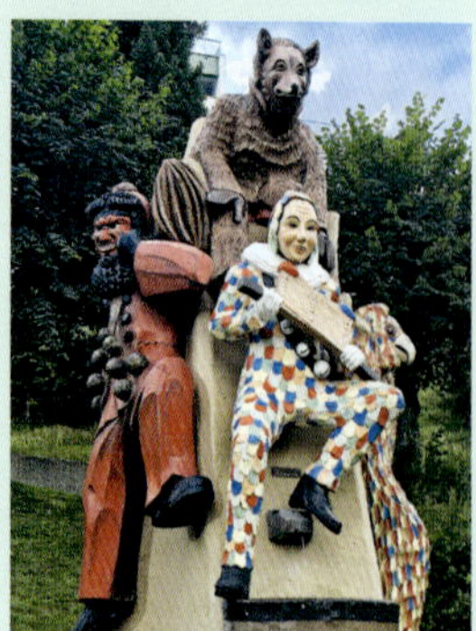

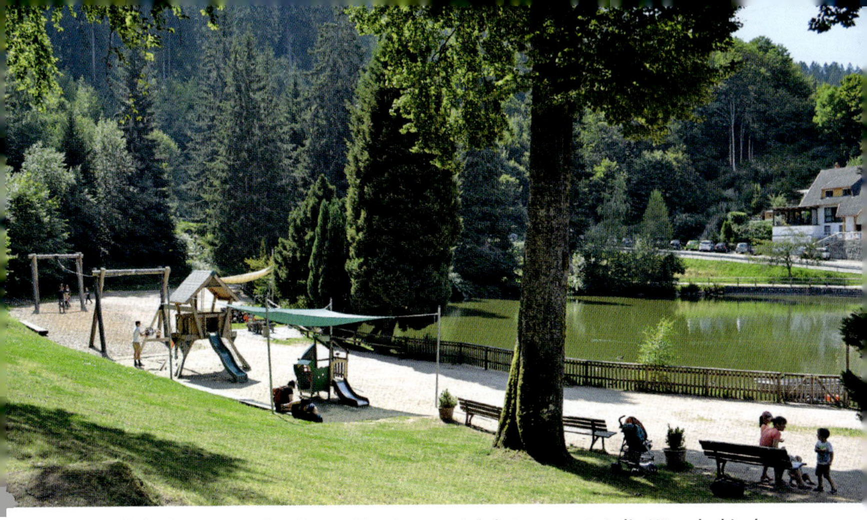

Der grünliche Bergsee mit seinem Abenteuerspielplatz erwartet die Wanderkinder.

liegen, dessen hölzerne Konstruktionen in den Bäumen spannendes Klettern verheißen. Einen halben Kilometer genießen wir noch den sanft ansteigenden und abfallenden Waldweg, bis wir den kleinen **Bergsee 6** erreichen. Die Kinder stürmen den Abenteuerspielplatz mit Seilrutsche und Wasserpumpe, während die Erwachsenen auf der Holzbank den Blick auf den kreisrunden Gletschersee auf sich wirken lassen. Wer hätte gedacht, dass hier im Jahr 1925 Europameisterschaften im Eiskunstlauf stattgefunden haben?
Nach einer Stärkung mit einem Eis am Stiel biegen wir rechts am Seerestaurant Bergseestüble ab in die Clemens-Maria-Hofbauer-Straße und gelangen zur Wallfahrtskirche Maria in der Tanne, die von außen schlicht aussieht, jedoch innen sehr reich ausgestattet ist. Nach einer kurzen Besichtigung gehen wir, vorbei am schmucken Fachwerk des Messnerhauses, bis zur Hauptstraße weiter, deren Verlauf wir nun weiter folgen. Wir kommen an den typischen Souvenirgeschäften des Schwarzwalds vorbei und erreichen bald wieder den **Marktplatz 1**.

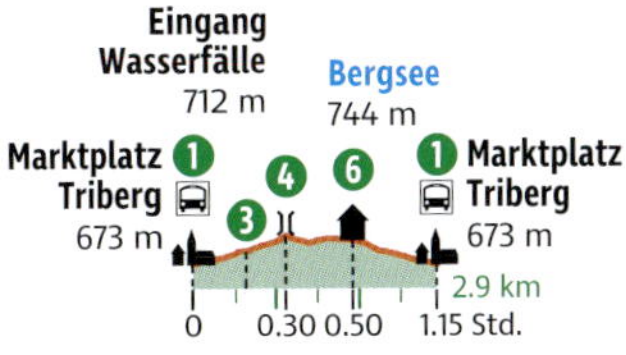

Highlights

- ★ Wasserfälle bestaunen und die kühle, feuchte Luft tief einatmen.
- ★ Die Eichhörnchen im Wald lassen sich gerne mit Erdnüssen füttern.
- ★ Abenteuerspielplatz am Bergsee zum Austoben und Ausruhen.
- ★ Nach der Tour wartet der Hochseilgarten auf Mutige, die in den Baumwipfeln klettern (siehe Freizeittipp F3).
- ★ Die größte Kuckucksuhr der Welt besichtigen – sie ruft auch »Kuckuck« (siehe Tipp).
- ★ Der Vierbahnenblick, von dem wir die Züge der Schwarzwaldbahn wie in einer Spielzeugeisenbahn-Landschaft beobachten können (siehe Tipp).

2.00 Std. | 4.8 km | ↗160 m | ↘160 m | ab 4 Jahren

7

Wasserweg von Unterkirnach

Rundtour zu spannenden Wasserstationen

Ein Kindertraum wird wahr

In Unterkirnach gibt es für Kinder so viel Spannendes rund um das Thema Wasser zu entdecken wie kaum an einem anderen Ort. Gleich zu Beginn unserer Tour finden wir mitten im Ort auf dem Mühlenplatz eine Landschaft aus Holzhäusern und schilfumrankten Teichen, mit einer alten großen Mühle, mehreren Brunnen, Flüßchen und Wasserspielgeräten, sodass die Kinder kaum zum Weitergehen zu bewegen sind. Auf dem weiteren Weg begegnen uns am Hang weidende Schafe und wir genießen tolle Aussichten auf die umliegenden Täler und Hügel. Der liebevoll und abwechslungsreich gestaltete Wassererlebnispfad »Wie wohnt Wasser?« beginnt am sogenannten Regentor, wo es wirklich regnet, sobald man hindurchspaziert. Größtenteils auf kleinen Waldpfaden gelangen wir zu einem Wasserspeicher mit Trinkwasser-Verkostungsstation, zu einer echten, sprudelnden Quelle und anderen sehenswerten Plätzen, die mit Wasser zu tun haben. Das Highlight aber heben wir uns für das Ende der Wanderung am Schlossberg auf – den einzigartigen Abenteuerspielplatz mit Teichen und Flößen. So eine Erlebnislandschaft wie hier würden sich unsere Kinder jeden Tag wünschen.

Ausgangspunkt: Bushaltestelle Unterkirnach-Kirnachbrücke, 792 m. Anfahrt vom Bahnhof Villingen-Schwenningen mit dem Regionalbus 61 Richtung Furtwangen Ilbenstraße.

Mit dem Auto: Kostenfreie Parkplätze am Rathausplatz, 78089 Unterkirnach.

Ausrüstung: Profilierte Trekkingsandalen, die auch mal nass werden dürfen, sind für diese Sommerrunde am besten geeignet. Ersatzkleidung und ein kleines Handtuch zum Abtrocknen sind sinnvoll.

Anforderungen: Leichte Wanderung überwiegend auf kleinen Pfaden mit wenig Steigungen. Viel zusätzliche Zeit einplanen, denn lange Pausen auf den tollen Spielplätzen sind garantiert. Die Runde ist auch mit einem gut gefederten Kinderwagen problemlos zu bewältigen.

Einkehr: Schönes Mühlencafé mit Sonnenterrasse am Mühlenplatz 10, 78089 Unterkirnach, Tel. +49 7721 8077233.

Tipp: Der Wassererlebnispfad ist barrierefrei und kann zusätzlich mit einem von der Touristeninformation ausgeliehenen MP3-Player begleitet werden. Ein Quiz zum Wasserpfad bekommen die Kinder ebenfalls bei der Touristeninformation oder man druckt es sich selbst aus unter www.unterkirnach.de.

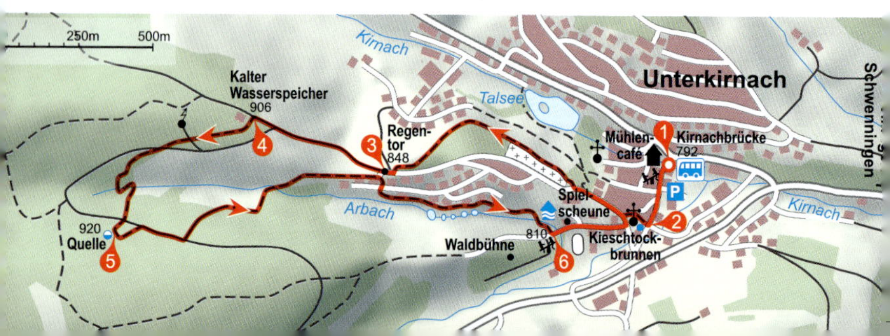

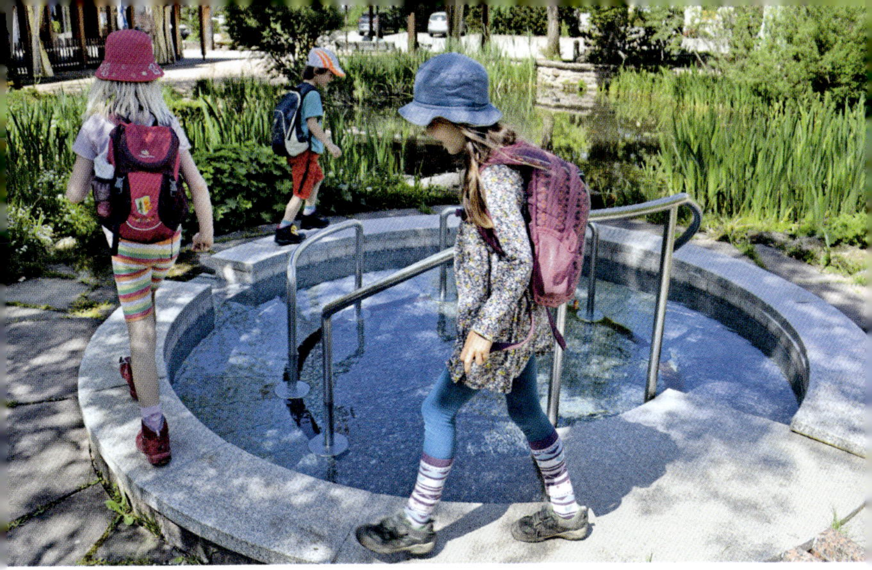

Zum richtigen Kneippen müsste man eigentlich ins Wasser steigen.

Wir steigen an der **Kirnachbrücke 1** aus dem Bus aus und finden hier am Mühlenplatz ein kleines Biotop vor, mit Wassertretstelle, Brunnen, einem Bach mit großen Steinen, Spielgeräten und der alten Kirnachmühle, in der sogar noch regelmäßig Brot gebacken wird.
Haben die Kinder alles ausgiebig erkundet, gehen wir die Hauptstraße Richtung Süden für 200 m hinunter, dem Wanderweg WaldWasser-Läufer folgend, bis zum närrischen **Kieschtockbrunnen 2**, an dem wir rechts die Treppe zur St.-Jakobus-Kirche hinaufsteigen. Wir gehen an ihrer rechten Seite um die Kirche herum und schwenken in den Esperantoweg rechts ein, bis wir nach knapp 200 m wiederum rechts in den unbefestigten Lerchenweg abbiegen. Ein grünes Schild »Wie wohnt Wasser?« zeigt uns die richtige Richtung an. Wir wandern am Hang an weidenden Schafen vorbei, genießen die Aussicht auf die grünen Hügel der Umgebung und treffen immer wieder auf Stationen mit Informationen über das Wasser. Die beiden Figuren Tanni und Quelline begleiten die Kinder nun auf diesem Wasser-Erlebnisweg zu insgesamt zehn Stationen.

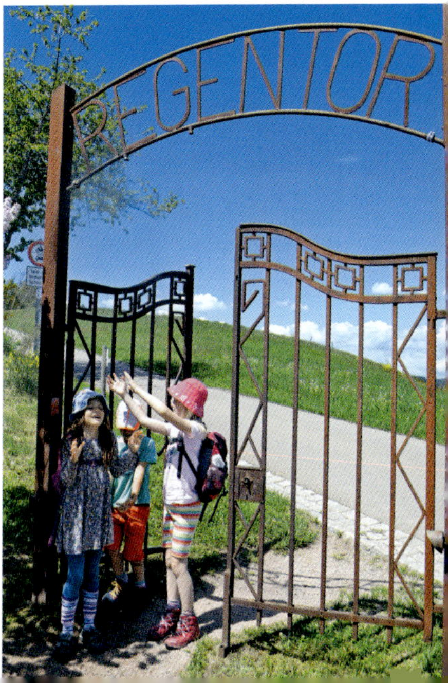

Jeder, der hier durch das Tor läuft, wird geduscht.

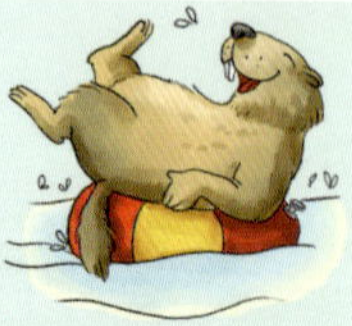

Hallo Kinder,

wolltet ihr schon immer mal mit einem echten, eigenen Floß über den See paddeln und gegen feindliche Piraten kämpfen? Oder wie Tarzan an der Liane über einen Fluss schwingen? Das alles könnt ihr auf dem Abenteuerspielplatz unterhalb der Spielscheune machen. Dazu gibt es noch eine wirklich beeindruckende Riesenrutsche, zwei Archimedische Wasserschrauben zum Wasserpumpen, eine Rollenbahn und vieles mehr. Am besten hat uns die Floßfähre gefallen, mit der man sich selber über einen kleinen See ziehen kann. Nur am Ende muss man die Fähre auch wieder festmachen, sonst schwimmt sie davon und das nächste Kind muss in das knietiefe Wasser steigen, um sie zu holen. Für die Erwachsenen gibt es zum Ausruhen und Picknicken schattige Plätzchen unter den Bäumen. Aber noch besser ist es, wenn sie bei dem Wasserspaß mitmachen und wieder zu Kindern werden.

Nach rund 15 Min. erreichen wir die erste Station des Wasserpfades, das gusseiserne **Regentor** ❸ – Vorsicht, hier wird's nass!
Vorbei an sonnigen Wiesen geht es dann weiter bergauf, und der kleine markante Wegweiser bringt uns zum **Kalten Wasserspeicher** ❹ am Waldrand. Die Kinder tüfteln an den Fragen dieser Station und entdecken auch die beiden Wasserhähne, aus denen man Rohwasser ungefiltert aus der Quelle und gefiltertes Reinwasser zapfen und verkosten kann. Wir füllen unsere Flaschen mit dem Quellwasser und wandern auf ganz weichem, federndem Waldboden durch den hellen Fichtenwald. Auf einem guten Kilometer begegnen wir weiteren liebevoll arrangierten

Mal was anderes: Wir balancieren auf langen Baumstämmen durch den Wald.

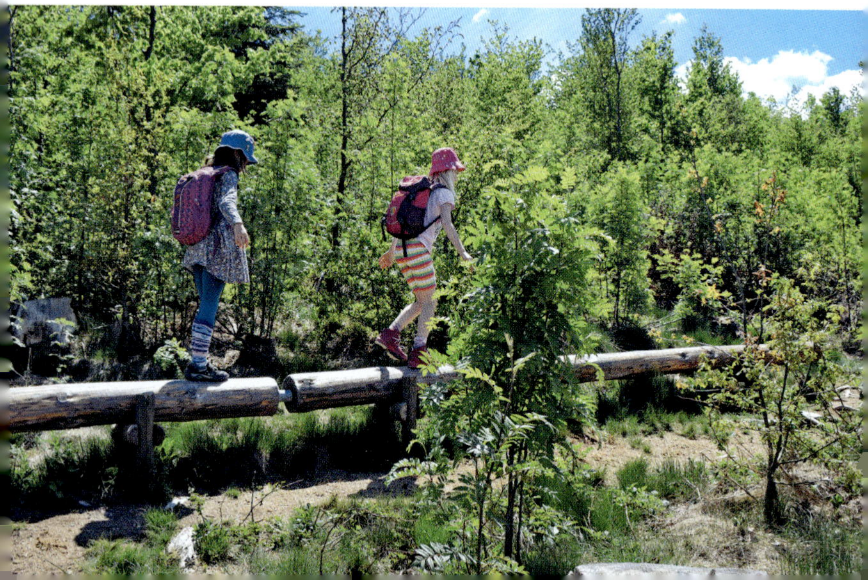

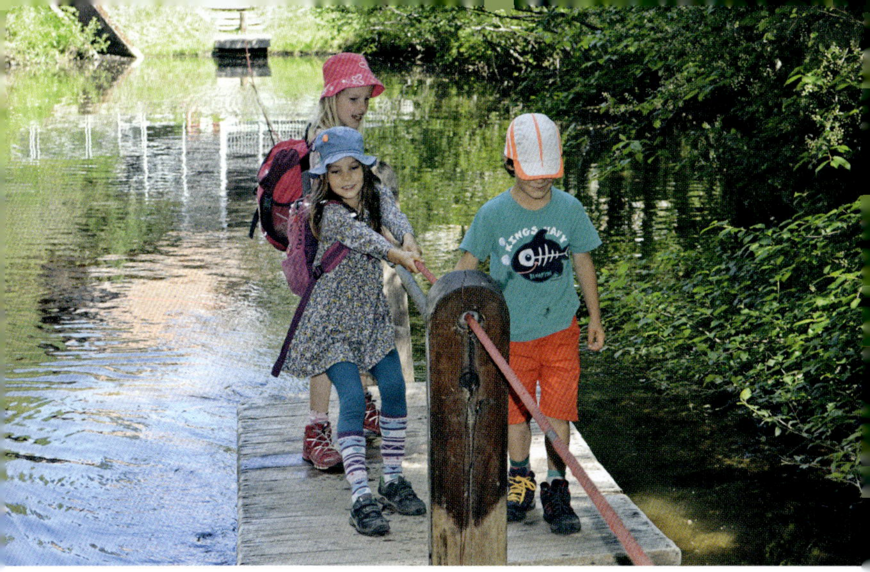

Das Übersetzen über den Teich erfordert Kraft und Ausdauer und begeistert alle.

Stationen, wie einer bunten »Wassergemurmelhörliege« oder einer gefassten **Quelle** ❺ mit Froschklappe. Dann geht es rund 600 m am Waldrand entlang zu weiteren Stationen des Erlebnispfades, an denen wir die Geschwindigkeit des Arbachs messen oder mit riesigen Lupen Wassertiere im Bach suchen, bis wir wieder zum **Regentor** ❸ gelangen. Hier genießen natürlich alle Kinder ein zweites Mal die kühlende Regenerfrischung.

Nun werden wir steil bergab auf Serpentinen zum Trampelpfad am Arbach mit seinem Tal der fünf Seen geleitet, halten uns an der Schlossberghalle rechts und erreichen mit Tannis Waschplatz die letzte Station des Erlebnispfades. Nun gibt es für die Kinder kein Halten mehr, denn hier beginnt auch der rund ein Hektar große **Abenteuerspielplatz** ❻ mit seinen Teichen, Bächen und Rutschen – ein echtes Kinderparadies, für das man unbedingt reichlich Zeit einrechnen sollte. Die Wanderschilder Richtung Sportler-Treff und Mühlenplatz weisen uns den Weg zurück über den Kirchplatz und den Kieschtockbrunnen zur Bushaltestelle an der **Kirnachbrücke** ❶.

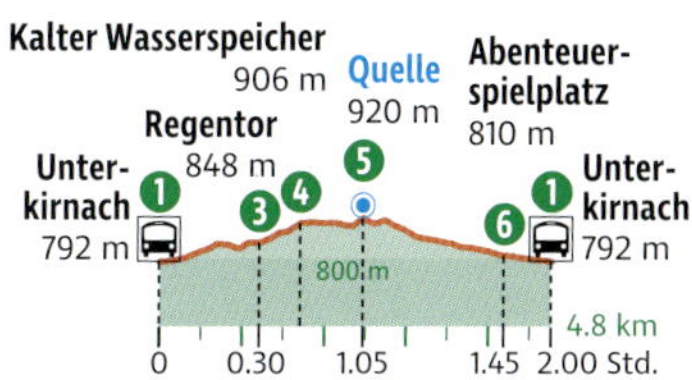

Highlights

- ★ Teichlandschaft in der Ortsmitte mit Spielplatz und einer alten Mühle.
- ★ Schafweiden mit toller Aussicht.
- ★ Pfiffiger Wassererlebnispfad mit zehn einfallsreichen Stationen.
- ★ Großer Abenteuerspielplatz mit Teichen und echten Holzflößen.
- ★ Die Spielscheune, ein Hallenspielplatz und das Hallenschwimmbad sind mit der Unterkirnacher Gästekarte kostenlos nutzbar.

2.00 Std. | 5.2 km | ↗ 60 m | ↘ 60 m | ab 5 Jahren

8 Blindenseemoor

Auf Holzbohlen durchs Naturschutzgebiet Blindensee

Ganzjahreswandertour durch moorige Landschaften

Warum nicht einmal eine Moorwanderung im Winter, haben wir uns gefragt und sind Richtung Schönwald ins Naturschutzgebiet Blindensee aufgebrochen. Das Moor bietet in dieser Jahreszeit ein ganz anderes Erlebnis, besonders wenn Schnee gefallen ist. Die Kinder freuen sich über die weiße Pracht, auch wenn sie sie beim Gehen etwas behindert. Um das Blindenseemoor, das man auf einem schmalen Holzbohlenweg durchwandert, ranken sich gruselig-spannende Sagen und sorgen bei den Kindern für Gänsehaut, denn ein Fehltritt könnte schon nasse Füße bedeuten oder gar Schlimmeres?! So erreicht man dann den Blindensee, der vom Moor umgeben ist und der uns durch seine hellgraue Eisschicht überrascht, die im Gegenlicht der tief stehenden Wintersonne wie aus Metall erscheint. Wir lassen uns von den Schautafeln über die Entstehung des Moores und dessen spezielles Tier- und Pflanzenreich aufklären und erfreuen uns an der unberührten Natur in rund 1000 Meter Höhe. Im Sommer müssen wir unbedingt noch mal hierher kommen, wenn sich der fleischfressende Sonnentau und die Alpen-Smaragdlibelle zeigen.

Ausgangspunkt: Wanderwirtschaft Küferhäusle, 960 m, nordwestlich von Schönwald.
Mit Bahn/Bus nicht direkt erreichbar. Ab Triberg Bahnhof (Bahnlinie Offenburg–Donaueschingen) mit dem SBG-Bus 7270 Richtung Furtwangen/Schönwald bis zur Haltestelle Schönwald Inselklause. Von dort sind es 1,5 km zu Fuß auf der kaum befahrenen kleinen Landstraße Schwarzenbach.
Mit dem Auto: Parkplatz am Küferhäusle, Schwarzenbach 14, 78141 Schönwald im Schwarzwald.
Ausrüstung: Im Winter knöchelhohe Wanderschuhe, im Sommer Trekkingsandalen.
Anforderungen: Im Sommer leichte, im Winter mittelschwere Wanderung über sanft steigende Waldwege. Der Holzsteg ist schmal, hier müssen kleinere Kinder im Auge behalten werden. Rutschgefahr bei Nässe und Schnee! Der Holzbohlenweg ist für Kinderwägen wegen des Gegenverkehrs zu schmal.
Einkehr: Suppen und Vesper im Küferhäusle, im Winter nur So 11–18 Uhr geöffnet, ansonsten auch Fr und Sa 11–20 Uhr, Übernachtung mit Frühstück bei Vorbestellung möglich, Tel. +49 157 52949151, www.kueferhaeusle.de.

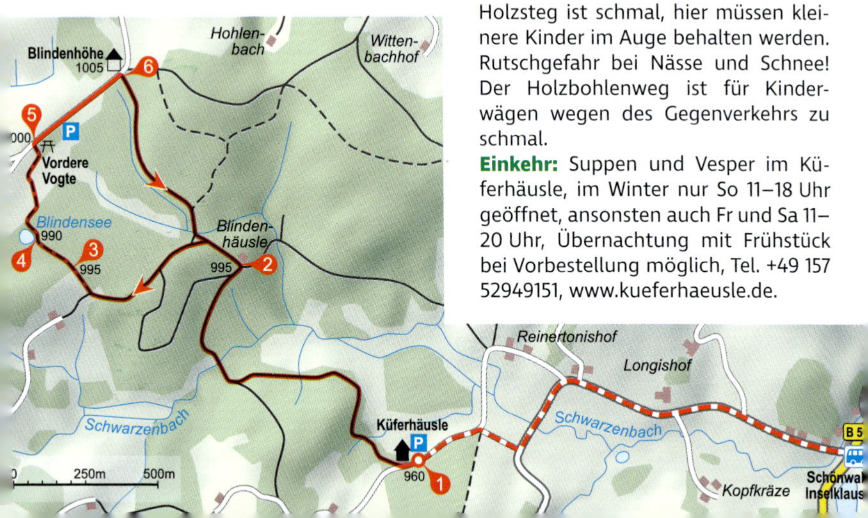

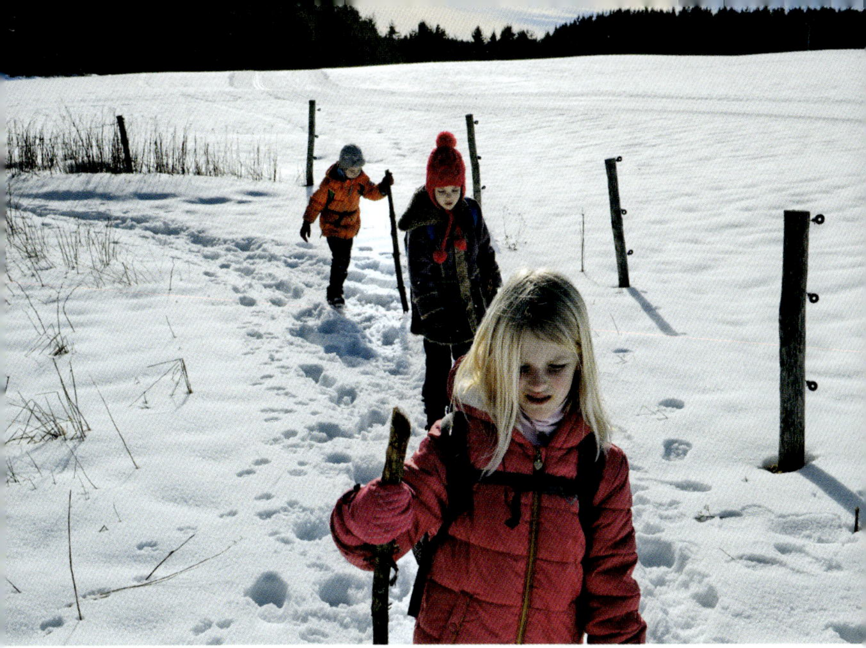

Stapfen durch den Schnee macht Spaß, ist aber auch etwas mühsamer.

Das ehemalige Naturfreundehaus **Küferhäusle ❶** am Waldrand ist der Ausgangspunkt unserer Wanderung ins Moor. Hinter dem Haus folgen wir dem Wegweiser in Richtung Blindensee. Der sanft ansteigende Forstweg schlängelt sich auf 1,5 km durch den Blindenwald, bis wir das **Blindenhäusle ❷** erreichen. Das alte Häuschen übersehen wir fast, so verfallen und von Moos und Ästen bedeckt steht es dort.

Nach 200 m halten wir uns an der Weggabelung links und treten bald darauf aus dem Wald heraus auf eine Lichtung. Wir wandern nun am Waldrand, dem Wegweiser zum Blindensee folgend, entlang, bis wir zum Beginn des hölzernen **Moorstegs ❸** kommen. Hier schnitzen wir uns lange Wanderstöcke, damit wir testen können, wie tief das Moor wirklich ist. Der schmale Steg ist im Winter voller Schnee und verlangt deshalb höchste Konzentration von uns. Ob wir hier schon den Kindern die Geschichte vom einstmals versunkenen Ochsengespann erzählen sollten (siehe »Hallo Kinder«)? Und wie

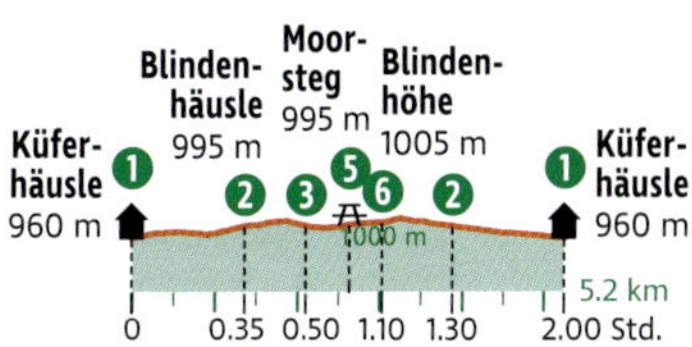

Highlights

- ★ Schaurig-schöne Moorlandschaft mit einigen Sagen und Legenden drumherum.
- ★ Abenteuerlicher Holzbohlensteg durch das Hochmoor.
- ★ Einzigartiger Moorsee inmitten des Blindenseemoors.
- ★ Viele Informationen über das Moor und dessen Besonderheiten auf Schautafeln.

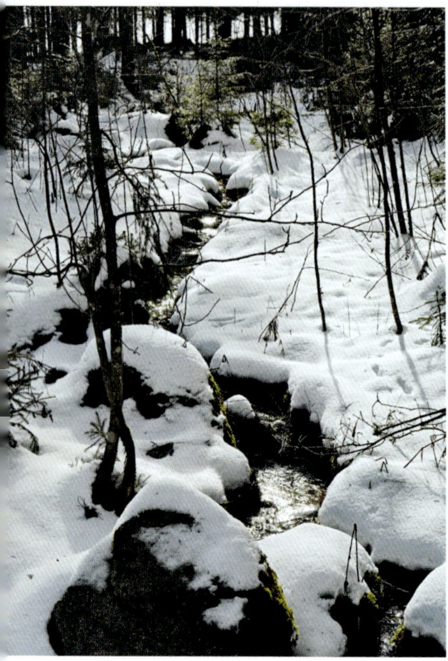

Ein Bächlein sucht sich seinen Weg durch die verschneite Waldlandschaft.

kommt eigentlich der Gegenverkehr an uns vorbei?
Ein paar Minuten begleiten uns Birken und Moorkiefern den Steg entlang, dann stehen wir endlich am kleinen, kreisrunden **Blindensee ❹**, dessen vereiste Oberfläche im Winter im Gegenlicht glänzt. Die Bänke laden zu einer längeren Vesperpause ein und frisch gestärkt wandern wir auf dem den Steg weiter, bis wir auf den Rastplatz **Vordere Vogte ❺** und den Wanderparkplatz Blindensee stoßen. Hier halten wir uns rechts Richtung **Blindenhöhe ❻**, zu der wir nach einem knappen halben Kilometer auf asphaltierter Straße gelangen. Wiederum nach rechts weist uns das Wanderschild den Weg zurück Richtung Küferhäusle. Am **Blindenhäusle ❷** treffen wir auf unseren Hinweg und gehen nun auf dem bekannten Weg zurück zum **Küferhäusle ❶**, wo uns zum Abschluss eine urige Einkehr erwartet.

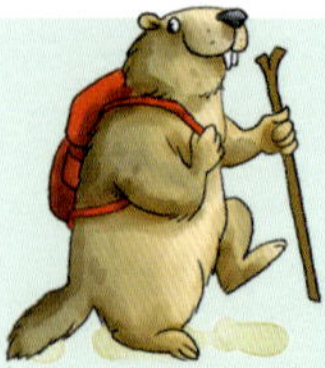

Hallo Kinder,

die Besonderheit des Blindenseemoors ist das sogenannte Moorauge. Es liegt kreisrund wie ein dunkles Auge inmitten des Hochmoorgebiets, hat einen Durchmesser von rund 50 m und wird Blindensee genannt. Das Moorauge ist insgesamt ungefähr drei Meter tief, wobei schon nach 60 Zentimetern der erste Torfschlamm auftaucht. Darunter liegen etwas festere Torfschichten, in denen man aber auch keinen festen Stand hätte, wenn man versehentlich in das Moorauge fallen sollte. Im Mittelalter soll einer Legende nach ein angetrunkener Bauer mitsamt seinem Ochsengespann vom Weg abgekommen und im Moor versunken sein. Drei Tage später soll er mit seinem Gespann im Rhein bei Kehl gesund und munter wieder aufgetaucht sein. Früher glaubte man, dass alle Gewässer unterirdisch miteinander verbunden seien, und so erklärte man sich dieses Wunder. Seinen Namen hat der Blindensee vom 1908 abgerissenen Blindenhof. Dieser alte Bauernhof gehörte im 18. Jahrhundert dem Bauern Daniel Kern, der erblindet war und so zum Namensgeber des Hofes wurde.

Vorsicht, auf dem schmalen Holzbohlenweg zum Moorauge des Blindensees ist es im Winter schon mal rutschig!

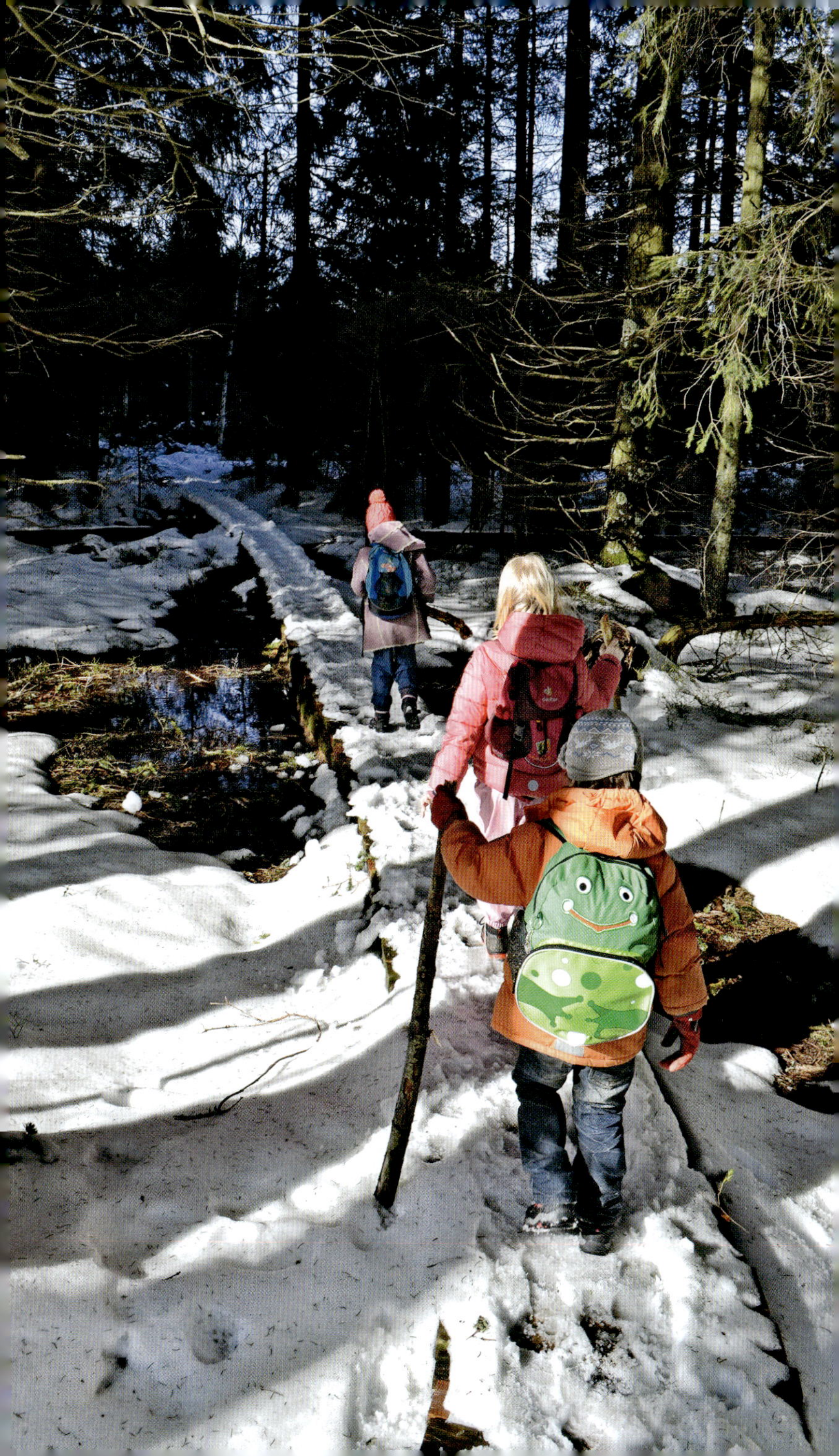

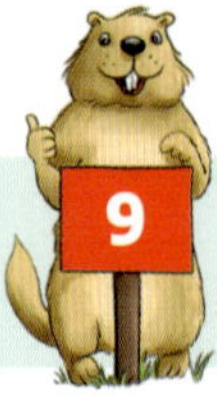

3.30 Std. | 8.1 km | ↗ 280 m | ↘ 280 m | ab 6 Jahren

Zur Breg, dem Hauptquellfluss der Donau

Rundwanderung über den Brend und den Günterfelsen

Mystische Felsen und göttliche Quelle

Die Donau ist nach der russischen Wolga der zweitgrößte Fluss in Europa und hat seinen Ursprung im Bregtal bei Furtwangen, unserem Wanderziel. Seit Jahrhunderten schon streiten sich die Städte Furtwangen und Donaueschingen um den Titel der wahren Donauquelle. Fakt ist, dass die Breg der längste Quellfluss der Donau ist und dass aus dem Zusammenfluss der Flüsse Breg und Brigach bei Donaueschingen die Donau entsteht. Die wunderschöne Rundtour führt uns durch Farn- und Nadelwälder hinauf auf den Brend, den Hausberg von Furtwangen, von dessen Brendturm wir den Rundblick bis in die Schweiz und in die Vogesen genießen. Im Haus der Naturfreunde kann man sich stärken und anschließend die Felsenburg am Günterfelsen erklimmen, eine mystisch anmutende Felsansammlung aus riesigen, rundlichen Granitblöcken, auf denen es sich trefflich klettern lässt. Die alte Martinskapelle und die schön eingefasste Quelle der Breg mit ihrer Danuvius-Statue ist unser letztes Etappenziel.

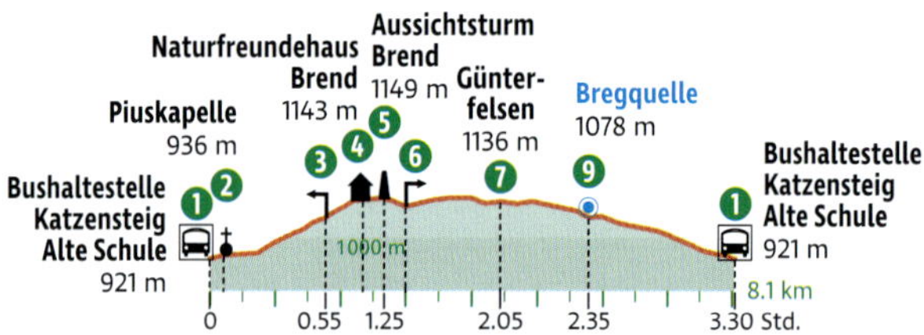

Schon zu Beginn der Wanderung präsentieren sich schöne Panoramen.

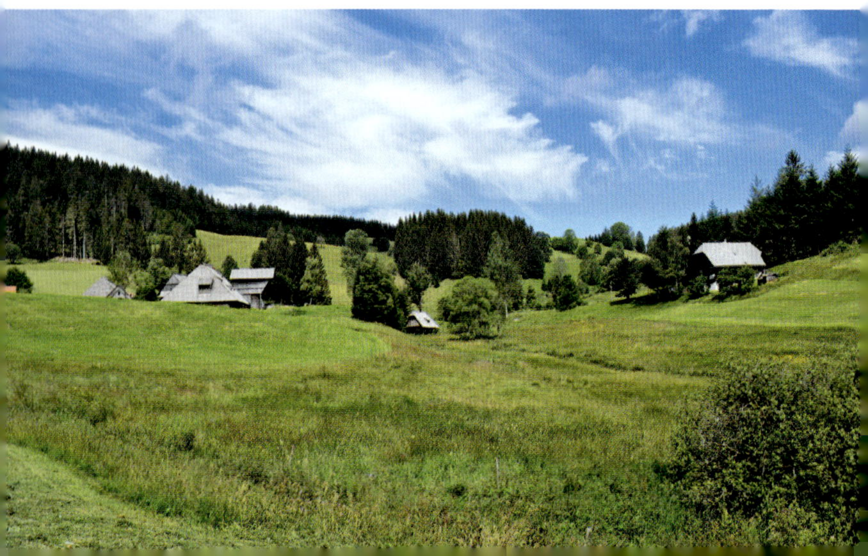

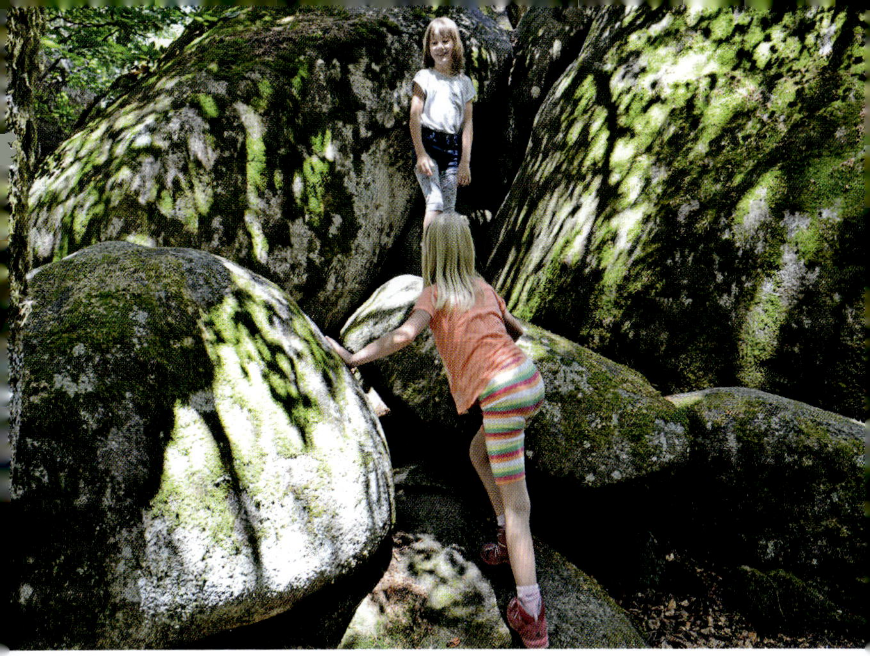

Große Granitblöcke am Günterfelsen locken die Kinder in die Höhe.

Ausgangspunkt: Bushaltestelle Katzensteig Alte Schule bei der Piuskapelle, 921 m. Anfahrt mit dem SBG-Bus 7270 unter der Woche viermal täglich ab Triberg Bahnhof bis Furtwangen Friedrichschule oder Furtwangen Arche, dort Umstieg in den SBG-Bus 7264.
Mit dem Auto: Kostenfreier Wanderparkplatz an der Piuskapelle (Navi: N48.086395, E8.178738).
Ausrüstung: Wanderschuhe oder Trekkingsandalen.
Anforderungen: Mittelschwere Wanderung auf Waldwegen mit einem längeren Anstieg zu Beginn der Tour; Klettern auf dem Felsen erfordert Trittsicherheit. Der Rückweg von der Quelle bis zum Ausgangspunkt ist asphaltiert.
Einkehr: Knapp unterhalb des Gipfels des Brend hält der Gasthof Naturfreundehaus Brend einfache Gerichte bereit, 11.30–21.30 Uhr geöffnet, Mo Ruhetag, Auf dem Brend 5, 78120 Furtwangen, Tel. +49 7723 803, www.naturfreundehaus-brend.de. Direkt am Gipfel lädt der Berggasthof Brend zur Vesper ein, Do–Mo 11.30–20 Uhr, Mi 17–20 Uhr, Di Ruhetag, Auf dem Brend 7, 78120 Furtwangen, Tel. +49 7723 504870, www.berggasthof-brend.de. Leckere badische Küche direkt an der Breg-Quelle bietet das Höhengasthaus Kolmenhof, tägl. 11.30–20 Uhr, Mi Ruhetag, Neuweg 11, 78120 Furtwangen, Tel. +49 7723 93100, www.kolmenhof.de.

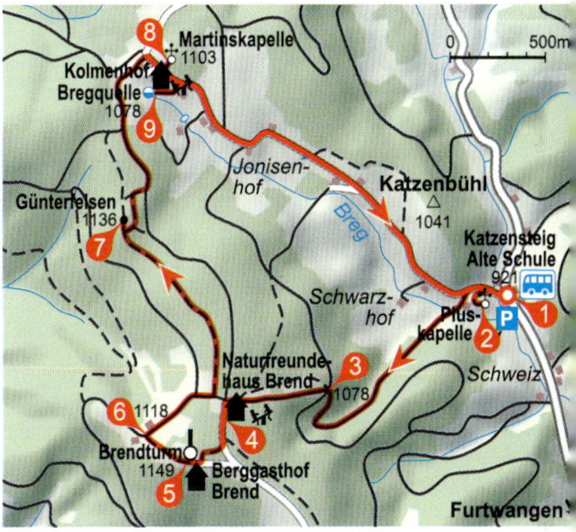

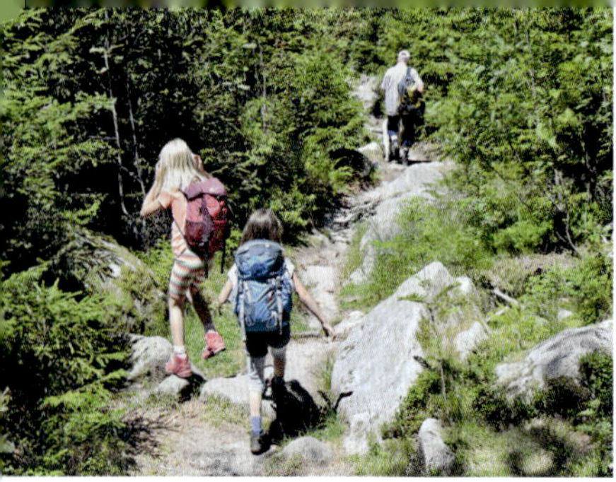

Ein toller Felsenpfad abseits des breiteren Forstwegs.

Unter dem idyllischen Glockengeläut der auf einer Anhöhe gelegenen Piuskapelle stehen wir schon an der **Bushaltestelle Katzensteig Alte Schule ❶** mitten im Grünen, umgeben von hügeligen Wiesen und vereinzelten Schwarzwaldhöfen. Wir folgen dem Schild zur Donauquelle und biegen nach einem Blick in die **Piuskapelle ❷** links auf den kiesigen, aber griffigen Forstweg ein, der uns steil nach oben in den Wald führt. Farne und Fingerhut stehen bei unserem Aufstieg Spalier und nach rund 1,5 km kommen wir an eine **Wegkreuzung ❸**, die sich dank der Sitzgelegenheiten auf abgesägten Baumstümpfen und der schönen Aussicht als guter Rastplatz herausstellt. Die gelbe Raute mit der Aufschrift »Brend« weist uns hier links abzweigend weiter steil bergauf durch hellen Fichtenwald zum nächsten Zwischenziel, dem bewirtschafteten **Naturfreundehaus Brend ❹** mit seinem Spielplatz und der Terrasse direkt am Wanderweg. Dort geht es für uns nach links in Richtung **Brendturm ❺**, einem über 100 Jahre alten Aussichtsturm aus Granitsteinen. Von dessen Plattform haben wir einen tollen Rundblick.

Den dazugehörigen Berggasthof Brend lassen wir links liegen, steigen geradeaus hinunter zum **Wegweiser Brendhäusle ❻** und biegen dort rechts auf den Teerweg ein. 30 m vor der Wanderwegkreuzung am Naturfreundehaus wenden wir uns links

Die Danuviusstatue aus Bronze wacht über die Quelle der Breg.

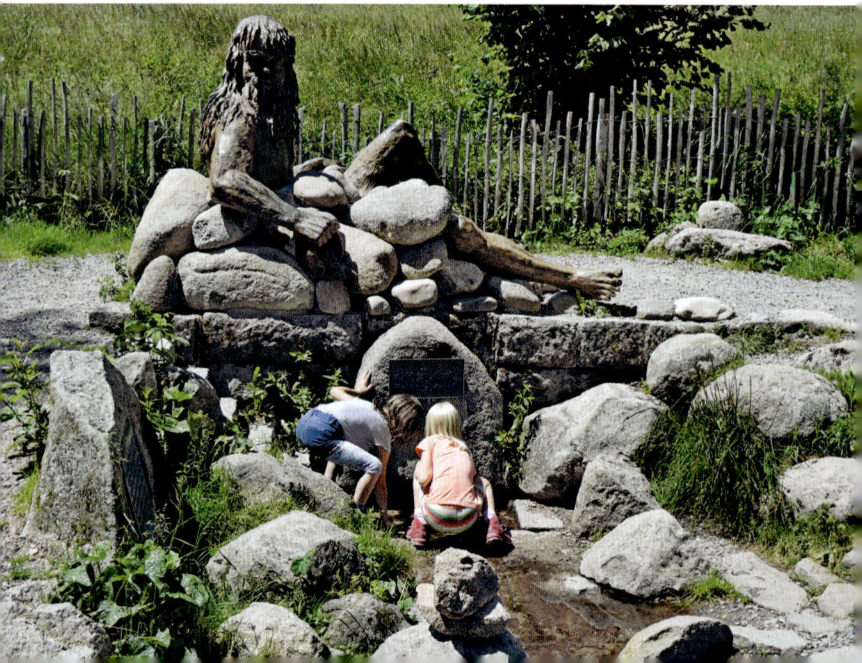

in einen kleineren Waldweg, der uns parallel zum offiziellen Wanderweg bis zum Günterfelsen begleitet. Anfangs geht es auf weichem Waldboden leicht bergab, später wird es etwas steiler und felsiger, was uns allen richtig Spaß beim Wandern macht. Nach einer halben Stunde kommen wir zum **Günterfelsen** ❼, und sofort verstehen wir, warum diese Formation von ausgewaschenen Granitblöcken auch Felsenburg genannt wird. Er ist wie geschaffen, um darauf herumzuklettern und eine Rast im Schatten der Bäume zu machen.

Wir setzen unsere Tour auf dem Wanderweg mit der roten Raute fort, der nach wenigen Minuten rechts in einen breiteren Forstweg mündet. Nach einer guten halben Stunde kommen wir zur **Martinskapelle** ❽ und der **Bregquelle** ❾, dem Ursprung der Donau. Hier haben wir etwas mehr Zeit zum Verweilen eingeplant, denn die Quelle mit der bronzenen Flussgottheit Danuvius und der Spielplatz sind für die Kinder sehr abwechslungsreich, und das benachbarte **Höhengasthaus Kolmenhof** lockt die Erwachsenen mit einer schönen Aussichtsterrasse.

Für den Rückweg nutzen wir die bergab führende Teerstraße, vorbei an saftiggrünen Weiden mit grasenden Ochsen und Kühen. Den tollen Blick ins Tal können wir für gute 2 km genießen, bis wir wieder unseren Ausgangspunkt an der **Bushaltestelle Katzensteig Alte Schule** ❶ erreichen.

Highlights

- ★ Spielplätze am Naturfreundehaus und am Kolmenhof.
- ★ Wir besteigen den Brendturm mit Aussichtsplattform.
- ★ Klettern auf der Felsenburg Günterfelsen.
- ★ Wir entdecken die Bregquelle mit der großen Danuvius-Statue.
- ★ Wunderschöne, typische Hügellandschaft des Schwarzwalds.

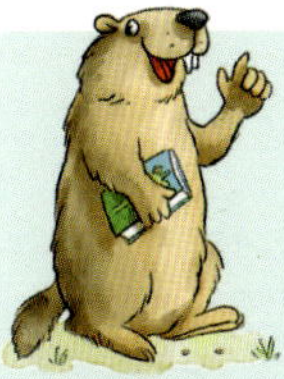

Hallo Kinder,

ihr wisst natürlich, dass die Donau sehr lang ist und in das Schwarze Meer fließt. Aber habt ihr auch schon von dieser Besonderheit gehört? Bei Tuttlingen gibt es sogenannte Schlucklöcher im Flussbett der Donau, in die Teile des Flusswassers hineinfließen, ein unterirdischer Abzweig sozusagen. An rund 150 Tagen im Jahr, meist im wasserärmeren Sommer und Herbst, ist die Donau dann nicht mehr ganz so lang, denn dann versinkt ihr ganzes Wasser komplett in den Löchern und das Flussbett ist kilometerlang knochentrocken. Das Wasser strömt unterirdisch bis nach Aach, wo es in einer Quellhöhle austritt und sich in einem kleinen See sammelt, dem Aachtopf. Von dort fließt es in den Bodensee und dann in den Rhein. An diesen 150 Tagen fließt die Donau also erst hinter Tuttlingen wieder, gespeist vom Krähenbach und weiteren Nebenflüssen, die in die Donau münden. Es könnte in Zukunft auch sein, dass die Löcher im Flussbett größer werden und dadurch ganzjährig die Donau in den Aachtopf fließt. Dann wäre der Krähenbach der Quellfluss der Donau, nicht mehr die Breg.

2.00 Std. | 4.8 km | ↗170 m | ↘170 m | ab 5 Jahren

10 Walderlebnispfad Gutach-Bleibach

Rundtour am Hörnleberg

Wunderschöne Ganzjahrestour durch den Wald

Wer gerne zu jeder Jahreszeit mit Kindern eine kleine Runde wandern möchte, dem sei dieser liebevoll gestaltete und gleichzeitig lehrreiche Rundwanderweg am Hörnleberg bei Gutach-Bleibach empfohlen. Die hölzernen Waldmenschen mit ihren anschaulichen Informationen rund um den Wald fügen sich ganz natürlich in die Wege ein und die Sonne begleitet die Wanderer auf großen Teilen des Pfades, bevor sie im Elztal versinkt. Auf der Mitte der Strecke steht eine urige Hütte, bei der man auch ausgezeichnet grillen kann. Und die Kinder finden es aufregend, auf dem Pirschpfad nach im Wald versteckten Tieren zu suchen. Dazu lockt in warmen Jahreszeiten ein Wassertretbecken zur Abkühlung am Ende unserer Wanderung.

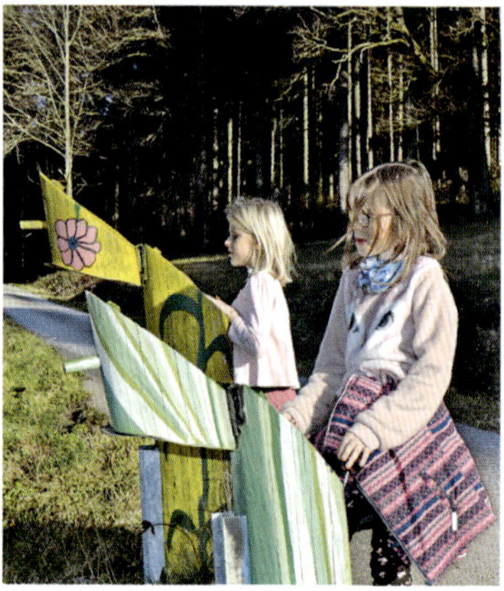

Spielkonsolen können auch mal aus Holz sein.

Start des Walderlebnispfades an der hölzernen Landkarte.

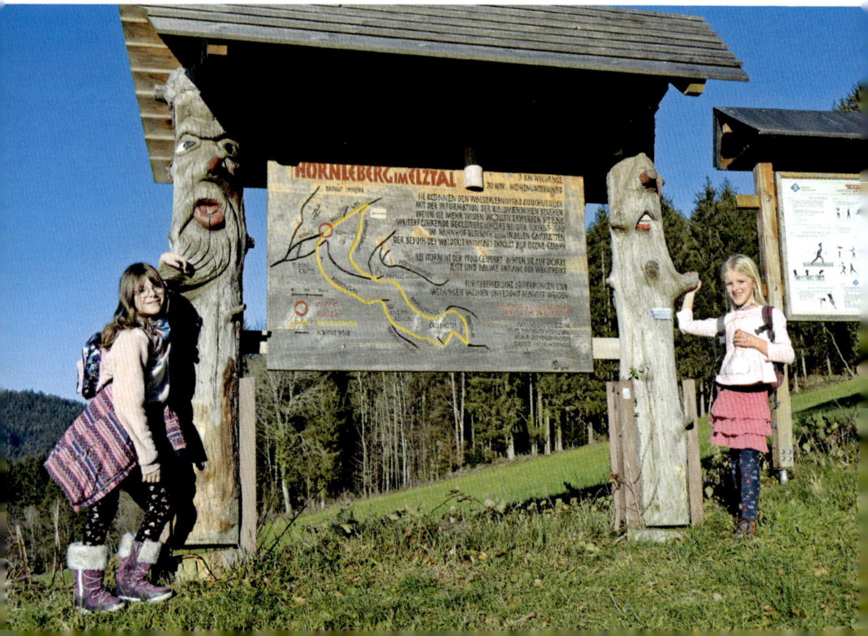

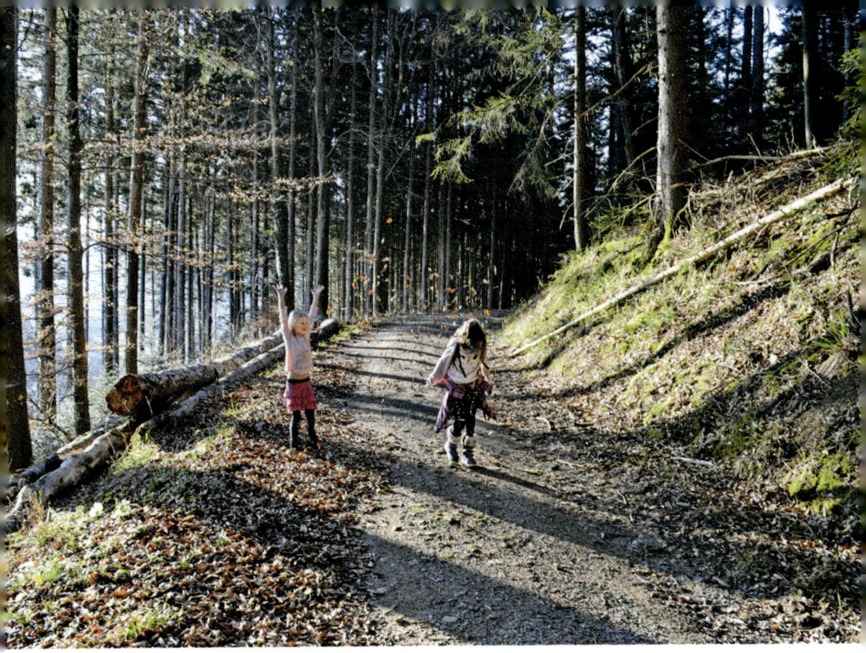

Die pure Lebensfreude lässt das herbstlich bunte Laub regnen.

Ausgangspunkt: Bahnhof Gutach-Bleibach, 304 m. Anfahrt vom Freiburger Hauptbahnhof mit der Linie S2 Richtung Elzach (gültig ab Juni 2021, davor Schienenersatzverkehr).
Mit dem Auto: Parkplatz am Bahnhof Bleibach oder am Friedhof Hörnlebergstraße 9, 79261 Gutach im Breisgau.
Ausrüstung: Wanderschuhe oder Trekkingsandalen.
Anforderungen: Leichte Wanderung mit Steigungen bis zur Hälfte der Tour. Die Forstwege sind breit und gut begehbar. Die Strecke ist auch für Kinderwagen mit Luftreifen gut geeignet.
Einkehr: Direkt am Weg keine, aber die Rebberghütte mit großer Grillstelle und Schwenkrost eignet sich hervorragend für eine längere Vesperpause.
Im Ort Bleibach: Warme Küche im Schwarzwälder Hof (Mo und Do Ruhetag, Simonswälder Str. 79, 79261 Gutach-Bleibach, Tel. +49 7685 203, www.schwarzwaelderhof-bleibach.de). Oder im Schwarzwald-Hotel Silberkönig, Silberwaldstr. 24, 79261 Gutach-Bleibach, Tel. +49 7685 7010, www.silberkoenig.de.
Tipps: Für mehr Details zum Erlebnispfad gibt es in der Geschäftsstelle von ZweiTälerLand-Tourismus im Bahnhof Bleibach und in den Gaststätten des Ortes eine Begleitbroschüre. Und gegenüber dem Bahnhof ist an der Schulstraße neben der Schule ein schöner Spielplatz für alle, die sich noch nicht genug ausgetobt haben.

Highlights

- ★ Walderlebnispfad mit unterhaltsam und lehrreich eingerichteten Stationen.
- ★ Toller Ausblick nach Bleibach und ins Elztal.
- ★ Die Wanderung ist auch im Winter lohnenswert.
- ★ Große Grillhütte.
- ★ Kneippbecken zum Wassertreten.
- ★ Spielplatz an der Schulstraße.

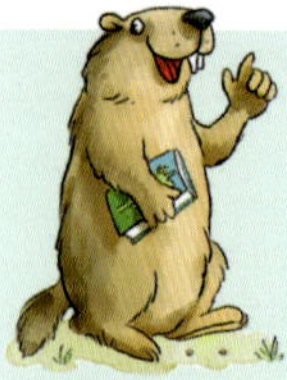

Hallo Kinder,

wer es einmal miterlebt hat, vergisst es nicht mehr: Das Scheibenschlagen (Schiibeschlohge) ist ein alter traditioneller Faschingsbrauch, den es schon über 1000 Jahre gibt. In einem großen Feuer werden im Abendlicht zehn Zentimeter große Holzscheiben mit einem Loch in der Mitte an einem langen Stock zum Glühen gebracht und dann mit viel Schwung und etwas Technik ins Tal geschleudert. Die glühenden Scheiben sollen die finsteren Geister des Winters vertreiben. Jede einzelne Scheibe ist einer bestimmten Person gewidmet, meist einem angebeteten Mädchen. Dabei ruft der Scheibenschläger einen Spruch, der von Ort zu Ort unterschiedlich sein kann und hier im Elztal so lautet: »Schiebe, Schiebe schlage, wem soll die Schiebe kehre? Die Schiebe soll der/dem .... kehre.« Je weiter die Scheibe dann fliegt, desto mehr Glück soll dem Scheibenschläger zuteilwerden. Danach wird noch ein mit Stroh umwickeltes Rad angezündet und den Hang hinuntergerollt. Manchmal kann es dabei zu kleineren Bränden kommen, weshalb sich immer die Feuerwehr in der Nähe bereithält, um zu löschen. Oft sind es sogar die Feuerwehren selber, die das Scheibenschlagen vorbereiten und durchführen.

Schon gleich zu Beginn der Tour am **Bahnhof Gutach-Bleibach ❶** begegnet uns eines der bunten Waldmännchen, die den Erlebnispfad mit vielen Informationen und anschaulichen Rätselfragen so interessant machen. Wir folgen dem Wanderschild die Bahnhofstraße entlang, biegen rechts in die Dorfstraße ein und an der nächsten Abzweigung links in die Hörnlebergstraße, die uns bergauf am Friedhof vorbei zu einer Verzweigung führt. Hier ignorieren wir den Hinweis auf das Hotel Silberkönig und halten uns rechts, bis wir den Startpunkt des **Walderlebnispfades ❷** an einer schönen Holztafel erreichen. Gleich darauf kommen wir an einer kleinen Kapelle vorbei und folgen der nächsten Abzweigung nach rechts. An der folgenden Station frischen wir unser Wissen über verschiedene Baumarten auf. Vorbei an der Pflanzschulen-Hütte mit Barfußpfad erreichen wir nach rund einem halben Kilometer die sagenumwobene **Balbinen-Kapelle ❸**. Einer Sage zufolge wurde sie aus Dankbarkeit von einer Frau namens Balbine errichtet, deren kranke Hand auf wundersame Weise geheilt worden war. Die Kapelle ist Teil eines Wallfahrtswegs, der bis zum Gipfel des Hörnlebergs führt,

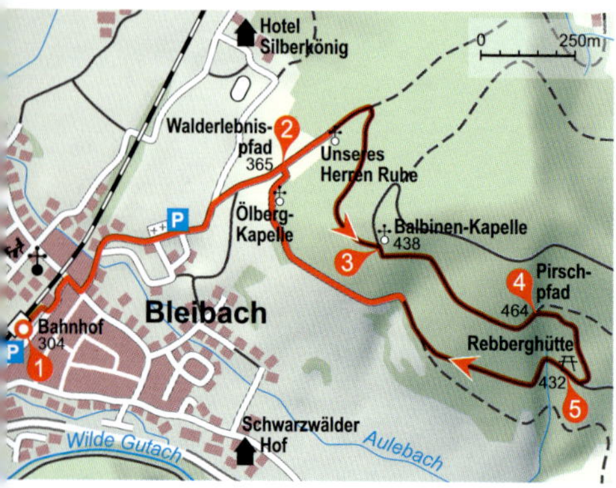

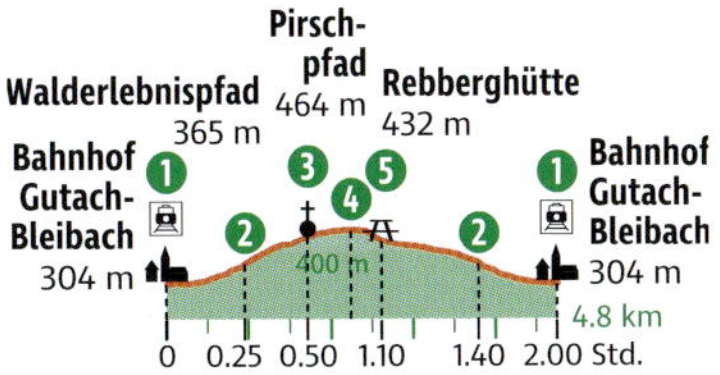

auf dem sich früher eine heidnische Kultstätte befand und heute eine Wallfahrtskirche steht.

Nach weiteren 10 Min. gelangen wir zum **Pirschpfad 4**, der rechts vom normalen Weg abzweigt und die Kinder auffordert, verschiedene versteckte Tiere des heimischen Waldes zu finden. Einen Tipp gibt es dazu: Es sind mehr als fünf, aber weniger als zehn Tiere versteckt. Die Auflösung folgt dann bei der nächsten Station, der **Rebberghütte 5**, bei der es auch eine Grillstelle mit großem Schwenkrost gibt. Eine längere Pause lohnt sich hier auf jeden Fall.

Auf den folgenden Stationen des letzten Wanderkilometers bis zur **Anfangsstation 2** lernen wir einiges über die Folgen der Stürme für den Wald, über die Frage, wem eigentlich der Wald hier gehört, über Honigbienen, über die heilende Wirkung eines Kneippbeckens und über den einheimischen Faschingsbrauch des Scheibenschlagens (siehe »Hallo Kinder«). Auf dem bekannten Weg geht es dann wieder bergab bis zum **Bahnhof 1**, an dem wir gestartet sind.

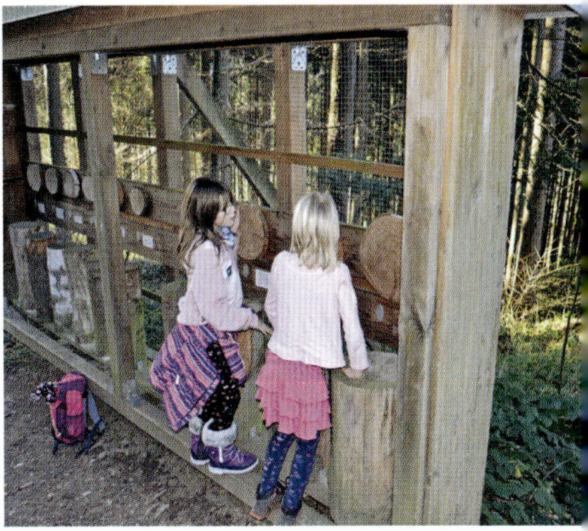

Jahresringe zählen und Baumarten bestimmen gehören ebenso dazu …

… wie eine eine zünftige Brotzeit in der Rebberghütte.

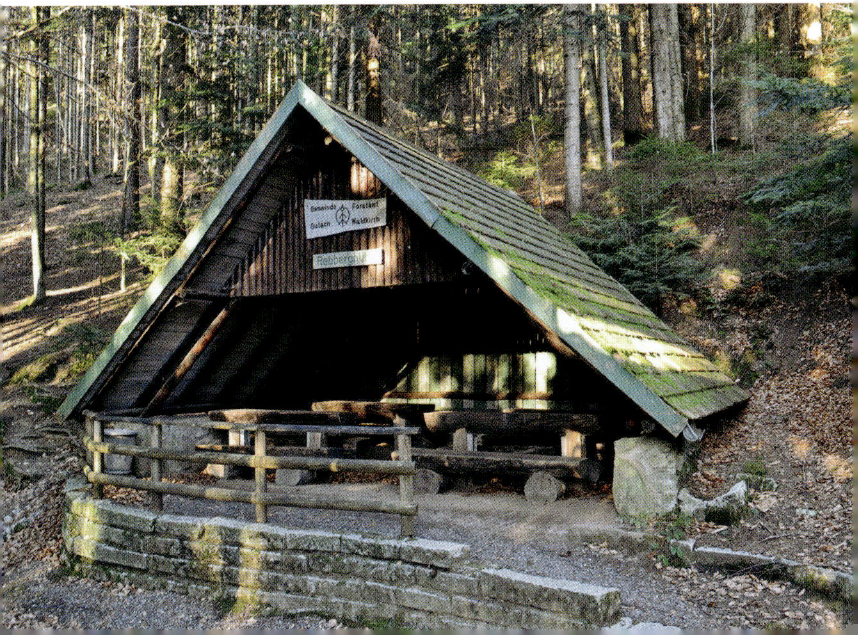

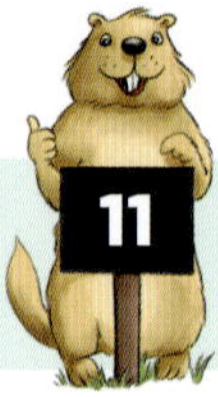

4.30 Std. | 11.0 km | ↗ 420 m | ↘ 420 m | ab 6 Jahren

Neunlindenturm auf dem Totenkopf

Vom Weindorf Bötzingen zum Gipfel des Kaiserstuhls

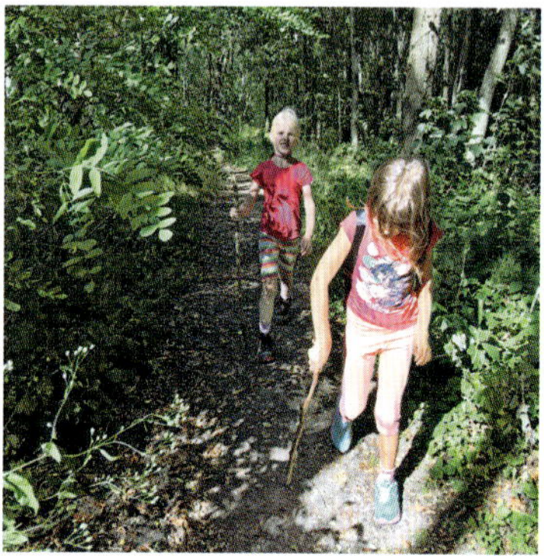

Mit Wanderstock fällt der Aufstieg leichter.

Durch Weinberge und hohle Gassen

Eine Tour in das Minigebirge des Kaiserstuhls kann eine schweißtreibende Sache sein. Umso schöner, wenn man mit einer fantastischen Rundumsicht über die Breisgauer Bucht bis in das Rheintal und hin zu den Vogesen belohnt wird. Vom Bahnhof Bötzingen geht es bald bergan in die Weinberge des Kaiserstuhls. In schöner Reblandschaft führt der Weg an einem kleinen Bach entlang bis zum Schützenhaus am Waldrand. Im Frühling durchwandern wir dann ein riesiges Bärlauchfeld, dessen Duft unverkennbar würzig ist. Die naturbelassene Waldlandschaft begeistert uns bis zur Hohrainbuckhütte, wo die Kinder eine Rast verlangen. Seilrutsche und Kletterhäuschen vertreiben die aufkommende Wandermüdigkeit. Von den Rastplätzen aus genießen wir einen ersten Blick auf die Freiburger Stadtsilhouette mit den Schwarzwaldhöhen. Einem für die Gegend typischen Hohlweg folgend erreichen wir einen steileren Waldpfad, der uns bis zum Gipfel des Totenkopfs mit dem Neunlindenturm führt. Die spannende Besteigung des zugigen Turms mit seiner Falltüre am Ende offenbart uns einen traumhaften Ausblick und wir tragen uns mit einem lustigen Spruch ins Turmbüchlein ein.

Vom 28 Meter hohen Neunlindenturm hat man ein herrliches 360-Grad-Panorama.

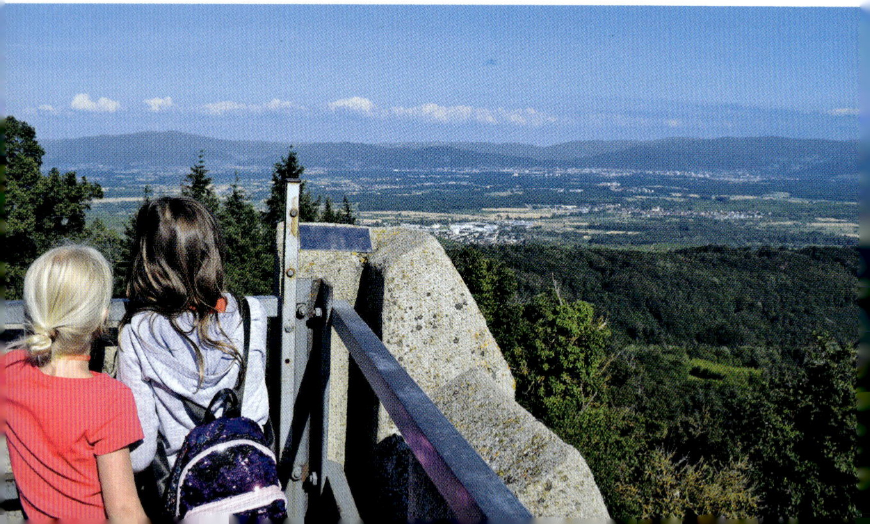

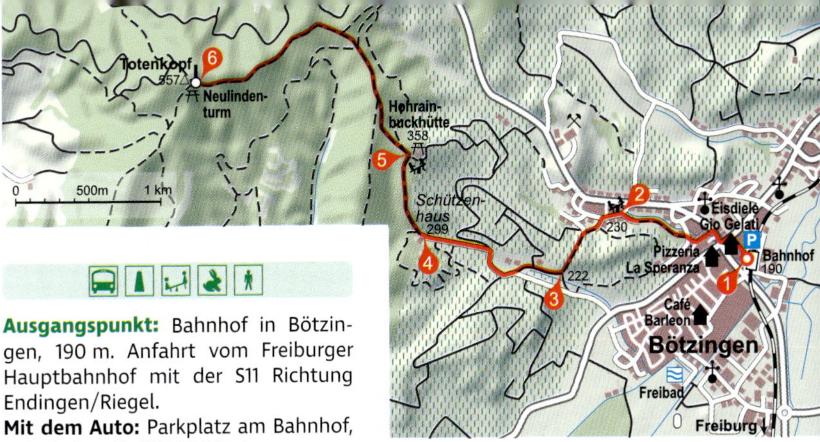

Ausgangspunkt: Bahnhof in Bötzingen, 190 m. Anfahrt vom Freiburger Hauptbahnhof mit der S11 Richtung Endingen/Riegel.
Mit dem Auto: Parkplatz am Bahnhof, Bahnhofstr. 15, 79268 Bötzingen.
Ausrüstung: Gut profilierte Wanderschuhe. Unbedingt Proviant und ausreichend Wasser mitnehmen!
Anforderungen: Längere Wanderung mit einigen steileren Anstiegen. Im Abstieg vom Neunlindenturm und von der Hohrainbuckhütte ist insbesondere bei feuchtem Boden Vorsicht geboten.
Einkehr: Unterwegs keine. In Bötzingen: sehr gute Kuchen im Traditionscafé Barleon, Markgrafenstr. 5, Tel. +49 7663 1275, Mo Ruhetag; tolles Eis in der Eisdiele Gio Gelati, von März bis Oktober tägl. 11–22 Uhr geöffnet, Hauptstraße 2, Tel. +49 7663 6087992; leckere Pizzen in der Pizzeria La Speranza mit palmenumsäumtem Garten, Mi Ruhetag, Wasenweiler Str. 9, Tel. +49 7663 5152.
Tipp: Sowohl an der Hohrainbuckhütte als auch am Neulindenturm gibt es Grillplätze.

Vom Parkplatz am **Bahnhof ①** aus laufen wir dem Hinweisschild mit der gelben Raute folgend Richtung Neunlindenturm, erst die Rathausstraße entlang, dann am Ende links in die Hauptstraße, an der Eisdiele vorbei und an der nächsten Kreuzung rechts die Bergstraße hinauf. Gleich darauf biegen wir die zweite Straße links ab (die Straße heißt ebenfalls Bergstraße). Dann gleich wieder rechts in die kleine Seelenbergstraße bis zum Laireweg, den wir überqueren und dem Seelenbergpfad entlang des Dorfbaches weiterfolgen (Schild: »Abkürzung Seelenbergpfad«). Die Ziegen lassen wir ungefüttert meckern und erreichen einen schattigen **Spielplatz ②**. Hier halten wir uns links und folgen der gelben Raute Richtung Buntehahlegasse, einem der typischen Hohlwege. Der Wirtschaftsweg, bestehend aus Löss und Lehm, bringt uns über einen Hügel, hinter dem wir uns, wieder unten angekommen, am Schild **»Laire Rückhaltebecken« ③** rechts mit der gelben Raute weiter

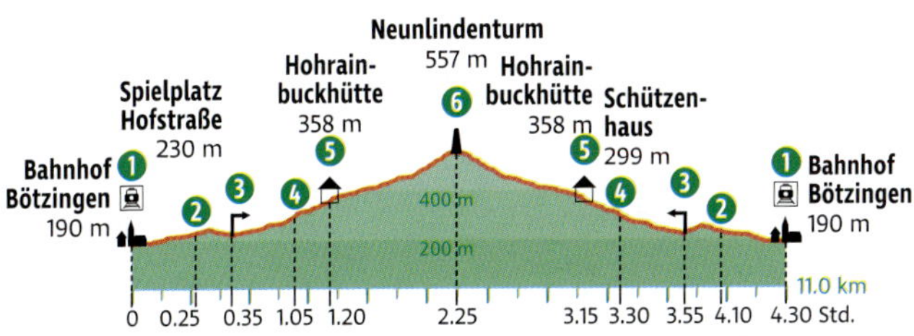

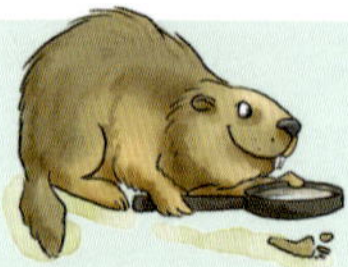

Hallo Kinder,

ihr steht heute tatsächlich auf einem echten Vulkan! Vor 16 bis 19 Millionen Jahren flossen hier Lavaströme ins Tal und formten die Hügel des Kaiserstuhls. Die Dinosaurier waren schon seit zig Millionen Jahren ausgestorben und die Vorläufer unserer Pferde, Wölfe und Hirsche bevölkerten das Land. Über dem vulkanischen Gestein lagerte sich dann während der letzten Eiszeit, die vor ca. 100.000 Jahren begann, eine 10 bis 40 Meter dicke Schicht aus Löss ab. Der Wind riss getrocknete Schlammpartikel vom Rhein mit sich und diese sammelten sich an den Hügeln des Kaiserstuhls an. Die Lössböden sind sehr locker und werden leicht durch Regen und Wind abgetragen. So entstanden die Hohlwege des Kaiserstuhls, die uns auf der Wanderung immer wieder begegnen. Löss speichert auch das Regenwasser sehr gut, da er sich wie ein Schwamm damit vollsaugt. Das alles sind auch ideale Bedingungen, um hier guten Wein anzubauen.

Richtung Neunlindenturm orientieren. Wir nehmen den dritten Abzweig rechts, die gelbe Raute zeigt hier geradeaus. Die geteerte Straße verläuft bis zum Schützenhaus hinauf, das aber nur vor Veranstaltungen gut ausgeschildert ist. Nach einem kleinen Weingut treffen wir in einer Linkskurve auf eine Parkbank und eine weitere Weggabelung. Wir wählen hier den linken Weg, der uns nach wenigen Minuten zum **Schützenhaus** **4** bringt. Dort geht es rechts bergauf ein kleines mit Bärlauch zugewachsenes Tälchen entlang. Die letzten Meter vor der **Hohrainbuckhütte** **5** sind steil und bei Nässe auch rutschig. Oben angelangt zieht es die Kids zum wilden Ritt auf der Seilrutsche und zum Kletterhäuschen, die Erwachsenen genießen den ersten Ausblick auf die Freiburger Stadt und den Feldberg im Hintergrund. Grillfreudige finden hier mehrere Feuerstellen und überdachte Tische mit Bänken.

Nach der Rast gehen wir, wie auf dem Wanderschild angegeben, einen weiteren Hohlweg Richtung Neunlindenturm bergauf und überqueren den Hauptweg. Wir steigen im Schutz des Waldes immer steiler

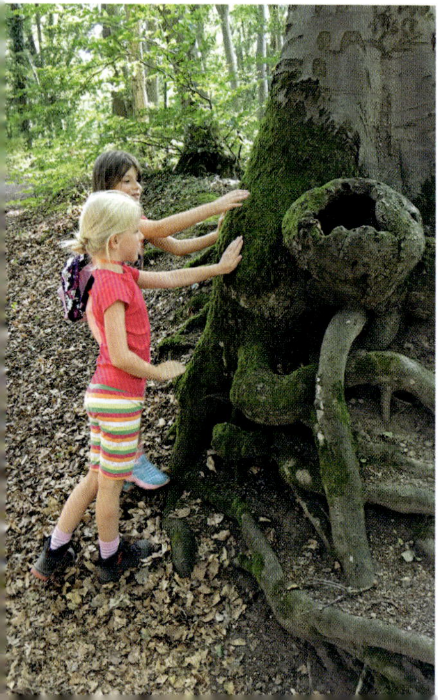

Seltsam geformte Wurzeln am Wegrand erinnern an Tiere oder Fabelwesen und regen die Fantasie der Kinder an.

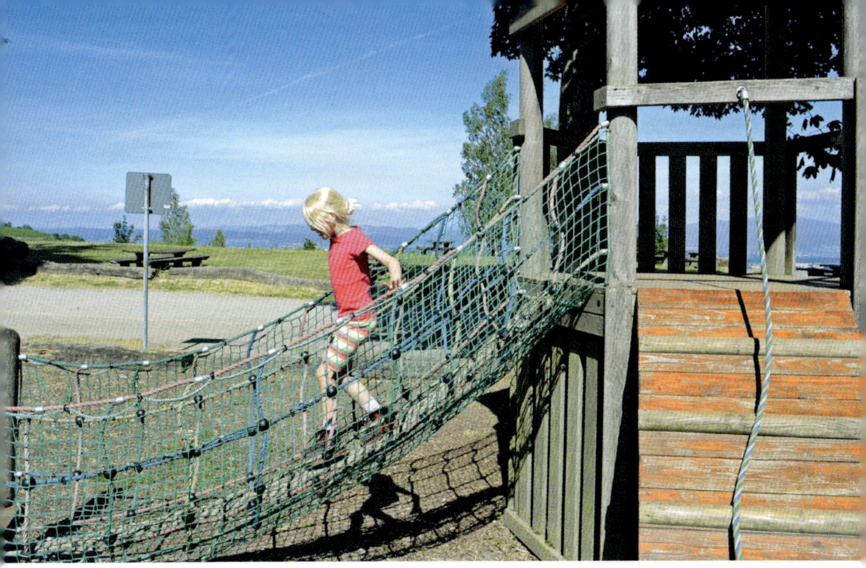

Die Kinder toben lieber auf dem Abenteuerspielplatz, statt eine Pause einzulegen.

bergauf und über einige Flachpassagen bis zum Gipfel des Totenkopfs, 557 m, und dem **Neunlindenturm ❻**. An dieser Stelle hatten im 14. Jahrhundert Einsiedlermönche des Paulinerordens eine Wallfahrtskapelle, Wohnbauten aus Stein und eine Gruft erbaut. Heute sind nur noch Fundamentreste davon zu finden. Der Turm selber wurde im Jahre 1900 durch die Sektion Kaiserstuhl des Badischen Schwarzwaldvereins errichtet. Die Besteigung über die Wendeltreppe und das zugige Treppenhaus mit der schweren Verschlussplatte ist ein kleines Abenteuer für sich. Oben gucken wir über die Zinnen von den Vogesen im Westen bis zu den Ausläufern des Schwarzwalds im Nordosten, aber besonders die nahen Gipfel von Kandel, Feldberg, Schauinsland, Belchen und Blauen lassen uns staunen. Mit einem Fernglas können wir sogar den Rhein glitzern sehen und die Vogesen mit dem Grand Ballon und die imposante Kirche der Rheinstadt Breisach schimmern im Hintergrund.

Vom Turm wieder herunter, packen wir unsere Dose mit Stockbrotteig aus und grillen am offenen Lagerfeuer auf selbstgeschnitzten Stöckchen einen kleinen Imbiss.

Der Rückweg zum **Bahnhof ❶** verläuft auf dem Hinweg.

Highlights

- ★ Turmbesteigung mit Rundblick auf Schwarzwaldgipfel, französische Vogesen und Rheintal.
- ★ Hohlwege aus weichem Löss.
- ★ Abenteuerspielplatz mit Grillmöglichkeit an der Hohrainbuckhütte.
- ★ Nach der Wanderung locken zur Belohnung eine leckere Pizza in der Pizzeria La Speranza oder eine Abkühlung im großzügig angelegten Freibad in Bötzingen (siehe Freizeittipp C2).
- ★ Fackelwanderungen, Wildbienenbeobachtung und viele andere Aktivitäten im Naturzentrum Kaiserstuhl in Ihringen (siehe Freizeittipp I4).

2.00 Std. | 5.2 km | ↗100 m | ↘100 m | ab 4 Jahren

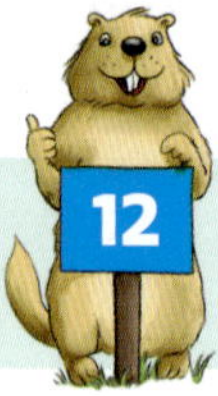

Im Freiburger Stadtwald

Zum WaldHaus mit Variante zum Waldsee

Auf dem Pirschpfad unterm Mammutbaum

Dass Freiburg im Breisgau direkt am Fuße des Schwarzwalds im Grünen liegt, erfahren wir auf dieser Tour hautnah, so dicht liegen hier Stadtgebiet und Natur beieinander. Vom Trubel der gut besuchten Innenstadt bis zum Start einer abwechslungsreichen Waldwanderung sind es nur ein paar Trambahnminuten. Alles zum aktuellen Thema Wald und Nachhaltigkeit erfahren wir im WaldHaus, das sich mit seinen Themenpfaden organisch in den Wald einfügt. Das Arboretum, die Baumsammlung, zeigt uns Hunderte von Baumarten aus aller Welt, darunter prachtvolle Mammutbäume und Riesen-Lebensbäume. Die Kinder pirschen durch den Wald auf der Suche nach den versteckten Tieren und jauchzen auf einer Riesenschaukel. Danach gruseln sie sich herrlich vor den Waldmenschen und lernen etwas über die wundersame Welt der Pilze. Wer mit Kindern ab 6 Jahren unterwegs ist und die Tour gerne erweitern möchte, wandert weiter zum malerischen Waldsee, den die Kinder mit Ruder- oder Tretbooten erkunden können (siehe Variante).

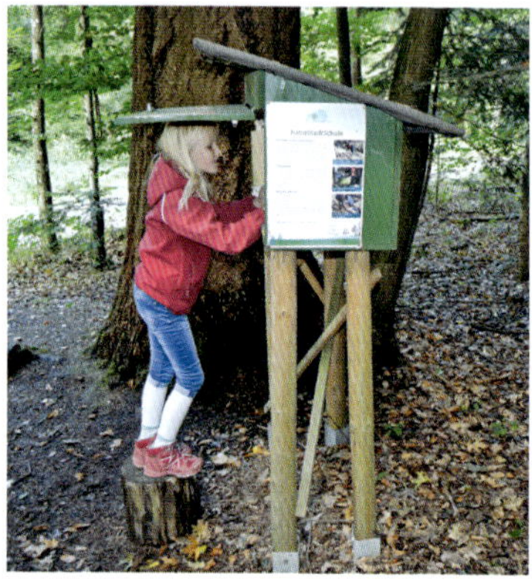

In der NaturStadtSchule lernen die Kinder am liebsten.

Im Mycelium-Lehrpark können wir die Pilze in Augenhöhe betrachten.

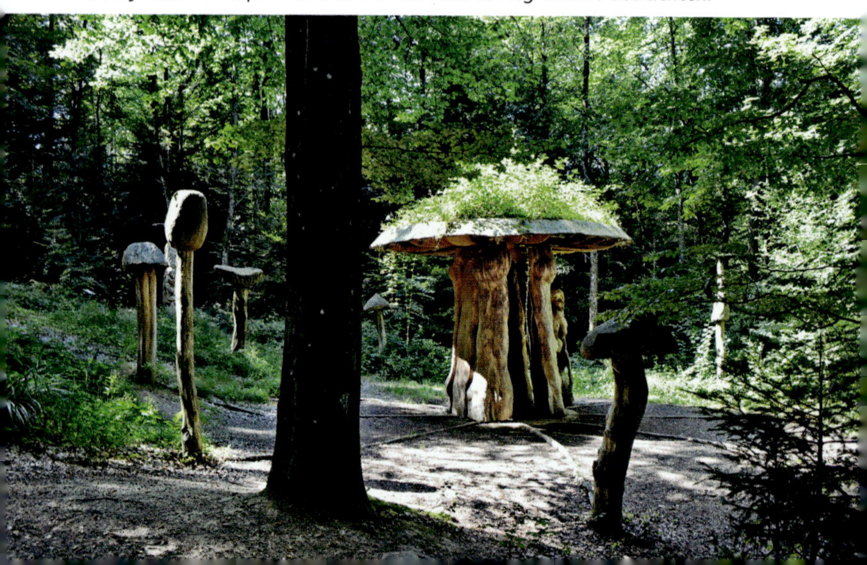

Ausgangspunkt: Trambahnhaltestelle Holbeinstraße in Freiburg, 292 m. Anfahrt vom Hauptbahnhof Freiburg mit der Trambahnlinie 2 Richtung Günterstal.

Mit dem Auto: Parkmöglichkeiten an der Günterstalstraße direkt von der B31 abzweigend Richtung Schauinsland/Todtnau, oder besser die Parkplätze am WaldHaus nutzen, Wonnhaldestraße 6, 79100 Freiburg.

Endpunkt: Trambahnhaltestelle Wonnhalde, 303 m. Zurück zum Hauptbahnhof mit der Trambahnlinie 2.

Ausrüstung: Es reichen profilierte Trekkingsandalen, die Wege sind mit geländetauglichem Kinderwagen gut befahrbar.

Anforderungen: Wanderung mit leichten Steigungen ohne nennenswerte Schwierigkeiten über Wald- und Kieswege. Viel Zeit zum Erkunden der Erlebnispfade einplanen.

Variante: Mit Kindern ab 6 Jahren kann man die Wanderung zum Waldsee erweitern (Gehzeit insgesamt 4 Std., 9,4 km, 150 Hm, Schwierigkeit »rot«). Beschreibung siehe Haupttour. Rückfahrt zum Hauptbahnhof ab der Haltestelle Musikhochschule mit der Trambahnlinie 1 Richtung Landwasser.

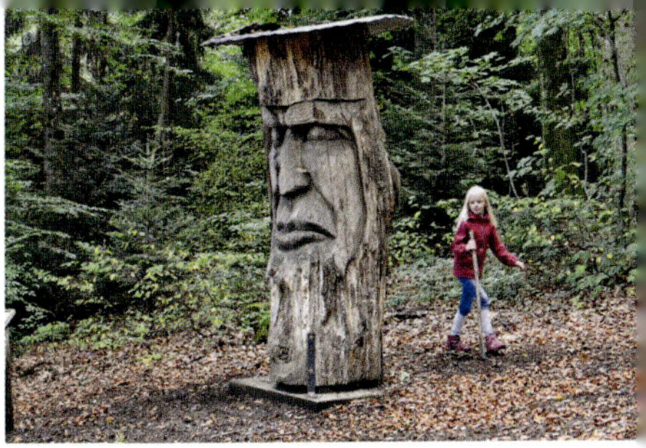

Einige unheimliche Gesellen tummeln sich im Freiburger Stadtwald.

Einkehr: Am besten Brotzeit mitnehmen, denn unter der Woche ist das Café im WaldHaus geschlossen. Ansonsten bietet es Kuchen und kleinere Gerichte sowie fair gehandelten Bio-Kaffee an; von März bis Oktober an Sonn- und Feiertagen 12–17 Uhr geöffnet. Am Ende der Variante ist das Restaurant Waldsee ab 12 Uhr offen, sonntags sogar ab 10 Uhr, Waldseestr. 84, 79117 Freiburg, Tel. +49 761 73688, www.waldsee-freiburg.de.

Info: Das WaldHaus bietet Workshops, Ausstellungen, Theater, Vorträge und Exkursionen zum Thema Waldökologie und ist barrierefrei. Öffnungszeiten der Ausstellungen Di–Fr 10–17 Uhr (November bis Februar nur bis 16.30 Uhr), So 12–17 Uhr, Sa Ruhetag. Die Erlebnispfade sind immer frei zugänglich.

An der **Trambahnhaltestelle Holbeinstraße ❶** werden wir vom Holbeinpferdle begrüßt, das von den Freiburgern immer wieder umgestaltet wird und dadurch Bekanntheit erreicht hat. Wir gehen 30 m stadteinwärts, biegen links in die Hans-Thoma-Straße ab und wandern bis zum Hölderlebach (auch Bohrerbach genannt) an schönen Stadtvillen vorbei. Wir folgen links auf dem Kiesweg dem Lauf des Baches, freuen uns dabei über die üppig bepflanzten Schrebergärten und das Plätschern des Baches. Im Hintergrund sehen wir die Höhenzüge des Günterstales und überqueren die Wonnhaldestraße, um dann nach wenigen Minuten die Parkplätze am **WaldHaus ❷** zu erreichen. Rechts

Highlights

- ★ Versteckte Tiere auf dem Pirschpfad entdecken.
- ★ Schaukelspaß auf einer Riesenschaukel, die an einer großen Atlas-Zeder hängt.
- ★ Geheimnisvolle Waldmenschenskulpturen.
- ★ Ruder- oder Tretbootfahrten auf dem Waldsee (Variante).
- ★ Trambahnfahrt durch Freiburg.

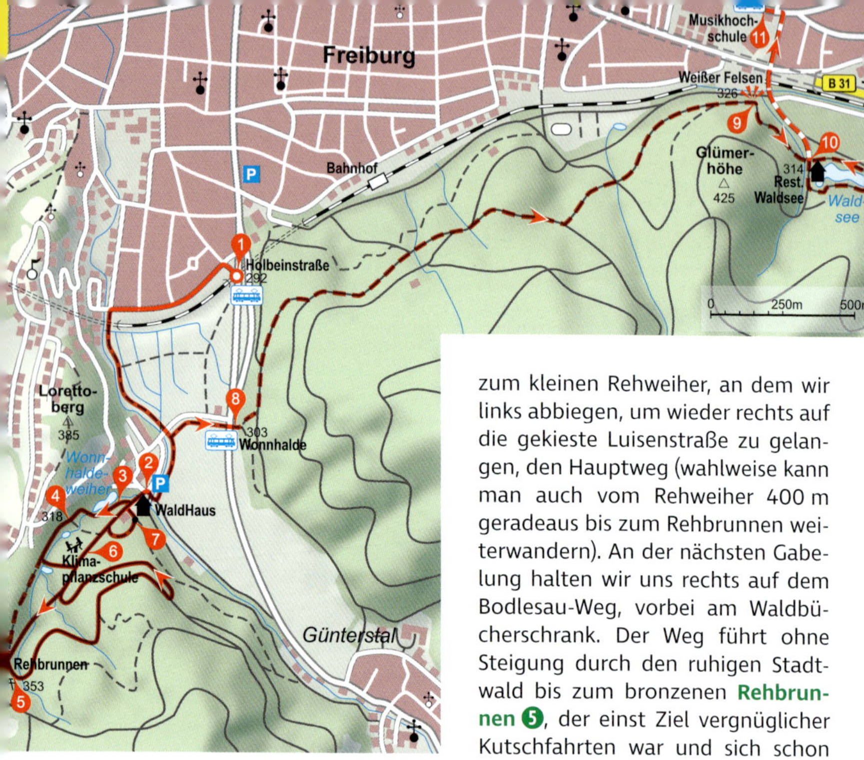

hinter diesen folgen wir dem Wanderschild Richtung Rehbrunnen, an der ersten Weggabelung schwenken wir nach rechts und gehen den Schildern »Wonnhalde Rundweg« und »Baumarten aller Welt« nach. Wir bestaunen noch die prächtigen Freiburger Stadthäuser des Lorettobergs, dann erscheint der **Wonnhaldeweiher ❸** zur Rechten. Danach zweigt rechts der **Pirschpfad ❹** ab, den die Kinder gleich in Angriff nehmen, um die versteckten Tiergestalten im Wald zu finden. Weiter geht es leicht ansteigend noch 200 m bis zum kleinen Rehweiher, an dem wir links abbiegen, um wieder rechts auf die gekieste Luisenstraße zu gelangen, den Hauptweg (wahlweise kann man auch vom Rehweiher 400 m geradeaus bis zum Rehbrunnen weiterwandern). An der nächsten Gabelung halten wir uns rechts auf dem Bodlesau-Weg, vorbei am Waldbücherschrank. Der Weg führt ohne Steigung durch den ruhigen Stadtwald bis zum bronzenen **Rehbrunnen ❺**, der einst Ziel vergnüglicher Kutschfahrten war und sich schon seit über 100 Jahren als Raststation anbietet. Um wieder zum WaldHaus zurückzukommen, gehen wir bis zur Luisenstraße zurück und geradeaus auf dieser weiter. Oder wir wandern vom Rehbrunnen auf dem breiten Forstweg 1 km weiter (beschildert »Gehtnoch«), bis wir auch hier wieder auf die Luisenstraße treffen. Links haltend erreichen wir bald die **Klimapflanzschule ❻** und zwei urige Blockhütten. Die riesige Schaukel, die hier an einer prachtvollen Atlas-Zeder hängt, probieren wir natürlich aus. Nach 200 m erreichen wir das **WaldHaus ❷** und interessieren uns

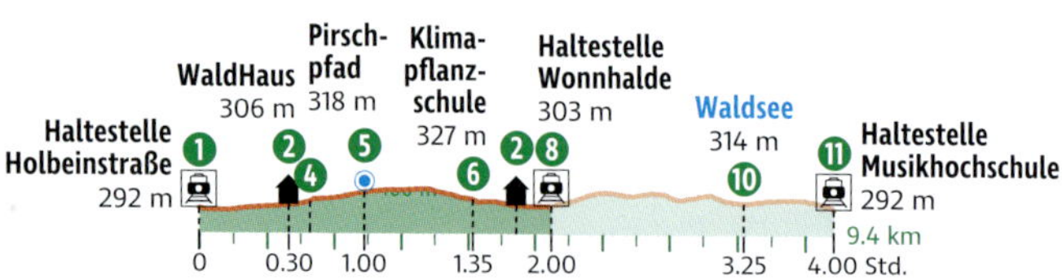

besonders für die **Waldmenschenskulpturen** und den **Mycelium-Lehrpark ❼**, die hinter dem Haus im Wald versteckt sind. Wurzelkopf, Langnase und Schlafender Riese heißen die hölzernen Gesellen, die ein Freiburger Bildhauer hier ebenso installiert hat wie den bizarren Pilzlehrpfad. Nach einer Stärkung im WaldHaus-Café gehen wir auf dem Hinweg zurück zur Wonnhaldestraße, wenden uns kurz vorher rechts und wandern auf dem Weg parallel zu ihr zur **Trambahnhaltestelle Wonnhalde ❽**.

Wer die Tour hier noch nicht beenden möchte, überquert die Hauptstraße und folgt dem Schild »Silberdobel« den Berg hinauf. Nach 100 m halten wir uns am Günterstalweg links und weitere 150 m später an der nächsten Gabelung rechts auf den Franzosensteig. Kleine, weiße Schilder weisen uns den Weg zum Waldsee. Der Franzosensteig führt nach 350 m auf die Waldfahrstraße Wasserschlössle–Kyberg, auf der wir für 600 m bleiben, bis wir an einer Gabelung rechts den Jägermattenweg einschlagen, um nach weiteren 350 m links abzubiegen. Von hier sind es noch rund 20 Min. bis zum **Weißen Felsen ❾**, einer kleinen Aussichtskanzel, von der wir den gegenüberliegenden Schloßberg mit seinen Weingärten erkennen können. Weiter auf dem kleinen Pfad erreichen wir nun bald den **Waldsee ❿**, den wir umrunden, um uns ein Ruder- oder Tretboot zu mieten. Im Restaurant Waldsee lockt nach der langen Waldwanderung das Kuchenbüffet.

Auf der Waldseestraße gehen wir schließlich stadteinwärts, biegen rechts auf die Möslestraße, dann links auf die Schwarzwaldstraße zur **Haltestelle Musikhochschule ⓫**.

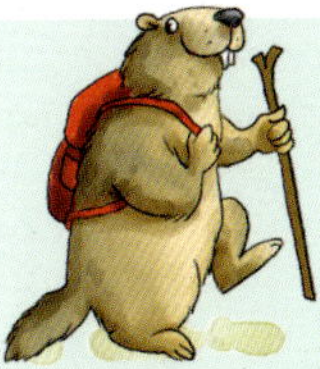

Hallo Kinder,

wenn ihr genau wissen wollt, wie hoch ein Baum ist, könnt ihr das selber herausfinden. Das System dazu wird »Försterdreieck« genannt und geht so: Ihr sucht einen geraden Stock, der etwas länger als euer Arm ist. Streckt den Arm geradeaus und haltet den Stock so, dass das lange Ende genauso weit aus der Hand nach oben herausragt, wie euer Arm lang ist. Jetzt schaut ihr auf die Spitze des Stocks und geht solange rückwärts, bis die Spitze des Baums an derselben Stelle wie die Spitze des Stocks ist. Hier macht ihr eine Markierung auf den Boden und zählt die Schritte bis zum Baum. Ihr rechnet nun die Entfernung zum Baum plus eure eigene Größe zusammen und habt jetzt die Höhe des Baums errechnet. Natürlich müsst ihr dazu die Länge eures Schrittes kennen. So könnt ihr auch die Höhe von Häusern oder anderen hohen Dingen messen. Probiert es doch gleich am höchsten Baum Deutschlands aus. Er steht nur 4 km vom Waldhaus entfernt im Freiburger Stadtwald am Rand des Mühlwaldweges oberhalb von Günterstal und trägt den Namen »Waldtraut vom Mühlwald« (Geo-Koordinaten: N47.9533, E7.8609). Die Förster haben diese nordamerikanische Küstendouglasie vor über 100 Jahren gepflanzt und seitdem wächst Waldtraut jährlich ungefähr 30 Zentimeter in die Höhe. Die letzte Messung fand im Jahr 2017 statt, da war Waldtraut 66,7 Meter hoch.

2.00 Std. | 5.5 km | ↗100 m | ↘100 m | ab 4 Jahren

13

Dobelmatte und Baldenwegerhof

Am Fuße des Schwarzwalds zum Erlebnis-Bauernhof

Spielparadies mit Pferden, Schweinen und Federvieh

Wer eine leichte, kindgerechte Wanderung nahe der Stadt Freiburg am Fuße des Schwarzwalds sucht, ist auf dieser Tour gerade richtig. Wir streicheln Ziegen auf der Weide und informieren uns eingehend über Bienen und Honig. Dann geht es für eine kurze Runde auf die Anhöhen des Schwarzwalds, bis wir auf die Schweinewiesen des Baldenwegerhofs der Familie Hug treffen. Im Stall dürfen wir die Schweine mit den Bürsten kraulen und die riesigen Kaltblutpferde der Brauerei Ganter respektvoll bestaunen. Das umtriebige Federvieh mit 500 Hühnern, 20 Wachteln sowie einigen Puten, Gänsen und Enten wuselt über die Wiesen oder werkelt im Hühnerhaus oder im Hühnermobil, wo man stundenlang zuschauen könnte. In der Herbstzeit ist der Innenhof mit hunderten Kürbissen farbenfroh dekoriert und wir genießen die gebackenen Waffeln und die tollen Produkte des Hofladens. Das Highlight dieser Tour ist aber der zum Bauernhof gehörige Abenteuerspielplatz, auf dem sich die Erwachsenen auf bequemen Holzliegen ausruhen und die Kinder herrlich toben können. Zurück zum Ausgangspunkt wandern wir am Waldrand entlang und können dabei den Tag gemütlich ausklingen lassen.

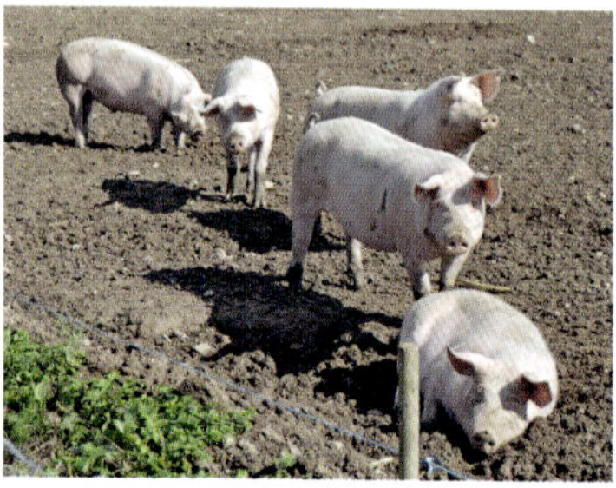

Hier fühlen sich wirklich alle sauwohl.

Zum Glück sind die Bienen alle hinter dem Glas, nur an einer kleinen Öffnung können sie ihre Flüge starten.

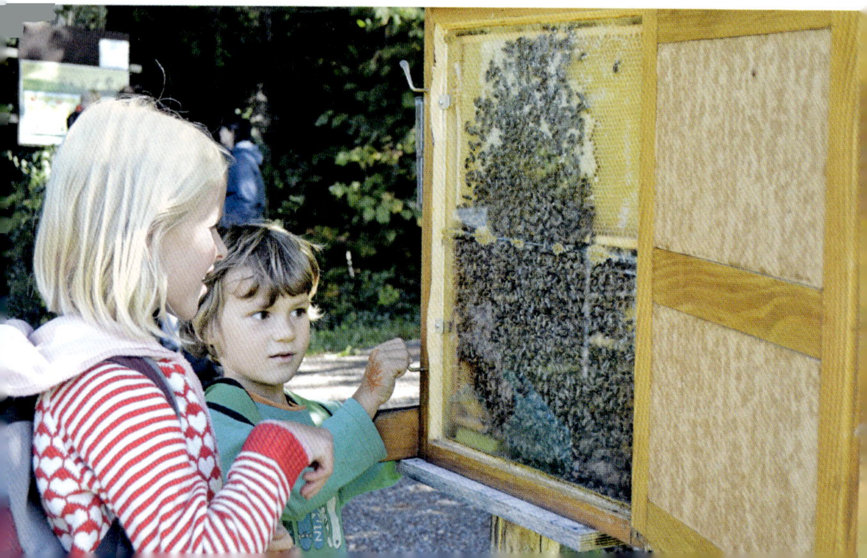

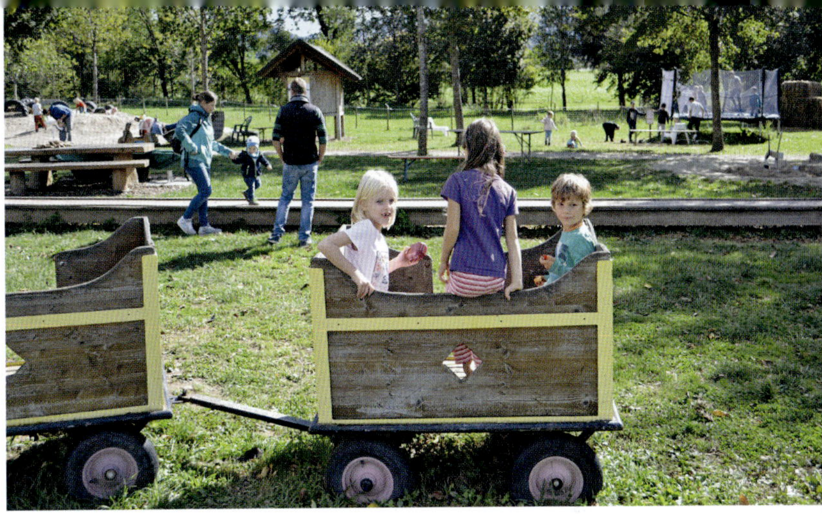

Auf dem Bauernhof gibt es unendlich viele Spielmöglichkeiten für jedes Alter.

Ausgangspunkt: Bushaltestelle Dorfplatz Stegen, 385 m. Anfahrt vom Freiburger Hauptbahnhof mit der S-Bahn Richtung Seebrugg bis Kirchzarten, dort weiter mit dem SGB-Bus 7216 Richtung St. Peter.
Mit dem Auto: Parkplatz am Rathaus direkt an der Kirchzartener Straße/L127, Dorfplatz 1, 79252 Stegen.
Ausrüstung: Wanderschuhe oder profilierte Trekkingsandalen. Proviant, falls der Hofladen geschlossen ist
Anforderungen: Leichte Wanderung auf Forstwegen, Pfaden und geteerten Straßen mit einigen kleineren Steigungen. Für geländegängige Kinderwagen geeignet. Fürs Spielen am Baldenwegerhof viel zusätzliche Zeit einplanen.
Einkehr: Frisches Brot und Backwaren sowie Wurst, Obst und Gemüse im Hofladen des Baldenwegerhofs, Tel. +49 7661 903571, www.baldenwegerhof.de.

Vom **Rathaus** ❶ in Stegen starten wir in nördlicher Richtung die Kirchzartener Straße hinauf bis zum Verkehrskreisel. Am Kreisel biegen wir links in die Hauptstraße ab und nach 80 m weist uns ein Wanderschild den Weg nach rechts in Richtung Dobelmatte. Wir spazieren über die Brücke des Eschbachs und folgen wiederum rechts dem Holzschild »Dobelmatten-Weg/Bienenlehrpfad« und begeistern uns über die verkleidete Schaufensterpuppe im angrenzenden Bauernhof, der früher eine **Schlossmühle** ❷ war. Nun müssen wir uns entscheiden, ob wir zuerst die Ziegen streicheln oder die Bienen in ihren Waben studieren wollen, denn auch der Bienenlehrpfad mit seinen Schautafeln beginnt hier. Die Bienenstöcke selbst sind etwas abseits am Waldrand, sodass wir vor

Highlights

- ★ Ziegen streicheln an der alten Schlossmühle.
- ★ Auf dem Bienenlehrpfad Bienen bei der Arbeit zusehen.
- ★ Waldspielplatz an der Dobelmattenhütte.
- ★ Baldenweger Bauernhof mit vielen Tieren, Abenteuerspielplatz, Gemüse zum Selberernten und frischen Produkten aus dem Hofladen.

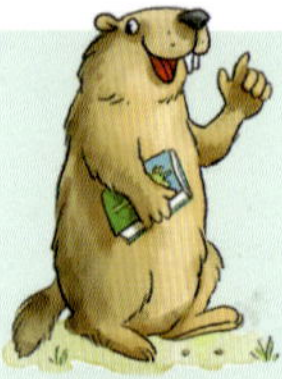

Hallo Kinder,

wusstet ihr, dass man an einem bestimmten Körperteil des Huhns erkennen kann, ob es weiße oder braune Eier legt? Oft denkt man ja, dass weiße Hühner weiße Eier legen und braune Hühner braune Eier. Aber die Gefiederfarbe hat nichts mit der Eierfarbe zu tun, schließlich gibt es ja auch schwarze oder rote Hühner. Wie beim Menschen sind auch beim Huhn die Ohren hinter und unter den Augen zu finden, nur haben Hühner keine Ohrmuschel, sondern eine Ohrscheibe zum Schutz des Ohrinneren. Diese Ohrscheibe ist bei reinrassigen Hühnern weiß oder rot. Und damit haben wir unser Erkennungsmerkmal für die Eierschalenfarbe: Hühner mit weißen Ohrscheiben legen weiße Eier, Hühner mit roten Ohrscheiben legen braune Eier. Der braune Farbstoff kommt aus dem Blutkreislauf des Huhns und wird in die kalkhaltige Eierschale eingelagert. Dadurch wird das braune Ei auch etwas stabiler als das weiße Ei, denn dort wird kein Farbstoff eingelagert. Die Gene des Huhns bestimmen, ob Farbpigmente eingelagert werden oder ob die Eier weiß bleiben. Neben braun können die Eier auch blau, grün oder gelb werden. Da könnte man sich fast an Ostern das Eierfärben sparen, wenn man nur das richtige Huhn daheim hätte.

Stichen sicher sind. Im verglasten Schaukasten können wir jedoch das Gewusel der fleißigen Honigsammlerinnen genau beobachten, manchmal startet sogar eine Biene zu ihrer Suche nach Blütennektar durch ein Loch im Kasten.

Von nun an führt der Forstweg stetig bergauf, bis wir nach 15 Min. zur Hütte der **Dobelmatte** ❸ kommen, wo die Kinder rutschen und schaukeln und die Erwachsenen den gut ausgerüsteten Grillplatz begutachten. Wer genau sucht, findet hinter der Hütte kleine Naturteiche, die Lebensraum für Frösche und Libellen bieten und unter Naturschutz stehen.

Hier geht auch unsere Wanderung weiter, denn wir steigen hinter den Teichen den kleinen Pfad links bergan, da wir schmale, enge Wege durchs Dickicht so gerne mögen. Nach 10 Min. stoßen wir wieder auf den breiten Forstweg, den Buchbühl-Weg, auf den wir halb rechts einschwenken. Zuerst geht es gut

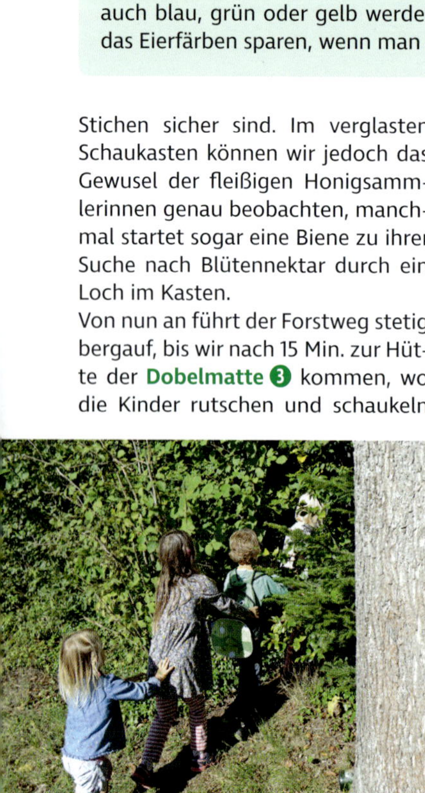

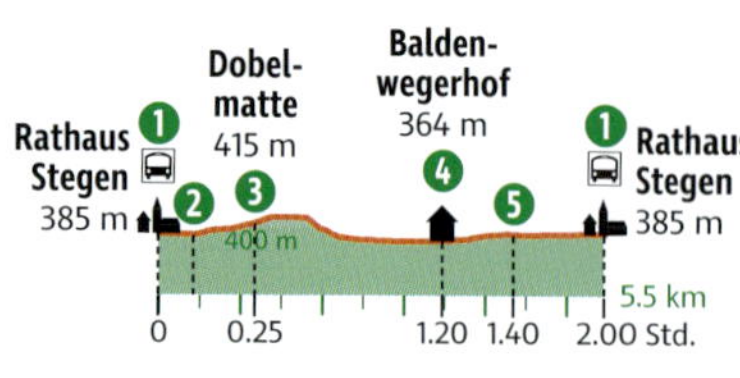

Mit einer Waldpolonaise machen wir uns auf den Rückweg.

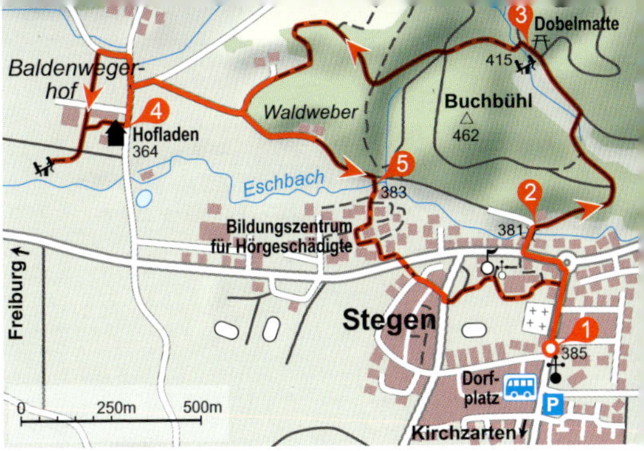

bergab bis zu einem Bauernhof, dann verläuft der Weg rechts auf dem Eichbühl vorbei an den Kuhweiden, den **Baldenwegerhof ❹** haben wir schon fest im Blick. Zuerst stoßen wir auf die Weiden der Schweine, die ihre Nasen aus dem Matsch ziehen und uns uns aufgeregt begrüßen, auch wenn wir kein Futter für sie haben. Dann wandern wir das komplette Hofgelände ab, denn es gibt sehr viele Tiere zu sehen und zu streicheln. Vor allem die riesigen Brauereipferde haben es uns angetan. Dann wird der Hofspielplatz von vorne bis hinten bespielt, denn hier hat es viel Platz und viele Spielgeräte, die es sonst nicht auf jedem Spielplatz gibt. Das gigantische Trampolin bringt auch den Erwachsenen Spaß, die sich dann auf riesigen Holzliegen ausruhen und in den Himmel gucken können.

Nach ein paar herrlichen Stunden auf dem Hof brechen wir wieder auf und gehen den Eichbühl zurück Richtung Stegen. Dieser Teil des Weges gehört zum Querweg Freiburg–Bodensee und streift nach rund 800 m das Stegener **Bildungs- und Beratungszentrum für Hörgeschädigte ❺**, dessen Gelände wir durchqueren, bis wir zur Hauptstraße kommen, an der wir uns nach links wenden. Nach 60 m geht es rechts auf die Straße »Im Großacker« und dann quer durch den Schlosspark, vorbei am Kolleg St. Sebastian am Kapellenweg. Zwischen Schlossteich und Schlosskapelle hindurch führt der Kapellenweg weiter auf die Kirchzartener Straße und zurück zum Startpunkt am **Rathaus-Parkplatz ❶**.

»Tschüss, ihr lieben Hühnchen, bis bald!«

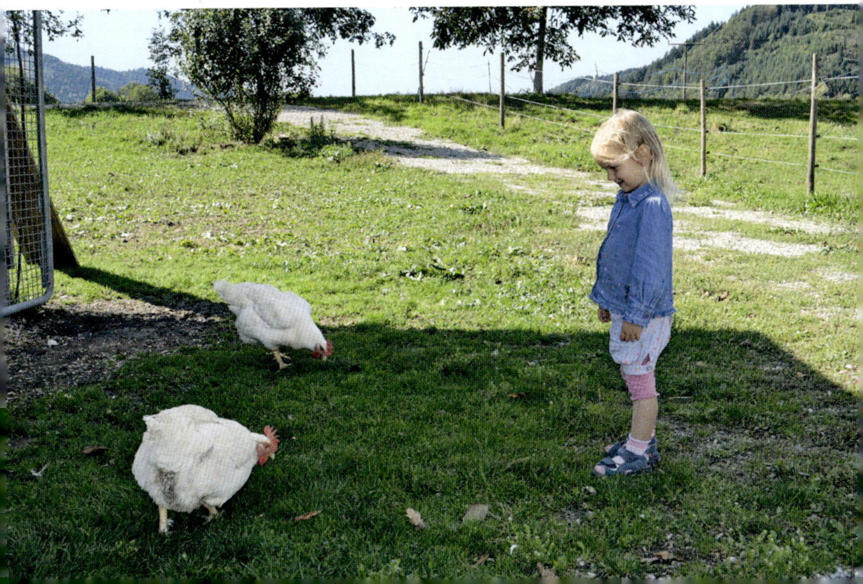

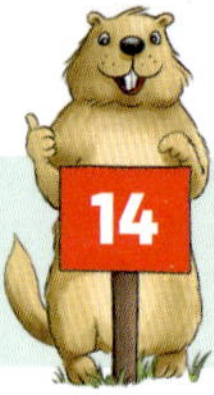

3.00 Std. | 6.7 km | ↗ 210 m | ↘ 210 m | ab 5 Jahren

Ibenbachquelle und Naturfreibad

Höhenwanderung im Pfisterwald bei St. Märgen

Von einem Wasserloch zum nächsten

St. Märgen ist ein bekannter Kur- und Wallfahrtsort, der stark mit der Gründung des Augustiner-Klosters um das Jahr 1118 verknüpft ist. Das Kloster, das zwischen 1284 und 1907 insgesamt fünfmal abgebrannt ist, hieß anfangs Mariazell und beherbergt heutzutage ein Museum. Zwischen der sehenswerten barocken Klosterkirche Maria Himmelfahrt und der niedlichen hölzernen Kapfenkapelle am Wendepunkt der Wandertour warten einige wasserreiche Erlebnisse in Form von Quellen, Brunnen, Becken und Seen darauf, von den Kindern entdeckt zu werden. Die wunderschöne, gemütliche Wanderung führt abschnittsweise an Waldrändern entlang, sodass sich tolle Aussichten auf die höchsten Schwarzwaldgipfel von Feldberg, Herzogenhorn und Schauinsland ergeben und auch bei heißer Witterung ausreichend Schatten vorhanden ist. Mehrere Quellen mit Wassertretstellen dienen zum Abkühlen. Am Ende der Tour lassen ein schönes Naturfreibad und der wilde, etwas andere Abenteuerspielplatz, der im Winter auch eine Rodelstrecke durch den Wald bietet, Kinderherzen höherschlagen.

Ausgangspunkt: Bushaltestelle St. Märgen Post, 890 m. Anfahrt ab Freiburger Hauptbahnhof mit der S-Bahn Richtung Seebrugg bis Kirchzarten oder Hinterzarten, dort in den SGB-Bus 7216 Richtung Hinterzarten oder Kirchzarten umsteigen (Ringbus).
Mit dem Auto: Parkplatz am Kloster, Klosterhof 4, 79274 St. Märgen.

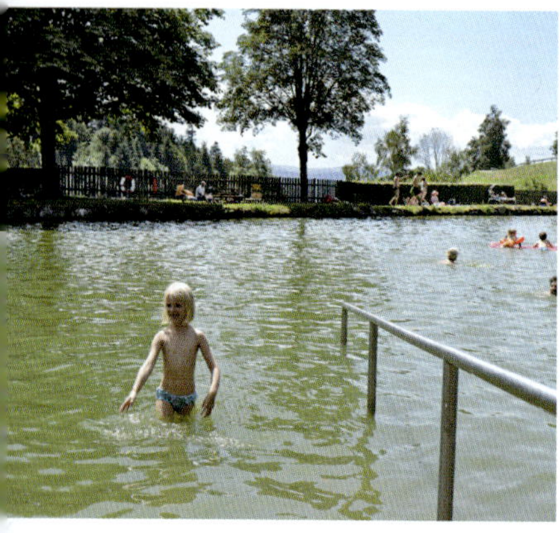

Ausrüstung: Gut profilierte Trekkingsandalen oder Wanderschuhe. Eventuell Badesachen für einen Besuch im Naturfreibad.
Anforderungen: Nicht allzu lange Wanderung ohne nennenswerte Schwierigkeiten. Zu Beginn und am Ende jeweils 1 km Teerstraße, ansonsten Wirtschafts- und Waldwege.
Einkehr: Beim Kiosk am Naturfreibad kurz vor Ende der Tour kann man sich gut verpflegen. Das von Landfrauen gegründete Café Goldene Krone bietet leckeren hausgemachten Kuchen, Mo und Di Ruhetag, Mi–Fr 12–18 Uhr, Sa 14–18 Uhr, Sonn- und Feiertage 12–18 Uhr, Wagensteigstraße 10, 79274 St. Märgen, Tel. +49 7669 9399988, www.cafe-goldene-krone.de.
Tipp: Alle drei Jahre findet in St. Märgen das Rossfest statt, mit historischem Festumzug, Reit- und Fahrvorführungen und großem Rahmenprogramm (nächster Termin: 9.–11. September 2022).

Das Naturfreibad ist herrlich, wenn es im Sommer heiß ist.

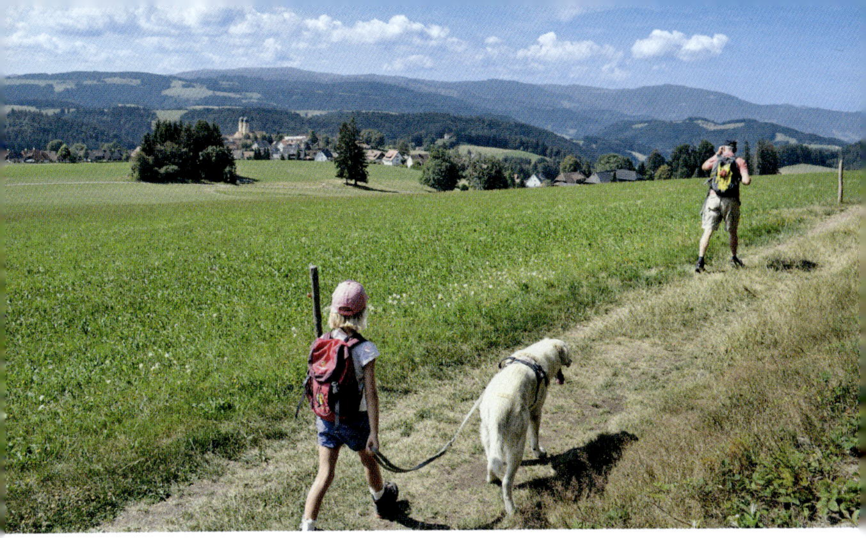

Mit Hund und toller Sicht auf St. Märgen und den Feldberg läuft es sich noch leichter.

Von der **Bushaltestelle ①** gehen wir auf der Hauptstraße am auch sonntags geöffneten Minisupermarkt »St. Märgener Landmarkt« vorbei und biegen am Gasthof »Der Hirschen« links in den Landfeldweg ein, der hier noch zweispurig asphaltiert ist. Ein Schild weist uns Richtung Kapfenkapelle. Vorbei an einem alten Turm, der als Trafohäuschen dient, verengt sich die Straße zu einem einspurigen Fahrweg und gibt die Sicht frei auf weite Viehweiden, die bis zum Wald reichen. An der nächsten Weggabelung folgen wir dem Kiesweg mit dem Schild Kapfenkapelle links hinauf. Von nun an verläuft der Weg immer am Waldrand entlang und lässt herrliche Blicke über die sanften Schwarzwaldtäler im Südwesten bis zum Feldberg und Schauinsland zu. Wer erkennt die verschiedenen Türme auf dem Feldberg?

Den Weiher 150 m weiter lassen wir rechts liegen, denn er ist in Privatbesitz, kurz darauf biegt unser Weg

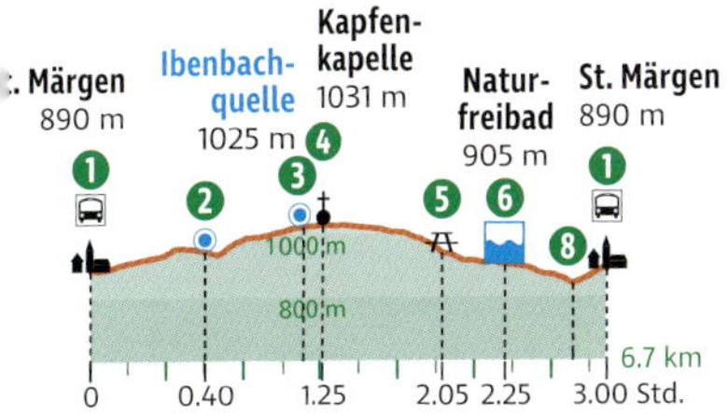

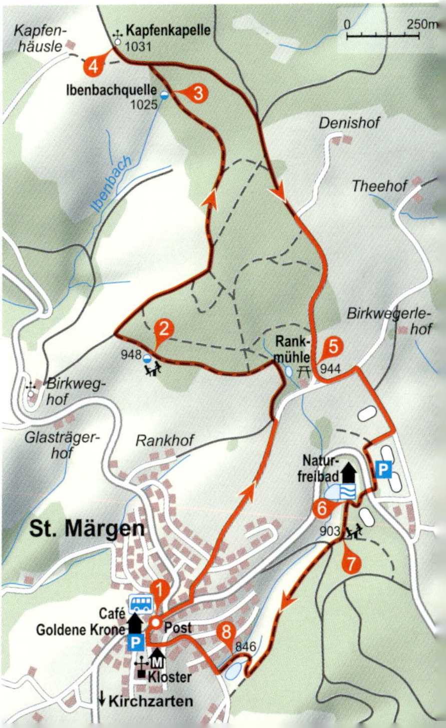

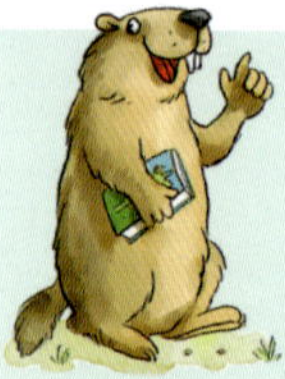

Hallo Kinder,

wusstet ihr, dass es neben der Schwarzwälder Kuckucksuhr und der weltberühmten Schwarzwälder Kirschtorte hier noch eine andere Berühmtheit gibt? Die Pferderasse Schwarzwälder Kaltblut, auch St. Märgener Fuchs genannt, geht bis ins Mittelalter auf die Zucht der Klöster von St. Märgen und St. Peter zurück. Die Pferde wurden lange von Bauern der Region für die schweren Arbeiten im Wald und auf dem Feld genutzt. Da die Tiere sehr genügsam sind, waren sie gut geeignet für das harte Bauernleben in kargen Wintern. Die Kaltblutrasse hat unbändige Kräfte, ist trotzdem sehr wendig und zieht locker einen Riesenbaumstamm aus dem Wald. Heutzutage ziehen die toll anzusehenden Pferde lieber Kutschen mit fröhlichen Kindern durch den Schwarzwald. Die gutmütigen Tiere wären in den 1960er-Jahren beinahe ausgestorben, als immer mehr motorisierte Arbeitsgeräte erfunden und immer weniger Pferde gebraucht wurden. Einige Pferdezuchtverbände kümmern sich heute um die Erhaltung der Kaltblüter mit ihrem rotbraunen Fell, dem hellen Schweif und der langen blonden Mähne. Trotzdem steht dieses tolle Pferd immer noch auf der Liste der gefährdeten Haustierrassen.

links ab (geradeaus geht es auf einem kleineren Weg direkt in den Wald). Die schattige Quelle mit **Wassertretstelle ❷**, kleinem Spielplatz und Holzbrunnen wenige Minuten später bietet uns die ideale Möglichkeit für eine kühlende Pause.

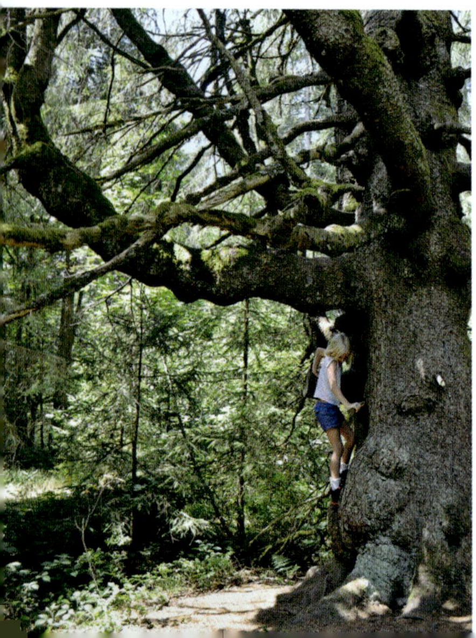

Frisch gestärkt wandern wir dann bis zum Wegende und dort rechts dem Schild »St. Märgen« am Waldrand hinterher. Nach einer Weile kommen wir in den Wald hinein, wo sich der Weg bald verzweigt und wir links der gelben Raute nachgehen (hängt 10 m entfernt am Baum). Eine knorrige Kiefer lädt die Kinder einige Meter später zum Klettern ein. Die **Ibenbachquelle ❸** erreichen wir kurz danach. Der Ibenbach ist ein 11 km langer Bach, der bis Kirchzarten fließt und dort schließlich nach der Vereinigung mit dem Wagensteigbach in die Dreisam mündet. An der Quelle können wir eine kleine Pause einlegen und dem Plätschern des Wassers lauschen. Dann brechen wir auf, denn der Naturbadesee am Schluss der Wanderung lockt die Kinder. Am Ende des Weges halten wir uns links

Dieser prachtvolle Kletterbaum ist nicht so leicht zu erobern.

Richtung **Kapfenkapelle ❹**, die bald auf der rechten Seite erscheint. Hier genießen alle die Aussicht auf die beiden malerischen Klosterdörfer St. Peter und St. Märgen. Im Inneren der kleinen Holzkapelle weisen uns die angebrachten Hufeisen auf die besondere Bedeutung der Pferde für St. Märgen hin (siehe »Hallo Kinder«). Wir wandern nun wieder den Weg bis zum Abzweig zurück, biegen aber nicht ab, sondern steuern geradeaus die ausgeschilderte Rankmühle an und lassen es bergab einen halben Kilometer so richtig laufen. Dann queren wir eine Kreuzung aus fünf Wegen und marschieren geradeaus auf dem »Hohlweg« genannten Schotterweg am Waldrand weiter. Wieder öffnet sich uns das sanfte Tal, diesmal Richtung Osten mit riesengroßen Kuhweiden und frisch gemähten Wiesen, die einen zum Barfußlaufen geradezu einladen. In einiger Entfernung im Pfisterwald gibt sich zwischen den Bäumen schon der grünlich schimmernde Badesee zu erkennen. Nach einer guten Weile sanft bergab gelangen wir an eine Quelle mit einer alten **Wassertretstelle ❺** am Rastplatz Rankmühle. Von dieser Quelle erhält das Kloster übrigens bis heute sein Wasser. Hier wenden wir uns nach links, um dem Schild zum Sportplatz zu folgen oder kürzen über die Wiese zum Parkplatz des Sportplatzes ab, was deutlich mehr Spaß macht. Wir halten uns am rechten Rand des Parkplatzes, bis wir das Schild »Wegle« sehen. Hier geht ein Pfad zur Unterführung der Landstraße und nach 120 m haben wir das **Naturfreibad ❻** erreicht. Jetzt heißt es, Eintritt zahlen, umziehen und reinspringen! Aber natürlich kann man auch gleich weiterwandern, denn etwas weiter wartet ein toller

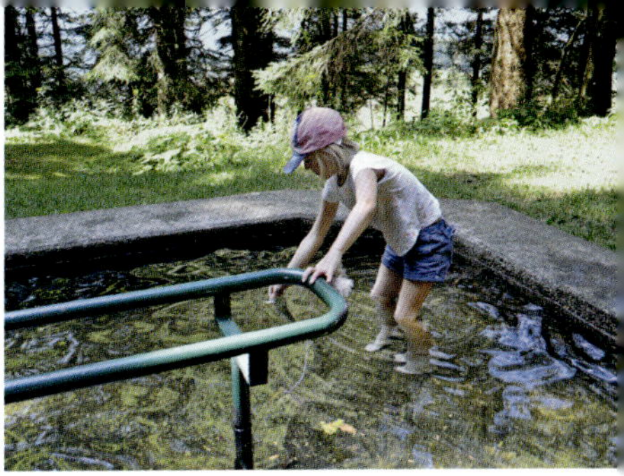

Abkühlung beim Wassertreten.

Abenteuerspielplatz ❼ mit pfiffigen Spielgeräten und einem schattigen Rastplatz. Nach ausgiebigem Klettern, Seilrutschen und Austesten aller Geräte geht es weiter Richtung Tal, bis nach 50 m die Rodelbahn unseren Weg kreuzt. Hier wählen wir den Weg geradeaus am Waldrand entlang, der für einen halben Kilometer leicht bergab geradewegs zu einem kleinen **Fischweiher ❽** führt, an dem wir die Wanderung gemütlich mit einer Siesta im Ufergras ausklingen lassen können. Hinter dem Weiher geht es dann rechts den geteerten Klausenweg hoch ins Dorf zum Klosterparkplatz und zur **Bushaltestelle ❶**.

Highlights

- ★ Wassertretstellen bieten Kühlung für unsere Füße.
- ★ Bizarrer Kletterbaum mitten im Wald.
- ★ Abenteuerspielplatz mit ausgefallenen Spielgeräten wie zum Beispiel einer Hängewippe.
- ★ Schwimmen und Bergblick genießen im Naturfreibad. Mit Kiosk, Öffnungszeiten je nach Wetterlage 9–18 Uhr, Eintritt Kinder 1 €, Erwachsene 2,50 €, www.sanktmaergen.de/de/freibad.
- ★ Kloster Museum St. Märgen (siehe Freizeittipp A6).

3.15 Std. | 7.8 km | ↗190 m | ↘190 m | ab 6 Jahren

15

In die Ravennaschlucht

Durchs Löffeltal bei Hinterzarten

Abenteuertour in einer »Modelleisenbahn-Landschaft«

Auf diese Tour durch die wilde Ravennaschlucht haben wir uns beim Planen im Vorfeld fast am meisten gefreut, denn sie verspricht viele spannende Momente für die Kinder, und auch die Erwachsenen staunen nicht schlecht, wenn sie direkt unter der riesigen steinernen Eisenbahnbrücke stehen, die hoch über der Schlucht verläuft. Zuerst aber führt die Route vom Bahnhof in Hinterzarten das Löffeltal hinunter, in dem uns alte Mühlen, Sägewerke und Höfe 200 Jahre in die Vergangenheit zurückversetzen. Die Ravennabrücke markiert den Beginn der Schlucht, die es nun entlang des Ravennabachs zu erkunden gilt. Brücken und Holzleitern helfen dabei, das enge und steile Tal zu durchsteigen. Trotzdem ist gerade bei feuchtem Wetter Umsicht angebracht, besonders mit kleineren Kindern. Vom Ende der Schlucht verläuft der Weg an Wiesen vorbei und später entlang der Höllentalbahn zurück zum Bahnhof Hinterzarten.

Ausgangspunkt: Bahnhof Hinterzarten, 890 m. Anfahrt vom Freiburger Hauptbahnhof mit der S-Bahn Richtung Seebrugg oder Villingen.
Mit dem Auto: Kostenpflichtige Parkplätze am Bahnhof, Bahnhofweg 3–5, 79856 Hinterzarten.
Ausrüstung: Feste Wanderschuhe.

Anforderungen: Mittelschwere Wanderung mit einer 2,5 km langen Steigung. Vorsicht ist vor allem mit kleineren Kindern im steilen, manchmal feuchten Gelände der Ravennaschlucht geboten.
Einkehr: Gasthaus Ketterer Ravennaschlucht, Öffnungszeiten auf Anfrage, am Getränkeautomat sind rund um die Uhr Getränke erhältlich, Ravennaschlucht 62, 79856 Hinterzarten, Tel. +49 7652 1494. Auch am Hofgut Sternen gibt es ein Restaurant (siehe Highlights).
Tipp: Auf dem Platz an der Ravennabrücke findet jedes Jahr an den Adventswochenenden ein spektakulär beleuchteter Weihnachtsmarkt statt.

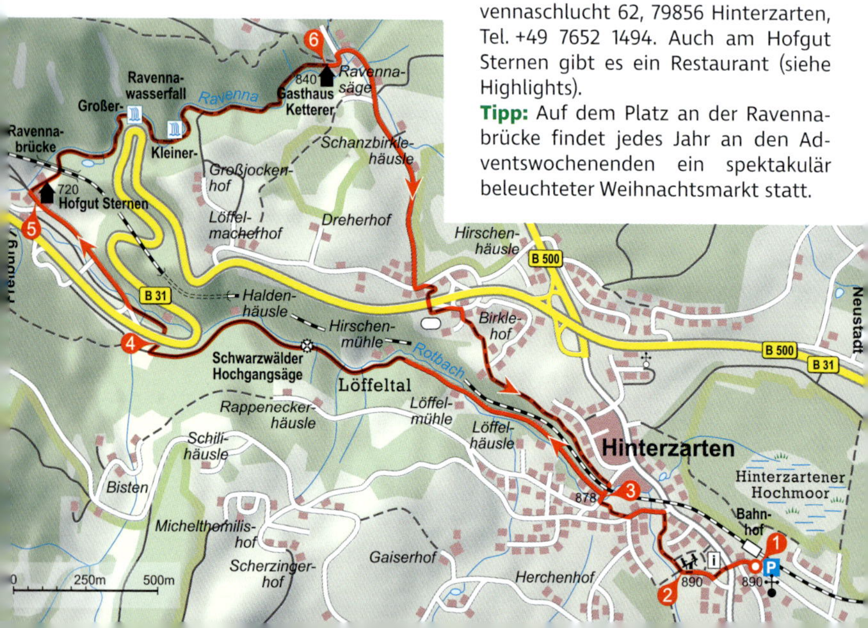

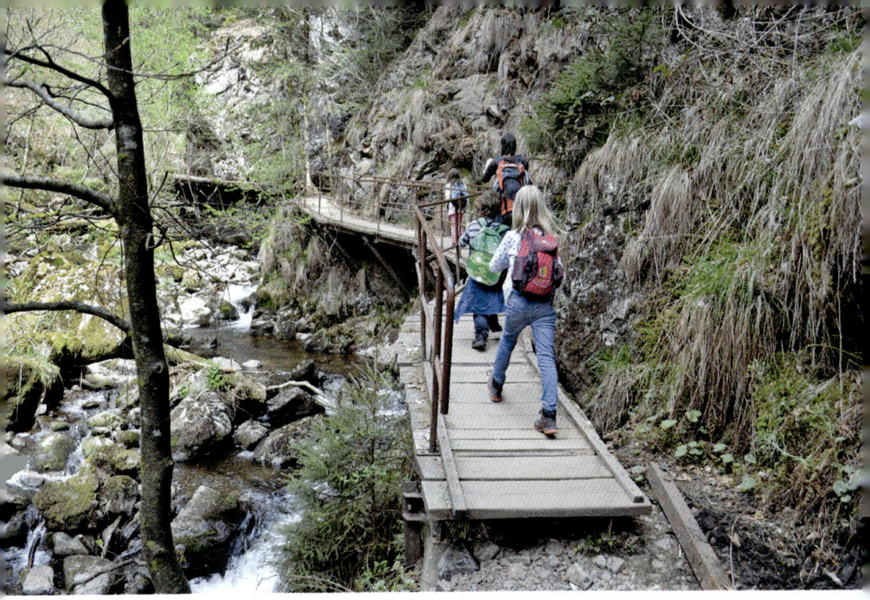

Abenteuerliche Wege führen ganz dicht an den steilen Felsen der Schlucht entlang.

Am **Bahnhof Hinterzarten** ❶ wenden wir uns aus dem Bahnhof kommend nach rechts den Bahnhofsweg hinunter, überqueren die Hauptstraße und marschieren direkt links am Kurhaus vorbei und dann gleich rechts zum **Abenteuerspielplatz** ❷ und Volleyballfeld. Hier biegen wir vor der Brücke rechts ab und laufen den kleinen Weg bis zur Alpersbacher Straße weiter, wo wir links in Richtung Löffeltal weiterwandern. Dann geht es am nächsten Wanderschild rechts der rot-weißen Raute Richtung Löffeltal/Ravennaschlucht nach, und gleich danach erreichen wir den **Eingang des Löffeltals** ❸. Ab hier verläuft der Weg immer zwischen Rotbach und Höllentalbahn auf anfangs noch asphaltierter Straße, vorbei an kleinen alten Mühlen, deren Mühlräder früher vom Wasser des Bachs angetrieben wurden. Der Wasserzulauf zu den Mühlen wurde mit den kleinen Stellwerken geregelt, die wir am Wegesrand finden und die die Kinder am liebsten gleich bedienen würden. Nach 2 km durch das Löffeltal kommen wir sehr dicht an einer Spitzkehre der Höllentalstraße B 31 vorbei. Gleich danach schickt uns der Wegweiser Richtung Ravennaschlucht nach rechts durch eine kleine **Unterführung** ❹. Eine Zufahrtsstraße mit Schlagbaum führt uns nach gut 500 m zum **Hof-**

Highlights

- ★ Abenteuerspielplatz gleich zu Beginn der Tour.
- ★ Das Löffeltal mit seinen vielen Mühlen und Wasserläufen.
- ★ Das Hofgut Sternen mit Restaurant, Hotel, Glasbläserei und historischen Handwerksbetrieben liegt sehenswert an der Ravennabrücke. Weiterführende Infos unter www.hofgut-sternen.de.
- ★ Riesiges Ravenna-Viadukt.
- ★ Abenteuerliche Ravennaschlucht mit großem und kleinem Ravennawasserfall.

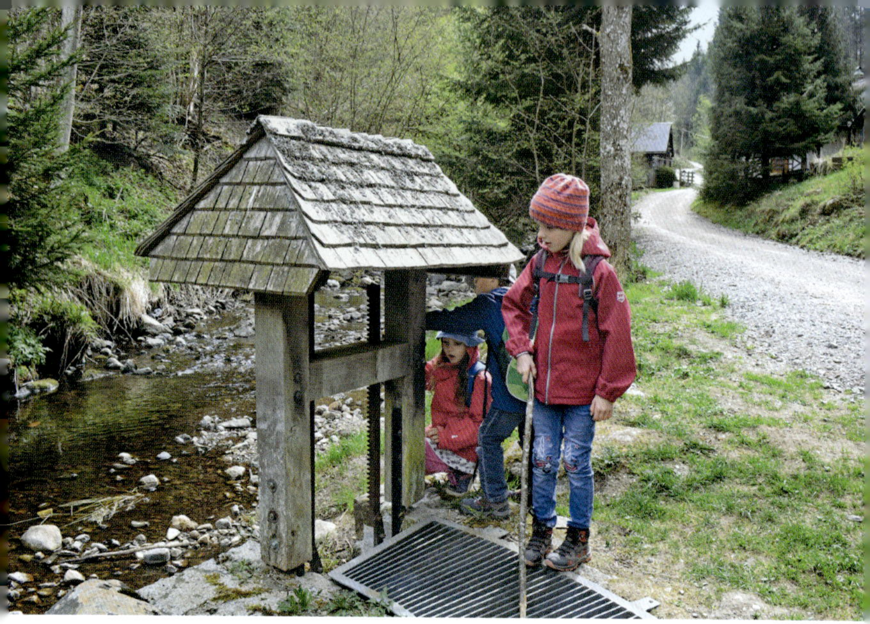

Die kleinen Stellwerke würden die Kinder am liebsten gleich ausprobieren.

gut Sternen 5, wo schon der Dichter Goethe Station gemacht hat und auf dessen großem Areal Glasbläsern bei der Arbeit zugesehen oder die älteste Pfarrkirche des Hochschwarzwalds besichtigt werden kann. Man kann sich auch im Restaurant stärken oder einfach der Beschilderung in die Ravennaschlucht nachgehen, denn diese beginnt gleich rechts hinter dem Hotelgebäude.

Vorbei an einer historischen Gattersäge gehen wir nun unter der gewaltigen Ravennabrücke hindurch und wundern uns, dass dieser filigrane Bau tonnenschwere Züge tragen kann, immerhin ist dieses Viadukt 224 m lang und 36 m hoch und muss eine Steigung von 12 m Höhe bewältigen. Damit dies auch im Winter sicher gelingt, ist die Brücke als einzige Bahnbrücke in Deutschland sogar beheizbar.

Ab hier steigen wir abenteuerlustig ins Bachbett hinab und balancieren über die größeren und kleineren Steine des Ravennabachs bis zur nächsten Brücke, was für uns alle eine kleine Herausforderung ist, denn keiner möchte gerne nasse Füße bekommen. Für einen guten Kilometer kraxeln wir dann über steile Treppen bergauf und wandern über lange hölzerne Brücken, die sich ganz eng an überhängende Felsen schmiegen, während unter uns der Bach rauscht.

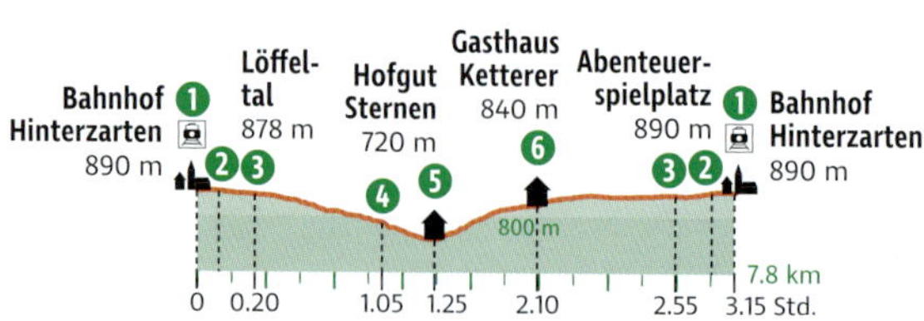

An zwei Stellen stürzt der Bach als Wasserfall zu Tal, dem Großen und dem Kleinen Ravennawasserfall, bevor wir auf die Großjockemühle stoßen, eine Getreidemühle aus dem späten 19. Jahrhundert. Bald darauf gelangen wir am Ende der Schlucht an den ehemaligen Standort der ersten Hinterzartener Löffelmühle, an dem uns das liebliche **Gasthaus Ketterer ❻** zu einer Vesper einlädt. Hinter dem Gasthaus geht es für uns nach rechts über die kleine Brücke des Ravennabachs Richtung Hinterzarten, gekennzeichnet mit einer weiß-roten Raute. Für einen guten Kilometer laufen wir nun geradeaus an hügeligen Wiesen vorbei, ehe wir durch einen Unterführungstunnel geleitet werden und dann links weiter bis zum Waldrand und zur Höllentalbahn weitergehen. Wir wandern auf dem Forstweg entlang der Bahnlinie, bis wir wieder den **Eingang des Löffeltals ❸** erreichen, und folgen ab hier dem bekannten Weg zurück zum **Bahnhof Hinterzarten ❶**.

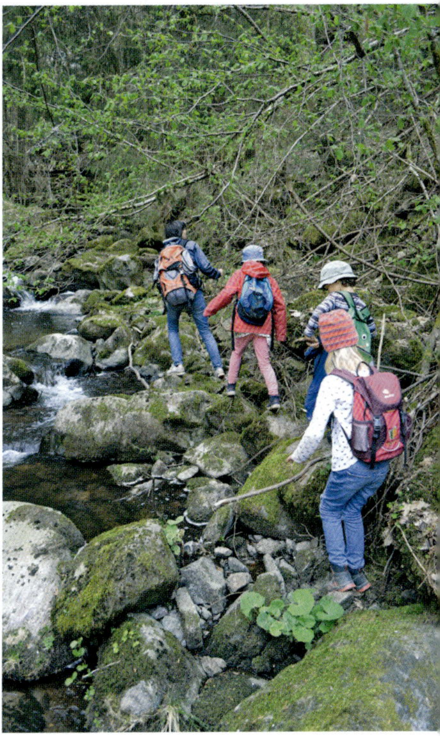

Vorsichtig steigen wir über die manchmal rutschigen Felsen des Flußbettes.

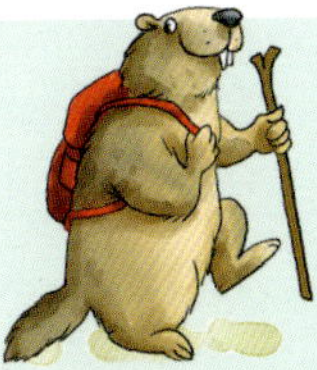

Hallo Kinder,

Löffeltal ist für uns ein wirklich lustiger Name, aber wisst ihr auch, warum das Löffeltal so heißt? Genau, es hat wirklich etwas mit Löffeln zu tun. In früheren Zeiten schnitzten sich die Menschen ihr Besteck aus Holz, und Anfang des 18. Jahrhunderts wurden Löffel bereits aus dünnem Blech herausgeschnitten und geschmiedet. 1780 erfanden die Brüder Feser hier im Ravennatal einen Schmiedehammer, der durch ihr Mühlrad und das Wasser des Bachs angetrieben werden konnte, und automatisierten damit die Löffelherstellung entscheidend. Der wasserbetriebene Schmiedehammer schlug unter lautem Getöse mit dem Hammerwerk die löffelförmige Ausbuchtung in die glühenden Eisenstäbe. Die Handarbeit entfiel und es konnten wesentlich mehr Löffel am Tag produziert werden. Danach entstanden vor allem im Tal am Rotbach einige wassergetriebene Löffelschmieden. Seitdem wird dieses Tal Löffeltal genannt und der Bach wird manchmal heute noch als Löffelbach bezeichnet.

1.45 Std. | 5.0 km | ↗ 20 m | ↘ 20 m | ab 4 Jahren

16

Zur Dampferfahrt auf dem Titisee

Vorbei an Eisweiher und Sandstrand

Der berühmte See und andere Wasserfreuden

Abseits des Touristenstroms in Titisee erkunden wir neben dem bekannten See noch weitere Sehenswürdigkeiten, die mit Wasser zu tun haben. Kaum bekannt ist der Eisweiher, der mitten im Wald liegt und im Winter häufig als erstes Gewässer hier oben zufriert. In den 20er-Jahren des letzten Jahrhunderts gab es hier sogar ein Eisstadion, in dem Deutsche Eislaufmeisterschaften stattfanden. Über eine schön gelegene Wassertretstelle am Waldrand geht es zum Ufer des Titisees mit seinem bei den Kindern geliebten Sandstrand. Eine Dampferrundfahrt über den See darf nicht fehlen, ist sie doch immer ein Abenteuer für den Nachwuchs und ermöglicht andere Blickwinkel auf die wunderschöne Umgebung. Und schließlich wandern wir ein Stück an der Gutach entlang, die beim Anlegesteg als gemächlicher Wiesenbach aus dem Titisee austritt.

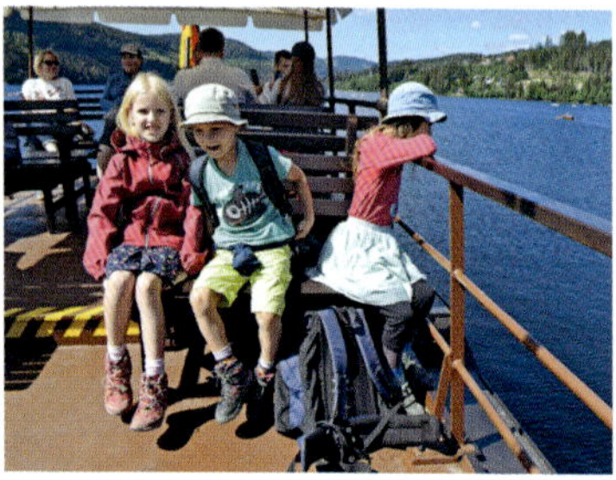

Auf dem Piratendampfer.

Die Kinder lieben die Suche nach Heidelbeeren.

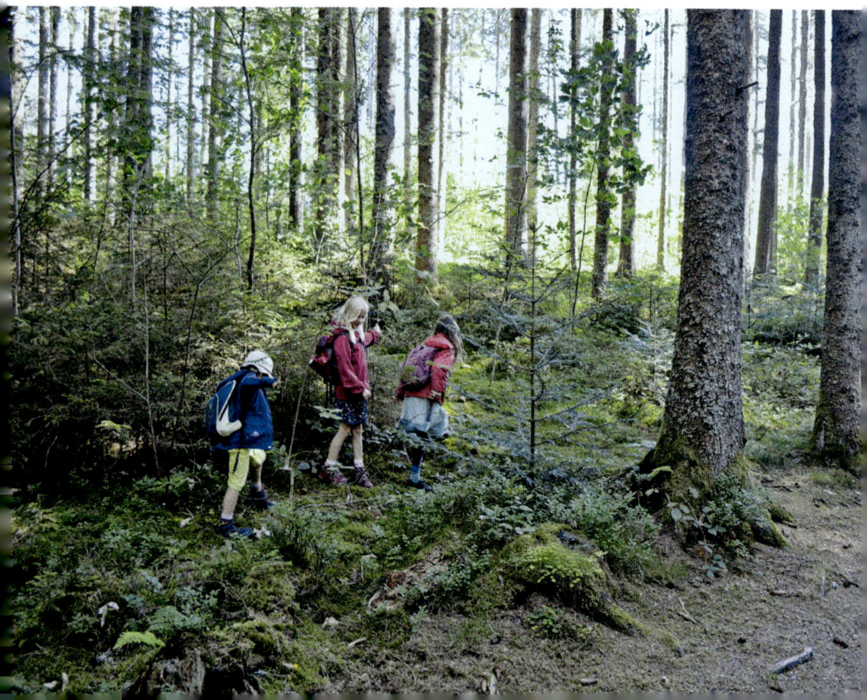

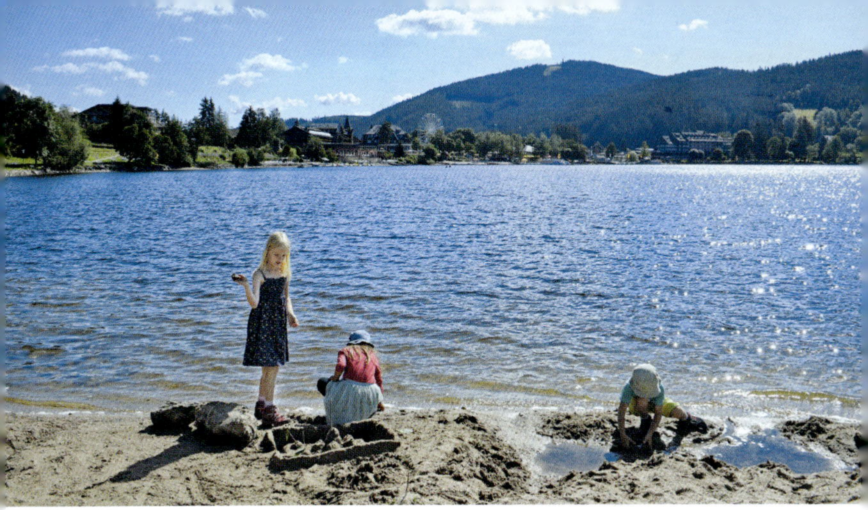

Mit dem feinen Sand kann man Burgen bauen wie am Meer.

Ausgangspunkt: Bahnhof Titisee, 858 m. Anfahrt vom Freiburger Hauptbahnhof mit der S-Bahn Richtung Seebrugg oder Villingen.
Mit dem Auto: Kostenpflichtige Parkplätze am Ortseingang von Titisee oder auf den ausgeschilderten Großparkplätzen auf beiden Seiten des Bahnhofs.
Ausrüstung: Wanderschuhe oder Trekkingsandalen, aber auch feste Halbschuhe sind ausreichend. Badesachen bitte nicht vergessen oder wenigstens ein Handtuch für die Wassertretstelle. Für eine Bootstour ist oftmals wärmere Kleidung nötig.
Anforderungen: Kurze Wanderung ohne Steigungen auf Kieswegen und kleinen Straßen. Geeignet für Kinderwägen mit Luftreifen. Zusätzliche Zeit zum Einkehren oder Baden am See einplanen.
Einkehr: Kleine, leckere Speisen gibt es im Bootshaus Wiesler direkt am See, mit kleinem Biergarten und urigem Blockhaus, Öffnungszeiten je nach Saison und Wetter, Strandbadstraße 3, 79822 Titisee, Tel. +49 7651 88161, www.bootshaus-wiesler.de.
Hinweis: Unsere Tour folgt einem älteren Wassererlebnispfad mit 16 Stationen, der noch in manchen Karten verzeichnet ist, der aber vor einigen Jahren größtenteils abgebaut wurde.

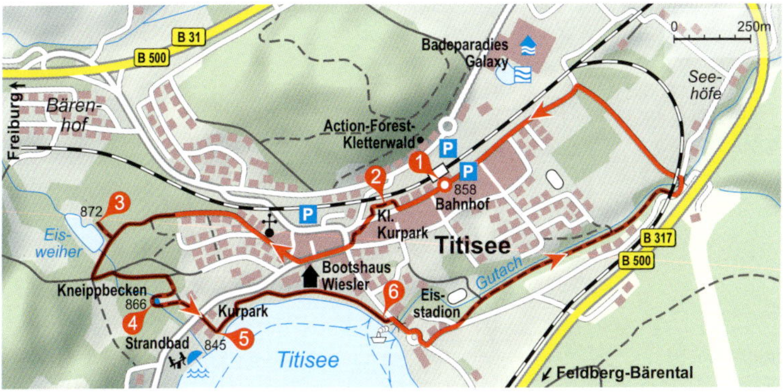

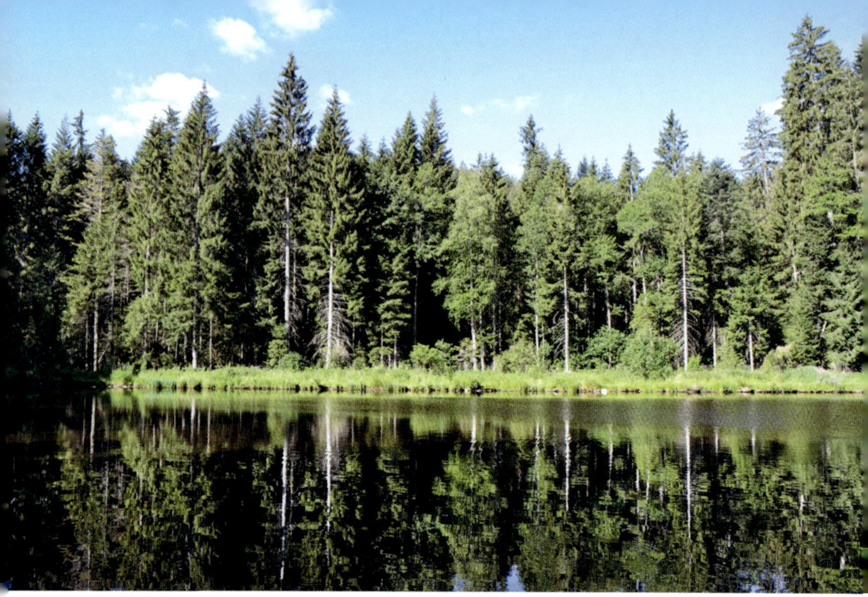

Traumhaft still ist es am Eisweiher und der Wald spiegelt sich im Wasser.

Wir verlassen den **Bahnhof Titisee** ❶ nach rechts Richtung Ortsmitte auf der Parkstraße und bummeln durch den **Kleinen Kurpark** ❷ vorbei an den kunterbunten Blumenbeeten. Danach überqueren wir die Straße nach links, spazieren kurz entlang der Seestraße Richtung See und biegen gleich darauf rechts in die Strandbadstraße ein. Nach 150 m geht es rechts die Alte Poststraße hinauf, bis wir der Beschilderung folgend im Wald auf einem für Autos gesperrten Forstweg zum idyllischen **Eisweiher** ❸ gelangen. Rechts und links vom Weg wachsen im Sommer leckere Blaubeeren. Nach dem Zwischenstopp wandern wir auf dem Forstweg weiter und halten uns an der nächsten Wegkreuzung links Richtung Strandbad, um gleich darauf an der Gabelung den Weg nach rechts über die Bachbrücke zu wählen. An der nächsten Abzweigung halten wir uns erneut rechts und die Kinder entdecken zur Rechten schon das **Kneippbecken** ❹ im lichten Wald. Nach einer kleinen Abkühlung laufen wir weiter bergab, über die Uferstraße zum Schwimmbad und dem See mit seinem kleinen **Sandstrand** ❺. Die Kinder beobachten die Fische im Wasser, »matschen« nach Herzenslust, und es geht erst

Highlights

- ★ Eisweiher, der im Winter gerne zufriert.
- ★ Abkühlen im Kneippbecken.
- ★ Wir bauen eine Burg am Sandstrand des Titisees und beobachten die neugierigen Fische.
- ★ Dampferfahrt mit dem Piratenschiff über den See.
- ★ Nach der Tour ist noch genug Kraft für den Action Forest Kletterwald oder das Action Forest Stand Up Paddling in Titisee übrig (Freizeittipps F5 und C5).
- ★ Oder es lockt uns das Badeparadies Galaxy mit seinen Wasserrutschen (Freizeittipp C4).

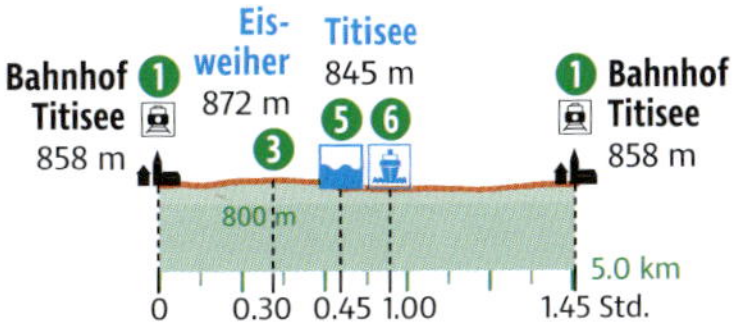

weiter, wenn eine kleine Sandburg für die Nachwelt fertiggestellt ist.
Der See glitzert herrlich in der Sonne und wir entscheiden uns für eine Dampferfahrt auf dem See. Die **Anlegestelle 6** erreichen wir, indem wir in Richtung Osten immer am Ufer und dem Kurpark entlanggehen. Dann durchqueren wir einen kleinen Fußgängertunnel und wählen uns einen Dampfer an einer der Bootsanlegestellen aus.
Nach der kurzweiligen Mini-Kreuzfahrt spazieren wir auf der Uferstraße weiter und überschreiten die Brücke über die Gutach, deren Verlauf wir nun erforschen. Dazu biegen wir nach 60 m links in die Seebachstraße Richtung Eisstadion ab und am nächsten Wanderschild wiederum links in den Wald hinein Richtung

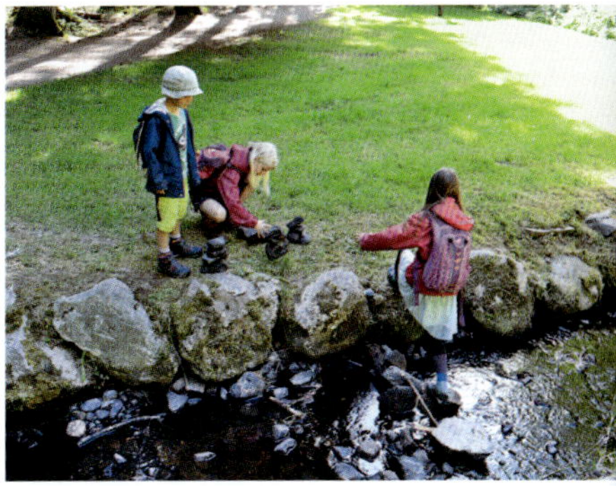

Die Kinder hinterlassen zur Erinnerung Steinmännchen am Bach.

Bahnhof. Der wunderschöne Waldweg führt immer am Flussbett der ruhig dahinfließenden Gutach entlang, vorbei an kleinen Bauern- und Reiterhöfen. Nach einer Viertelstunde erreichen wir eine Unterführung, halten uns links und gleich darauf nochmals links Richtung Titisee. Auf einer Teerstraße verläuft nun der Weg an Wald und Wiesen vorbei bis zur Parkstraße, in die wir links einschwenken und zurück zum **Bahnhof Titisee 1** wandern.

Hallo Kinder,

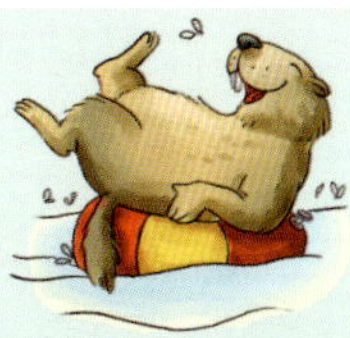

der Titisee ist zwar klein, aber trotzdem in ganz Deutschland sehr bekannt. Vielleicht liegt es daran, dass es hier alles gibt, was auch an großen Seen oder am Meer zu finden ist: einen Sandstrand, eine Uferpromenade, Schiffsanlegestellen, Tretboote und Ausflugsdampfer, Restaurants und Eisdielen und viele Hotels. Und das alles auf kleinstem Raum. Glaubt man einer der vielen Sagen im Schwarzwald, wäre es aber vor langer Zeit fast mit dem See vorbei gewesen. An einer Stelle des Sees soll eines Tages das Ufer aufgebrochen sein und der See drohte daraufhin komplett auszulaufen. Nachts kam zum Glück eine alte Frau, sprach leise einige Zauberworte und stopfte das Loch mit ihrer eigenen weißen Haube fest zu. Bis heute soll dies das Wasser im See halten, allerdings verfault angeblich jedes Jahr einer der Fäden der Haube, und deshalb soll der See eines Tages das gesamte Dreisamtal überfluten. So jedenfalls heißt es in der Sage. Aber ob sie auch wahr ist? Hoffentlich nicht!

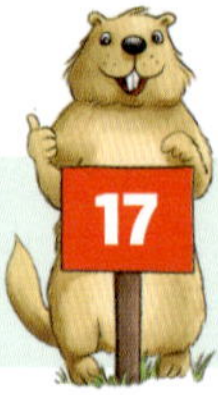

3.30 Std. | 8.9 km | ↗170 m | ↘190 m | ab 6 Jahren

Wutach- und Haslachschlucht

Von Holzschlag nach Unterlenzkirch

Spannende Tour im Grand Canyon des Schwarzwalds

Die Wutachschlucht mit ihren wilden Felsformationen und ihren tief eingeschnittenen Seitentälern ist eines der beliebtesten Wanderziele im ganzen Schwarzwald. Einige Abschnitte dieses einzigartigen, 30 Kilometer langen Canyons sind zu bestimmten Zeiten sehr gut besucht. Deshalb durchwandern wir nur einen kleinen Teil der Schlucht und biegen dann ab in die Haslachschlucht, die nicht minder schön ist. Unterwegs kommen wir über die überdachte Stallegger Brücke, einstmals der wichtigste Übergang über die Wutach. Wir erleben, wie sich die Gutach in die Wutach verwandelt und finden einen herrlichen Platz zum Spielen am Wasser an der Mündung des Rötenbachs in die Wutach. Der Bus bringt uns dann wieder zum Ausgangspunkt zurück.

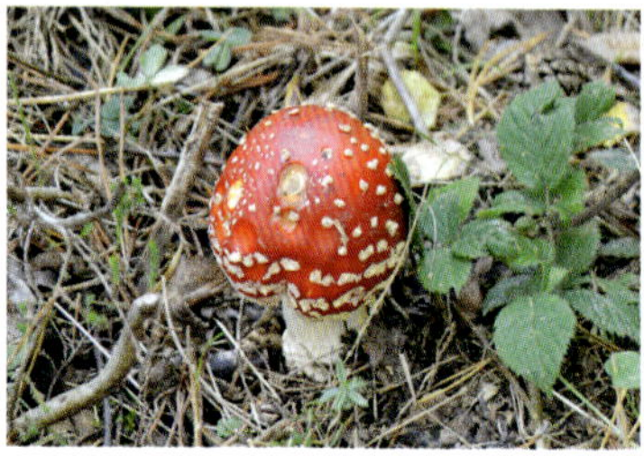

Ein Glücksbringer, aber giftig!

Ausgangspunkt: Bushaltestelle Holzschlag-Reichenbächle, 813 m. Anfahrt ab Bahnhof Neustadt mit dem SBG-Bus 7258 Richtung Bonndorf.
Mit dem Auto: Öffentlicher Parkplatz an der Bushaltestelle Holzschlag-Reichenbächle an der Bonndorfer Straße (B 315)/Ecke Schulstraße, 79848 Bonndorf im Schwarzwald.
Endpunkt: Bushaltestelle Unterlenzkirch, 800 m. Zurück zum Ausgangspunkt oder nach Neustadt mit dem SBG-Bus 7258.
Ausrüstung: Gut profilierte Wanderschuhe. Proviant, Badesachen und Wechselkleidung mitnehmen.
Anforderungen: Längere Wanderung mit ständigen Wechseln von Steigung und Gefälle. Rutschgefahr an feuchten Wegabschnitten!
Einkehr: Unterwegs keine. Am Zielort Unterlenzkirch steht die gemütlich-rustikale Brauerei Rogg, Mi–Sa 17–22 Uhr, So 11–14 und 17–22 Uhr, Bonndorfer Straße 61, 79853 Lenzkirch, Tel. +49 7653 700, www.brauerei-rogg.de.

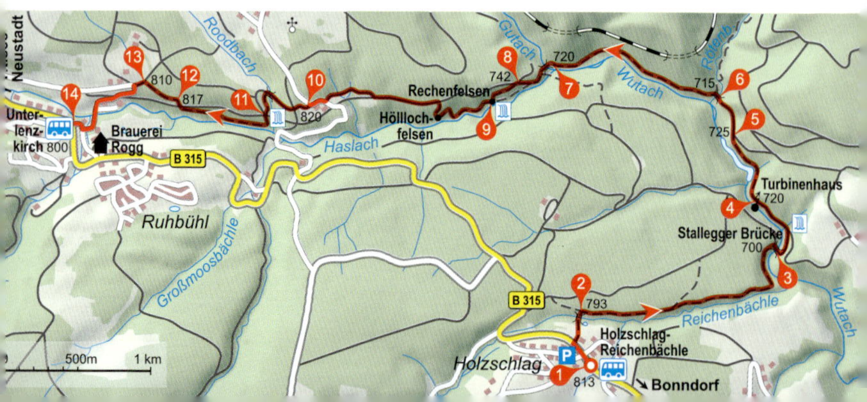

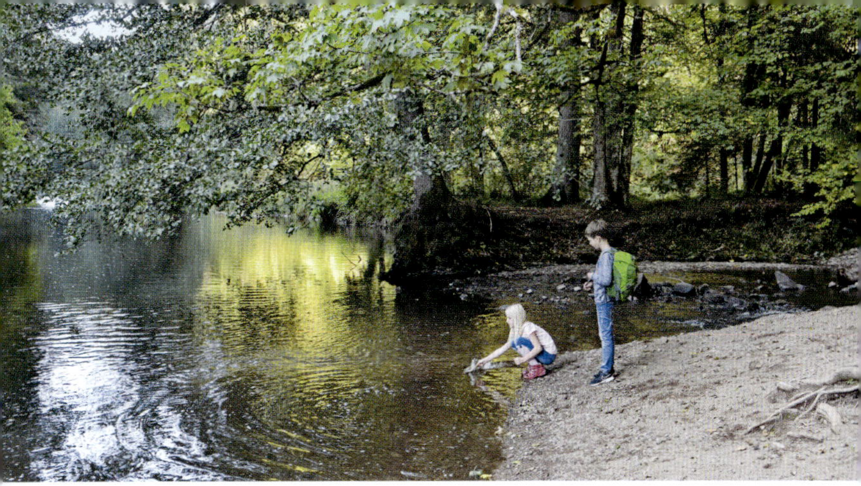

Wasserspiele am Zusammenfluss von Rötenbach und Wutach.

Unser Startpunkt ist die **Bushaltestelle Holzschlag-Reichenbächle ❶**, die praktischerweise schon mit dem braunen Wegweiser zur Wutachschlucht bestückt ist. Gleich nach dem Schwarzwaldhof Nicklas geht es rechts auf einen Wiesenweg, der in den Wald führt, dann an einem Teich vorbei und über eine kleine Holzbrücke über das Reichenbächle. Am **Wanderschild Am Mühlgraben ❷** halten wir uns rechts Richtung Stallegger Brücke und bleiben auf dem Trampelpfad durchs Unterholz, der uns stetig bergab führt. Das Gelände verengt sich langsam – die Reichenbachschlucht ist unsere erste Schlucht des Tages! Auch hier ist es schon stellenweise sehr steil und wir geben gut Acht, dass die Kinder nicht zu nah am Rand gehen!

Nach einer Weile wird das Rauschen lauter, vereinzelt blitzt die Gischt der Wutach durch die Tannen und bald erreichen wir die historische **Stallegger Brücke ❸** über die Wutach, den tiefsten Punkt unserer Wanderung. Hier ist der Fluss breit und flach und das bronzefarbene Wasser glänzt geheimnisvoll im Sonnenlicht. Wir gehen über die überdachte Brücke und biegen auf der anderen Seite links ab in Richtung Lenzkirch. Wir passieren das denkmalgeschütz-

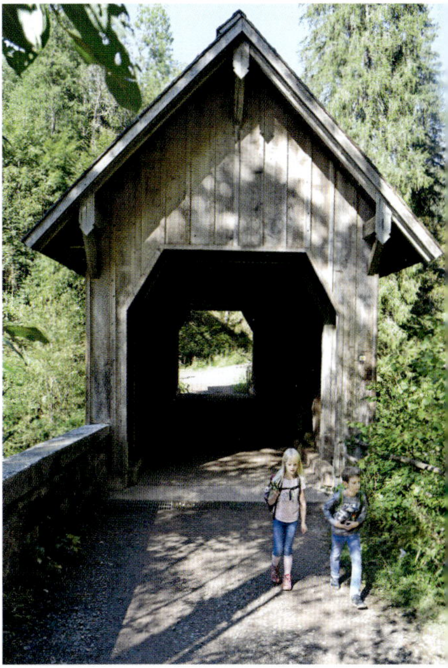

Die überdachte Stallegger Brücke sieht aus wie ein Häuschen.

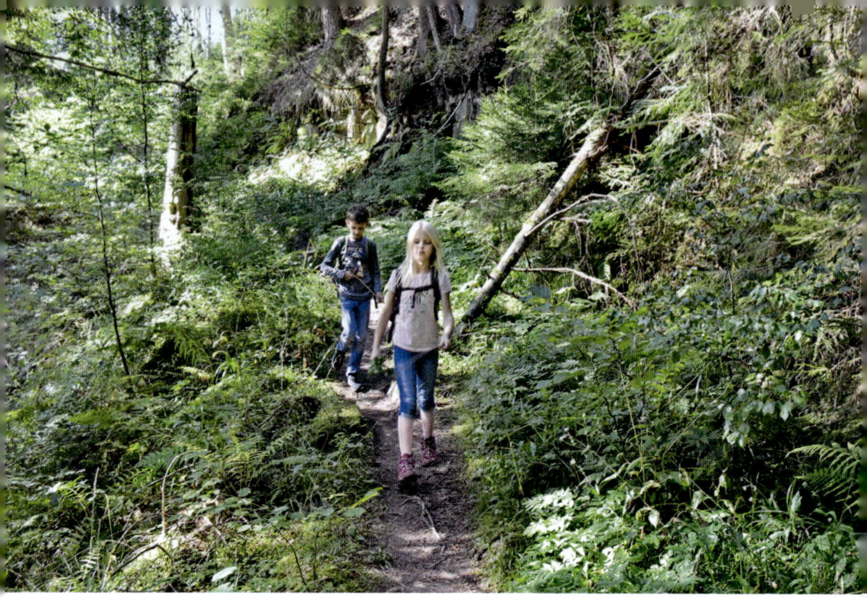

Durch dichten Wald zieht sich der Pfad hinunter zur Wutach.

te **Turbinenhaus** ❹ des Flusskraftwerkes Stallegg und kurz darauf das dazugehörige Wehr mit Stausee. Hier besteht hohe Absturzgefahr und wir halten uns fern vom Rand und den Verbotsschildern!
Nach gut 300 m weist uns das **Wanderschild »Ob der Rötenbachmündung«** ❺ in Richtung der Rötenbachmündung, unserem nächsten Zwischenziel, das wir nach wenigen Minuten erreichen. Hier fließt der **Rötenbach** ❻ in die Wutach hinein und die Kinder haben die Möglichkeit, nah ans Wasser zu kommen oder sogar hinein, denn es ist hier ganz flach und ruhig, ideal zum Spielen. Ob es unsere »Stockboote« vielleicht bis in die Nordsee schaffen, wenn sie ohne hängenzubleiben die ganze Wutach und dann den Rhein hinunterschwimmen?
Die Schlucht des Rötenbachs mit ihren Wasserfällen ist übrigens auch ein lohnendes Ziel für eine Wanderung. Wir folgen nun aber dem Schild Richtung Haslachmündung (nach dem Steg links) über die Holzbrücke des Rötenbachs, gehen unmittelbar nach der Brücke links und an der nächsten Gabelung gleich wieder nach links. Der Wald ist hier glücklicherweise sich selbst überlassen und erinnert mit seinen Farnen, den Felsen und riesigen Pestwurzblättern an einen Zauberwald. Auf einem Kilometer durchstreifen wir diese Märchenwelt, immer auf Höhe des Flusses, und gelangen so an den

Highlights

- ★ Spannende, steile Pfade in Zauberwald-Atmosphäre.
- ★ Je nach Jahreszeit und Witterung wild sprudelnde, reißende Flüsse.
- ★ Wasserspiel- und Bademöglichkeiten an der Rötenbach- und der Haslachmündung.
- ★ Spannende Brücken und schaurig-schöne Tiefblicke von hohen Felsformationen in die Haslachschlucht.

An vielen Stellen im Verlauf des Flussbettes ist die Wutach ganz friedlich.

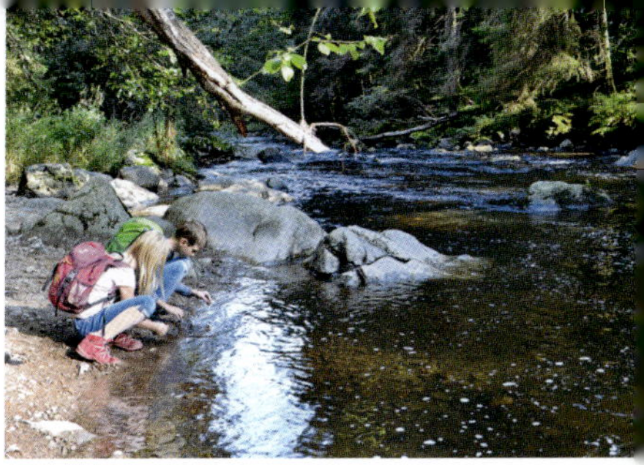

Ursprung der Wutach 7, die durch den Zusammenfluss der Haslach aus dem Westen und der Gutach aus dem Norden gebildet wird. Die Steine und Felsen an der Mündung laden zum Spielen ein und eine Rast bietet sich an.

Danach überqueren wir die Gutachbrücke und gelangen unmittelbar nach der Brücke rechts haltend in die **Haslachschlucht**. An der nächsten Gabelung schwenken wir nach rechts, denn der kleine Pfad links ist leider gesperrt. An der nächsten Wegekreuzung mit dem **Wanderschild »An der Haslachmündung« 8** folgen wir der Beschilderung Richtung Lenzkirch links bergab (dieser neue Pfad ist in den meisten Karten noch nicht verzeichnet) und finden 20 m weiter einen Holzwegweiser zum **Rechenfelsen 9**, den wir nach 200 m erreichen und von dem wir wie von einer Kanzel in die Tiefe zur Haslach hinunterschauen können. Gut, dass hier die extrem steilen Bereiche mit Gitterzäunen gesichert sind!

Von dem imposanten Felsen steigen wir nun steil bergab zur Haslach und staunen über die engen Klammwände, die sich über dem Fluss fast zu berühren scheinen.

Nach einem halben Kilometer erklimmen wir den zweiten mächtigen Felsen der Haslachschlucht, den Hölllochfelsen, der ebenfalls gut gesichert ist. Hier geht es wirklich senkrecht hinunter.

Wir setzen unsere Wanderung auf dem Pfad fort und biegen am Ende links ab auf den Bähnle-Radweg, den wir für 400 m entlangmarschieren. Auf einer Lichtung gabelt sich der

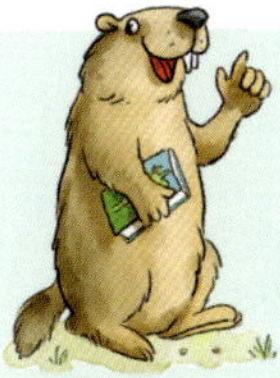

Hallo Kinder,

das schöne große Haus nach der Stallegger Brücke direkt unten an der Wutach erinnert mehr an ein Jagdhaus oder eine Jugendherberge, tatsächlich aber sind darin die Turbinen des historischen Stallegger Flusskraftwerks untergebracht. Die Geschichte des Kraftwerks ist deshalb so interessant, weil es bei der Inbetriebnahme 1895 erst das dritte Flusskraftwerk in ganz Deutschland war. Der Fürst zu Donaueschingen wollte sein Schloss und die Stadt mit elektrischem Licht beleuchten und seine Brauerei elektrisch betreiben. Man suchte und fand in einer Engstelle der 25 Kilometer entfernten Wutachschlucht einen idealen Platz für einen kleinen Stausee mit Staumauer und für einen Betonkanal, in dem das Flusswasser zum Turbinenhäuschen geleitet wurde. Durch das Gefälle von 10 Metern trieb das Wasser die Turbine so schnell an, dass eine Leistung von 150.000 Watt erzeugt werden konnte. Damit konnte man mehrere Tausend Lämpchen leuchten lassen und die Brauerei konnte ihr Bier brauen.

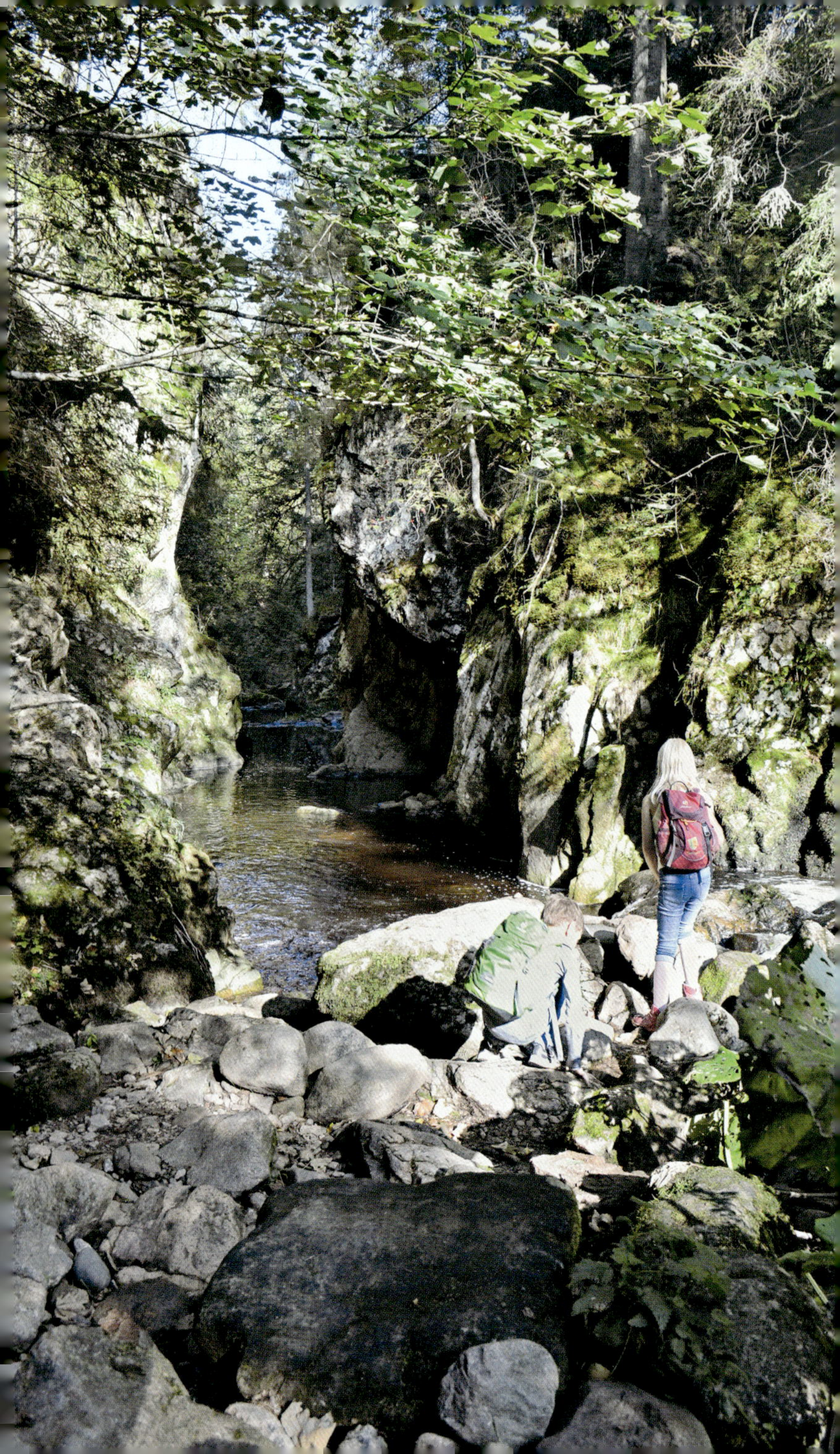

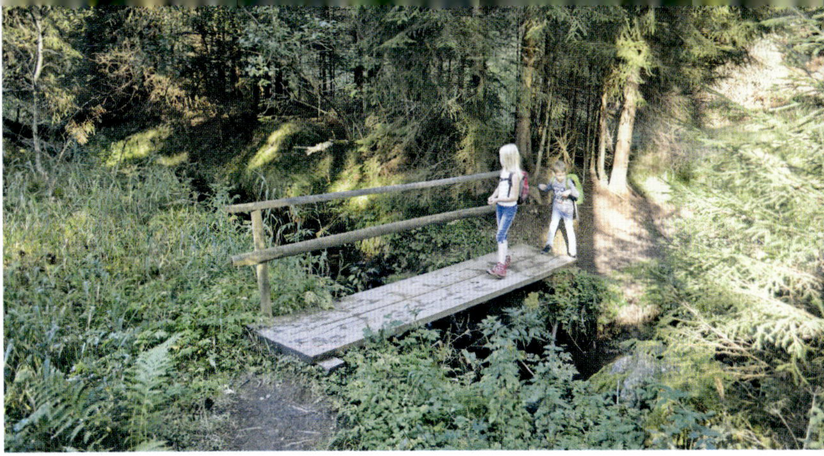

Oben: Immer wieder überqueren wir kleine Brücken auf dem Mühlenweg.
Links: Ein magischer Ort ist der Durchbruch der Haslach durch den Rechenfelsen.

Weg und wir halten uns an den rechten Wanderweg, der linke Abzweig ist den Radfahrern vorbehalten. Nach 10 Min. stoßen wir auf eine Teerstraße, wenden uns auf dieser kurz nach rechts und verlassen die Straße am **Wanderschild »Rauhalde« ⑩** gleich wieder nach links auf einen kleinen Jägerpfad in Richtung Lenzkirch. Wir überqueren den kleinen Roodbach, folgen der Beschilderung nach links Richtung Lenzkirch/Alte Mühle und befinden uns jetzt auf dem Mühlenweg, der aus einem Märchen der Gebrüder Grimm zu stammen scheint. Hier stand schon vor 300 Jahren die Alte Mühle, die erste Mühle der Umgebung um Kappel.
Wieder queren wir den Bähnle-Radweg und finden hier etwas versteckt links neben dem kleinen Jägerpfad einen schön gelegen Fahrrad-Rastplatz. Nachdem wir anschließend den kleinen Roodbachwasserfall passiert haben, schickt uns das **Wanderschild »Mühlenweg« ⑪** nach rechts in Richtung Lenzkirch und Lochmühle. Noch einmal wandern wir ein Stück an der Haslach entlang, bevor es wieder bergauf über den Radweg und zum **Wanderschild »An der Schleifensäge« ⑫** geht. Wir halten uns weiterhin in Richtung Lenzkirch und biegen links ab. Nach 250 m endet der Pfad und wir verlassen den Wald am **Wanderschild »Lochmühle« ⑬** nach links in Richtung Lenzkirch. Am nächsten Wanderschild mit dem gleichen Namen folgen wir nun links der Straße in Richtung Löffelschmiede/Brauerei Rogg. Der Lochmühlenweg bringt uns vorbei an der Kläranlage noch mal über die Haslach. Kurz nach der Brücke halten wir uns rechts zur Hauptstraße hinauf, wo sich auch gleich unser Wanderziel befindet, die **Bushaltestelle Unterlenzkirch ⑭**.

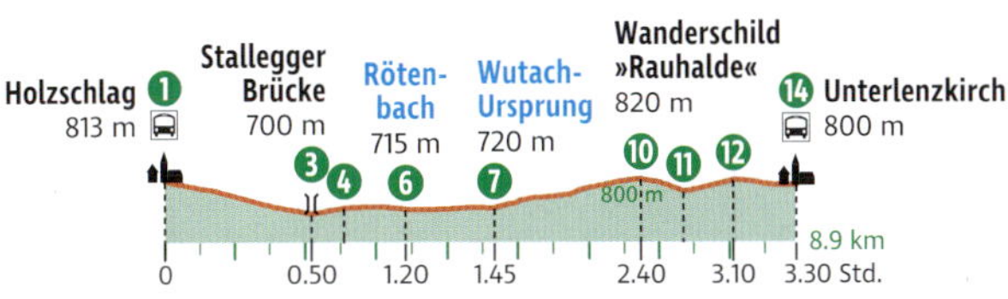

3.30 Std. | 8.5 km | ↗ 240 m | ↘ 240 m | ab 6 Jahren

18 Zum Mathisleweiher bei Hinterzarten

Rundwanderung zwischen Titisee und Feldberg

Auf urigen Pfaden zur Adlerschanze

Hinterzarten ist ein heilklimatischer Kurort, der sich in nächster Nähe zu Feldberg und Titisee in die idyllische Landschaft schmiegt und ein beliebter Ausgangspunkt für erlebnisreiche Wanderungen in die Natur ist. Allein sechs verschiedene Naturschutzgebiete liegen auf dem Gebiet der Gemeinde. Im Naturschutzgebiet Eschengrundmoos liegt das Ziel unserer Tour, der Mathisleweiher, ein eiszeitlicher Moorsee mit bernsteinfarbenem Wasser und reichen Fischbeständen, den wir uns über urige Waldpfade und lauschige Vesperplätze erwandern. Auf dem Weg erwarten die Kinder ein toller Abenteuerspielplatz, ein Pirschpfad durch den moosbewachsenen Wald und einige Stationen eines Walderlebnispfads. Zu Beginn lockt jedoch erst mal der Abenteuerspielplatz zum Klettern und Toben. Hoffentlich haben die Kinder danach noch genügend Kräfte für die restlichen acht Kilometer! Denn es wäre schade, den malerischen Fischweiher zwischen Hinterzarten und Mathisleweiher zu verpassen oder die Adlerschanze, an der wir über den Mut der Skispringer staunen, die sich hier sommers wie winters hinunterwagen.

Ausgangspunkt: Bahnhof Hinterzarten, 885 m. Anfahrt vom Freiburger Hauptbahnhof mit der S-Bahn Richtung Seebrugg oder Villingen.

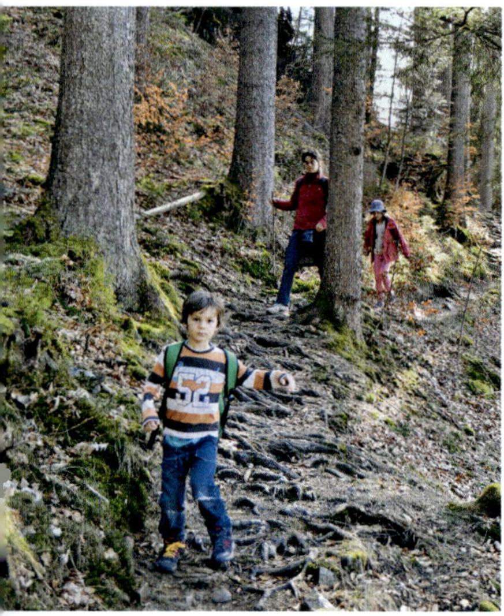

Mit dem Auto: Kostenpflichtige Parkplätze am Bahnhof, Bahnhofweg 3–5, 79856 Hinterzarten.

Ausrüstung: Feste, gut profilierte Wanderschuhe.

Anforderungen: Mittelschwere Wanderung auf schmalen und teils steilen Waldpfaden, auf denen Trittsicherheit nötig ist.

Einkehr: Hofladen auf dem Mathislehof mit kalten und warmen Getränken sowie Vesper aus hofeigenen Produkten wie Bauernbrot, Speck, verschiedene Wurst- und Käsesorten, alles nach demeter-Richtlinien und auch zum Mitnehmen. Spannend: Kaffee aus gerösteten Lupinen. Öffnungszeiten Do und Fr 13–18 Uhr, Sa und So 10–18 Uhr. Oberzartener Weg 2, 79856 Hinterzarten, Tel. +49 7652 982582, www.waelder-gbr.de.

Hinweis: Im naturgeschützten Mathisleweiher sollte man nicht baden, auch wenn keine gesonderten Schilder darauf hinweisen!

Im steilen Gelände tanken die Kinder Selbstvertrauen auf.

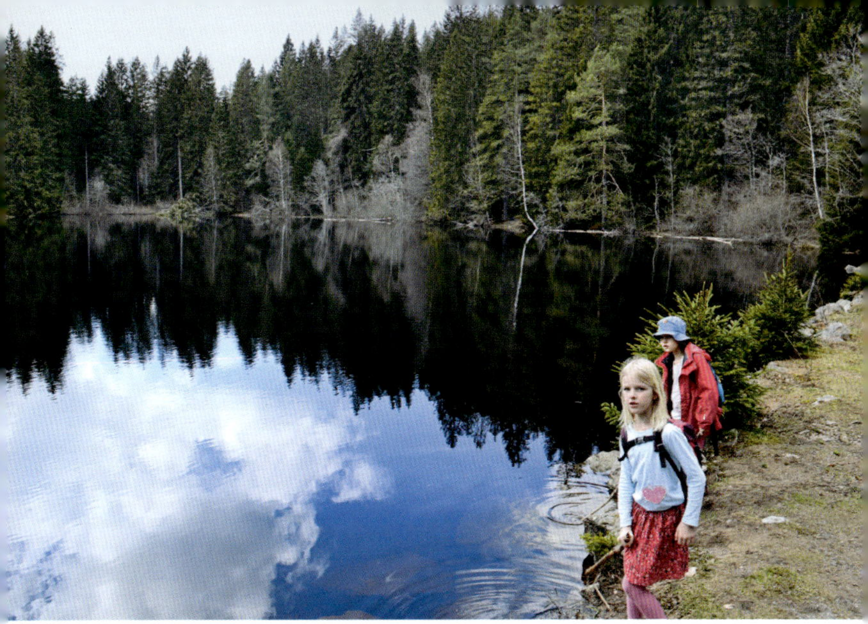

Im Mathisleweiher tummeln sich viele Fische, manchmal sieht man sie vom Ufer aus.

Am **Bahnhof Hinterzarten ➊** wenden wir uns nach rechts den Bahnhofsweg hinunter, überqueren die Freiburger Straße und laufen direkt links am Kurhaus vorbei und dann gleich rechts zum **Abenteuerspielplatz ➋** und Volleyballfeld. Alle Klettergeräte werden noch schnell ausprobiert, bevor wir unsere Kinder zum Weitergehen bewegen können. Der Weg führt weiter über den kleinen Zartenbach und dann an der nächsten Wegkreuzung geradeaus in den Waldweg hinein, der nicht beschildert ist. Nach 50 m halten wir uns erst rechts und dann gleich links zum **Kneippbecken ➌**, das wir im Hochsommer gerne zum Wassertreten nutzen.

Vom Kneippbecken geht es links ein Stück am Naturlehrpfad entlang, bis der Wald endet und wir auf den Windeckweg stoßen, in den wir rechts einbiegen und gleich wieder links am Ferienhaus Carola vorbei dem Schild zum Hugenbergweg folgen. Am Waldrand angekommen erklimmen wir rechts steil hinauf den Naturlehrpfad mit den kleinen Wichtelschildern und freuen uns über diesen ursprünglichen, wurzeligen Waldpfad. An der nächsten Weggabelung nehmen wir den rechten Pfad hinauf zum **Vinzenz-Zahn-Felsen ➍**, von dem sich uns eine tolle Aussicht über Hinterzarten bis hin zum Hochfirst mit seinem Gipfelturm bietet.

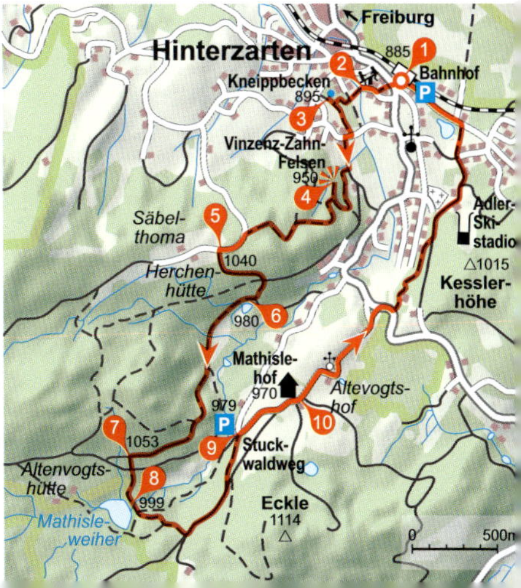

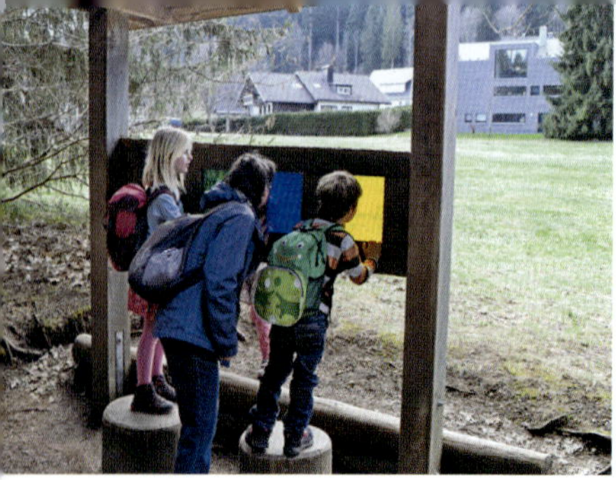

Ganz grün und blau sähe die Welt aus, wenn man Augen wie die Katzen hätte.

Am Felsen drehen wir wieder um und gehen den Weg zurück, halten uns an der nächsten Gabelung rechts und nach 20 m links, um immer weiter bergauf zu steigen. Für gut 20 Min. führt uns der Säbelthomaweg – über umgestürzte Bäume und im Frühling über Schneereste hinweg – erst zum Wanderschild »Herchenwald« und nach weiteren 200 m zum **Wanderschild »Hugenberg« 5** auf 1040 m Höhe. Hier steigen wir links hinunter, der Hugenbergrunde mit der gelben Raute folgend, bis wir an der nächsten Wegkreuzung geradeaus weiter absteigen und auf einen romantisch zwischen bewaldeten Hügeln gelegenen **Fischweiher 6** treffen, der sich erstklassig für eine längere Pause anbietet.

Rechts am Weiher entlang führt uns der ebene Weg mit herrlichen Blicken auf die hügeligen Wiesen nach gut 10 Min. am Wanderschild »Am Herrenberg« weiter geradeaus und nun wieder den Berg hinauf. An der nächsten Gabelung entscheiden wir uns für den linken Pfad, ehe wir am **Wanderschild »Stuckwald« 7** links Richtung Mathisleweiher abbiegen. Auf dem steil abfallenden Waldweg erreichen wir den **Mathisleweiher 8** mit seinem weichen, bernsteinfarbenen Wasser. Den See zu unserer Rechten gelangen wir am Ende der befestigten Uferböschung zu einer Gabelung aus drei Wegen. Wir marschieren auf dem mittleren Waldpfad, dem ausgeschilderten Säbelthomaweg, in Richtung Hinterzarten

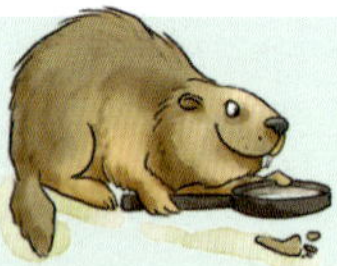

Hallo Kinder,

wusstet ihr, dass die Tiere unsere Umwelt in ganz anderen Farben sehen als wir Menschen? Hunde und Katzen können kein Rot erkennen, ihre Welt besteht aus Blau- und Grüntönen. Das liegt daran, dass ihre Augen nur zwei verschiedene Farbrezeptoren besitzen, und deshalb auch nur zwei verschiedene Farbbereiche im Gehirn verarbeitet werden. Bienen verfügen wie wir Menschen über drei verschiedene Typen von Rezeptoren, jedoch in anderen Farbbereichen. So können Bienen kein Rot sehen, roter Klatschmohn ist für Bienen schwarz. Dafür sehen sie ultraviolette Farbe, die für uns Menschen unsichtbar ist, und können dadurch viele Pflanzen besser voneinander unterscheiden. Vögel besitzen sogar vier Rezeptortypen (rot, grün, blau, ultraviolett [UV]) und können an den UV-Farben des Gefieders erkennen, ob es sich um ein Männchen oder ein Weibchen handelt, was für die Paarung wichtig ist. Hier auf dem Hinterzartener Naturlehrpfad könnt ihr durch verschiedenfarbige Folien hindurchgucken und einen Eindruck gewinnen, wie die Natur in anderen Farben aussehen würde.

Highlights

- ★ Toller Abenteuerspielplatz gleich zu Beginn der Tour.
- ★ Abwechslungsreicher Naturlehrpfad mit Wassertretbecken.
- ★ Urige Bergpfade durch die Wälder.
- ★ Wunderschöner Fischweiher zum Ausruhen.
- ★ Der geheimnisvoll bernsteinfarbene Mathisleweiher.
- ★ Mathislehof mit Kühen und Bio-Hofladen.
- ★ Riesige Adler-Skisprungschanze.

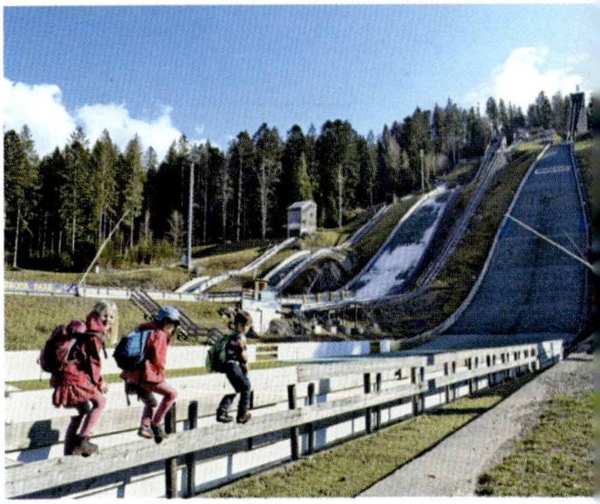

Drei kleine Zuschauer warten auf mutige Skispringer.

weiter. Nach einer weiteren Weggabelung, an der wir links weitergehen, kommen wir zum Silberbergweg und biegen dem Wegweiser folgend nach links ab in Richtung Mathislehof. Nochmals 300 m weiter zweigt links ein kleiner, schlecht beschilderter Pfad vom Hauptweg ab, der uns über Stock und Stein durch den Wald zum **Parkplatz Stuckwaldweg ❾** bringt. Wir orientieren uns an den Wegweisern wieder in Richtung zum **Mathislehof ❿**, der nach wenigen Minuten auf geteerter Strecke auftaucht.
Nachdem alle Kälbchen gestreichelt und alle selbstgemachten Käsesorten bewundert sind, schauen wir nochmal zurück zum Feldberggipfel mit seinem Turm und brechen in Richtung Hinterzarten auf. Auf dem Weg begegnet uns die liebliche, über 140 Jahre alte Kapelle des Altevogtshofs, und an der folgenden Straßenverzweigung wenden wir uns zuerst nach rechts und dann gleich wieder nach links einem kleinen Pfad zu, der links bergab in den Wald und dann entlang des Kesslerhangs führt. Im Tal zeigt sich uns das Hotel Kesslermühle in seiner ganzen Pracht, wir freuen uns jedoch noch mehr über den wurzeldurchsetzten Waldweg. Wir folgen rechts dem Wanderschild Richtung Hinterzarten Bahnhof, vorbei an den ersten Wohnhäusern, und wählen an der Straßengabelung Adlerschanze die rechte Straße, die uns nach 200 m zu den **Skisprungschanzen** bringt. Wir bestaunen ehrfürchtig die Schanzen und wandern dann der Beschilderung Richtung Bahnhof folgend am Tiergehege mit dem kleinen Teich vorbei den Bergackerweg entlang. Am Adlerweiher können die Kinder noch das Evernius-Quiz enträtseln, bevor wir uns links in den Bahnhofweg und in Richtung **Bahnhof ❶** begeben.

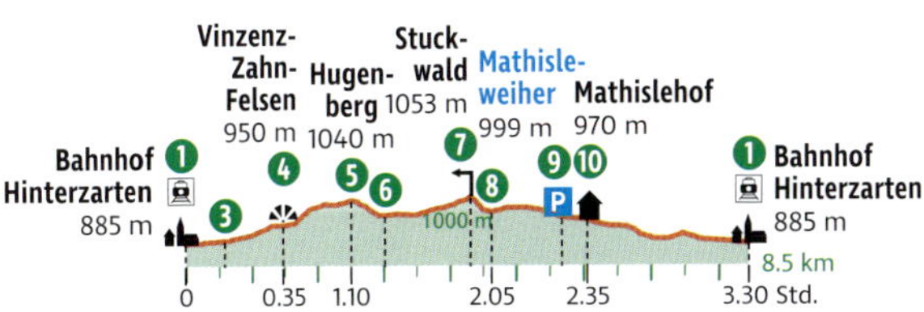

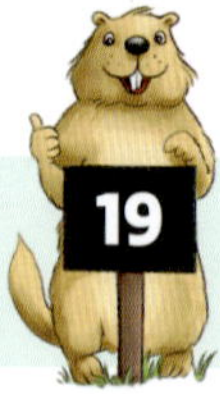

4.00 Std. | 8.7 km | ↗ 450 m | ↘ 450 m | ab 6 Jahren

Feldberggipfel und Feldsee

Rundtour auf dem Dach des Schwarzwaldes

In luftiger Höhe abseits der Touristenströme

Der Feldberg ist der höchste deutsche Berg außerhalb der Alpen und mit seiner besonderen Vegetation, der einzigartigen Aussicht in alle Himmelsrichtungen und seinen vielfältigen Wanderwegen ein lohnendes Ausflugsziel. Nach dem ersten steilen Anstieg vom Feldberger Haus der Natur zum Feldbergturm und zum Bismarck-Denkmal auf dem Seebuckgipfel verläuft unsere Wandertour auf schönen Bergpfaden und schmalen Waldwegen fernab des Touristentreibens. Wir steigen zum 300 Jahre alten Raimartihof ab und gelangen vorbei am sumpfigen Feldseemoor zum kreisrunden, blaugrünen Feldsee, dem sagenumwobenen Gletschersee am Fuße des Feldbergs. Wir sind beeindruckt von den über 200 Meter hohen, senkrecht aufragenden Felswänden, die den See umringen. Kaum zu glauben, dass wir dort oben gerade entlanggewandert sind! Der serpentinenartige, felsige Weg durch den wilden Bannwald hinauf zum Haus der Natur bildet den Abschluss einer spannenden Rundtour.

Ausgangspunkt: Bushaltestelle Feldberger Hof, 1281 m.
Anfahrt ab Freiburger Hauptbahnhof mit der S-Bahn S1 Richtung Seebrugg bis Titisee, dort Umstieg in den SBG-Bus 7300 Richtung Zell im Wiesental bis Feldberger Hof.
Mit dem Auto: Parkhaus am Feldberg, Dr.-Pilet-Spur 2, 79868 Feldberg.
Ausrüstung: Gut profilierte Wanderschuhe sind unbedingt empfohlen.
Anforderungen: Etwas längere Tour mit teilweise steilen und felsigen An- und Abstiegen auf Pfaden und schmalen Wegen. Trittsicherheit nötig. Vorsicht vor allem mit kleineren Kindern an ausgesetzten Stellen.
Einkehr: Auf der Strecke gibt es den Raimartihof mit nettem Biergarten und badischer Küche, täglich geöffnet von Anfang Juni bis Anfang November und von November bis Ende Mai täglich außer Di. Öffnungszeiten: Mo–Do 10–17 Uhr und Fr–So 10–18 Uhr. Raimartihofweg 12, 79868 Feldberg, Tel. +49 7676 226, www.raimartihof.de. Viele Einkehrmöglichkeiten rund um den Ausgangspunkt.
Hinweise: Baden im Feldsee ist leider nicht mehr erlaubt. Im Winter ist der Felsenweg wegen Lawinengefahr gesperrt!

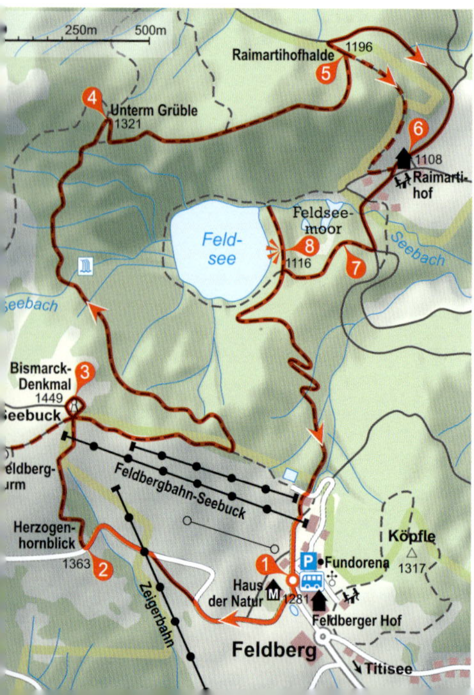

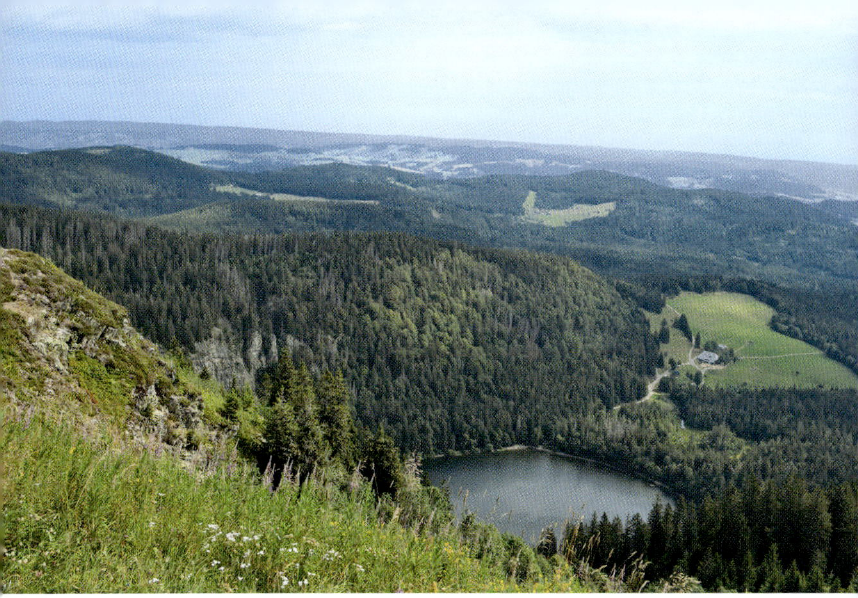

Der Feldsee vor dem typischen sanft-hügeligen Schwarzwaldpanorama.

Von der **Bushaltestelle Feldberger Hof** ❶ wenden wir uns zum Haus der Natur und passieren es an seiner linken Seite. Hinter dem Haus befindet sich der sehenswerte Feldberggarten, der uns typische Pflanzen und Landschaften der Umgebung auf einem barrierefreien Weg zeigt. Hier folgen wir dem Schild Richtung Seebuck. Nach kurzer Zeit geht der Teerweg in einen geschotterten Weg über und zieht steil bergauf an bunten Wiesen vorbei, auf denen im Sommer Gelber Enzian und rosafarbene Weidenröschen blühen. Am **Wanderschild »Herzogenhornblick«** ❷ biegen wir rechts ab und steigen weiter hinauf in Richtung Bismarck-Denkmal, zu dem es nur noch wenige Minuten zu laufen sind. Hinter uns taucht in der Ferne das markante Herzogenhorn mit seinem steilen, von Felsen eingerahmten Lawinenhang auf, vor uns sehen wir immer größer werdend den Feldbergturm. Er steht wie das Bismarck-Denkmal auf dem Seebuck, dem 1449 m hohen Vorgipfel des Feldbergs, und seine Aussichtsplattform liegt noch mal 45 m höher. An Tagen mit guter Fernsicht reicht der Ausblick von hier oben bis zum 240 km weit entfernten Mont-Blanc-Massiv.

Unser Weg zweigt vor dem **Bismarck-Denkmal** ❸ rechts ab (gelbe Raute) und führt auf einem Schotterweg

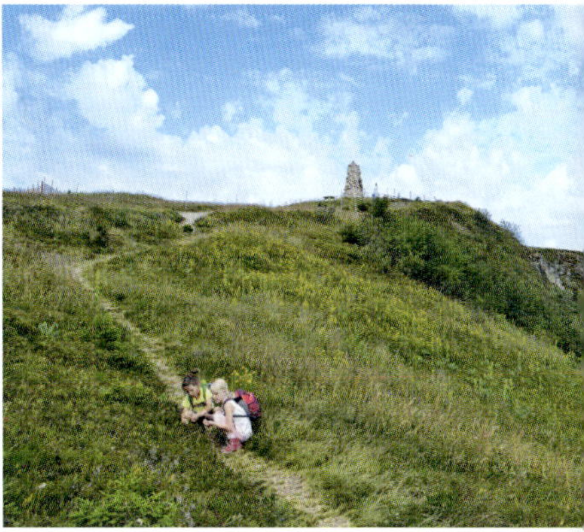

Kleine Heidelbeerensammler auf dem Seebuckgipfel.

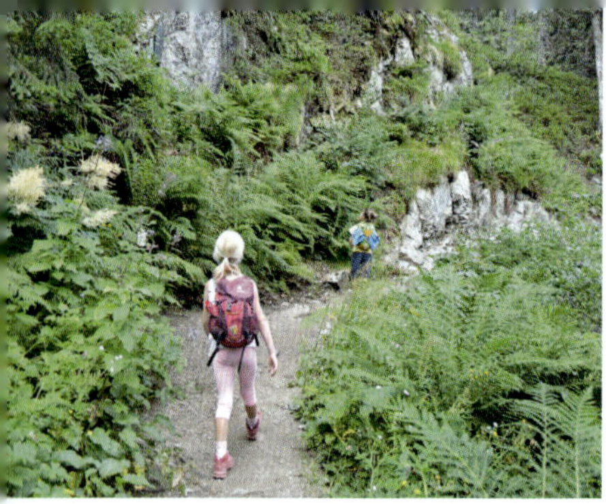

Die Farne sind in dieser ursprünglichen Berglandschaft größer als die Kinder.

Highlights

- ★ Den Feldbergturm mit Aussichtsplattform erklimmen.
- ★ Die wunderbare Fernsicht vom Gipfel des Seebuck genießen.
- ★ Den ursprünglichen Felsenweg durch wilden Bannwald erkunden.
- ★ Die spektakulären Felsenwände am Feldsee bestaunen.
- ★ Spielplatz und Biergarten am Raimartihof laden zur Pause ein.
- ★ Besuch im Haus der Natur mit kindgerechten, interaktiven Ausstellungen (siehe Freizeittipp I7).
- ★ Am Ausgangspunkt gibt es für kleine Kinder auch den liebevoll gestalteten Wichtelpfad (siehe Freizeittipp K5).
- ★ Am Abenteuerspielplatz auf der Rückseite des Hotel Feldberger Hofs stehen Fledermaus-Seilbahn, Spinnennetz und Kletterbaum zum Toben bereit.
- ★ Der Indoor- und Outdoor-Kletterwald Fundorena mit vielen spannenden Parcours wartet im Sommer auf mutige Kletterer (siehe auch Freizeittipp H4).

bergab, bis wir uns nach gut 10 Minuten links in den ausgeschilderten Felsenweg wenden. Der Wald ist hier seit Jahren unberührt und dadurch spannend für die Kinder. Leider ist er im Winter nicht begehbar, da Lawinen vom Seebuck herabstürzen können. Der Pfad ist sehr schmal, von dicken Wurzeln und kleinen Felsen durchsetzt und dicht mit Farnen gesäumt. Immer wieder gilt es, kleine Bäche zu überqueren, und ab und zu gibt der Wald den Blick auf die Steilwände der Feldseefelsen frei. Nach etwa 40 Min. erreichen wir das **Wanderschild »Unterm Grüble« ❹**, an dem wir uns in Richtung des Raimartihofs orientieren. Weiterhin verläuft der Weg bergab und mehr als 100 m Höhenmeter oberhalb des Sees, teils mit spektakulär steilen Waldhängen über und unter uns. Am **Wanderschild »Raimartihofhalde« ❺** geht der Wanderweg nun rechts weg zu Raimartihof und Feldsee. Alternativ gelangen wir auf einem Forstweg dorthin, indem wir uns links Richtung Rinken halten und nach gut 50 m rechts abbiegen. Dieser Weg ist etwa 300 m länger und weniger schattig, dafür weniger frequentiert. Der **Raimartihof ❻** bietet sich dann optimal zum Einkehren an, denn sein Spielplatz und die Jungtierwei-

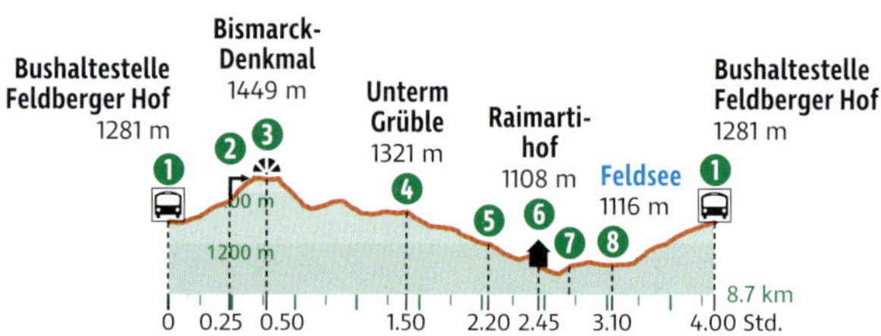

de sind echte Anziehungspunkte für unsere Kinder, während der schattige Biergarten eher die Erwachsenen anspricht.
Nach einer Pause folgen wir dem Wanderschild »Raimartihof« in Richtung Seesträßle und orientieren uns am Wanderschild »Seesträßle« rechts Richtung Feldsee. Auf diesem kleinen Umweg zum Feldsee kommen wir an den schwarzen Torffeldern des **Feldseemoores ❼** vorbei, das rechts von uns am Wegesrand liegt. Ob man hier versinken kann, probieren wir lieber nicht aus, denn der **Feldsee ❽** erwartet uns. Der tolle Blick in den Bergkessel hinein tröstet uns über das Badeverbot hinweg. Immerhin findet man in ganz Mitteleuropa nur im Feldsee und im Titisee das Stachelsporige Brachsenkraut, ein Unterwasserfarn, der früher unter den Badenden zu leiden hatte. Die Kinder freuen sich trotzdem über den kleinen Strand und die Enten, die ganz nah herankommen.
Durch Bannwald verläuft unser Rückweg vom Wanderschild »Feldsee« zum Haus der Natur steil bergauf in Serpentinen, sprichwörtlich über Stock und Stein. Nach einer guten halben Stunde kommen wir an der Seebuck-Hütte aus dem Wald heraus und spazieren noch 300 m an der Seilbahn und den verschiedenen Restaurants entlang bis zur **Bushaltestelle Feldberger Hof ❶**.

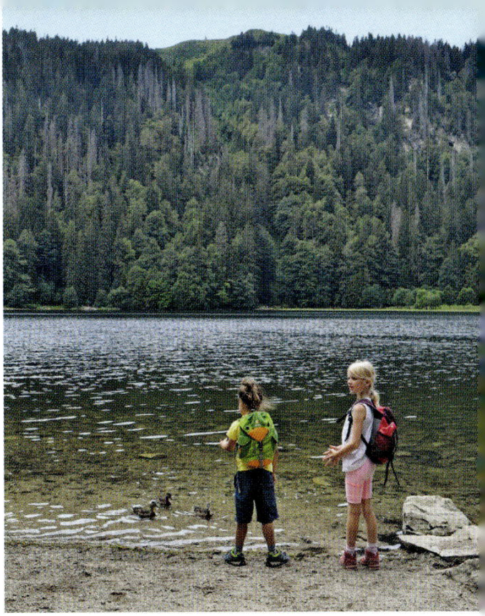

Eben waren wir noch auf dem Gipfel, jetzt stehen wir schon am Feldseeufer.

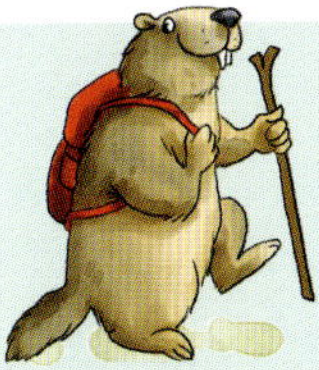

Hallo Kinder,

auch ein Mittelgebirge wie der Schwarzwald hat seine Tücken und Gefahren. Die Berge sind nicht so hoch wie die Alpen und leichter zu erreichen, aber dadurch unterschätzt man sie gerne. Im Winter bläst der starke Wind den Schnee an die Nordost-Kanten der Gipfel und es entstehen Überhänge aus Schnee, sogenannte Wechten. Diese Wechten können bis zu 10 Meter hoch werden. Manchmal brechen diese Schneekanten ab und gehen als Lawinen ins Tal ab. Hier im Feldberggebiet gibt es solche Kanten beim Zastler Loch am Feldberggipfel sowie am Baldenweger Buck, am Seebuck und am Herzogenhorn, dem zweithöchsten Berg des Schwarzwalds. Das Betreten dieser Wechten und das Wandern unterhalb dieser Wechten kann sehr gefährlich sein und kostet auch hier im Feldberggebiet immer wieder Menschenleben. Deshalb bleibt bitte immer auf der sicheren Seite.

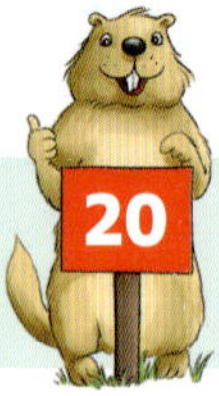

3.30 Std. | 7.6 km | ↗ 320 m | ↘ 320 m | ab 6 Jahren

Rund um Muggenbrunn

Panoramatour zwischen Notschrei und Aftersteg

Auf Muggs Erlebnis-Rundweg

Taufeuchte Wiesen, alpin anmutende Pflanzen und jede Menge kleinere und größere Erlebnisse warten auf dieser 7,5 Kilometer langen Tour rund um Muggenbrunn. Im Winter befindet sich hier ein bei Familien beliebtes Skigebiet, in dem auf insgesamt sechs Liften schon unsere Urgroßväter das Skifahren gelernt haben, denn im Nachbarort Todtnau wurde 1891 der allererste deutsche Skiclub gegründet. Im Sommer jedoch können wir hier eine richtige Genießerrunde auf den Höhenzügen oberhalb der Pisten drehen, die uns wunderbare Aussichten auf das Dorf und die hohen Gipfel der Berge rundherum präsentiert. Nebenbei erklärt uns auf Schautafeln der erste Siedler von Muggenbrunn, der legendäre Mugg, wie nah die Menschen im Dorf früher an der Natur lebten und wie ihr Alltag ausgehen hat. Am Ende der Wanderung erwartet unsere müden Füße auf dem Gelände des Barfußpfades eine 600 Meter lange Fußreflexzonenmassage auf Zapfen, Zweigen, Steinen, Schlamm und Wiesen. Am extra dafür vorgesehenen Brunnen bekommen wir die Füße auch wieder sauber. Und die dazugehörige Grillhütte lässt sich prima nutzen, um den hungrigen Nachwuchs satt zu bekommen.

Ausgangspunkt: Bushaltestelle Muggenbrunn Säge, 1051 m. Anfahrt vom Freiburger Hauptbahnhof mit der S-Bahn Richtung Villingen bis Kirchzarten, weiter mit dem SGB-Bus 7215 Richtung Todtnau.

Mit dem Auto: Parkplatz am Skilift Wasen direkt an der Schauinslandstraße (L126; Navi: N47.866642, E7.917490).

Ausrüstung: Gut profilierte Wanderschuhe. Ein Handtuch zum Trocknen der Füße nach dem Barfußpfad.

Anforderungen: Mittelschwere Wanderung mit einigen Steigungen auf kleinen Pfaden über Stock und Stein und Almwiesen.

Einkehr: Sonnenwinkel-Hütte am Winkellift, nur Sa und So geöffnet, besser vorher anrufen unter Tel. +49 152 51620350, Oberhäuserstraße 27, 79674 Todtnau.

Restaurant Grüner Baum, geöffnet 7–21.30 Uhr, Di und Mi Ruhetag, Tel. +49 7671 91844303, Schauinslandstraße 3, 79674 Todtnau-Muggenbrunn, www.schwarzwald-vitalhotel.de.

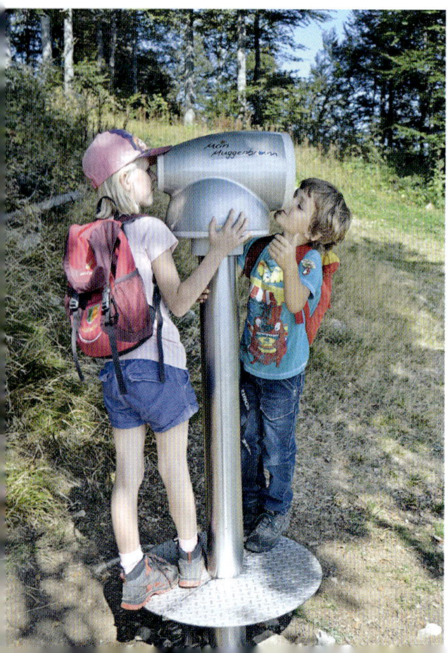

Interessante Stationen warten auf Muggs Rundweg.

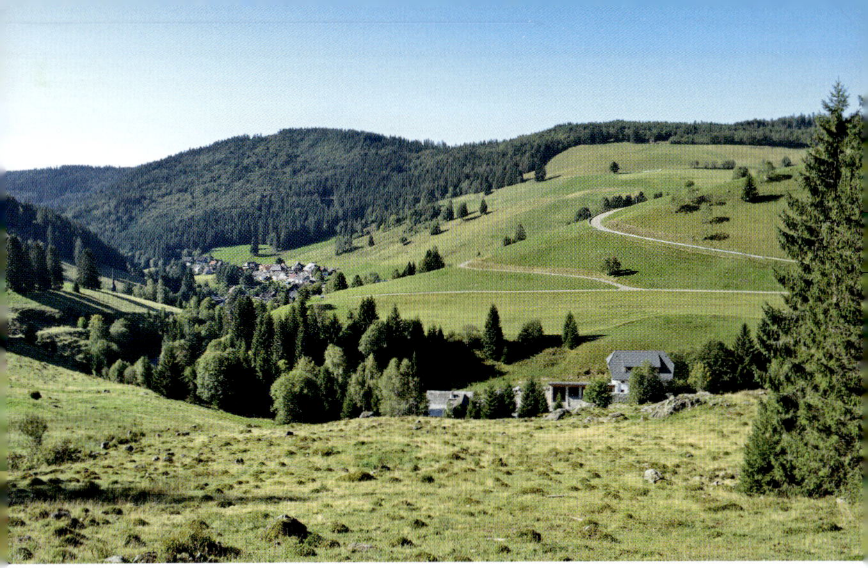

Auf Höhenwegen mit Blick auf Muggenbrunn umrunden wir das ganze Tal.

Am Parkplatz zwischen dem Skilift Wasen und der **Bushaltestelle ❶** geht es, dem hölzernen Wegweiser in Richtung Holzschlagtal/Heubühl folgend, auf einem Forstweg erstmal ein Stück bergauf. Im Gegenlicht glänzen die Wiesen und es taucht das blaue Hinweisschild »Mein Muggenbrunn« auf, das unser ständiger Begleiter auf dieser Tour sein wird. Die Besenheide ist 2019 zur Blume des Jahres gewählt worden und bestimmt hier eindeutig die Umgebung, aber auch Johanniskraut, Heidelbeeren, Preiselbeeren, Schafgarbe, Augentrost und Silberdisteln sind zu sehen. Der kleine Pfad führt uns immer am Waldrand entlang, das Tal mit dem Örtchen Muggenbrunn und die Gegenhänge mit den Skipisten bleiben immer im Blickfeld. Falls gerade Jungkühe auf der Weide sind, wird es spannend: Wie werden sie reagieren, wenn wir durch ihre

Highlights

- ★ Wunderbare Aussichten auf das Tal und die Schwarzwald-Höhenzüge.
- ★ Viele verschiedene Beeren, Pilze und Heilkräuter am Wegesrand.
- ★ Wir treffen Kühe und Schafe.
- ★ Kleiner Gebirgsbach mit Experimentierstation.
- ★ Sehr schön angelegter, 600 m langer Barfußpfad.
- ★ Muggs Erlebnis-Rundweg mit vielen Informationen und Stationen.

Ganz geheuer ist es uns hier nicht, aber die Kühe sind friedlich.

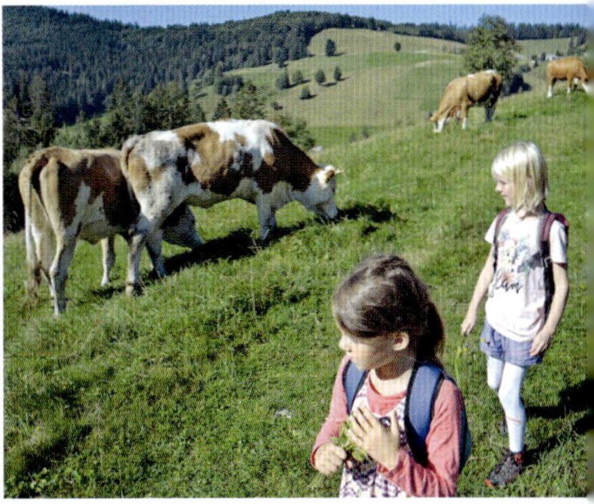

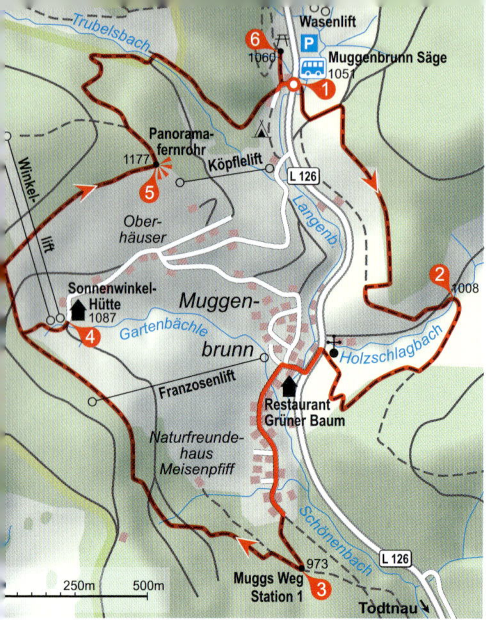

kleine Herde hindurchgehen? Die Kinder sind auffallend ruhig, während sie staunend an den großen, beeindruckenden Wiederkäuern vorbeiwandern.

Nach der Viehweide erreichen wir den **Holzschlagbach** ❷ mit seinem darübergelegten Baumstamm, an dem die Kinder über den Bach balancieren und das eigens montierte Experimentiergerät ausprobieren können. Mithilfe des Siebes und der Wasserschale lassen sich kleine Wassertiere fangen und studieren, die man dann wieder vorsichtig ins Wasser gibt. Hier sollten die Kinder besser ihre Schuhe ausziehen, denn ganz trocken bleibt dabei niemand.

An der nächsten Gabelung schwenken wir auf den rechten Weg ein, der mit dem Mugg beschildert ist und bergab ins Dorf Muggenbrunn führt. Wir passieren die Dorfkirche und stoßen auf die Hauptstraße, an der ein alter Holzbrunnen steht, in dem die Kinder ihre Arme und Hände kühlen. Wir wenden uns nach links, biegen rechts in die Franzosenstraße ein und gleich darauf links in die Hohfelsstraße. Skifans informieren sich hier an der Schautafel über die Anfänge des Skitourismus in Deutschland und dann geht es mit Siebenmeilenstiefeln die geteerte Hohfelsstraße entlang, bis die Häuser enden und ein Schild an einer Verzweigung uns den Weg rechts hinauf in den Wald weist. Dann geht es an der **Station 1 »Muggs Lebensgrundlage«** ❸ von Muggs Rundweg nach rechts hinauf. Einer Schautafel entnehmen wir, wie wichtig früher der Wald für das Leben und Überleben der Einheimischen war. An der nächsten Weggabelung nehmen wir den Weg nach links, immer dem Mugg folgend, während es rechts zum Naturfreundehaus Meisenpfiff gehen würde.

Vorbei an Station 2 von Muggs Weg geht es nun am Waldrand weiter. Wen schon der Hunger plagt, der kann hier einen Abstecher zur **Sonnenwinkel-Hütte** ❹ am Winkellift unternehmen und auf einem Tram-

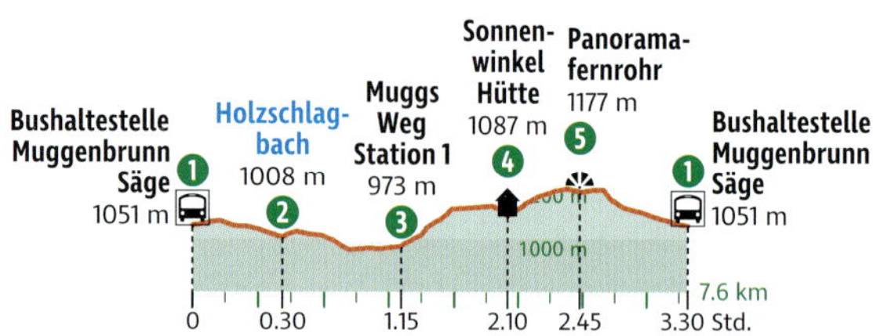

pelpfad 100 m über die steile Wiese absteigen, denn dort erwarten uns leckere Kuchen, Pommes und Holunderbeerschorle. Frisch gestärkt geht es dann wieder auf demselben Weg den Berg steil hinauf, um zurück auf den Wanderweg zu gelangen.

Rund 1 km führt uns der Pfad nun am Waldrand entlang, so können wir den Ausblick auf die Höhenzüge genießen. Ein **Panoramafernrohr** ❺ mit eingebauter Bergkarte zeigt uns hier jeden Gipfel an, den wir im Blick haben. Von hier führt unser Weg links weiter über Waldwege, und für die Kinder gibt es kein Halten mehr, denn es geht schön bergab. Wir folgen der Beschilderung mit dem Mugg und gelangen nach rund 10 Min. an den Trubelsbach. Hier gehen wir an der Verzweigung rechts, passieren den Campingplatz und stehen sogleich am Eingang zum **Barfußpfad** ❻. Wir stellen unser Schuhwerk ins eigens dafür vorgesehene Regal und gönnen unseren Fußsohlen ein paar neuartige Sinneseindrücke. Am besten gefällt allen natürlich der Schlammpfad, und zum Glück gibt es einen schönen Brunnen zum Füße waschen.

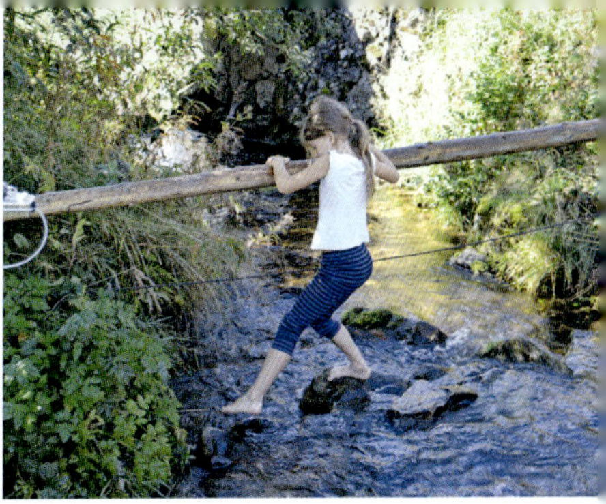

Mit viel Geschick geht es trockenen Fußes über den Holzschlagbach.

Zurück zur **Bushaltestelle** ❶ oder dem Parkplatz sind es dann nur noch ein paar Meter.

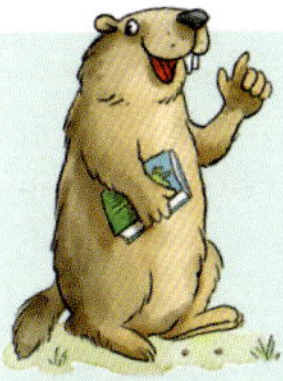

Hallo Kinder,

wusstet ihr, dass die Bäche in den Bergen des Schwarzwalds früher in vielerlei Hinsicht Bedeutung für die Menschen hatten? Sie waren Wasserquelle für Mensch und Tier und die Kinder damals nutzten die Gumpen der Bäche genauso wie ihr als natürliche Badewannen zum Abkühlen in heißen Sommern. Aber eine spezielle Bedeutung hatten die Bäche und Flüsse für die Holzbauern, die geschlagenes Brenn- oder Bauholz im fließenden Wasser zu Tal transportierten, denn sie besaßen weder Traktoren noch andere Maschinen. Manchmal wurden sogar Bäche aufgestaut, damit die Baumstämme dann mit einem großen Schwall Wasser flussabwärts mitgerissen werden konnten. Vom Holzschlagbach hier oben schwammen die Stämme in die Wiese, ein Flüsschen bei Todtnau, die wiederum in den Rhein bei Basel mündet. Und auf dem Rhein konnte das Holz dann zum Beispiel bis nach Amsterdam transportiert und verkauft werden. So manche Schwarzwälder Weißtanne ist damals als Teil eines Schiffes über die Ozeane gefahren oder trug dazu bei, dass die Stadt Amsterdam auf dem morastigen Boden am Meer erbaut werden konnte. Die Pfähle wurden dort nämlich bis zu 18 Meter tief in den Sand getrieben, um in diesem Sumpfland Straßen und Häuser errichten zu können.

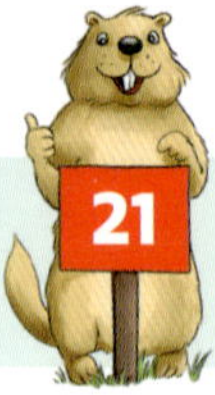

2.00 Std. | 4.6 km | ↗ 260 m | ↘ 260 m | ab 5 Jahren

Auf dem Schauinsland

Am Erzkastenrundweg um den Gipfel

Freiburger Hausberg mit Bergwerksbesuch

Der Schauinsland ist der Hausberg der Freiburger, denn nur ein paar Kilometer hinter der Stadtgrenze kann man sich mit den Gondeln der Seilbahn auf den Berggipfel schaukeln lassen. Bis zum Museums-Bergwerk ist es von dort nicht mehr weit und unter sachkundiger Führung kann man die Schächte und Stollen tief im Berg intensiv erforschen. Danach führt die nach dem Bergwerk Erzkastenweg genannte Route den Berg hinab zum Schniederlihof, einem uralten Bauernhof, der nun als Bauernhausmuseum dient. Unterwegs kann man die herrliche Aussicht über die malerischen Schwarzwaldhöhen bis hin zum Feldberg mit seinen Türmen genießen. Am Engländerdenkmal halten wir inne und werden gewahr, welche Gefahren in den Bergen lauern können, wenn man nicht umsichtig ist. Vom Eugen-Keidel-Turm haben wir eine 360°-Rundsicht über das weite Land und bei klarem Wetter können wir sogar bis zu den hohen Schweizer Alpengipfeln Eiger, Mönch und Jungfrau blicken. Und wer nicht genug ausgepowert ist, kann noch auf den beiden Spielplätzen an der Tal- und Bergstation der Seilbahn toben.

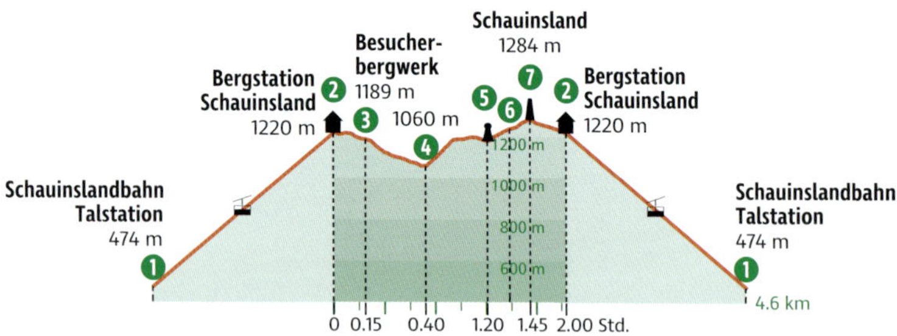

Im steilen Gelände fühlen sich die Ziegen so richtig wohl.

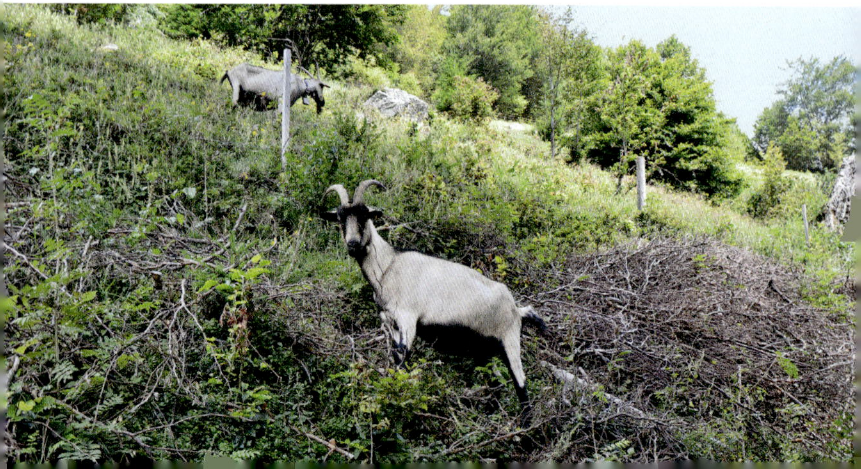

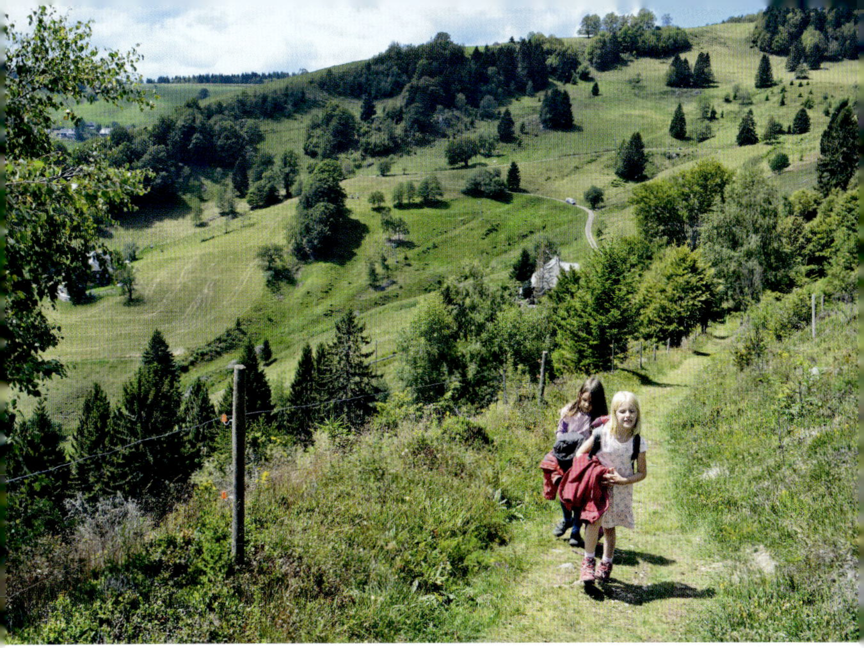

Für die Kinder ist es bergauf schon anstrengend, aber die Gipfelbrotzeit lockt.

Ausgangspunkt: Talstation Schauinslandbahn, 474 m. Anfahrt vom Hauptbahnhof Freiburg mit der Trambahnlinie 2 Richtung Günterstal bis zur Haltestelle Dorfstraße, Umsteigen in den VAG-Bus 21 Richtung Horben bis zur Haltestelle Schauinslandbahn Talstation. Von dort mit der Schauinsland-Seilbahn zur Bergstation, 1220 m.

Mit dem Auto: Parkmöglichkeiten an der Talstation in der Bohrerstraße 11, 79289 Horben (vier Parkplätze mit E-Ladestationen sind vorhanden).

Bergbahn: Täglich 9–17 Uhr in Betrieb, von Juli bis September bis 18 Uhr, Tel. +49 761 4511777, www.schauinslandbahn.de.

Ausrüstung: Gut profilierte Wanderschuhe, im Sommer auch Trekkingsandalen. Für das Bergwerk sind eine Jacke und geschlossene Schuhe empfehlenswert.

Anforderungen: Mittelschwere Wanderung auf Waldwegen mit einer längeren Steigung ab Mitte der Tour.

Einkehr: Gute badische Küche mit toller Aussicht direkt an der Bergstation der Schauinslandbahn im Restaurant Die Bergstation, Schauinslandstraße 390, 79254 Oberried, Tel. +49 7602 771, www.diebergstation.de. Am Schniederlihof gibt es Schmalz- und Speckbrote sowie Würstel, Kuchen und Getränke.

Variante: Wer gerne im kleinen Dobelsee in Hofsgrund baden möchte, biegt am Schniederlihof rechts ab und folgt für rund 750 m der Beschilderung zum See hinunter.

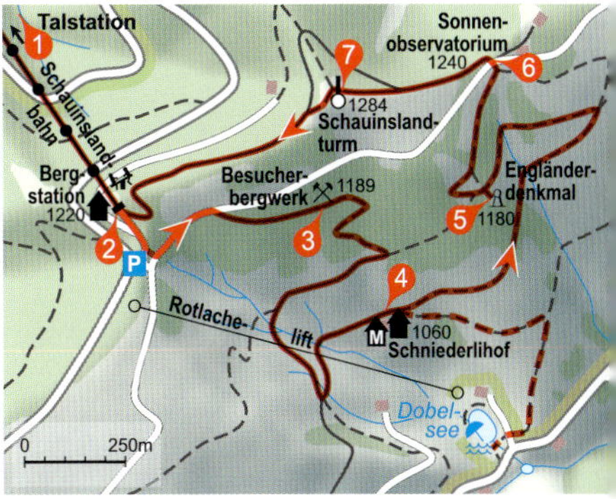

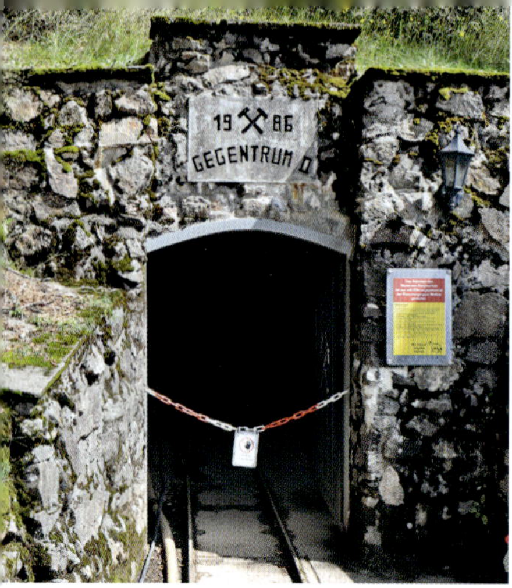

Eine Besichtigung des Silberbergwerks sollte man sich nicht entgehen lassen.

Nach einer aussichtsreichen und kurzweiligen Gondelfahrt von der **Talstation ❶** zur **Bergstation der Seilbahn ❷** lassen wir uns am Wanderschild Schauinsland-Bergstation den Weg zum Besucherbergwerk weisen. Am Parkplatz halten wir uns links, der gelben Raute nach. An der folgenden Verzweigung geht es am großen Bergwerksschild rechts, und nach rund 10 Min. auf dem sanft abfallenden Forstweg stehen wir am Besuchereingang des **Bergwerks ❸**, das früher zu Bergbauzeiten Grube Schauinsland oder auch Erzkasten genannt wurde. Nach einer unterhaltsamen Führung durch die Stollen sehen die Kinder die herumliegenden Steine auf dem Weg mit anderen Augen und sammeln alles ein, was glänzt oder schön aussieht. Hier eine Silberader zu finden, das wäre etwas!

Wir setzen unsere Bergtour fort, gehen an der nächsten Verzweigung rechts und folgen nun den Schildern zum **Schniederlihof ❹**, zu dem wir nach rund einem Kilometer über herrliche Bergwiesen und mit toller Aussicht auf das Hofsgrunder Tal und den Feldberg kommen. Der über 400 Jahre alte Hof wurde bis 1966 bewirtschaftet und dient heutzutage als Museum und kleine Jausenstation für die Wanderer.

Hinter dem Hof wählen wir an der Weggabelung den linken Weg bergauf, während es rechts bergab zum Dobelsee geht (siehe Variante). Nun geht es fast nur noch steil bergauf. Klar, dass sich hier die Bergziegen am Wegesrand wohlfühlen. Immer höher zieht sich der Pfad in Richtung des historischen Engländerdenkmals, unserem nächsten Ziel. Der Weg ist hier wenig beschattet, was dem Wilden Thymian gut zu bekommen scheint, denn er wächst

Highlights

- ★ Die tolle Fahrt mit der längsten Umlaufseilbahn in Deutschland genießen.
- ★ Abenteuerliche Führung im Silberbergwerk. Mit echten Bergwerkshelmen ausgerüstet dürfen die Kinder beim Steintransport helfen. Öffnungszeiten und Preise unter www.schauinsland.de/museums-bergwerk, Tel. +49 761 26468. Es werden auch längere Sonderführungen angeboten.
- ★ Im uralten Schniederlihof Pause machen. Geöffnet Mai–Okt. Sa, So und Feiertage 12–16 Uhr, zusätzlich Juli/Aug. Mi–Fr und Sept./Okt. Mi 13–16 Uhr.
- ★ Vom Schauinslandturm mit 360-Grad-Rundblick bis in die Alpen gucken.
- ★ Zwei Spielplätze warten an der Tal- und Bergstation der Seilbahn.
- ★ Rollerspaß für Groß und Klein: Mutige sausen nach der Wanderung mit dem Schauinsland Roller von der Bergstation zurück ins Tal (siehe Freizeittipp G4).

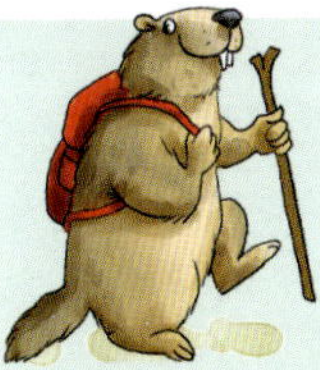

Hallo Kinder,

1889 hatten die Kinder der Bergmannsleute aus Kappel einen guten Grund, sich zu freuen. Denn in diesem Jahr wurde ein Tunnel durch den kompletten Berg getrieben, der die Bergmannssiedlung im Oberen Kappler Tal nördlich des Schauinslandgipfels mit der Gemeinde Hofsgrund im Süden verband. In Hofsgrund stand nämlich die Schule, in die die Kinder immer über den Berg laufen mussten, und das war mühsam und deutlich länger. Besonders bei schlechtem Wetter im Winter konnten sie von nun an durch den zwei Kilometer langen Kappler-Stollen laufen, ohne nass zu werden. Und die Hebamme aus Hofsgrund konnte nun wesentlich schneller die werdenden Mütter im Bergmannsheim besuchen, wenn es eilig war. Deshalb wird der Tunnel auch Hebammenstollen genannt.

üppig entlang des Pfades. Wir erreichen bald das gut ausgeschilderte **Denkmal ❺**, das zur Erinnerung an fünf tödlich verunglückte englische Schulkinder aufgestellt wurde, die hier im Frühjahr 1936 von einem plötzlichen heftigen Wintereinbruch überrascht worden waren.

Unser Weg führt weiterhin bergauf in Richtung des **Sonnenobservatoriums ❻** auf dem Schauinsland, das sich als Leibniz-Institut der Sonnenphysik widmet. Am Observatorium halten wir uns links in Richtung **Schauinslandturm ❼**. Wir staunen dann über die riesigen Holzskulpturen, die uns auf den letzten Metern bergauf begegnen. Erklimmen wir schließlich die 85 Stufen des Turms, sind wir auf einer Meereshöhe von 1304 m und können bei guter Fernsicht sogar den Montblanc in Frankreich und den Eiger in der Schweiz sehen. Zur **Bergstation der Seilbahn ❷** ist es jetzt nur noch eine Viertelstunde den Berg hinunter.

Diese Skulptur aus dem Stamm einer Weißtanne ist ein drehbarer Aussichtssessel.

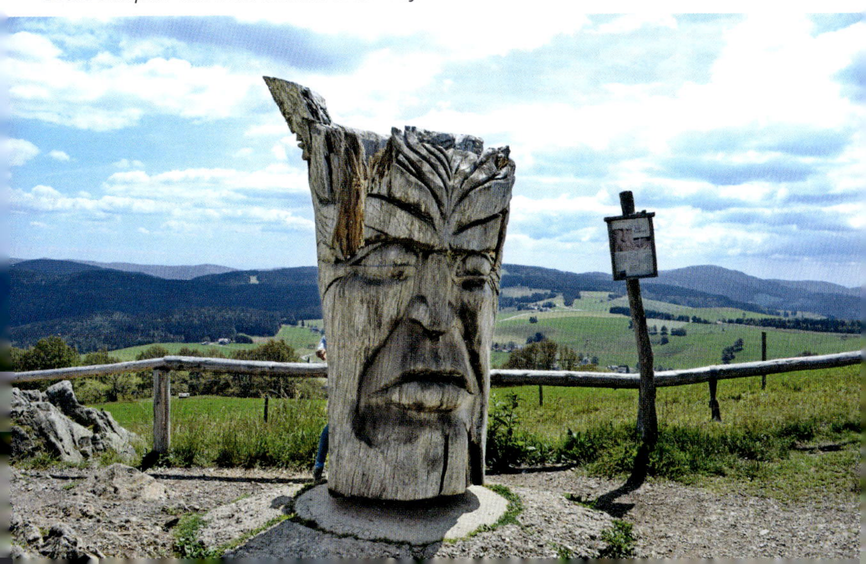

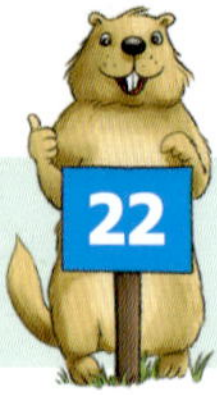

2.00 Std. | 4.3 km | ↗160 m | ↘160 m | ab 4 Jahren

Steinzeitpfad Ehrenkirchen

Rundwanderung am Ölberg

Auf den Spuren der Neandertaler und eiszeitlicher Jäger

Richtig spannend für die Kinder wird es auf dieser Tour um den Ehrenkirchener Ölberg, wenn wir uns vorstellen, wie hier vor über 100.000 Jahren Stämme von Neandertalern gelebt haben und auf der Jagd nach Wildtieren durch die Wälder gestreift sind. Und wenn man dann in einer der kleinen Wohnhöhlen steht, die Rentierjäger vor 13.000 Jahren bewohnten, kann man als Zivilisationsmensch kaum glauben, dass die Menschen hier früher überleben konnten. Ob sie wie wir diesen einzigartigen Ausblick genießen konnten, der sich von der Ölbergkapelle bietet? Die Vogesen, die Burgundische Pforte genannte Gegend zwischen Vogesen und Jura, das Jura selbst sowie der Schwarzwald mit dem Hexental und der Oberrheingraben breiten sich am weiten Horizont vor uns aus. Und je nach Jahreszeit erscheinen die Weinberge auf der Westhälfte des Ölbergs entweder struppig kahl in Reih und Glied oder prachtvoll üppig voller Trauben.

Ausgangspunkt: Bushaltestelle Ehrenstetten Kirche, 266 m. Anfahrt vom Freiburger Hauptbahnhof mit dem SBG-Bus 7208 Richtung Ehrenkirchen Gewerbegebiet.

Mit dem Auto: Parkplatz an der Pfarrkirche St. Georg, Wentzinger Straße 8, 79238 Ehrenkirchen-Ehrenstetten.

Ausrüstung: Wanderschuhe oder Trekkingsandalen mit gutem Profil.

Anforderungen: Leichte Wanderung mit einigen Steigungen. Nach Regen sind die Bergpfade rutschig. Die Höhlen und die Burgmauer liegen abseits der Wege, sodass man durch den Wald 20–30 m steil bergan steigen muss. Achtung, nach Frostnächten herrscht Steinschlaggefahr!

Einkehr: Unterwegs keine. Frisches Brot und Backwaren beim Café gegenüber der Kirche, badische Küche im Gasthaus Löwen, wochentags erst ab 17 Uhr geöffnet (Di Ruhetag), am Wochenende auch 11–14 Uhr, Wentzinger Straße 1, 79238 Ehrenkirchen-Ehrenstetten, Tel. +49 7633 5311.

Blick von den Weinbergen in Richtung Staufen und Oberrheingraben.

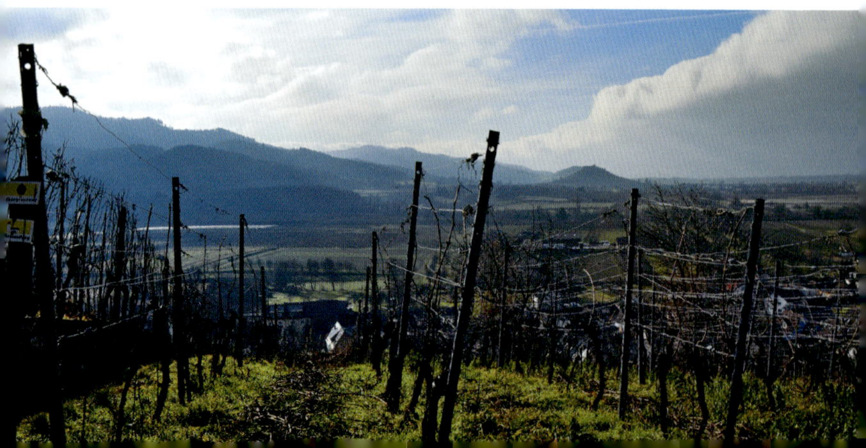

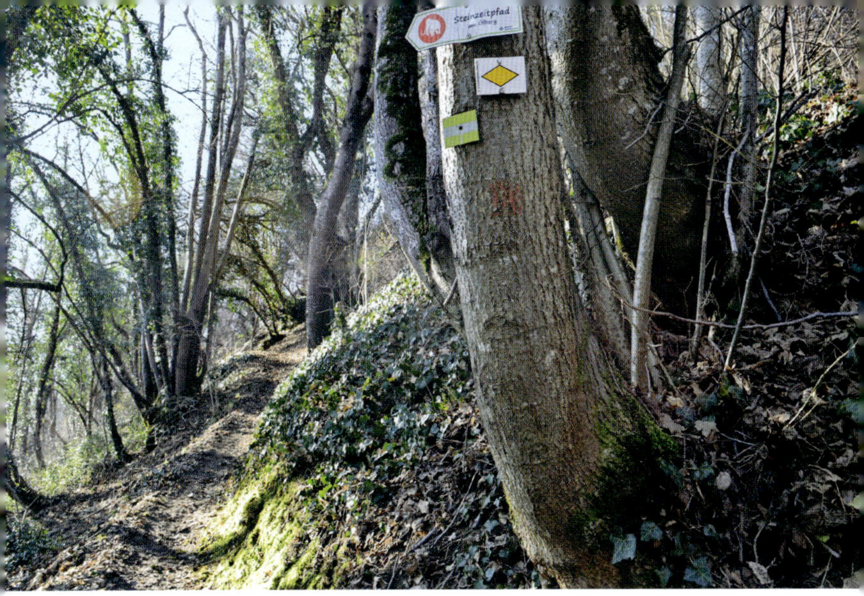

Teils auf schmalen Pfaden führt der Steinzeitpfad um den Ölberg herum.

An der **Bushaltestelle Ehrenstetten Kirche ❶** stehen wir schon gleich vor der Übersichtstafel des Steinzeitspfades. Der Weg führt uns links direkt an der Kirche vorbei, die Treppe hinauf und immer den kleinen Hinweisschildern mit dem roten Mammutschild nach. Die geteerte Straße knickt nach links in Richtung der ausgeschilderten Ölbergkapelle und gleich darauf nach rechts. Wir wandern an Rebanlagen entlang und gewinnen dabei ständig an Höhe und Aussicht. Der Weg ist gleichzeitig ein Kreuzweg und die Kinder bestaunen die vierzehn Mosaikbilder am Wegesrand, während die Erwachsenen den grandiosen Blick auf den markanten Hügel der Staufener Burg bewundern. Nach gut einer Viertelstunde erreichen wir die **Ölbergkapelle ❷**, die 1954 zu Ehren der Gefallenen der beiden Weltkriege erbaut wurde.

Kurz nach der Kapelle verlassen wir die Teerstraße an der nächsten Verzweigung nach rechts und marschieren nach 200 m dem Wegweiser folgend links den Berg zwischen den Rebanlagen hinauf. Kurz darauf stehen wir vor einer rund 5000 Jahre alten **Wallanlage ❸**, die die Menschen

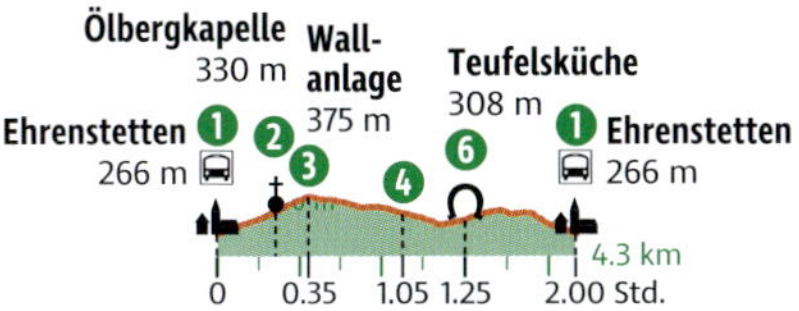

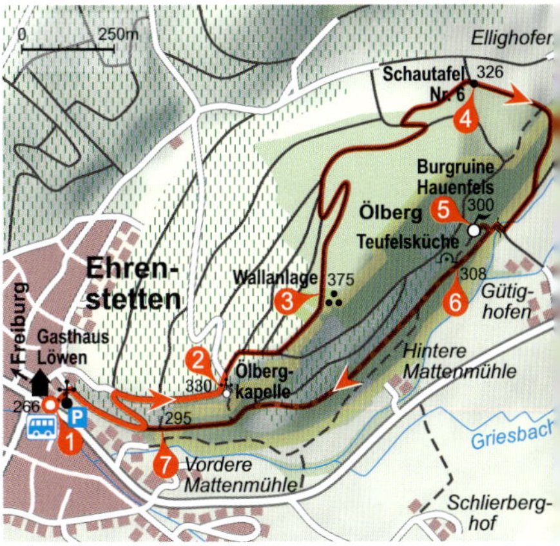

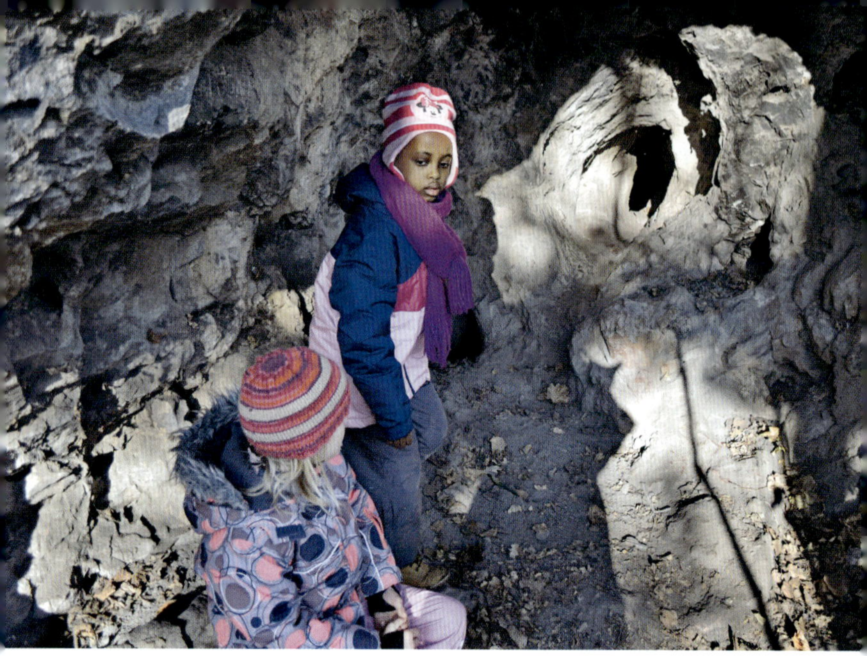

Etwas unheimlich sind alte Höhlen ja schon.

am Ende der Jungsteinzeit hier auf der bewaldeten Seite des Berges errichtet haben, um ihre Siedlung vor Feinden zu schützen.

Wir holen noch einen Kilometer weit aus, immer den Mammut-Wegweisern folgend, bis wir zur **Schautafel Nr. 6 ❹** gelangen, die uns den Fund von 140.000 Jahren alten Faustkeilen erklärt, den ältesten Beweisen für die Anwesenheit von Neandertalern im Breisgau überhaupt.

Gut 10 Min. später überqueren wir über eine kleine Brücke den Schulbach und befinden uns knapp unterhalb der **Burgruine Hauenfels ❺**.

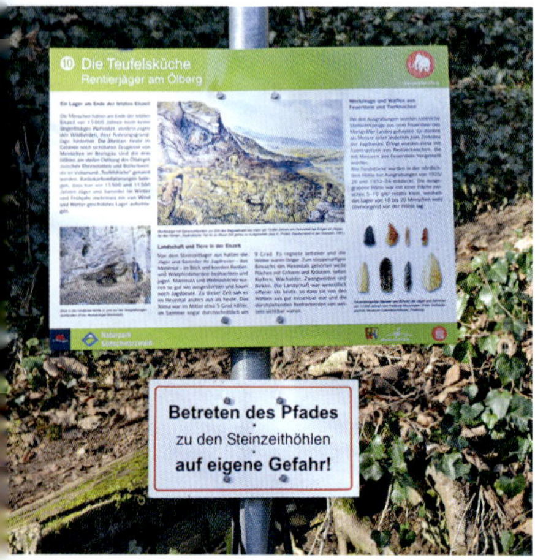

Highlights

- ★ In der Kapelle eine Kerze anzünden und die Aussicht bis in die Vogesen genießen.
- ★ Eine versteckte 5000 Jahre alte Wallanlage suchen.
- ★ An der Fundstelle von Werkzeugen der Neandertaler Faustkeile aus gefundenen Steinen hämmern.
- ★ Höhlen der Steinzeitjäger erforschen.
- ★ Wandern durch herrliche Rebanlagen.

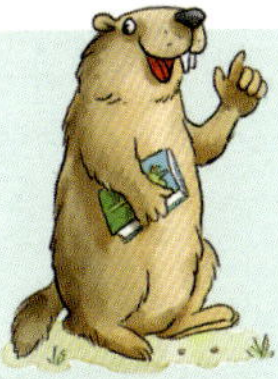

Hallo Kinder,

ist es nicht aufregend sich vorzustellen, wie hier vor 140.000 Jahren Neandertaler auf der Lauer lagen, um wilde Mammuts und Rentiere zu jagen? Für die Jagd fertigten sie Speere und Lanzen aus Ästen und brachten an deren Ende spitze Feuersteine an. Mit diesen Waffen mussten sie sehr nahe an die Tiere heran, um sie erlegen zu können. Könnt ihr euch vorstellen, wie mutig diese Menschen waren und wie gekonnt sie sich anschleichen mussten? Hatten sie ein Mammut erlegt, das immerhin so groß war wie heutige Elefanten, häuteten sie es mithilfe von Faustkeilen und schützten sich mit dem warmen Fell vor der Kälte. In dieser Zeit war es nämlich das ganze Jahr so kalt wie heutzutage bei uns nur im Winter. Der Schnee lag ganzjährig im Schwarzwald, aber zum Glück konnten die Neandertaler schon Feuer machen und damit ihre Höhlen oder Fellzelte heizen. Neben Fleisch, das sie auf Spießen über der Flamme grillten, standen auch Pflanzen auf ihrem Speiseplan, zum Beispiel Waldbeeren, Heilpflanzen und Wurzelgemüse. Trotzdem war es ein sehr hartes Leben und die Neandertaler wurden meist nur 20 bis 30 Jahre alt.

Um die verbliebenen, ungefähr 600 Jahre alten Mauerreste genauer zu begutachten, müssen wir auf dem mit Efeu überwucherten Waldboden 30 m steil hinaufkraxeln.

Zurück am Wanderweg erreichen wir gleich danach die **Teufelsküche ❻** genannten Halbhöhlen, die die Jäger und Sammler der Steinzeit vor 13.000 Jahren als Schutz vor Wind und Wetter benutzten. Für die Kinder ist die Erkundung dieser drei nur wenige Meter langen Höhlen aufregend, denn sie können sich gut vorstellen, wie hier die Steinzeitmenschen auf der Lauer lagen und abends am Lagerfeuer zusammensaßen.

Nach der Besichtigung steigen wir vorsichtig auf den schmalen Wanderpfad zurück und lassen uns den Rest der Strecke die Sonne ins Gesicht scheinen. Wir passieren nach gut 20 Min. das **Himmelsstäpfele ❼**, einen steilen, mit Trockenmauern gesäumten Weinbergpfad zur Ölbergkapelle. Bald darauf erreichen wir schließlich auf dem vom Hinweg bekannten Sträßchen wieder unseren Ausgangspunkt und die **Bushaltestelle ❶** am Fuß der Kirche.

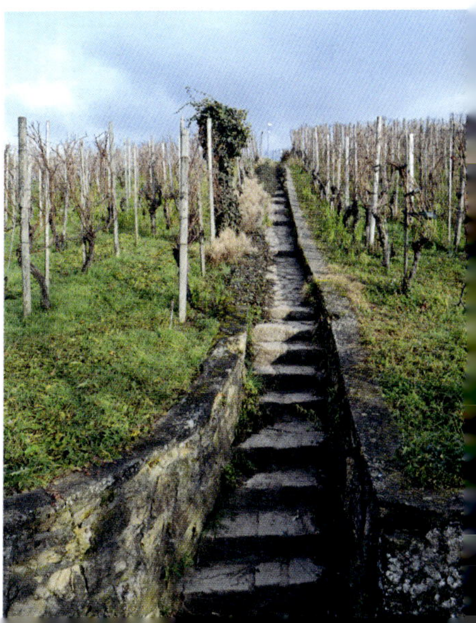

Das Himmelsstäpfele, auf dem man scheinbar direkt in den Himmel steigt.

2.00 Std. | 4.7 km | ↗170 m | ↘170 m | ab 5 Jahren

23 Badenweiler

Rundtour um die Burg Baden

Kurzweil im Heilkurort

Ob ein renommierter Heilkurort wie Badenweiler auch für Kinder attraktiv sein kann, wollten wir wissen. Die Antwort lautet: Er kann, wenn er so vielfältige Sehenswürdigkeiten besitzt wie die alte Römerstadt. Aquae Villae nannten die Römer ihre Ansiedlung – Stadt des Wassers – dank der Therme, die sie hier erbauten und die heute noch besichtigt werden kann. Für Kinder ist jedoch der Schlosspark mit seinem Spielplatz und den bunten Pflanzen noch interessanter. Von einer Anhöhe aus genießen wir einen tollen Blick auf die alte Burg Baden, das Städtchen und das Rheintal bis zu den Vogesen. Die Stadt ist voller wunderschöner alter Häuser, wie dem Markgrafenbad oder dem Grand Hotel, aber den Nachwuchs zieht es eher in den Kurpark, wo die Kinder die gigantisch großen Mammutbäume umarmen und auf dem Schwanenweiher die Wasserfontäne und die Enten beobachten können. Höhepunkt unserer Tour ist der Park der Sinne, in dem wir an 22 Stationen alles Mögliche sehen, riechen, hören und fühlen können. Am Ende erobern wir noch die Burg Baden, die erhaben auf einem Hügel über die Stadt wacht.

Ausgangspunkt: Bushaltestelle Badenweiler Evangelische Kirche, 426 m. Anfahrt ab Freiburger Hauptbahnhof mit der Regionalbahn Richtung Basel bis Müllheim, dort Umsteigen in den SWEG-Bus 111 Richtung Badenweiler. **Mit dem Auto:** Parkgarage Schlosspark, Hebelweg 18, 79410 Badenweiler.

Ausrüstung: Trekkingsandalen oder festes Schuhwerk sind für die Steigungen am Burgberg und im Pfarrwald hilfreich, aber nicht zwingend notwendig.

Anforderungen: Ausgiebiger, kinderwagengeeigneter Stadtspaziergang mit Anstiegen im Wald und zur Burg hinauf, mit vielen Pausenmöglichkeiten. Viel Zeit für Besichtigungen einplanen.

Einkehr: Zahlreiche Möglichkeiten in der Stadt.

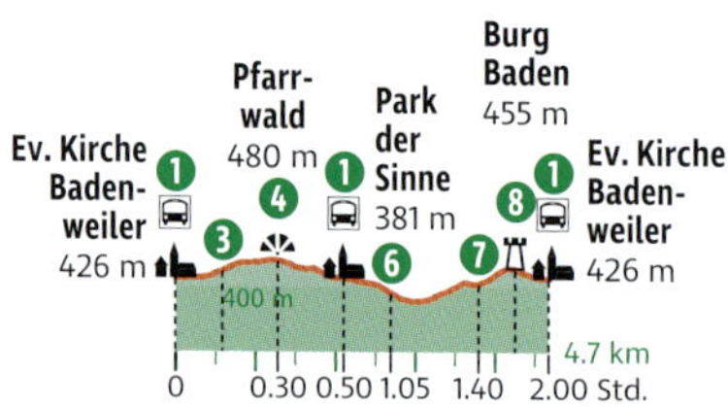

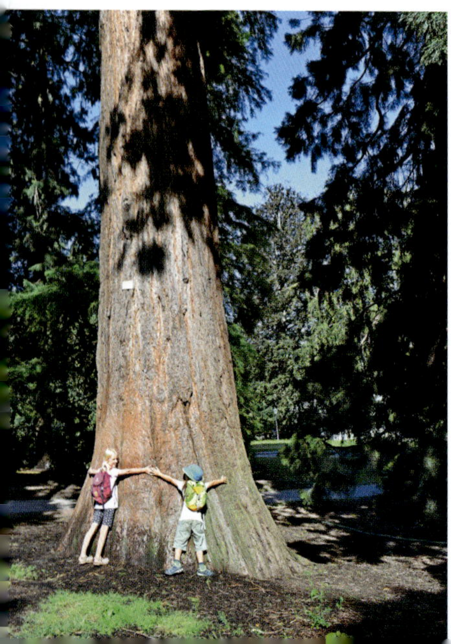

Es braucht schon sehr lange oder viele Arme, um die Mammutbäume im Kurpark zu umarmen.

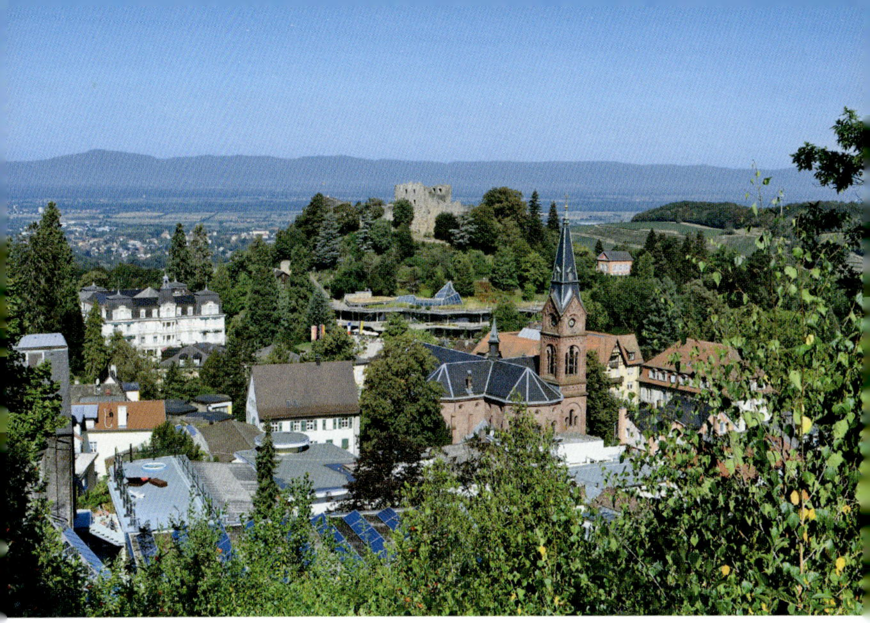

Das All-inclusive-Panorama vom Aussichtspunkt am Pfarrwald reicht bis in die Vogesen auf der anderen Rheinseite.

Von der Bushaltestelle an der großen evangelischen **Pauluskirche ❶** gehen wir in westlicher Richtung auf der Kaiserstraße, wenden uns am Schlossplatz links und betreten den Schlosspark. Das prächtige Grand Hotel zur Rechten und das Großherzogliche Palais zur Linken schlendern wir durch den Park, vorbei am Eingang des **Parkhauses Schlosspark ❷** bis zum eigenwilligen Bau der Katholischen Kirche St. Peter. Nach einer kurzen Besichtigung des sehenswerten Inneren der Kirche halten wir uns links und erreichen einen kleinen, schattig gelegenen **Spielplatz ❸**, der von unseren Kindern auch sofort zum Toben genutzt wird. Der Park selber beherbergt duftende Pflanzen und prachtvolle Riesen-Lebensbäume. Vom Spielplatz aus wandern wir hinauf zur Blauenstraße, die wir rechts hinauflaufen. Bei der nächsten Gelegenheit biegen wir links in die Moltkestraße ein.

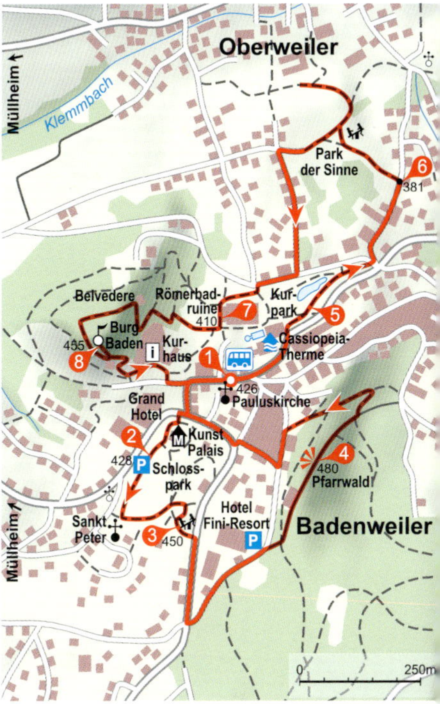

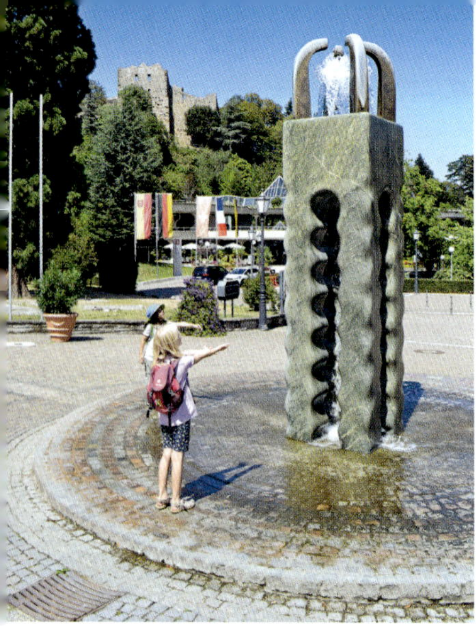

Der Brunnen am Kurhaus spendet im Hochsommer willkommene Kühlung.

Nach 5 Min. kommen wir zum Parkplatz des Hotels Fini-Resort und verlassen die Teerstraße rechts hinauf, um in den Pfarrwald zu gelangen. Hier folgen wir dem Wanderschild Richtung Pfarrwaldpromenade und haben nur noch 200 m bis zum Aussichtspunkt am **Pfarrwald** ❹, der für uns einen grandiosen Überblick über die Stadt am Fuße der Burg Baden bis ins Rheintal und zu den französischen Vogesen bereithält.

50 m später orientieren wir uns am Wanderschild weiter geradeaus Richtung Wilhelmstraße. Gleich danach an der Parkbank wählen wir den Pfad, der links hinunter vom Teerweg abzweigt. Wir folgen der Spitzkehre nach links bergab, immer am Zaun entlang, bis wir wieder auf die Moltkestraße treffen, die wir links hinaufgehen. Nach knapp 100 m biegen wir rechts in die Hochwaldstraße ab, an deren Ende geht es erst links und dann gleich wieder rechts in die Blauenstraße, die uns zum Schlossplatz zurückbringt. Dann marschieren wir zurück zur **Pauluskirche** ❶ und weiter die Kaiserstraße entlang, vorbei an der Cassiopeia-Therme mit einer Klangsäule, die schon zum Park der Sinne gehört.

Am Ende des langen Gebäudes weist uns ein eigenes Schild den Weg Richtung Park der Sinne. Wir spazieren durch den schönen **Kurpark** ❺ mit im Sommer blühenden Bananenstauden, gigantischen Mammutbäumen und dem kleinen Schwanenweiher. Am Ende des Parks geht es an der zweiten Installation des Sinnenparks, einem Wasserstrudel, vorbei und dem Wegweiser nach den Oberen Kirchweg steil hinunter bis zum Infopunkt des **Parks der Sinne** ❻. Für die sehr spannenden Stationen dieses Parks sollte man sich genug Zeit lassen. Die physikalischen Prinzipien sind zwar jeweils nur kurz erläutert, aber die knapp 10 Hektar des Parks wollen erstmal erwandert werden. Außerdem gibt es einen großen Spielplatz und ein paar schattige

Highlights

- ★ Großer Schlosspark mit Spielplatz zum Austoben.
- ★ Prachtvoller Kurpark mit Mammutbäumen und Schwanenweiher.
- ★ Spannender Park der Sinne mit Partnerschaukeln, einem Balancierpfad, einer Duftorgel und vielem mehr.
- ★ Erkundung der alten und sehr gut erhaltenen römischen Badetherme. Täglich geöffnet 10–17 Uhr, Kinder haben freien Eintritt, www.badruine-badenweiler.de.
- ★ Tolle Fernsicht vom Bergfried der Burg Baden, von dem aus man früher Feinde frühzeitig ausmachen konnte (s. Freizeittipp A4).

Hallo Kinder,

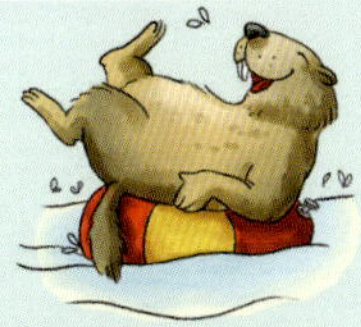

schon die alten Römer waren begeisterte Badefans und bauten hier in Badenweiler eine große Badeanstalt. Dort gab es schon vieles, was es auch in unseren heutigen Schwimmbädern gibt: einen Empfang mit Kasse, Umkleideräume für Männer und Frauen, verschiedene Becken mit kaltem und warmem Wasser sowie eine Dampfsauna und eine Terrasse zum Luftschnappen. Meist ging man zuerst in das Frigidarium, ein Kaltwasserbecken, dann in das Tepidarium, ein wärmeres Becken, und abschließend zum Schwitzen in das Caldarium, einen 40–50 Grad heißen Raum mit Heißwasserbecken. Die Beheizung erfolgte über ein ausgeklügeltes unterirdisches Ofen-System, das leider sehr viel Brennholz verbrauchte. Dadurch wurde der Wald in der Umgebung stark in Mitleidenschaft gezogen, denn der Ofen musste Tag und Nacht beheizt werden, um die Baderäume gleichmäßig warm zu halten. Das Badewasser sprudelte damals wie heute aus den umliegenden Thermalquellen, die 26 Grad warmes, mineralstoffreiches Wasser liefern. Dieses Thermalwasser soll gut gegen verschiedene Krankheiten helfen, was auch die Römer schon zu nutzen wussten.

Bänke für eine gemütliche Brotzeitpause. Aufregend für die Kinder sind zum Beispiel das Barfußlaufen über Glasscherben oder die Unterhaltung über große Entfernung hinweg, ohne eine Telefonleitung zu benutzen.

Wir verlassen den Park der Sinne hinter dem Labyrinth und der Duftorgel auf dem Marzeller Weg, biegen links auf den Mittleren Kirchweg und halten nun wieder steil bergauf auf die Innenstadt zu. Am Ende der Straße schwenken wir rechts auf die Römerstraße ein. An der nächsten Seitenstraße, dem Unteren Kirchweg, nehmen wir den Parkweg links hinauf in den Kurpark und stoßen auf die 2000 Jahre alte **Römerbadruine 7**, die man unbedingt besichtigen sollte, sie ist sehr gut erhalten geblieben.

Dann setzen wir die Tour fort und lassen uns von den grünen Schildern am Kurhaus vorbei zum Lustschlösschen Belvedere und danach auf die **Burgruine 8** leiten. Vom Bergfried der 900 Jahre alten Burg aus genießen wir die Fernsicht über das weite Land in Richtung Frankreich, während die Kinder ihren Ritter- und Burgfräulein-Fantasien freien Lauf lassen können.

Der ausgeschilderte Abstieg leitet uns wieder am Kurhaus vorbei auf den Schlossplatz, von dem aus es nur noch 100 m die Kaiserstraße entlang bis zur Bushaltestelle an der **Pauluskirche 1** sind.

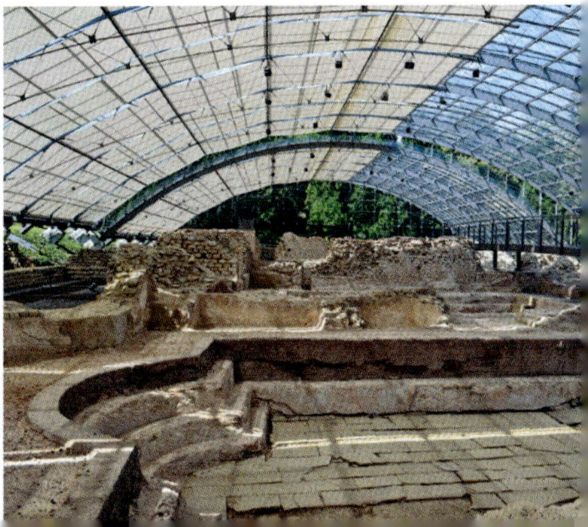

Ihre Badekultur haben die alten Römer von zu Hause mitgebracht.

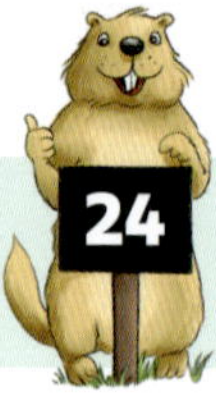

4.00 Std. | 9.1 km | ↗ 310 m | ↘ 310 m | ab 6 Jahren

24 Zum Nonnenmattweiher

Rundweg ab Haldenhof

Ein kühles Bad auf fast 1000 Meter Höhe

Bewegungsfreudige Kinder lieben diese naturnahe Höhentour, die durch die Aussicht auf ein Bad im prächtig gelegenen Bergsee Nonnenmattweiher und eine Einkehr in einer der gemütlichen Hütten zum Wandern motiviert. Schöne Bergpfade führen durch die Wälder, die manchmal den Blick auf den großen Belchen mit seinem Gasthaus und die weiten ausladenden Höhenzüge des Schwarzwalds freigeben. Die Kinder schnitzen sich Wanderstöcke und steuern schnurstracks die Kälbelescheuer an, eine fast 100 Jahre alte Almwirtschaft, die in alten Zeiten als Viehhütte diente. Vorbei an kleinen Bächen, Schmetterlingswiesen und großen Ameisenhügeln verläuft die Route größtenteils am Waldrand, bis wir zum Nonnenmattweiher gelangen, einem von Hügeln und Bergen gesäumten eiszeitlichen Gletscherkarsee. Baden ist hier ausdrücklich erlaubt, der südliche Teil des Sees aber ist der großen schwimmenden Torfinsel und den seltenen Moorpflanzen vorbehalten. Nicht weit vom Weiher wartet die bewirtschaftete Fischerhütte, bevor es durch Wald und Wiesen zurück zum Ausgangspunkt am Haldenhof geht.

Ausgangspunkt: Bushaltestelle Neuenweg Haldenhof, 935 m, in Hinterheubronn. Anfahrt vom Bahnhof Schopfheim mit dem SBG-Bus 7310 oder ab Badenweiler Evang. Kirche dreimal täglich mit dem SWEG-Bus 111. **Mit dem Auto:** Kostenfreier Wanderparkplatz am Haldenhof. Die Parkplätze direkt am Gasthof Haldenhof sind nur für Gäste reserviert.

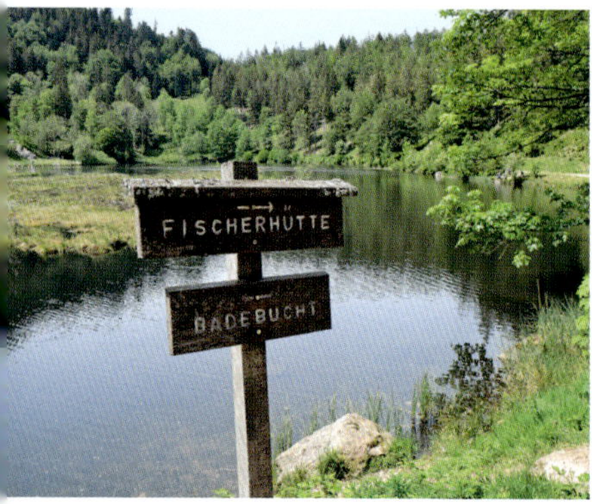

Ausrüstung: Wanderschuhe. Badesachen nicht vergessen!
Anforderungen: Längere Wanderung mit einigen Steigungen auf schmalen Waldpfaden und breiten Forstwegen. Bitte genug Zeit zum Einkehren und Baden am See einrechnen.
Einkehr: Schwarzwälder Schinken und Bergkäse gibt es in der Almwirtschaft Kälbelescheuer, Öffnungszeiten April bis November 11–20 Uhr, Mo Ruhetag (außer an Feiertagen), Münstertal, Tel. +49 7636 788887, www.kaelbelescheuer.de. Nahe am Weiher steht die urige Fischerhütte mit Biergarten, täglich 11–18 Uhr geöffnet, Mo Ruhetag, Nonnenmattweiher, 79692 Kleines Wiesental, Tel. +49 7673 932381, www.fischerhuette-nonnenmattweiher.de. Am Ende der Tour kann man im Biergarten des Berggasthofes Haldenhof einkehren, Öffnungszeiten 12–21 Uhr, Di Ruhetag, Haldenhof 1, 79692 Kleines Wiesental/OT Neuenweg, Tel. +49 7673 284, www.haldenhof-schwarzwald.de.

Den idyllischen Nonnenmattweiher kann man nur zur Fuß erreichen.

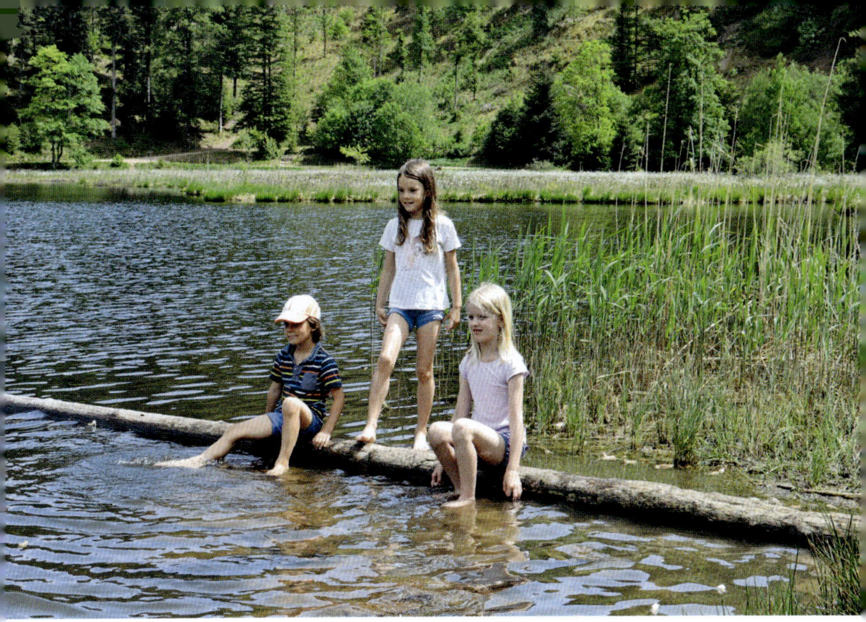

Wer traut sich zuerst hinein in den Weiher?

Von der Bushaltestelle vor dem **Berggasthof Haldenhof** ❶ folgen wir dem Wegweiser mit der blauen Raute Richtung Kälbelescheuer auf einem flach verlaufenden Waldweg. Die Kinder staunen über die steilen, fast senkrechten Felswände entlang unseres Weges und klettern gleich auf die großen, stark bemoosten Felsblöcke, die wohl einmal Teil der Felswände waren. Die Erwachsenen genießen inzwischen den Blick auf den Belchen, den Schwarzwaldriesen mit der schönsten Fernsicht, der sich immer wieder zwischen den Bäumen zeigt, und passen an den wenigen sehr abschüssigen Stellen gut auf die kleineren Kinder auf.

Eine knappe Stunde folgen wir der blauen Raute und können dann auf dem Bergsattel des Sirnitz schon die Almwirtschaft der Kälbelescheuer ausmachen, die seit 1932 hungrige und durstige Wanderer bewirtet. Nach weiteren 5 Min. erreichen wir die **Kälbelescheuer** ❷ und können

Highlights

- ★ Eine fast alpin anmutende Almhüttenwanderung, mit steilen Anstiegen und gemütlichen Pausenplätzen.
- ★ Schroffe Felsen und wunderbare Fernsichten.
- ★ Wir entdecken viele Pflanzen und Tiere.
- ★ Toller Bergbadesee in einzigartiger Moorlandschaft – dort zu schwimmen ist einfach herrlich!

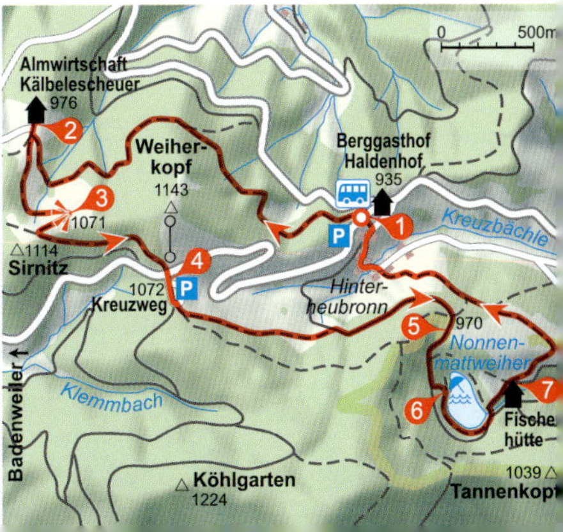

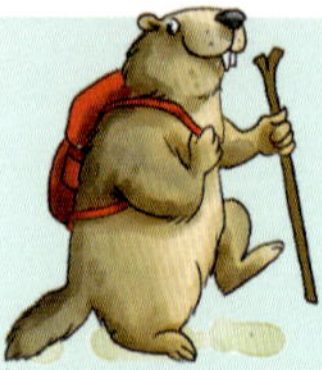

Hallo Kinder,

die Ameisenhügel, die uns auf unserer Wanderung begegnen, werden von Roten Waldameisen gebaut und können bis zu zwei Meter hoch werden. Je kühler die Region ist, in der die Ameisen leben, desto höher bauen sie ihre Hügel, damit die Oberfläche mehr Wärmestrahlung ins Innere leiten kann. In warmen Gegenden finden wir eher flachere Hügel. Meistens bauen die Ameisen ihr Riesennest um einen Baum herum, denn dadurch wird der ganze Bau stabiler. Und nach unten in die Erde graben diese fleißigen Baumeister bis in zwei Meter Tiefe viele unterirdische Tunnel, Gänge und Kammern, in denen sie ihre Eier und Larven ablegen. Für die obersten Schichten des Hügels verwenden sie Fichten- und Tannennadeln sowie Holzstückchen und Baumrinde, das schützt vor eindringendem Regenwasser. Wird es im Ameisenhochhaus zu warm, öffnen sie ein paar Gänge nach draußen und lassen so kühlende Luft hinein. Um ihr Pflanzengebäude vor Pilzbefall zu schützen, graben die kleinen Waldbewohner die äußere Schicht des ganzen Haufens regelmäßig komplett um. Die Ameisen und ihre Hügel sind durch den Paragraf 39 des Naturschutzgesetzes geschützt, welcher uns verbietet, »wild lebende Tiere mutwillig zu beunruhigen und ihre Lebensstätten zu beeinträchtigen oder zu zerstören«. Aber als gute Freunde der Natur wissen wir das natürlich auch ohne Gesetz.

nun verstehen, warum die Aussicht von hier so beliebt ist, denn wir blicken auf der einen Seite des Bergsattels auf weite Teile des Rheintals und der Vogesen, und auf der anderen Sattelseite auf die sanften Schwarzwaldhügel und die ganze Frontseite des Belchen. Hier findet jeder auch sein Plätzchen für eine gemütliche Pause, entweder im Biergarten oder auf dem kleinen Hang mit Bänken und tollem Blick.

Mehrere große Ameisenhügel begegnen den Kindern auf dieser Wanderung.

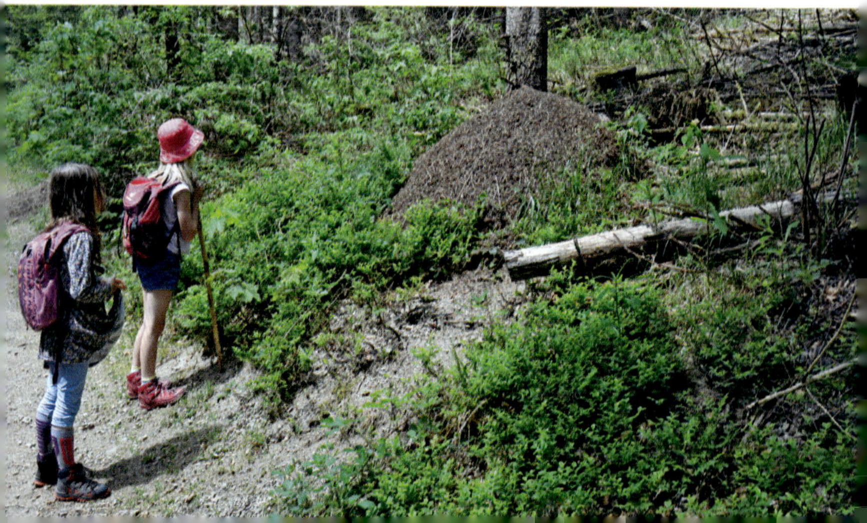

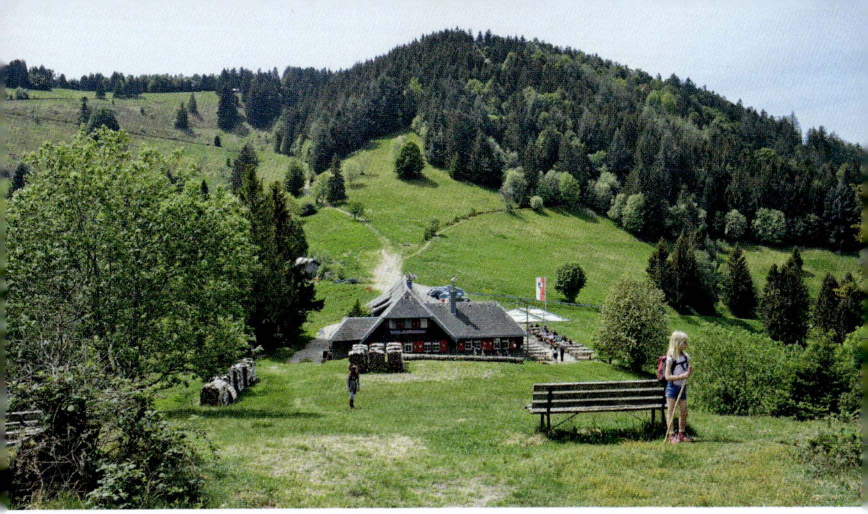

Der Bergsattel an der Kälbelescheuer eignet sich dank seiner tollen Aussicht bestens als Rastplatz.

Unsere Tour führt uns anschließend auf einem schönen Panoramaweg für einen Kilometer deutlich steiler bergauf Richtung Nonnenmattweiher, wobei sich Fernblicke **3** bis zum Kaiserstuhl und zum Flussbett des Rheins ergeben. Wir passieren wilde Heidelbeersträucher und mehrere Ameisenhügel, biegen links auf den ausgeschilderten Kreuzweg ein und überqueren schließlich die Landstraße am **Wanderparkplatz Kreuzweg 4**.

Den Wanderschildern Richtung Nonnenmattweiher folgend geht es nun bis zum Beginn des **Naturschutzgebiets 5** deutlich bergab, vorbei an blühenden Bergweiden, wobei wir etwas mehr Zeit benötigen, um die Schmetterlinge und die Frösche im Bach zu beobachten. Von hier wandern wir den Schildern mit der blauen Raute zum Weiher nach. Die Kinder entdecken schnell die Abkürzung steil den Hang hinab direkt zum **Nonnenmattweiher 6** mit seiner Liegewiese und der Badebucht, auf die sie sich schon den ganzen Weg gefreut haben.

Nach der Badepause verläuft die Route weiter um den Weiher mit seiner einzigartigen Torfinsel herum und der gelben Raute nach zur **Fischerhütte 7**. Hinter der Wirtschaft gabelt sich der Weg, wir halten uns links und wandern nun immer in Richtung Haldenhof und Hinterheubronn. Nach gut einer halben Stunde kommen wir, vorbei an Viehweiden und den kleinen Bauernhöfen von Hinterheubronn, zurück zum **Berggasthof Haldenhof 1**.

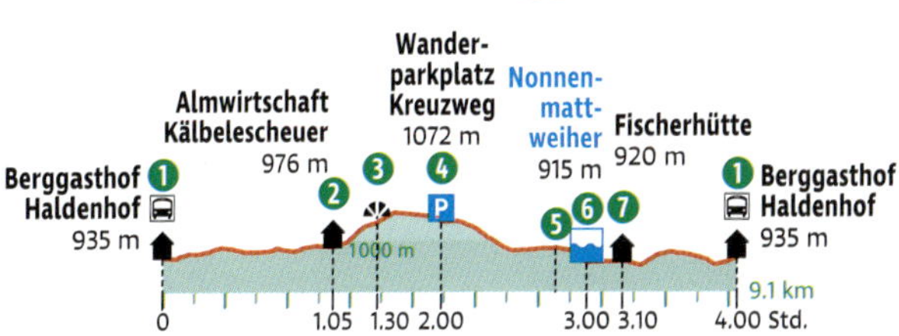

3.00 Std. | 6.3 km | ↗ 320 m | ↘ 320 m | ab 5 Jahren

25 Scharfenstein und Stampfbachwasserfall

Auf dem Ritterpfad zur Burgruine

Vom Kampf um das wertvolle Silbererz

Eine Umrundung der außergewöhnlichen Felsengruppe des Scharfensteins und das Erklimmen des Gipfels mit seiner Burgruine ist für alle Kinder ein spannendes und beeindruckendes Erlebnis. Ein schmaler Jägerpfad, der sich über Stock und Stein durch den urwüchsigen Steilhangwald den Berg hinaufzieht, bringt uns zum Castrum Scharphenstein, einer ehemaligen Burg auf dem steilen Felsen des Scharfensteins. Außer ein paar Mauerfelsen ist von den Bauten wenig übrig geblieben, aber alleine die Vorstellung ist abenteuerlich, dass in dieser ausgesetzten Lage eine Burg errichtet und bewohnt worden war. Von dort oben haben wir einen tollen Ausblick auf das Tal. Aber Vorsicht, es geht an den Kanten steil bergab, weshalb hier zur Sicherheit Absperrungen angebracht wurden. Mit großem Glück entdecken wir bei der Umrundung des Felsens wilde Gämsen am Rehberg. Beim Abstieg zum Stampfbach mit seinem besonders nach Regenfällen sehenswerten Wasserfällen blicken wir immer wieder hinauf zum schaurigschönen Scharfensteinfelsen.

Ausgangspunkt: Bushaltestelle Münstertal-Lochmatte, 734 m. Anfahrt ab Bad Krozingen Bahnhof mit der S-Bahnlinie 3 bis Münstertal Bahnhof, dort Umstieg in den Regionalbus 291 bis Münstertal-Lochmatte (Alternative siehe Variante).

Mit dem Auto: Parkplatz an der Bushaltestelle Lochmatte, 79244 Münstertal. Alternativ kann man am Wanderparkplatz Scharfenstein an der L123 parken und die Runde hier beginnen (Navi N47.866279, E7.856498).

Ausrüstung: Feste, gut profilierte Wanderschuhe.

Anforderungen: Mittelschwere Bergwanderung mit stetigem Bergauf und -ab. Der Pfad zum Scharfenstein ist steil und felsig, bei Nässe ist es hier rutschig! Auf dem Scharfenstein sind Absperrungen, da es sehr steil abwärtsgeht. Kleinere Kinder sollten hier besonders gut beaufsichtigt werden! Am Wochenende ist die Landstraße viel befahren, deshalb Vorsicht beim Zugang von der Bushaltestelle zum Beginn des Felsenpfades!

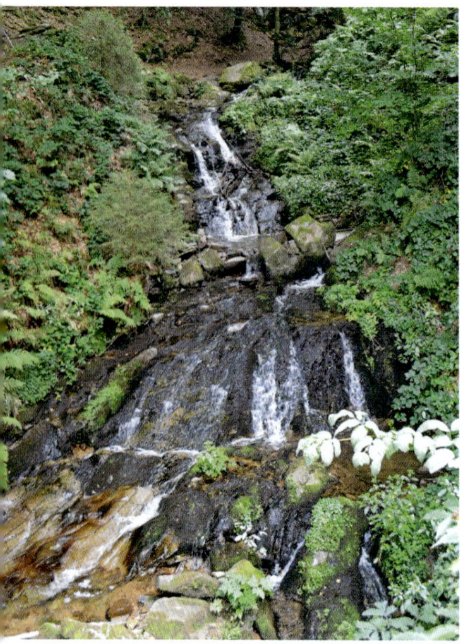

Der Stampfbach bahnt sich seinen Weg ganz natürlich durch das steile Tälchen.

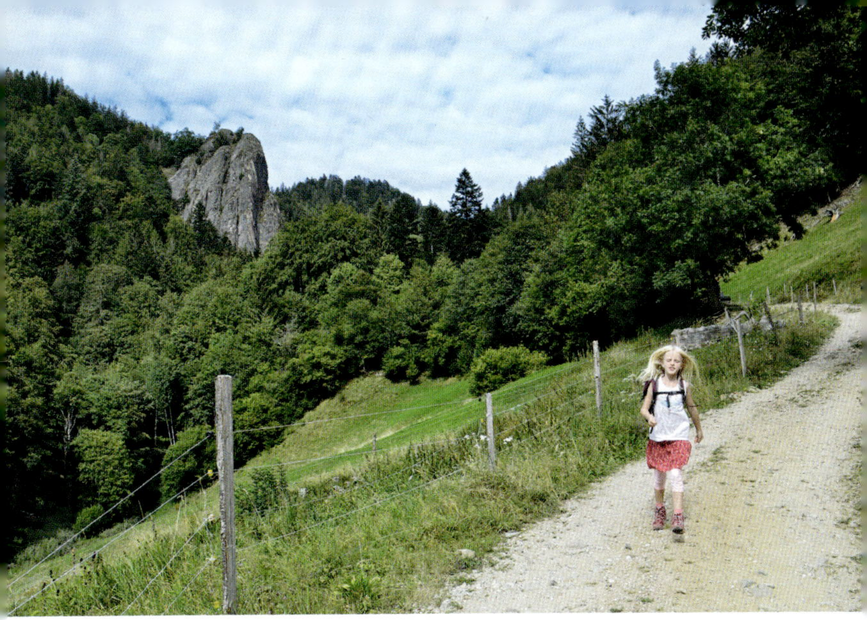

Die Felsnadel des Scharfensteins.

Einkehr: Unterwegs keine. Rita's Café Bergfreude am Ausgangspunkt lockt mit leckeren Torten und gutbürgerlicher Küche Fr–Mo 12–19 Uhr, Lochmatte 1, 79244 Münstertal, Tel. +49 7636 1357, http://bergfreude.9gg.de.

Variante: Um den Fußmarsch auf der Landstraße zu vermeiden, kann statt der Bushaltestelle Lochmatte die Haltestelle Neuhof genutzt werden (die Tour verlängert sich dadurch um 3 km). Wir durchschreiten hierzu die Haarnadelkurve an der Bushaltestelle Neuhof, biegen am Ende der Kurve links ab und wandern auf der Teerstraße an der linken Seite des Stampfbachs bis zum Wanderschild »Unterneuhof«. Von dort geht es nördlich in Richtung Stampf/Wasserfall/Spielweg weiter. An der Verzweigung nach 150 m wählen wir geradeaus den mittleren Forstweg, der uns bergab als Brandenweg am Stampfbach entlangführt. Am Wanderschild »Beim Wasserfall« zweigt der Stampfbachpfad rechts über eine Brücke ab und leitet uns auf einem schmalen Weglein bis zum Wasserfall an der Stampfbachbrücke 5.

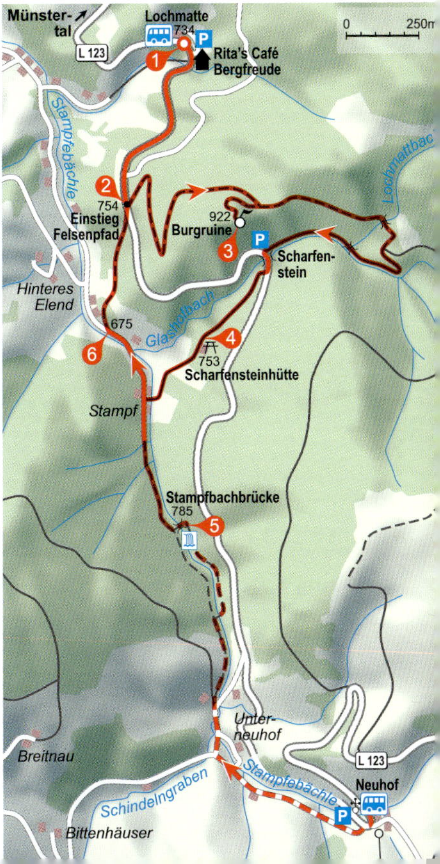

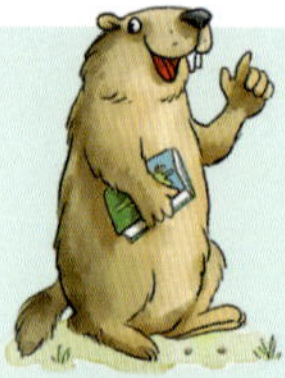

Hallo Kinder,

hier im Tal des Glashofbaches standen früher zwei Glasbläsereien, wie es sie zwischen dem 13. und 19. Jahrhundert sehr häufig im Schwarzwald gegeben hat. Neben dem Bergbau, bei dem Silber und verschiedene Erze abgebaut wurden, war die Glasherstellung sehr wichtig für das Überleben der Schwarzwälder Bevölkerung. Eine ganze Reihe an Berufen hing mit dem Glasblasen zusammen: Holzknechte sorgten für das Brennholz, Pottaschesieder kochten Pottasche, Steinpocher zerkleinerten Quarzgestein, Köhler brannten Holzkohle, und Glasschmelzer, -bläser, -schleifer und -maler stellten dann die Kirchenfenster, Trinkgefäße, Flaschen, Vasen, Glasinstrumente und vieles mehr her. Um das wertvolle »Waldglas« heil aus dem Schwarzwald zu den Städten im Rheintal zu transportieren und an die Kunden zu verkaufen, gab es die Glasträger, die die sorgsam in Stroh verpackten Glasprodukte in Tragekörben auf ihrem Rücken über die unwegsamen Waldwege beförderten. Selbstständige Glasträger schlossen sich im 18. Jahrhundert sogar zu gut verdienenden Glasträgerkompanien zusammen und kontrollierten auf diese Weise die Verkaufsgebiete von der Pfalz über das Elsass bis in die Schweiz hinein. Einige Glasträgerpfade sind bis heute als Themenwanderwege erhalten geblieben und zeugen von der einstigen Wichtigkeit dieses Berufsstandes.

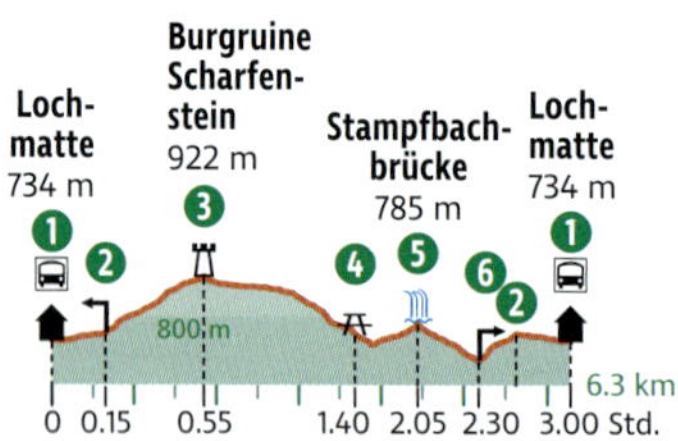

Von der **Bushaltestelle Lochmatte** ❶ müssen wir rund einen halben Kilometer entlang der Landstraße in südlicher Richtung gehen, um den Einstieg links hinauf in den **Felsenpfad** ❷ zu erreichen. Das Ritterpfad-Schild zum Scharfenstein ist hier und an jeder weiteren Abzweigung der Wanderrunde gut sichtbar angebracht. An der ersten Gabelung nach dem Einstieg biegen wir unter dem Läuten der Ziegenglöckchen rechts ab, wenige Minuten später nach links hinauf. Der felsige Jägerpfad ist hier richtig schön schmal und macht den Kindern so viel Spaß, dass sie die anstrengende Steigung kaum bemerken. Nach einem halben Kilometer folgen wir dem Wegweiser zum Scharfenstein rechts hinauf, den wir

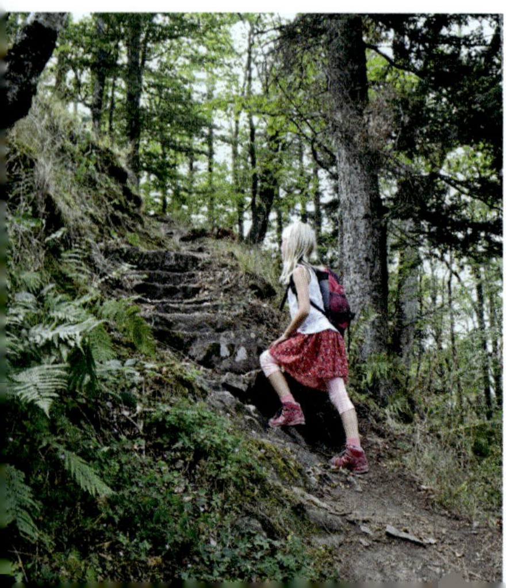

Der Aufstieg zur Burgruine wird am Ende richtig steil und felsig.

nach einem kurzen, steilen Anstieg schnell erreichen. Von der **Burgruine ❸** stehen nur noch einige kleine Mauerreste, denn im frühen 14. Jahrhundert eskalierte ein Streit zwischen dem Kloster St. Trudbert im Münstertal und der Stadt Freiburg um die Rechte an den Silbervorkommen. Die Freiburger schickten Soldaten über den Schauinsland, die die Burg Scharfenstein und die Bergbaustadt Münster zerstörten. Diese Geschichte entnehmen wir der Schautafel, die auch das frühere Aussehen der Burg beschreibt. Der Ausblick ins Tal ist spektakulär, besonders der hervorstehende Fels unterhalb der Burg ist beeindruckend. Wir bleiben hinter den Absperrungen, denn hier droht an den Kanten Absturzgefahr!

Auf demselben Weg steigen wir von der Ruine wieder ab bis zum Wanderschild und setzen unsere Rundwanderung nun nach rechts fort. Nach einer Weile überqueren wir den Lochmattbach und wenden uns an der nächsten Gabelung bergab nach rechts der Ritterpfad-Beschilderung hinterher. Der Glashofbach begleitet uns nun bis zur Landstraße, die wir auf der Brücke vorsichtig überschreiten. Nach der Brücke zeigt unser Ritterpfadschild rechts den Forstweg hinunter, und nach kurzer Zeit gelangen wir zur **Scharfensteinhütte ❹** mit ihrer großen Grillstelle und dem Brunnen vor der Hütte, den die Kinder zum Planschen nutzen.

Vorbei an steilen Viehweiden und mit Blick auf die senkrecht abfallenden Wände der Scharfensteinfelsen treffen wir auf die befestigte Straße in Stampf und halten uns hier links, da wir noch die Stampfbachfälle besichtigen wollen. Der Stampfbachpfad ist ein schmaler Waldweg, der durch das kleine, dicht bewachsene Tal am Bach entlangläuft und uns

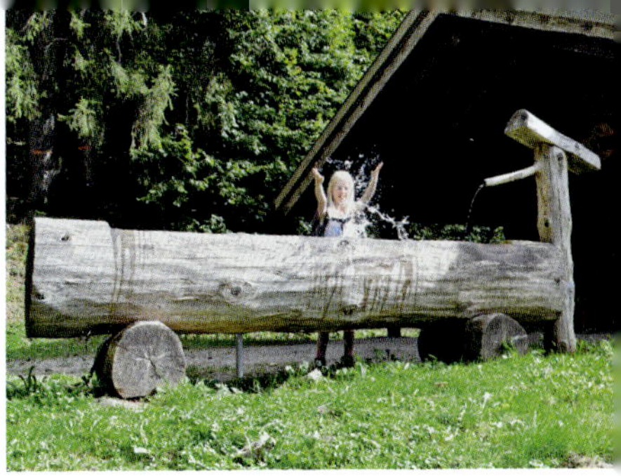

An der Scharfensteinhütte kann man eine wohlverdiente Pause einlegen.

bis zur **Stampfbachbrücke ❺** bringt. Die 11 Meter lange Brücke spannt sich über das enge Tälchen und man kann sich vorstellen, mit welcher Kraft hier das Wasser zur Zeit der Schneeschmelze das steile Bachbett hinunterstürzt.

Wir drehen hier um und marschieren für rund 20 Min. bergab, bis wir am **Wanderschild »Stampf« ❻** den Ritterpfad rechts hinauf nehmen. Bis zur Landstraße freuen wir uns an dem tollen Panorama der gegenüberliegenden grünen Berghänge mit ihren Weiden und Bauernhöfen. Auf der Landstraße gehen wir vorsichtig zurück zum Ausgangspunkt der Tour am Café Bergfreude und der **Bushaltestelle ❶**.

Highlights

- ★ Spannende Wanderpfade durch ursprüngliche Steilhangwälder.
- ★ Wir klettern zur Ruine der Burg Scharfenstein hinauf.
- ★ Imposanter Ausblick vom Scharfensteingipfel auf die Felsnadel.
- ★ Am Scharfenstein und am Rehberg können mit Glück Gämsen erspäht werden.
- ★ Der kleine, idyllische Stampfbach mit seinen Wasserfällen ist für alle Altersgruppen sehenswert.

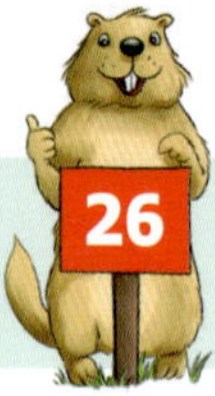

26

2.30 Std. | 5.5 km | ↗ 280 m | ↘ 280 m | ab 6 Jahren

Todtnauer Wasserfälle

Schöpfungsweg und Wasserfallsteig

Ganzjahrestour mit tosendem Highlight

Der Wintersportort Todtnau liegt wunderschön am Fuß des Hasenhorns in einem Talkessel, und schon die Hinfahrt ist ein Genuss, vorbei an kleinen, im Winter vereisten Wasserläufen und steilen Skipisten. Genau hier wurde im Jahr 1891 der erste deutsche Skiclub gegründet. Von der sehenswerten, alles überragenden St.-Johannes-Kirche wandern wir in höhere Lagen hinauf, in denen im Winter oft Schnee liegt. Die kahlen Buchen scheinen dann eng wie Zahnstocher zusammen zu stehen, die vereisten Bäche glitzern im Sonnenlicht und das Getöse des Wasserfalls ist schon von Weitem zu hören. In der kalten Jahreszeit beschert uns der Wasserfall bizarre Eisgebilde, die sich um den Stübenbach scharen, der fast 100 Meter tief ins Tal stürzt. Bei Schnee und Eis haben wir den Wasserfall fast für uns alleine, denn dann kommen nur sehr wenige der jährlichen 500.000 Besucher herauf. Und keiner von ihnen hat bisher den verborgenen Schatz gefunden, dessen Versteck laut Sage auf dem legendären Schatzstein am Wasserfall verzeichnet sein soll. Im Sommer ist die stobende Gischt des Wasserfalls eine willkommene Abkühlung für uns Wanderer.

Ausgangspunkt: Busbahnhof Todtnau, 645 m. Anfahrt vom Freiburger Hauptbahnhof mit der S-Bahn Richtung Seebrugg bis Titisee, dort umsteigen in den SBG-Bus Richtung Zell und am Busbahnhof Todtnau aussteigen.

Mit dem Auto: Kostenlos Parken außerhalb der 90-Minuten-Zone z. B. in der Spitalstraße bei der Kirche.

Ausrüstung: Feste, gut profilierte Wanderschuhe.

Anforderungen: Mittelschwere Wanderung mit längerer Steigung. Die Pfade sind gut begehbar, aber teilweise steil und nicht immer frei von Unterholz. Im Winter muss an den steilen Stellen mit Rutschgefahr gerechnet werden; am Wasserfall kann es zu starken Vereisungen kommen, hier ist besondere Vorsicht geboten.

Einkehr: Pizzeria Ristorante Bella Italia, Feldbergstraße 2, 79674 Todtnau, Tel. +49 7671 430, www.bella-italia-todtnau.de. Oder alternativ Willis Pfannenstüble, Feldbergstraße 5, 79674 Todtnau, Tel. +49 7671 962810.

Info: Samstags findet am Marktplatz von 7 bis 12 Uhr ein Wochenmarkt mit frischen Produkten aus der Region statt.

Variante Schatzstein: Von der oberen Fallstufe 5 führt ein nicht ausgeschilderter Pfad zum Schatzstein, der rund 150 m entfernt am Wegesrand thront. Wir gehen dafür an der obersten Fallstufe über die Brücke und folgen dem Pfad für 20 m weiter. Hier zweigt links ein kleiner Weg ab. An der nächsten Gabelung halten wir uns rechts und treffen bald darauf auf den Schatzstein.

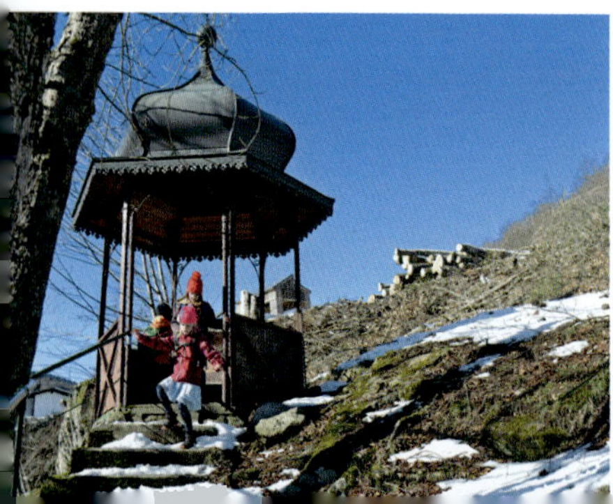

Der schöne Aussichtspavillon eignet sich für eine kurze Trinkpause.

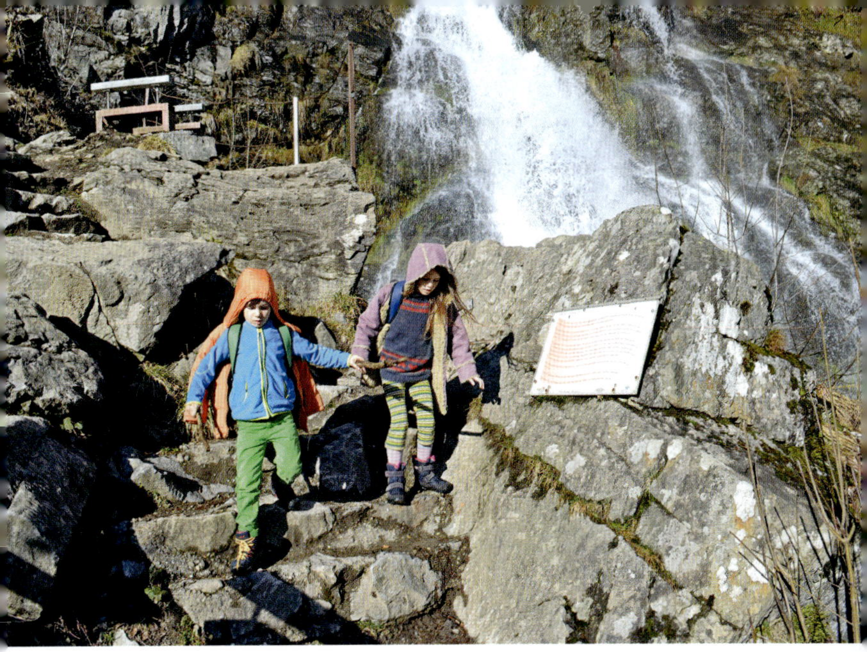

Schnell weg! Die donnernde Gischt spritzt uns sonst nass.

Vom **Busbahnhof Todtnau** ❶ geht es auf der Meinrad-Thoma-Straße in Richtung Osten bis zur Friedrichstraße, in die wir links einbiegen und hoch zur Kirche spazieren. Wir beginnen hier die eigentliche Wasserfalltour an der imposanten **St.-Johannes-Kirche** ❷, die den Marktplatz beherrscht, und wenden uns rechts hinter der Kirche dem Schöpfungsweg zu. Dieser Themenweg geht über neun Stationen und möchte uns mit seinen einfallsreichen Ideen zum Nachdenken anregen. Der Weg führt über Serpentinen steil bergauf und von einem **Aussichtspavillon** ❸

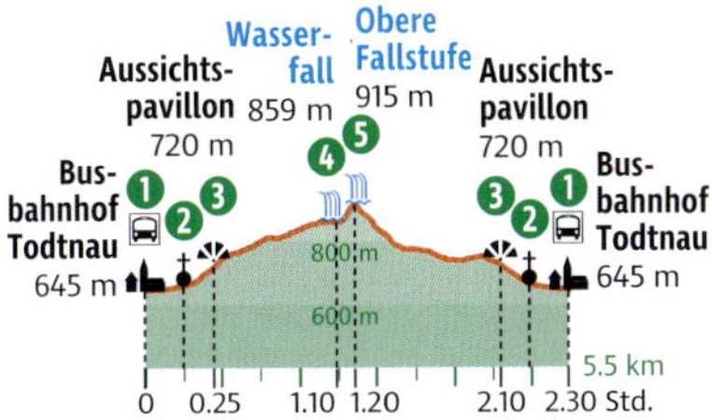

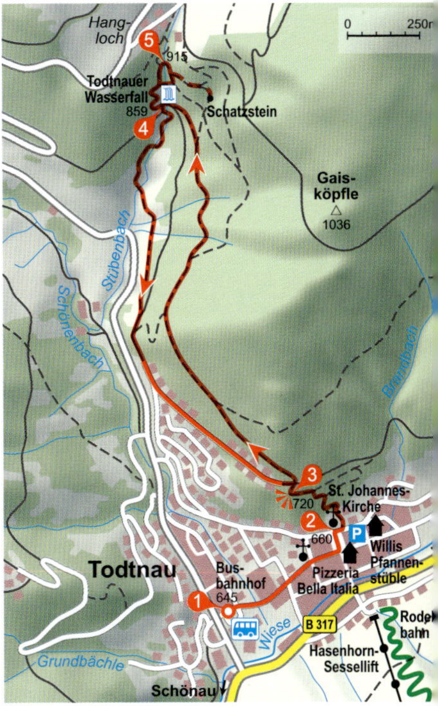

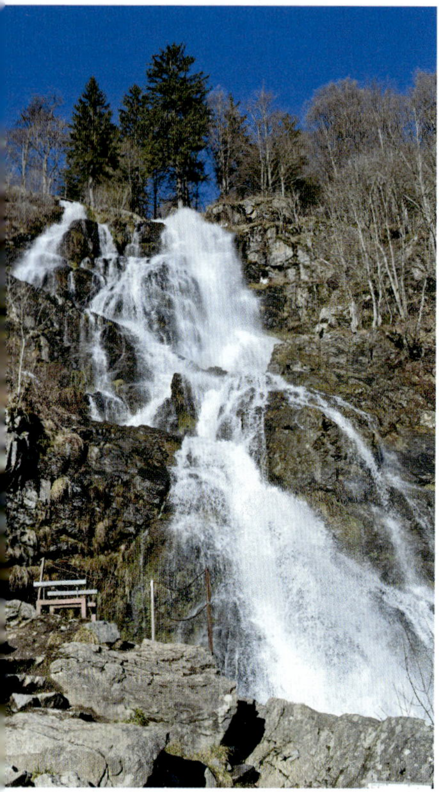

Der Wasserfall ist nach Regenfällen besonders imposant.

Highlights

- ★ Sehenswerte Kirche mit fantasievollem Schöpfungsweg.
- ★ Wild tosender Wasserfall mit fast 100 Meter Fallhöhe.
- ★ Im Winter bilden sich dort tolle Eiszapfen und Eisskulpturen.
- ★ Blick aufs Hasenhorn und die Sommer- und Winterrodelbahn Hasenhorncoaster (siehe Freizeittipp G5).
- ★ Abstecher zum Schatzstein mit spannender Schatzjägergeschichte (siehe »Hallo Kinder« und Variante).

gönnen wir uns bei einer kurzen Pause den schönen Ausblick auf das Städtchen und den gegenüberliegenden Hasenhorngipfel mit seiner Seilbahn. Von dort oben kann man sowohl im Sommer als auch im Winter auf einer richtig langen Rodelbahn bis ins Tal sausen (siehe Freizeittipp G5).

Gleich nach dem Pavillon queren wir die Obere Sonnhalde, folgen dem Schild Richtung Wasserfall und lassen uns von einem kleinen Bach begleiten, der hier ins Tal gluckert. Nach einiger Zeit beginnen wir ein leichtes Rauschen zu hören und beschleunigen unsere Schritte, immer den Schildern »Wasserfallsteig« mit der blauen Raute nach. Das Rauschen wird zu einem Tosen und bald stehen wir am Fuß des **Wasserfalls ❹**, dessen Gischt uns in die Regenjacken zwingt. Wir bestaunen den kleinen Regenbogen, den das auseinanderstobende Wasser des Stübenbachs hier erzeugt, und die 60 m hohe Fallstufe. Da wollen wir natürlich auch noch hinauf. Nach einer längeren Pause in dem schönen Unterstand geht es über Serpentinen zur oberen Brücke, die uns mächtig Respekt abnötigt, so steil geht es hier hinunter. Von dort sind es nur noch 50 m bergauf bis zu einer kleineren, aber sehr wuchtigen, 12 m hohen **Fallstufe ❺**, an der sich im Winter nach Frostnächten wunderschöne bizarre Eisskulpturen ausbilden.

Nachdem wir uns viel Zeit zum Staunen genommen haben, steigen wir die Serpentinen wieder hinunter zum Fuß des Wasserfalls und beginnen unseren Rückweg auf dem mit einer gelben Raute versehenen Alfred-Müller-Weg. Er führt zu Beginn über mehrere Brücken immer wieder über den Stübenbach talwärts, so-

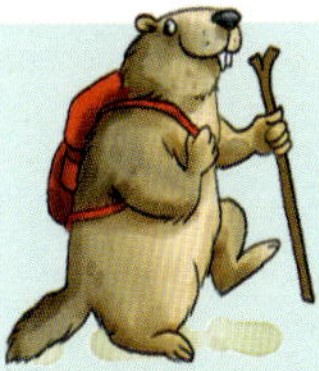

Hallo Kinder,

könnt ihr euch vorstellen, dass es tatsächlich Schulkinder waren, die das Geheimnis des Schatzsteins im Jahr 2014 lösen konnten? Rund 200 Jahre lang haben Glücksritter hier im Wald Löcher gegraben, um den Goldschatz zu finden, den angeblich französische Soldaten Anfang des 18. Jahrhunderts hier vergraben haben, als sie auf der Flucht vor den verfeindeten österreichischen Truppen waren. So stand es schon 1899 im Badischen Sagenbuch geschrieben. Erst eine Schüler-AG aus Schopfheim unter der Leitung eines engagierten Lehrers und Heimatforschers kam im Jahr 2014 auf den richtigen Gedanken, dass die Zeichen auf dem Felsen die Lage der Silberstollen in der Umgebung von Todtnau beschreiben könnten. Vermessungsbeamte, sogenannte Schiner, haben im 16. Jahrhundert durch diese eingemeißelten Zeichen eine sichere Lagebeschreibung geschaffen, die im Krieg nicht verbrannt oder gestohlen werden konnte. Wie wir am Felsen selber sehen können, hat die Zeichnung wirklich Jahrhunderte überdauert.

dass wir noch länger in den Genuss der sprudelnden Gischt kommen. Bald gelangen wir aus dem Wald auf eine Lichtung und wir wandern im Sonnenschein den Hang entlang, immer mit der Beschilderung in Richtung Todtnau.

Am Ende des Pfades treffen wir auf eine geteerte Straße, die Obere Sonnhalde, die uns zurück bis zum **Aussichtspavillon ❸** führt. Ab hier wandern wir auf dem Hinweg zurück hinunter zur **Kirche ❷** und zum **Busbahnhof ❶**.

Auf den Felsen läuft es sich besser bergab als im rutschigen Schnee.

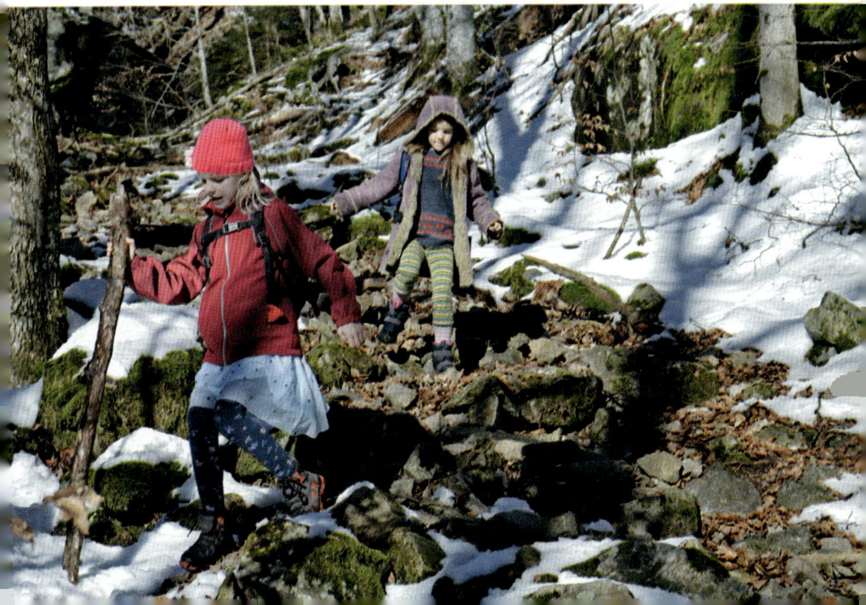

4.00 Std. | 10.5 km | ↗250 m | ↘250 m | ab 6 Jahren

27 Menzenschwander Wasserfälle

Entlang des Geißenpfads ins Krunkelbachtal

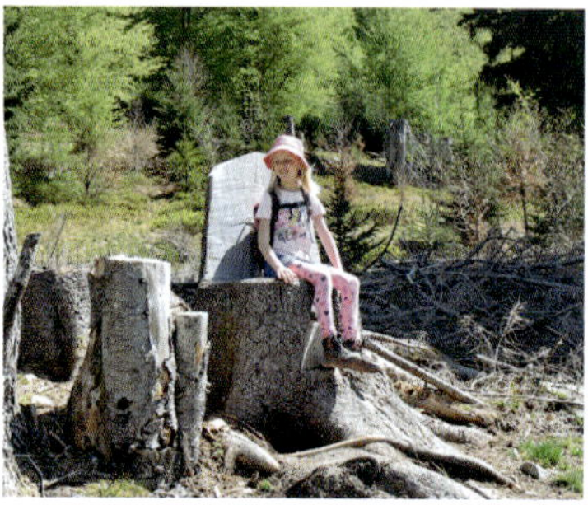

Mit viel Muh und Mäh zur »Schesslong dü Boah«

Fast wie im Hochgebirge fühlen wir uns auf dieser Wanderung rund um das Hochtal von Menzenschwand. Besonders der alpin anmutende Bergpfad hat es uns angetan. Er kreuzt gleich zu Beginn der Tour die steilen Weidenhänge, auf denen im Sommer Ziegen- und Kuhherden grasen, die uns Wanderer fröhlich anmähen und anmuhen. Weite Blicke über das ganz von Bergen umrahmte Tal bieten sich uns an vielen Stellen der 10-Kilometer-Runde, wie man es selten auf Wanderungen im Mittelgebirge findet. So zum Beispiel vom Waldsofa »Schesslong dü Boah« oder vom Jausenplatz »Flößers Rast«, von dem aus man bei gutem Fernblick sogar den Schweizer Titlis entdecken kann. Ein weiteres Highlight sind die Menzenschwander Wasserfälle, die abends beleuchtet werden, aber auch tagsüber sehr romantisch zwischen den senkrecht aufragenden Felsenhängen der Albschlucht hinabrauschen. Das letzte Drittel der Wanderung führt durch das kleine Krunkelbachtal, wo man die Floriansquelle findet, die das Radon-Revitalbad in Menzenschwand mit gelenkheilendem, schwach radioaktivem Badewasser speist. Zurück geht es vorbei an grünen Wiesen, die die kleinen und großen Wanderer zum Barfußlaufen einladen. Diese Tour ist vom Deutschen Wander-Institut als Premiumwanderung ausgezeichnet und darf unserer Meinung nach in keinem Schwarzwald-Wanderbuch fehlen.

Den ganzen Talkessel von Menzenschwand umrunden wir auf unserer Tour.

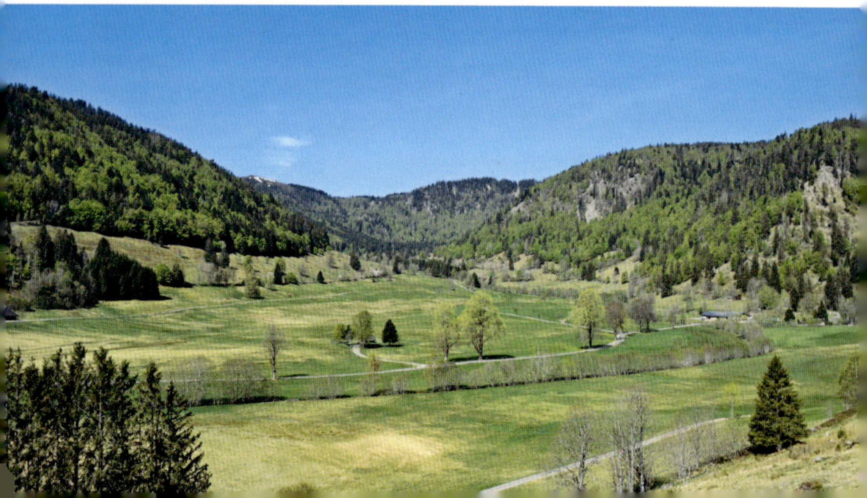

Ausgangspunkt: Bushaltestelle Menzenschwand Hinterdorf, 886 m.
Anfahrt ab Regionalbahnhof Seebrugg mit dem SBG-Bus 7319 bis St. Blasien Busbahnhof, dort Umstieg in den SBG-Bus 7321 Richtung Menzenschwand Hinterdorf.
Mit dem Auto: Kostenfreier Mösleparkplatz in Menzenschwand (Navi: N47.833063, E8.066283). Der Geißenpfad ist ab hier ausgeschildert.
Ausrüstung: Gut profilierte Trekkingsandalen oder Wanderschuhe.
Anforderungen: Etwas längere Wanderung, aber ohne nennenswerte Schwierigkeiten, teils auf schmalen Bergpfaden, teils auf breiteren Forstwegen.
Einkehr: Urige Pausenstation mit rustikalen Leckereien und selbstgebackenem Kuchen im Café & Berg-Beizle »Zum Kuckuck«, geöffnet ab April (bei warmem Wetter auch schon früher im Jahr) Mi–So 12–18 Uhr, Hinterdorfstraße 58, 79837 Menzenschwand, Tel. +49 7675 9297975, www.kuckuck-schwarzwald.de.

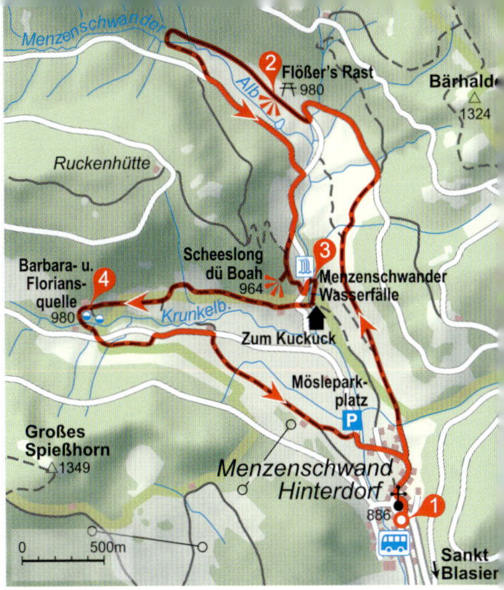

Von der **Bushaltestelle Menzenschwand Hinterdorf** ❶ gehen wir die Hinterdorfer Straße in nördlicher Richtung hinauf, rechts an der Kirche vorbei, und zweigen nach gut 200 m rechts in den Schwarzbergweg ab. Das Wanderschild des Menzenschwander Geißenpfades begleitet uns von nun an. Wir gewinnen schnell an Höhe und treffen auch schon auf die ersten Ziegenherden rechts und links des schmalen Pfades, der immer an den Weidehängen entlang sanft ansteigt. Das ganze Hochtal liegt vor uns und wir können nahezu die gesamte heutige Route überblicken. Am Wegesrand stehen Unmengen von Heidelbeersträuchern. An der nächsten Gabelung verläuft unser Weglein rechts weiter den Berg hinauf, und da es sonst kaum Schatten gibt, rasten wir kurz auf den Felsen unter den beiden riesigen Tannen, die hier am Hang stehen.
Am Waldrand gabelt sich der Weg erneut und wir folgen links weiterhin dem nun breiter werdenden Geißenpfad. So langsam rückt hier auch der Feldberg in unser Blickfeld, sein 45 Meter hoher Aussichtsturm und die Spitze der Feldbergkirche sind auch mit bloßem Auge zu erkennen. Auch an der nächsten Gabelung richten wir uns nach der Geißenpfad-Beschilderung und erreichen

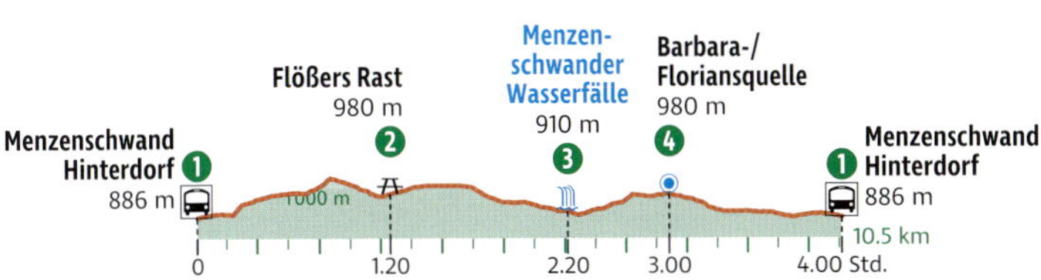

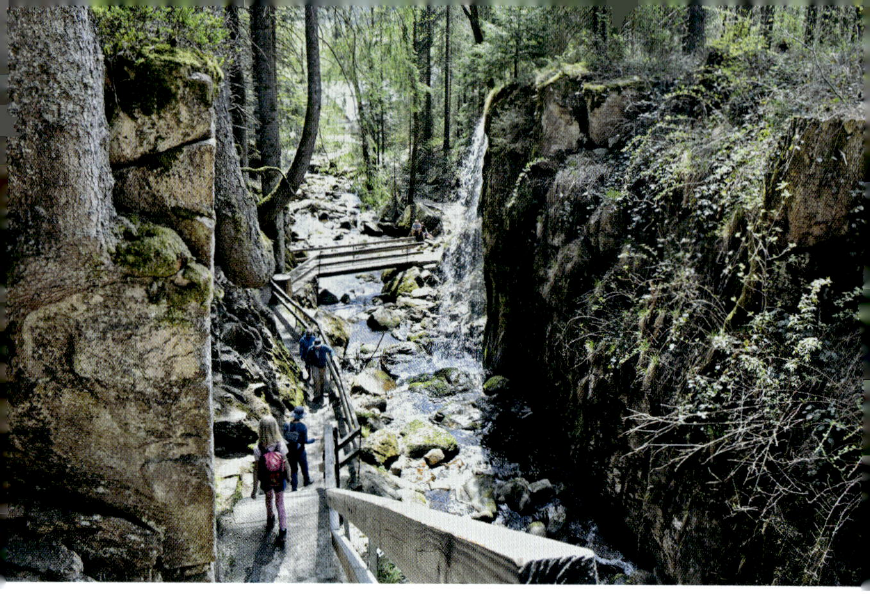

Wunderschön stürzt sich die Alb über einen Granitfelsen in die Klamm.

uns rechts haltend am steinernen **Rastplatz »Flößers Rast« ❷** einen tollen Aussichtspunkt, der uns bei guter Sicht bis zu den hohen Schweizer Bergen Titlis und Sustenhorn blicken lässt. Natürlich fügen wir der imposanten Sammlung an Steinmännchen mindestens ein weiteres hinzu, bevor wir nach einem halben Kilometer ans Ende des Albtals gelangen und vorbei an einer ehemaligen Holzladerampe auf der anderen Seite des Albbachs weitermarschieren. Ein alter Köhlerplatz und ein Wasserspeicher am Wegesrand sind weitere Zeugen des Menzenschwander Holzfällerhandwerks der letzten Jahrhunderte.

Nach einer guten halben Stunde, in der wir uns immer in Richtung der Wegweiser des Geißenpfades halten, können wir einen kleinen Abstecher rechts den Berg hinauf machen, um uns auf der hölzernen »Schesslong dü Boah« vom Ausblick auf das Tal beeindrucken zu lassen.

Zurück auf dem Weg erwartet uns schon mit den **Menzenschwander Wasserfällen ❸** der romantischen kleinen Albschlucht das nächste Highlight der Tour. Gletscher haben hier an einer ungewöhnlichen Stelle eine 20 m hohe Granitstufe geformt,

Highlights

- ★ Im wunderschönen Hochtal können wir bis zu den Schweizer Bergen gucken.
- ★ Der Bergpfad lässt uns glauben, wir wären in den Alpen.
- ★ Wir bestaunen aus nächster Nähe die vielen Ziegen, Kühe und Pferde auf den Bergweiden.
- ★ Außergewöhnliche Holzskulpturen wie das Moränenmonschderle begleiten uns auf der Runde um das Tal.
- ★ Viele tolle Rastmöglichkeiten, die wir ausgiebig nutzen.
- ★ Die prächtigen Menzenschwander Wasserfälle sind sehr eindrucksvoll und werden abends sogar beleuchtet.

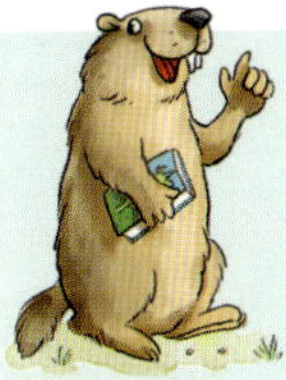

Hallo Kinder,

da kann man schon mal durcheinander kommen: Manchmal ist von Geißen die Rede, dann wieder von Gämsen und Ziegen. Was ist nun richtig? Als Geißen werden die weiblichen Gämsen und Ziegen bezeichnet, die Männchen nennt man Böcke. Gämsen und Ziegen gehören in der Biologie zur Familie der Hornträger. Gämsen leben wild in den Bergen, meist oberhalb von 1500 Metern Höhe. Um das Jahr 1940 herum wurden sie vom Menschen hier am Feldberg angesiedelt. Gämsen haben kurze, gerade Hörner, die nur an der Spitze etwas gebogen sind und bei Männchen und Weibchen gleich aussehen. Das Fell der Gämsen hat eine rot- bis schwarzbraune Färbung mit einem schwarzen Strich direkt auf dem Rücken, wie ihn auch manche Ziegen haben. Im Gegensatz zu den meisten Ziegen sind sie bartlos. Ziegen sind mit den Gämsen eng verwandt, doch sie leben mittlerweile meist als Haustier mit uns Menschen, geben uns Milch und halten unsere Wiesen kurz, sodass wir keinen Rasenmäher brauchen.

von der sich der Albbach hinunterstürzt. Wer möchte, kehrt ins Berg-Beizle »Zum Kuckuck« ein und gönnt sich eine Brotzeit, um danach frisch gestärkt das Krunkelbachtal zu erforschen. Eine knappe halbe Stunde ist es dann noch bis zu den **Barbara- und Floriansquellen 4**, die das Menzenschwander Radonbad mit heilendem Wasser versorgen. Von nun an geht es ausschließlich bergab, vorbei am Skihang »Mösle« und an ausgedehnten Wiesen, die wir bis fast hinunter ins Dorf zum Barfußlaufen nutzen können. Die gelbe Raute geleitet uns über den Wanderparkplatz Im Mösle bis zu unserem Startpunkt an der **Bushaltestelle Hinterdorf 1**.

Vom Frühjahr bis in den tiefen Herbst kann man die Ziegenherden beim Grasen beobachten.

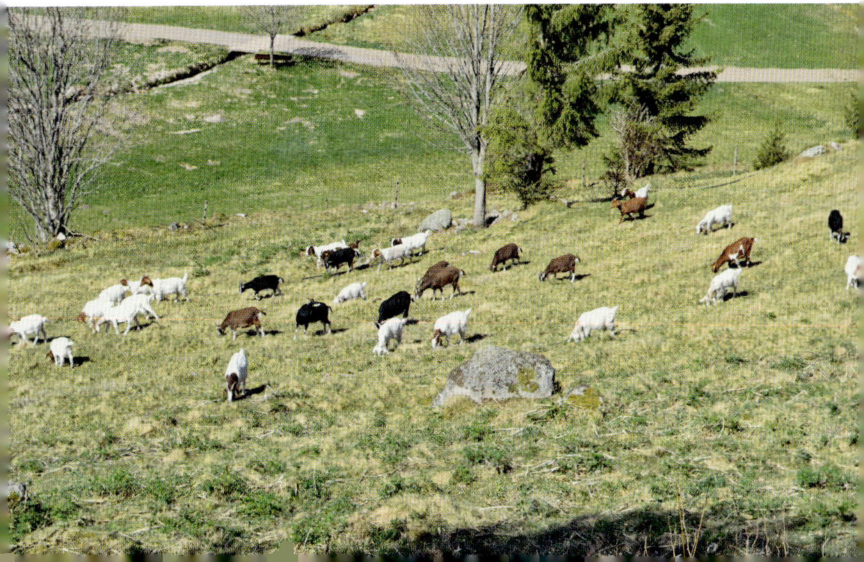

1.30 Std. | 3.3 km | ↗ 30 m | ↘ 30 m | ab 3 Jahren

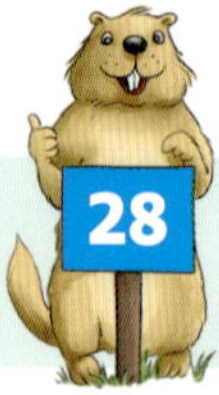

28 Zauberwald-Pfad Bernau

Auf Holzbohlenwegen entlang des Rönischbächles

Zum Zauberer Merlin und dem sagenhaften Schweinewiibli

Die zauberhaft anmutenden Tannen- und Fichtenwälder des Naturschutzgebietes Taubenmoos liegen mitten in der geheimnisvollen Hochmoorlandschaft des Bernauer Hochtals und haben so fantasievolle Bezeichnungen wie Hexenbühl oder Geisterbrunnen. Entlang des Rönischbächles führt der Zauberwald-Pfad die kleinen Entdecker vorbei an bizarren Kraxelbäumen und üppigen Heidelbeersträuchern über lange Holzbohlenwege und kleine Brücken. Der drei Meter große Zauberer Merlin wacht hier über die Wesen der Wälder, und wer das Glück hat, den Pfad an einem nebligen Tag zu gehen, wird verstehen können, warum unsere Vorfahren an Sagengestalten wie das Schweinewiibli und an Kobolde geglaubt haben. Immer wieder tauchen Erlebnisstationen wie das Wasserrad oder der Pirschpfad aus dem Wald auf und begeistern die Kinder. Wie nebenbei kommt man noch an Baden-Württembergs kältestem Ort, am Alten Moor, vorbei, wo es schon mal 30 Grad Temperaturunterschied zwischen Tag und Nacht geben kann. Das Hexenhüttle schließlich eignet sich hervorragend zum Pausemachen, bevor es auf dem letzten Teil der Tour wieder über einen langen Holzsteg durchs Moor geht.

Ausgangspunkt: Bushaltestelle Bernau Loipenzentrum, 968 m.

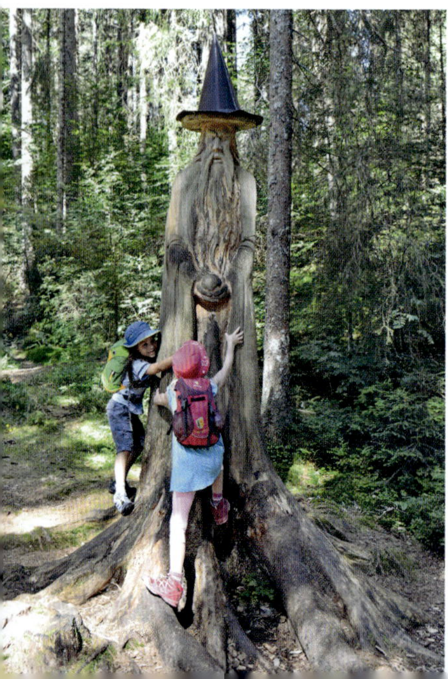

Gutmütig lässt sich der Zauberer Merlin von den Kindern beklettern.

Anfahrt ab Seebrugg Bahnhof mit dem SBG-Bus 7319 bis St. Blasien Busbahnhof, dort Umsteigen in den SBG-Bus 7321 Richtung Todtmoos bis Bernau Loipenzentrum.

Mit dem Auto: Wanderparkplatz des Loipenzentrums im Bernauer Ortsteil Oberlehen (Oberlehen 2, 79872 Bernau im Schwarzwald).

Ausrüstung: Wanderschuhe oder Trekkingsandalen.

Anforderungen: Leichte und flache Wanderung auf Waldwegen und Holzplanken. Der Pfad ist für Kinderwagen mit Luftreifen geeignet.

Einkehr: Typische Wandererkost gibt es im Loipenhaus »die Hütte« direkt am Beginn des Zauberwald-Pfades, geöffnet am Wochenende 11–18 Uhr, Tel. +49 172 7639433, www.die-huette-bernau.de.

Hinweis: In den Wintermonaten ist der Zauberwald bei Loipenbetrieb geschlossen.

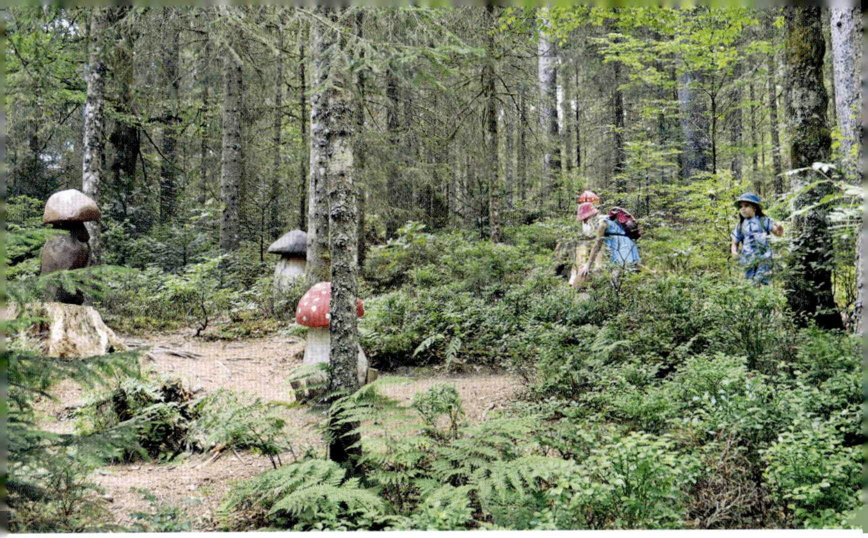

Wenn das echte Pilze wären, würde uns ein Einziger fürs Abendessen genügen.

Sobald man dem Bus an der Haltestelle **Loipenzentrum** ❶ entsteigt, kann man schon das Starthäuschen des Zauberwald-Pfades am Ende des Parkplatzes sehen. Natürlich wird die Hütte sofort von den Kindern gestürmt, denn man kann dort prima unters Dach zum Ausguck hochklettern oder verschiedene Baumarten kennenlernen, bevor man sich auf den Weg macht. An der ersten Weggabelung gehen wir nach rechts, der markanten Beschilderung auf einem großen knorrigen Baum mit buntbemalten Holzbuchstaben folgend. Und schon 50 m weiter stehen wir direkt im Wald an einem lauschigen Plätzchen, mit Tisch und Bänken bestückt, wo man am plätschernden Rönischbächle eine Brotzeit machen kann. Für uns jedoch geht es erstmal über die kleinen Brücken am Bach entlang. Wer traut sich, auf einem liegenden Baumstamm über den Bach zu balancieren? Hier begegnet uns dann auch die große, direkt aus einem stehenden Baumstamm herausgeschnitzte Skulptur des Zauberers Merlin, den die meisten Kinder aus Erzählungen oder Filmen kennen. Wir spazieren einige Zeit den Weg entlang, bis wir voller Vorfreude dem Schild zum **Wasserrad** ❷ nach rechts folgen. Das über einen Me-

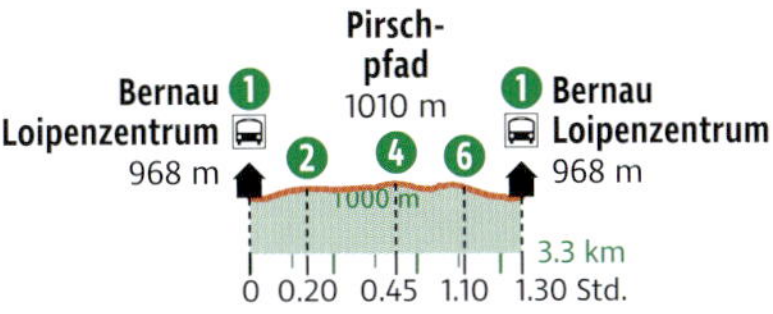

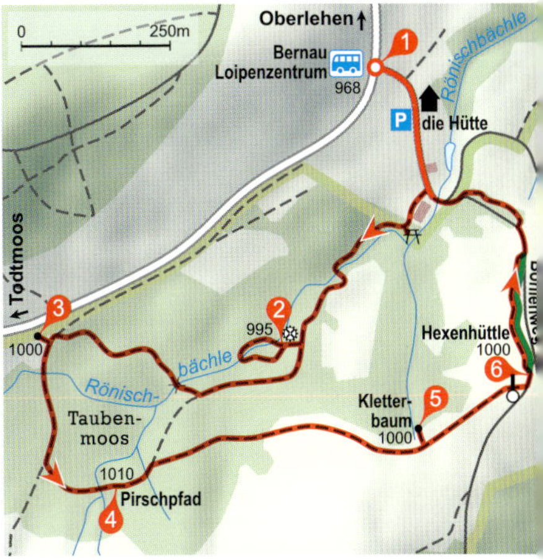

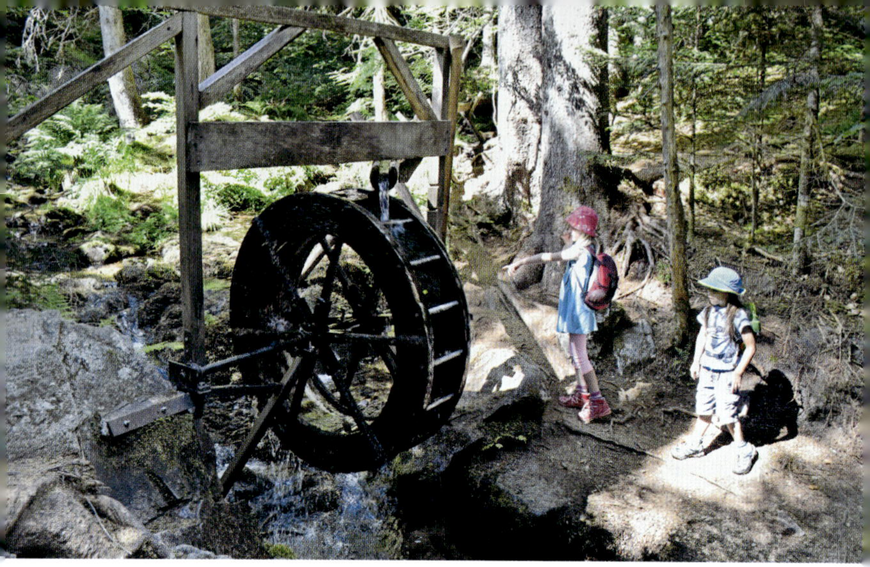

Mit diesem Wasserrad können die Kinder wunderbar planschen und spielen.

ter große Wasserrad wird über eine hölzerne Wasserleitung vom Bach gespeist und ist ein tolles Spiel- und Experimentiergerät.

Wieder zurück auf dem offiziellen Pfad setzen wir die Tour weiter fort und kommen an verschiedenen geschnitzten Holzskulpturen vorbei. Eine davon stellt zechende Mönche dar, deren Kloster hier im Taubenmoos der Sage nach während eines besonders ausschweifenden Gelages mit Blitz und Donner im Moor versunken sein soll.

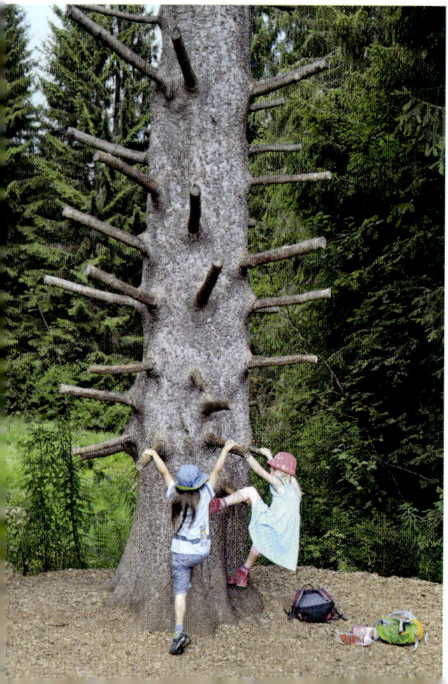

Highlights

- ★ Das Rönischbächle mit seinen vielen Brücken.
- ★ So ein großes Wasserrad zum Spielen und Experimentieren haben wir noch nie gesehen.
- ★ Unsere Kinder fühlen sich auf den langen Holzbohlenwegen, als ob sie über dem Boden schweben.
- ★ Auf dem Pirschpfad finden die Kinder 20 verschiedene Tierarten des Waldes.
- ★ Toller Kletterbaum zum Kraxeln.
- ★ Müssen wir vor Kälte an Baden-Württembergs Kältepol zittern?

Besser könnte ein Kletterbaum nicht sein.

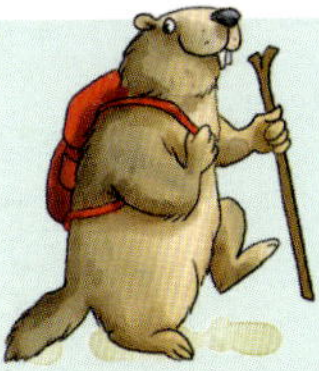

Hallo Kinder,

sind die Vogelbeeren, die an den Ebereschen hier am Weg wachsen, giftig oder nicht? Wenn ihr ein oder zwei Beeren probieren möchtet, ist das kein Problem, allerdings sind sie so bitter, dass ihr sie sicher ausspucken werdet. Sollten größere Mengen, wie eine ganze Hand voll Beeren, in euren Magen gelangen, bekommt ihr wahrscheinlich Durchfall und Erbrechen, denn die Parasorbinsäure in den Beeren reizt die Magenschleimhaut. Richtig gefährlich wäre es erst, wenn man einige Kilogramm von den frischen Beeren essen würde. Und warum gibt es dann Konfitüre, Säfte und Gelees aus Vogelbeeren? Das liegt an der Herstellung dieser Produkte, denn die Hitze beim Kochvorgang wandelt die Parasorbinsäure zu Sorbinsäure um. Dadurch sind die Vogelbeeren nicht mehr giftig und auch nicht mehr bitter. Die Produkte schmecken sogar richtig lecker und sind gesund, denn Vogelbeeren enthalten doppelt so viel Vitamin C wie Zitronen.

Einen halben Kilometer nach dem Wasserrad erreichen wir ein Stück außerhalb des Waldes den **Kältepol ❸** des Landes Baden-Württemberg, denn Torfmoore sind schlechte Wärmespeicher. Nachts kühlen sie schnell aus und in der Talmulde des Taubenmooses sammelt sich die kalte Luft, sodass es sogar im Hochsommer zu Nachtfrost kommen kann.

Etwas weiter geht es für uns über eine Brücke, und wir finden hier am Bach eine gute Möglichkeit, eine Pause im Schatten einzulegen. Nach dem Vespern können die Kinder sich hier eingehend dem Staudammbau widmen.

Kurz darauf biegen wir am Wegweiser des Zauberwald-Pfades links ein und treffen gleich danach auf den **Pirschpfad ❹**, der einige Tiere zum Suchen für uns versteckt hält. Sehr eindrücklich ist auch der Pilzgarten mit seinen riesigen Holzpilzen, die von Weitem wie echt erscheinen. Kurz darauf lassen wir den Wald hinter uns und wandern nun an hügeligen Weiden vorbei, um bald darauf vor dem perfekten **Kletterbaum ❺** zu stehen, den nicht nur Kinder gerne erklimmen. Etwas weiter bietet sich uns von einer Aussichtsstation ein wunderbarer Blick auf das Herzogenhorn, den zweithöchsten Berg des Schwarzwalds, und gleich neben der Station haben die Kinder nochmals Gelegenheit, sich im urigen **Hexenhüttle ❻** auszutoben. Die letzten Meter bis zum Ende des Zauberwald-Pfades verlaufen anfangs auf einem der Holzbohlenwege an einer Allee von Ebereschen entlang, um dann in einem lichten Wäldchen zum **Loipenzentrum ❶** zurückzuführen.

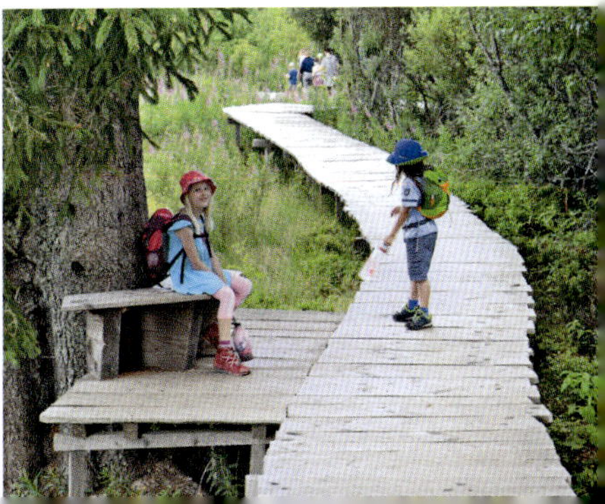

Auf dem langen Holzbohlenweg legen wir eine kurze Verschnaufpause ein.

2.00 Std. | 4.7 km | ↗100 m | ↘100 m | ab 4 Jahren

29 St. Blasien

Vom Kurpark zum Wildgehege und zurück

Runde um den Schwarzwälder Dom

Nördlich der Alpen findet man keine größere Kuppelkirche als den sogenannten Schwarzwälder Dom von St. Blasien. Das imposante Bauwerk würde man eher in Italien vermuten als im beschaulichen Hochschwarzwald. Nach einem spannenden Spaziergang im Klostergarten mit seiner Sonnenuhr, die sogar den Monat anzeigen kann, seinem Springbrunnen, einer Wassertretstelle und einem kleinen Spielplatz besichtigen wir die berühmte Kirche auch von innen ausgiebig. Anschließend schlendern wir die Hauptstraße am Albbach entlang, kommen am historischen Modehaus im feinen Schweizerstil vorbei und drehen die Zeit zurück im denkmalgeschützten Sanagarten, einem 100 Jahre alten, vom Verfall bedrohten Wandelgarten des einstmals berühmten Lungensanatoriums von St. Blasien. Weiter bergauf schließlich erreichen wir das Wildgehege, und die Kinder können sich auf dem Abenteuerspielplatz richtig austoben, Rehe füttern, Wildschweine angrunzen und Hirsche im Wald beobachten. Und auf dem Rückweg gönnen wir uns ein italienisches Eis mit Blick auf den Schwarzwälder Dom.

Ausgangspunkt: Bushaltestelle St. Blasien Rathaus, 767 m. Anfahrt vom Freiburger Hauptbahnhof mit der S-Bahn S1 nach Seebrugg, dort umsteigen in den SBG-Bus 7319 nach St. Blasien bis Haltestelle Rathaus St. Blasien.
Mit dem Auto: Kostenfreie Parkplätze an der Todtmooserstraße 7, 79837 St. Blasien.

Wie gestandene Kurgäste treten die Kinder durch das kalte Wasser.

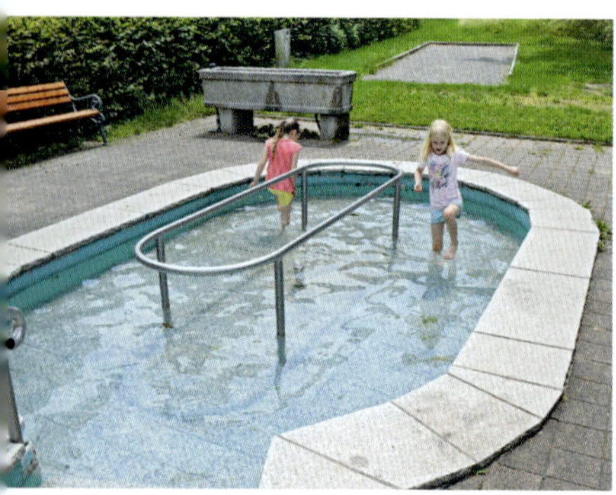

Ausrüstung: Trekkingsandalen oder Wanderschuhe. Evtl. ist ein Handtuch für das Wassertretbecken sinnvoll.
Anforderungen: Leichte Wanderung auf Teerstraßen und Waldwegen mit einer langen, flacheren Steigung zum Wildgehege und einem kurzen, steileren Anstieg um das Wildgehege herum. Der Weg dorthin ist mit Kinderwagen gut zu befahren, für die Umrundung des Geheges kann man den Wagen dann einfach stehen lassen.
Einkehr: Gutes Eis gibt es im Eiscafé Venezia, Hauptstraße 11, 79837 St. Blasien. Ausblick auf den Albbach und den Dom hat man vom Restaurant Café Dom-Hotel, Hauptstraße 4, 79837 St. Blasien, Tel. +49 7672 924690, www.dom-hotel-st-blasien.de.

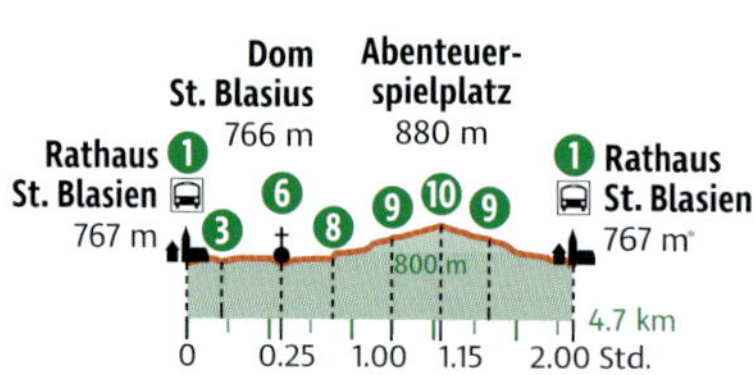

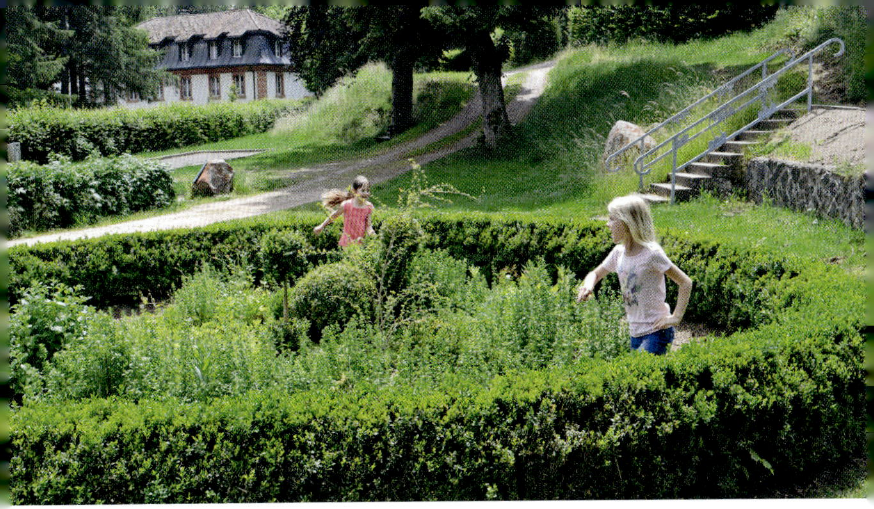

Kinder brauchen nicht immer einen Spielplatz, um Spaß zu haben.

Am **Rathaus ❶** im Herzen von St. Blasien wenden wir uns nach Westen und biegen Richtung Parkplatzgelände links in die Fürstabt-Gerber-Straße ein. Dann gehen wir durch ein kleines Tor hindurch und befinden uns schon im Kurgarten mit seinem Museum und dem Haus des Gastes. Am **Pavillon ❷** links vorbei umrunden wir den Kurpark, um die friedliche Stille aufzunehmen, und betrachten ausgiebig den riesigen Granitkopf des Schutzpatrons der Stadt, des heiligen Bischofs Blasius. Gleich gegenüber davon steht das Amtsgericht, an dessen Frontseite eine **Sonnenuhr ❸** aus dem Jahr 1780 zu entdecken ist, an der man die Uhrzeit und den aktuellen Monat ablesen kann. Bevor wir den Dom besichtigen, kehren wir nochmal zum Pavillon zurück und steigen am Wanderschild die kleine Anhöhe für knapp 100 m hinauf, Richtung Kalvarienberg. Hier haben die Kinder ihren Spaß mit dem Springbrunnen und der **Wassertretstelle ❹**, die unter

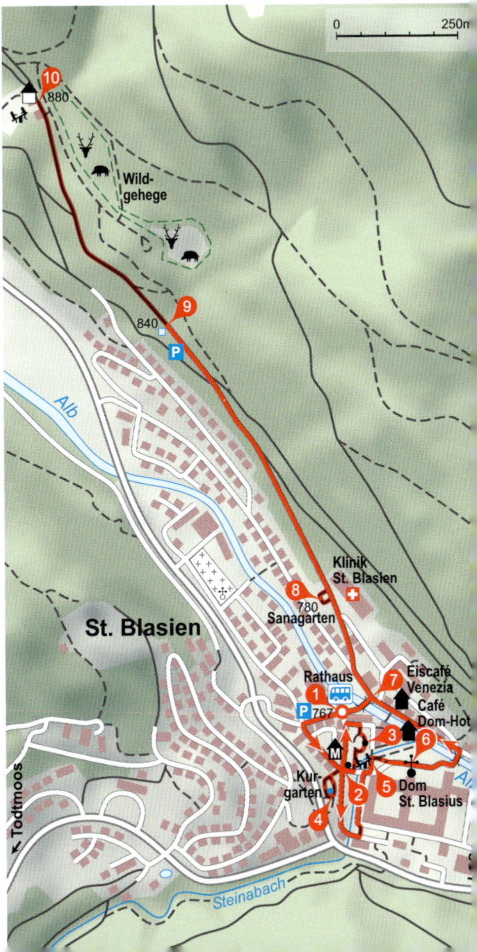

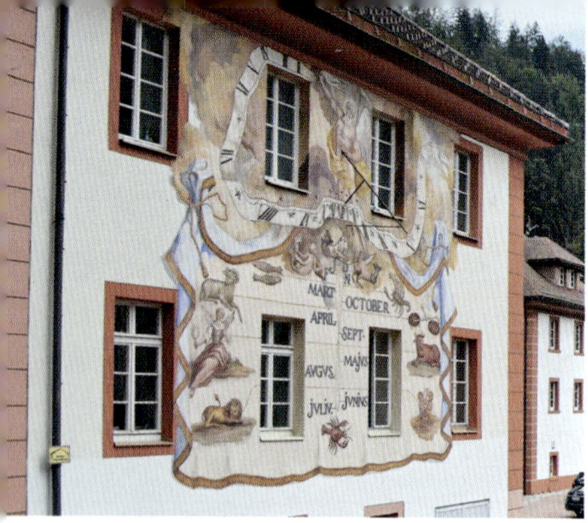

Die über 200 Jahre alte Sonnenuhr zeigt sogar die Monate an.

Highlights

- ★ Schöner Kurpark mit sehenswerter Sonnenuhr.
- ★ Springbrunnen und Kneippbecken zur Erfrischung.
- ★ Größte Kuppelkirche nördlich der Alpen.
- ★ Sanagarten: historischer Klinikpark mit morbidem Charme.
- ★ Großes Wildgehege mit Abenteuerspielplatz, kostenlos und immer zugänglich.

Rücksichtnahme auf die Kurgäste sofort geentert wird. Hinter den wunderschönen riesigen Bäumen der Parkanlage lugt die goldene Kugel des Doms hervor und bietet uns eine imposante Kulisse.

Wir spazieren anschließend zurück zum Wanderschild und folgen für gut 150 m der Albseerunde, bis wir an der Klostertreppe hinabsteigen können und zwischen Patresgarten und dem mächtigen Klostergebäude zum **Spielplatz 5** und zur Vorderseite des **Doms 6** gelangen. Das Innere der Kirche ist aus prachtvollem weißem Carrara-Marmor, und die Kuppel mit 36 m Durchmesser lässt uns staunen. Nach der Besichtigung verlassen wir den Dom nach rechts, überqueren den Albbach auf der Grünen Brücke und schlendern dann links die Hauptstraße hinunter, wo wir die Kulisse des Doms und seines großen Vorplatzes noch mal auf uns wirken lassen können. Auf Höhe der nächsten Brücke passieren wir das 100 Jahre alte **Modehaus 7** im Schweizerstil, und an der nächs-

Auf dem Abenteuerspielplatz am Wildgehege kann man es so richtig krachen lassen.

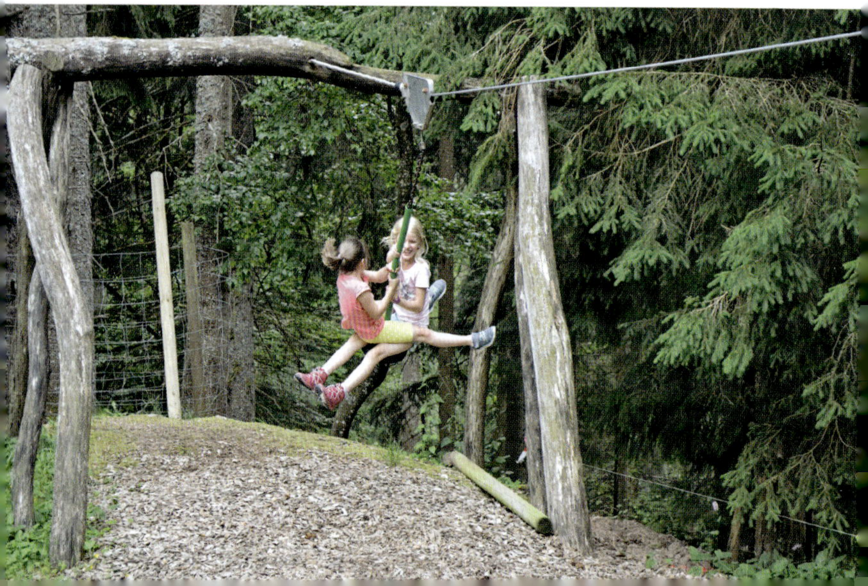

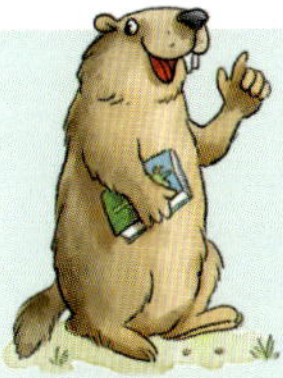

Hallo Kinder,

seit rund 5000 Jahren messen die Menschen schon die Uhrzeit mithilfe des Sonnenstandes. Im 12. Jahrhundert waren es die mathematisch sehr gebildeten Araber, die die Sonnenuhr so verbessern konnten, dass man auch den jeweiligen Monat ablesen konnte, so wie es hier in St. Blasien an der barocken Sonnenuhr am Kurgarten möglich ist. Erst Ende des 19. Jahrhunderts wurden mechanische Uhren mit Rädern, Pendeln und Federn erfunden, die die Zeit genauer anzeigen konnten als Sonnenuhren. Sie waren allerdings sehr teuer und deshalb selten. Bis zum Beginn des 20. Jahrhunderts wurden aus diesem Grund auch hier bei uns in Europa viele öffentliche Uhren an Kirchen und anderen Gebäuden noch mit speziellen Sonnenuhren, den sogenannten Mittagsweisern, eingestellt. Diese Mittagsweiser zeigten genau an, wann die Sonne ihren höchsten Punkt erreicht hatte und es 12 Uhr mittags war, und so konnten die weniger präzisen mechanischen Räderuhren jeden Tag neu auf genau 12 Uhr eingestellt werden. Später wurden dann verschiedene Typen von Sonnenuhren erfunden, die die Uhrzeit über den ganzen Tag hinweg sogar auf die Minute genau anzeigen konnten. Natürlich immer vorausgesetzt, dass die Sonne auch scheint.

ten Abzweigung steigen wir die Muchenländer Straße rechts hinauf. Gleich darauf kommen wir zur Klinik St. Blasien und finden auf der linken Straßenseite den Eingang zum dazugehörigen **Sanagarten 8**, dem Wandelgarten des früheren Lungensanatoriums aus dem Jahr 1925. Trotz des morbiden Charmes der alten Anlage lässt sich erahnen, wie es hier wohl einstmals ausgesehen haben mag, als der Park noch benutzt und gut gepflegt war. Mittlerweile kümmert sich ein Förderverein um die Renovierung.

Eine gute Viertelstunde weiter kommen wir zum nächsten **Kneippbecken 9**, in dem wir uns die warm gelaufenen Füße kühlen, und nach einem weiteren halben Kilometer strahlen die Kinder beim Anblick des **Abenteuerspielplatzes 10** um die Wette. Wildschweine und Rehe werden hier erst einmal zur Nebensache. Nach der Spielpause lassen sich die Tiere nur zu gerne von uns mit dem speziellen Wildfutter füttern, bevor wir wieder den Rückweg über die Muchenländer Straße antreten, bis hinunter zur Hauptstraße von St. Blasien. Hier genießen wir noch ein leckeres italienisches Eis und gehen ein weiteres Mal über die Alb hinüber zum Ausgangspunkt am **Rathaus 1**.

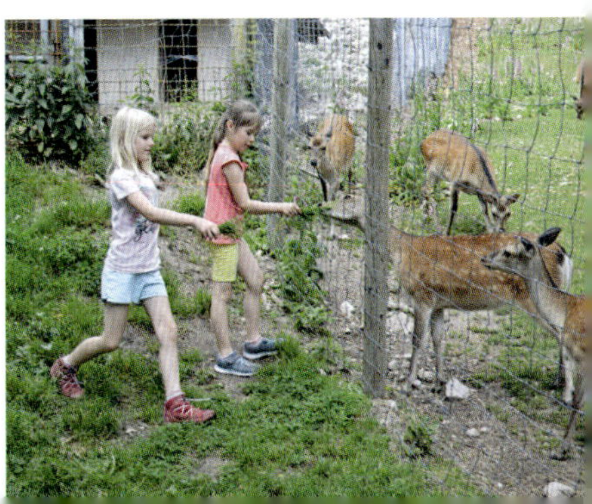

Die Rehe lassen sich aber lieber ohne Hektik in Stille füttern.

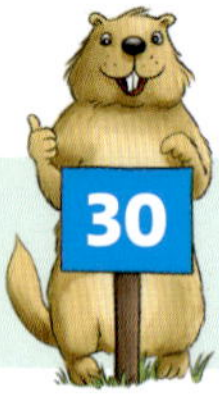

2.00 Std. | 4.5 km | ↗ 80 m | ↘ 80 m | ab 4 Jahren

Wolfspfad Höchenschwand

Kleiner Rundweg mit acht Wolfsstationen

Mit Lupus durch die Wälder

Der Schwarzwald ist sogenanntes Wolfserwartungsland und da ist es sicher eine gute Idee, mithilfe eines Wolfspfades das Leben und Wesen der Wölfe zu beschreiben. Auf vier Kilometern mit acht Stationen wird den großen und kleinen Wanderern auf dem Höchenschwander Wolfspfad alles Wissenswerte über die Wölfe auf spielerische Art und Weise nähergebracht. Es gibt einfallsreiche Geschicklichkeitsspiele und an der großen Wolfshütte eine tolle Grillstelle, einen Brunnen, wunderbare Sitzgelegenheiten und ein Buch mit Wolfsmärchen. Nach dieser Tour fühlen wir uns gut mit Wissen über Wölfe ausgerüstet und sind gespannt, wann sich das erste Wolfsrudel im Schwarzwald dauerhaft niederlassen wird.

Ausgangspunkt: Wanderparkplatz Dumrig, 825 m. Mit Bahn/Bus nicht direkt erreichbar. Ab Bahnhof Waldshut-Tiengen mit dem Bus 7322 Richtung St. Blasien bis Höchenschwand Rathaus. Ab dort nimmt man für 4,5 km das Taxi zum Wanderparkplatz Dumrig (City Taxi, Tel. +49 7672 922005, Kosten ca. 12 €). Zu Schulzeiten in Baden-Württemberg kann man auch mit dem Bus 7322 von Höchenschwand Richtung Unterweschnegg bis Strittberg fahren und von dort 1,5 km zu Fuß zum Wanderparkplatz Dumrig wandern.

Mit dem Auto: Wanderparkplatz Dumrig bei 79682 Strittberg (Navi: N47.711155, E8.202302). Von der Kreuzung an der Bushaltestelle in der Ortsmitte fährt man 1,5 km Richtung Süden auf geteerter Straße bis zum ausgeschilderten Wanderparkplatz.

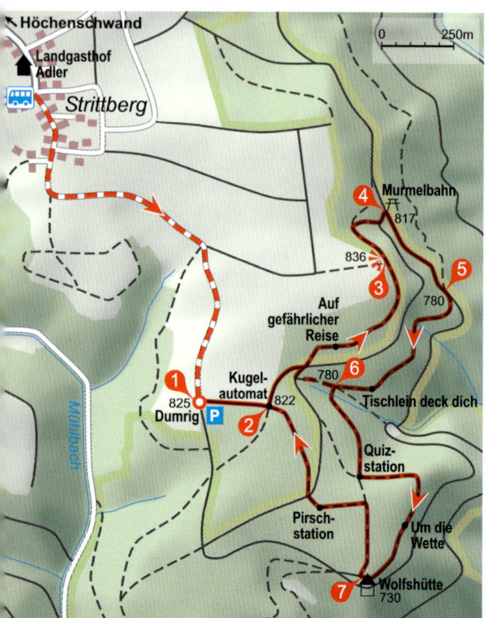

Ausrüstung: Trekkingsandalen oder feste Freizeitschuhe. Auf einen Kinderwagen sollte man besser verzichten und stattdessen eine Rückentrage benutzen.

Anforderungen: Die Wanderung hat wenig Steigungen, jedoch ein paar abschüssige Bereiche an schmalen Wegstellen, hier besonders auf die kleineren Kinder achten.

Einkehr: Unterwegs keine. Landgasthof Adler mit badischer Kost und Wildgerichten, geöffnet Mi–So 10–15 Uhr und 17–21 Uhr, Strittberg 30, 79862 Strittberg, Tel. +49 7755 396, www.adler-strittberg.de.

Tipp: Der Wolfspfad verfügt ungefähr auf der Hälfte der Strecke über eine Abkürzung, damit auch die Allerjüngsten nicht überfordert werden.

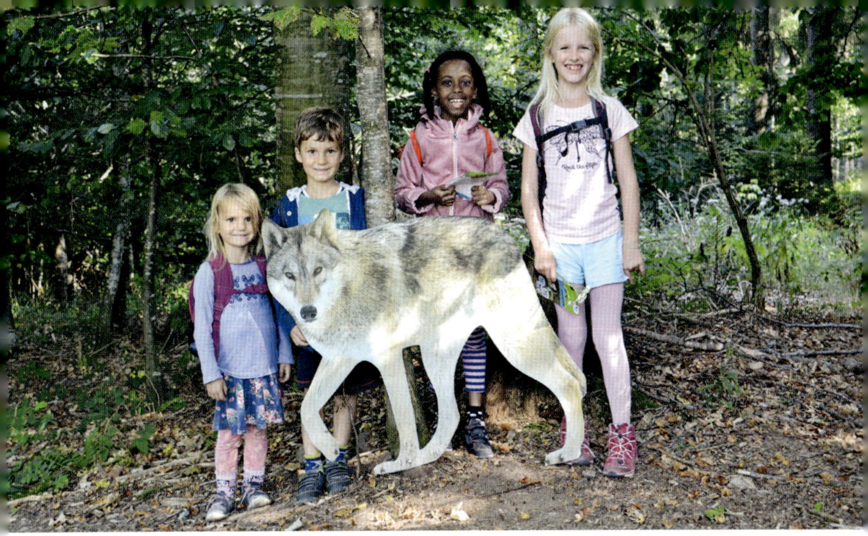

Diesen Wolf können die Kinder gefahrlos streicheln.

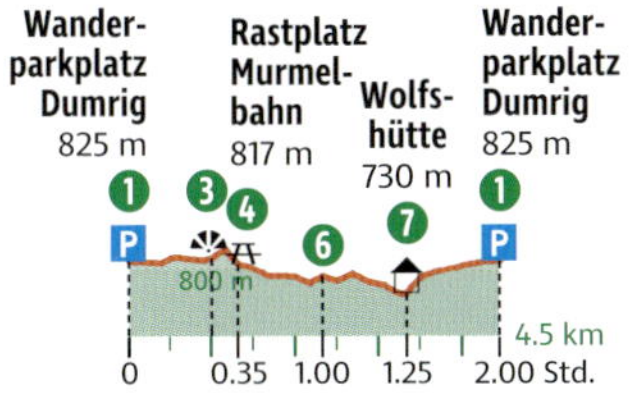

Am **Wanderparkplatz Dumrig** ❶ erkennen wir schon in rund 200 m Entfernung den Startpunkt des offiziellen Wolfspfades. Hier bekommen wir am **Kugelautomaten** ❷ für 50 Cent eine Holzkugel, die wir später an verschiedenen Stationen noch brauchen werden. Wir laufen den Pfad links herum und müssen uns nur an den weißen Wolfspfad-Schildern mit dem blauen »W« orientieren, um sicher und ohne Umwege zum Ausgangspunkt zurückzufinden.

Wenige Minuten nach dem Kugelautomaten zweigt unser Pfad links vom Forstweg ab und wird bald darauf zu einem schmalen Wiesenweg, der in Landkarten nicht verzeichnet ist. Die erste Station erreichen wir dann wenig später, ein interessant gestaltetes Geschicklichkeitsspiel, für das wir gleich die Holzmurmeln benötigen. Etwa einen halben Kilometer weiter kommen wir zur nächsten Pfadstation und einem **Aussichtspunkt** ❸, von dem aus wir das Tal und das

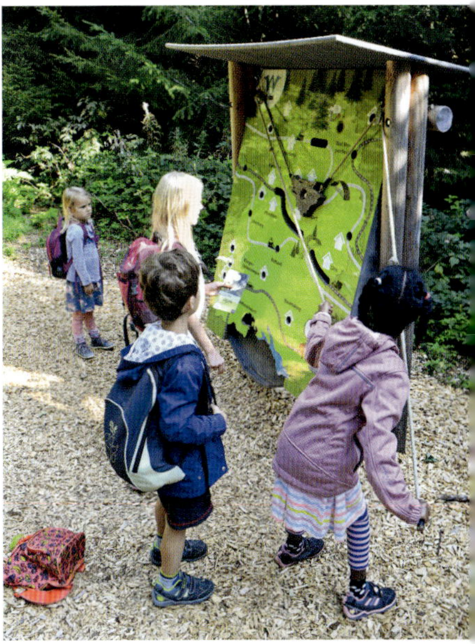

Die Kinder zeigen dem Wolf den richtigen Weg in sein neues Revier.

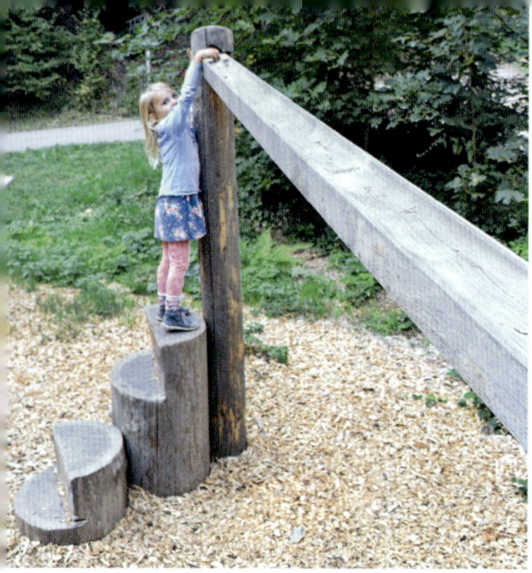

Von der Riesenmurmelbahn kann man sich nicht so schnell trennen.

Highlights

- ★ Spannender Wanderpfad, auf dem wir versteckte Wölfe suchen können.
- ★ Viele Informationen über das Leben der Wölfe bringen uns diese faszinierende Tierart näher.
- ★ Abenteuerliche Spielmöglichkeiten wie Seilklettern oder Anschleichen findet man so nicht überall.
- ★ Toller Aussichtspunkt mit Blick über das Tal. Hier hört man unser Wolfsgeheul sicher meilenweit.
- ★ Sehr schön angelegte Hütte mit Grillplatz und Brunnen, die sich prima für eine Rast anbietet.

Dörfchen Segalen wunderbar überblicken. Die Kinder stimmen passend zum Thema ein schauriges Wolfsgeheul an und lassen es über das ganze Tal tönen.
Gleich darauf schickt uns das Wolfspfad-Schild rechts hinunter zu einem größeren **Rastplatz** ❹ mit einer riesigen Murmelbahn und mit Kletterseilen, mit denen unsere Kinder sofort den Hang hinaufkraxeln.
Nach der Spielpause weist uns die Beschilderung den Weg rechts hinunter auf den breiten Forstweg, den Hornweg. Hier befinden wir uns im Bannwald und sollten möglichst die Wege nicht verlassen und keine Pflanzen oder Beeren abpflücken, denn der Wald soll sich ungestört und frei entwickeln können. Vom **Wanderschild »Hornweg«** ❺ verläuft der Weg nun auf einem schmalen Pfad bergauf und bergab in Richtung der Dumrighütte, die gleichzeitig auch als Wolfshütte dient. Auf dem Weg dorthin passieren wir drei weitere Wolfsstationen, von denen besonders die Stationen mit den hölzernen Murmeln die Kinder begeistern.

Wer das Seil berührt, löst das Glöckchen aus und muss leider ausscheiden.

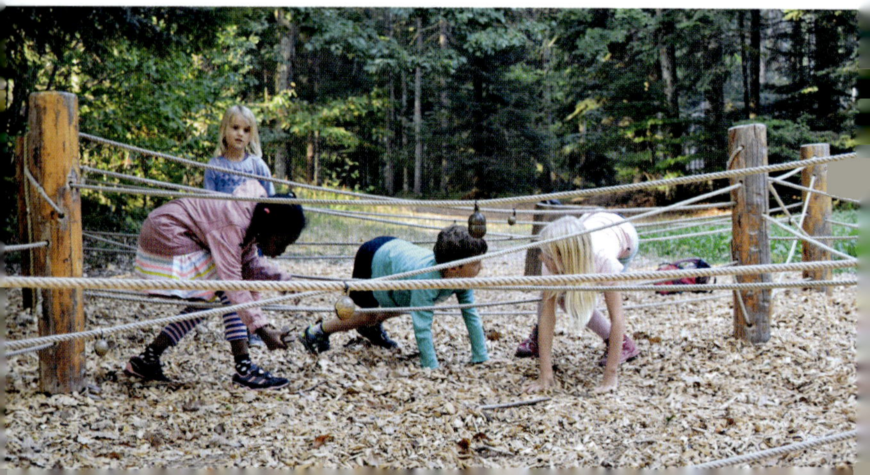

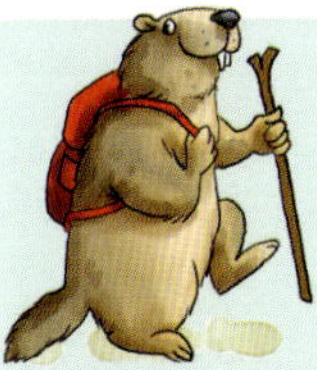

Hallo Kinder,

wenn die im 19. Jahrhundert im Schwarzwald ausgerotteten Wölfe nun vielleicht wieder bei uns heimisch werden, hat das nicht nur gute Seiten. Es ist positiv, wenn die Artenvielfalt wieder größer wird. Aber natürlich müssen die Wölfe auch etwas fressen, und so wird es für die Bauern der Region wichtig sein, ihre Nutztiere wie Ziegen, Schafe und Hühner vor Angriffen von Wölfen zu schützen. Dazu gibt es einige Möglichkeiten wie zum Beispiel höhere Zäune, die man zusätzlich unter Strom setzen kann, oder der Einsatz von Hunden, die die Herden bewachen. Meist kann man Wölfe aber schon durch Lärmen oder Händeklatschen verjagen. Und vielleicht nehmen die Wölfe ja den Jägern etwas Arbeit ab und helfen ihnen, indem sie kranke oder altersschwache Wildtiere jagen, das Gleichgewicht im Wald aufrechtzuerhalten.

Etwa 10 Min. nach der Abzweigung am Wanderschild finden wir die Tischlein-deck-dich-Station, hinter der rechter Hand nach rund 100 m eine **Abkürzung** ❻ erscheint, falls man nur den halben Rundweg absolvieren möchte. Von dort wären es nurmehr 400 m zurück zum Kugelautomaten. Wir gehen jedoch die ganze Runde und haben beim Ratespiel der nächsten Station wieder unseren Spaß mit den Holzmurmeln, wie auch an der darauffolgenden Station mit der Geschwindigkeitsmessung, wo die Kinder sich richtig ins Zeug legen und am Messgerät ihr Tempo mit dem verschiedener Tiere vergleichen. Wir halten uns weiterhin an die vorgegebene Wegweisung und treffen bald auf die **Wolfshütte** ❼, die sehr gut gepflegt ist, sogar Toiletten bereithält und viele Informationen über die Wölfe bietet. Besonders anschaulich ist die Trittsiegelstation, mit der die Kinder die Spuren verschiedener tierischer Waldbewohner in den Sand drücken können.

Ganz nah an der Hütte sehen wir rechts bergauf die Station mit den Märchengeschichten und folgen diesem Weg bis zur letzten Station, dem Pirschgelände. Hier zeigen die Kinder ihre Anschleichkünste und freuen sich diebisch, wenn die Glöckchen nicht klingeln und sie sich auf die Beute stürzen können. Die ganz Mutigen steigen noch auf den großen Jägerstand hinauf, bevor wir zusammen dem Wegweiser nachpirschen und vorbei an mehreren mannshohen Ameisenhügeln zum **Wanderparkplatz** ❶ zurückkommen.

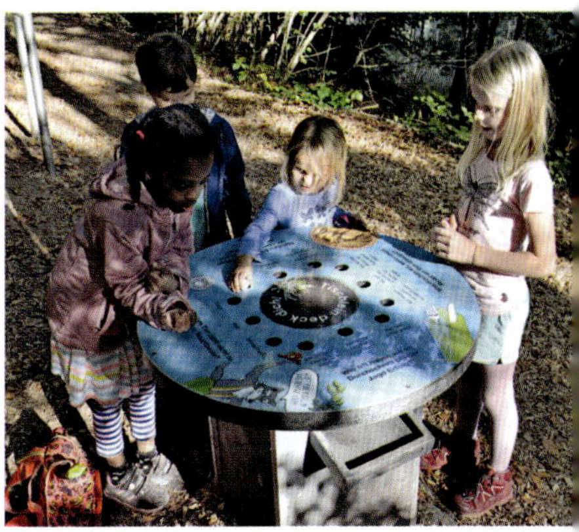

Der Rätseltisch zeigt uns anschaulich, was Wölfe gerne fressen.

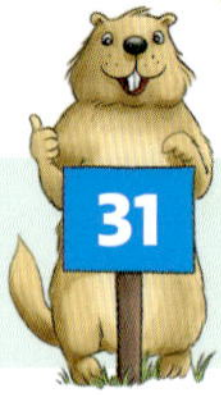

2.00 Std. | 4.5 km | ↗140 m | ↘140 m | **ab 4 Jahren**

Horbacher Moor

Zur Moorstation und Friedrich-August-Grube

Wo Pflanzen Fleisch fressen

Zwei kleine Naturschutzgebiete verbinden wir mit dieser Wanderung im sonnigen Hotzenwald, der uns mit seinen Hochtälern wunderbare Fernsichten in die Alpen präsentiert. Wir wandern zuerst auf einem kurzen, von Heidelbeersträuchern begleiteten steilen Pfad hinauf zu einem Panoramaplatz, der uns bei guter Fernsicht sogar die hohen Schweizer Berge wie Eiger oder Titlis zeigt, und kurze Zeit später erscheint im Hintergrund auch noch der Feldberg mit seinem 45 Meter hohen Aussichtsturm. An einer Moorbeobachtungsstation können wir einen kleinen Ausschnitt des nassen Hochmoores mit seinen typischen Spirkenkiefern und Torfmoosen erkunden. Auf dem Weg zum kleinen Naturschutzgebiet an der ehemaligen Bergbaugrube Friedrich-August mit pfiffigen Spielgeräten zeigt sich uns von einer höher gelegenen Aussichtsstelle der Horbacher Klosterweiher, an dem wir dann am Ende der Tour länger zum Baden verweilen können.

Ausgangspunkt: Bushaltestelle Horbach, 991 m. Anfahrt vom Bahnhof Seebrugg mit dem SBG-Bus 7319 nach St. Blasien. Ab St. Blasien Busbahnhof mit dem SBG-Bus 7324 bis Horbach (Dachsberg).

Mit dem Auto: Kostenfreier Wanderparkplatz an der Horbacher Moor-Hütte, Am Klosterweiher 3, 79875 Dachsberg.

Ausrüstung: Wanderschuhe oder Trekkingsandalen. Badesachen für einen Sprung in den Klosterweiher.

Anforderungen: Leichte Wanderung auf Waldwegen mit kleineren Steigungen.

Einkehr: Landgasthof Klosterweiherhof, Am Klosterweiher 3, 79875 Dachsberg-Wittenschwand, Tel. +49 7672 480 5034, www.klosterweiherhof.com.

Hinweis: Die Schilder der beiden Wanderwege »Rund um das Horbacher Moor« und den »Bergbauwanderweg«, denen wir teilweise folgen, führen links um die beiden Naturschutzgebiete herum. Da wir aber am Schluss der Wanderung in den Klosterweiher hüpfen möchten, gehen wir die offiziellen Strecken in entgegengesetzter Richtung.

Wir blicken über den Hotzenwald bis zu den Bergen des Berner Oberlandes.

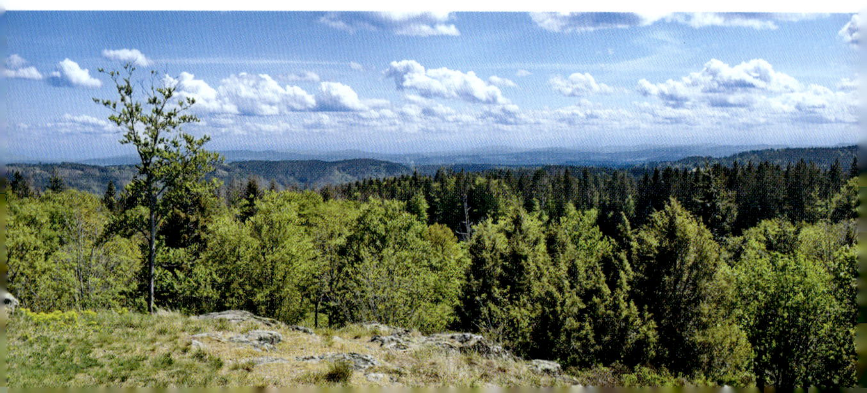

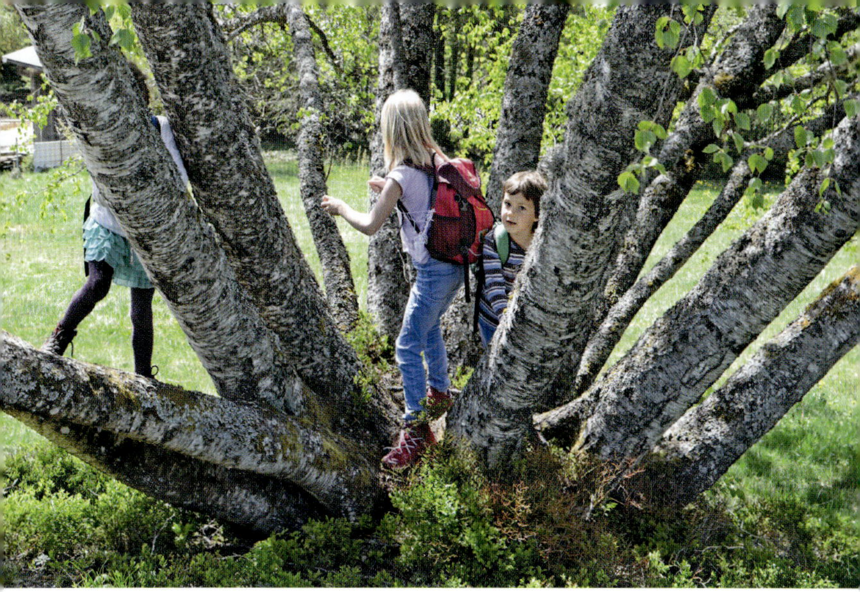

Kurios mutet diese Birke mit zwölf Stämmen an.

An der **Bushaltestelle Horbach ❶** sehen wir schon die Horbacher Moor-Hütte mit ihren Infotafeln und der Grillstelle. Nachdem wir die Hauptstraße überquert haben, folgen wir links der geteerten Straße »Auf der Breite« mit einer 12-stämmigen Birke und den Bergbauschildchen, bis es bald danach auf einem kleinen Bergpfad links steil hinauf dem **Alpenpanorama ❷** entgegengeht. Hier kann man von einem Felssporn, der genau auf 1000 Metern Höhe liegt, bis zu den Berner Alpen mit Eiger, Mönch und Jungfrau sehen. Wer ein Fernglas mitgebracht hat, kann sich auf die große Holzliege legen und den Schnee auf den fernen Bergen bestaunen. An den großen Findlingen leben die Kinder ihren Kletterdrang aus, bevor uns der Pfad weiter zur nächsten Wegkreuzung und dem **Wanderschild »Horbach« ❸** bringt. Wir halten uns nun immer links Richtung Horbacher Moor und marschieren an Viehweiden und einem Bauernhof vorbei zur Kreisstraße, an der wir rechts für knapp 100 m entlanggehen. Dann biegen wir links in den Forstweg ein und gleich wieder

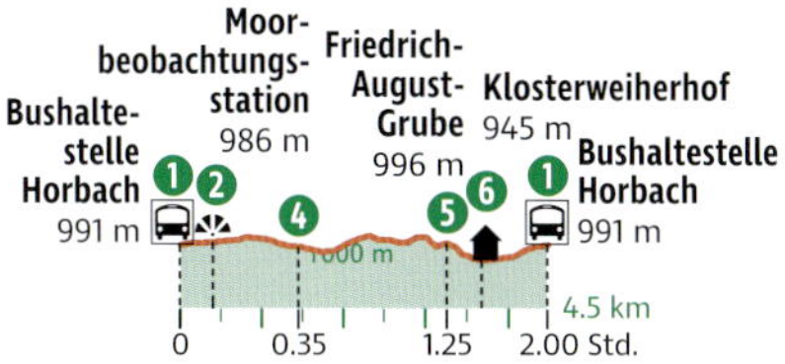

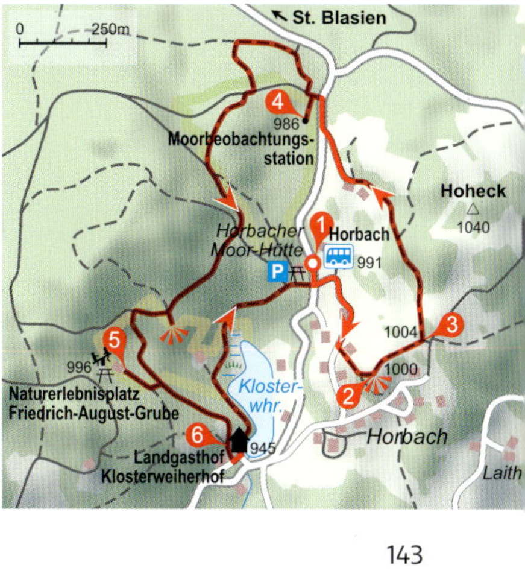

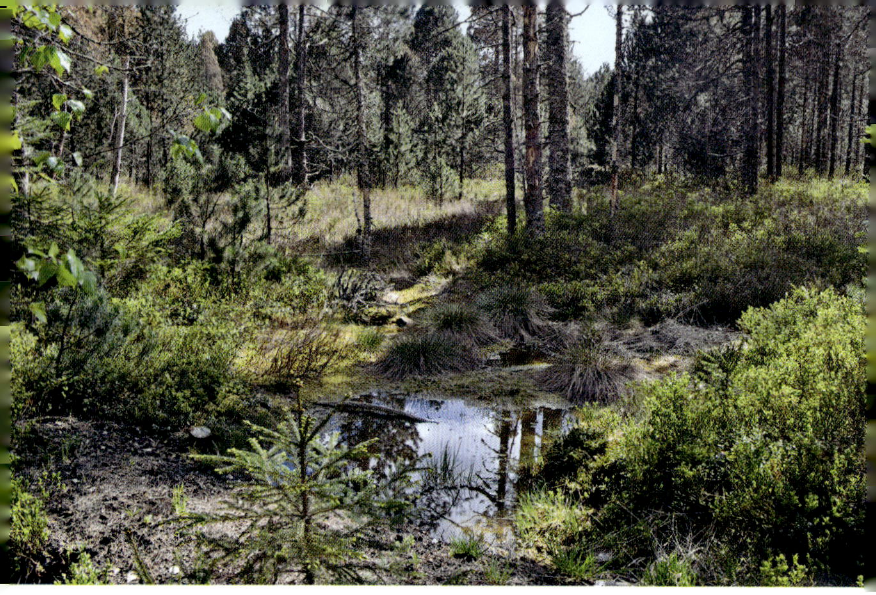

Striktes Betretungsverbot herrscht an der Moorbeobachtungsstation, um seltene Pflänzchen zu schützen.

links zum Horbacher Naturschutzgebiet und seiner **Moorbeobachtungsstation** ❹. Hier geht es nicht mehr weiter, denn das Moor soll geschützt werden, und wir kehren zurück auf den Forstweg, um dort links und vor dem Hinweisschild »Alter Kohlenmeiler« gleich wieder rechts in einen kleinen Pfad einzubiegen. Nun wandern wir auf weichem, moosigem Boden den Tafeln nach, die uns etwas über Moore und über den Wald erklären, und halten uns am nächsten und übernächsten Abzweig links, den Pfeilen des Lehrpfads entgegengesetzt. Nach wenigen Minuten stoßen wir auf einen breiten Forstweg, in den wir rechts einbiegen und den wir nach 20 m gleich wieder zugunsten eines unscheinbaren Waldpfads, der mit einer gelben Raute markiert ist, links hinauf verlassen. Etwas später schwenken wir links auf eine Forststraße ein, überqueren nach wenigen Minuten eine weitere kreuzende Forststraße und kommen an einen Aussichtshinweis, dem wir gerne folgen. Nach kurzer Pause geht es wieder zurück zum Aussichtshinweis und links weiter zum nächsten Wanderschild, das uns den Weg steil bergab zur Friedrich-August-Grube weist, wo wir auf Schautafeln einiges zum Thema Bergbau und Indus-

Highlights

- ★ Gemütlich auf dem Aussichtsfelsen mit Blick auf die Schweizer Berge in der Sonne sitzen und ins weite Land schauen.
- ★ Auf urigen kleinen Waldpfaden durch die lichten Wälder streifen.
- ★ Hochmoor mit Beobachtungsstation, dort finden wir auch den Sonnentau, eine fleischfressende Moorpflanze.
- ★ Toll gestaltetes Spielbergwerk mit witzigen Spielmöglichkeiten.
- ★ Bademöglichkeit im romantischen, schilfbewachsenen Klosterweiher.

Ob wir mit dem Totholz einen Damm bauen können?

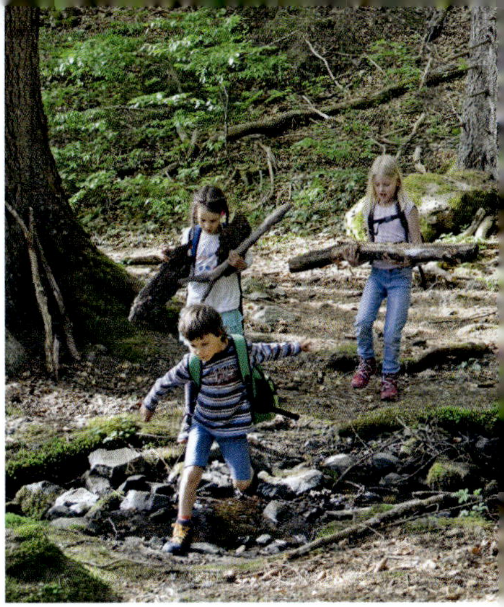

trie im Hotzenwald lernen können. 100 m entfernt finden wir den **Naturerlebnisplatz Friedrich-August-Grube ❺**, der ein paar für die Kinder sehr anschauliche Spielgeräte zum Thema Bergbau sowie einen Rastplatz bereithält und zudem einen kleinen Blick in die alte Grube bietet. Von hier aus kehren wir zurück auf den Wanderweg, der uns rechts in wenigen Minuten zum schönen **Landgasthof Klosterweiherhof ❻** und zum **Klosterweiher** bringt. An der linken Uferseite können wir uns nun auf dem Gelände des Gasthofs eine passende Stelle zum Baden suchen, bevor der Weg 200 m nach dem Gasthof rechts auf einem kleinen Pfad weiterverläuft und auf eine Lichtung führt. Hier wählen wir an der Weggabelung den linken Weg steil bergauf, um nach wenigen Minuten den Startpunkt an der Horbacher Moor-Hütte und der **Bushaltestelle Horbach ❶** zu erreichen.

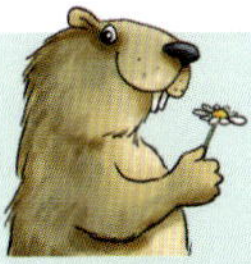

Hallo Kinder,

dachtet ihr, fleischfressende Pflanzen gibt es nur im Dschungel? Weit gefehlt, denn hier mitten in den Hotzenwälder Hochmooren herrschen ideale Wachstumsbedingungen für den Sonnentau. Das ist eine kleine fleischfressende Pflanze, die nassen und sauren Boden liebt, der möglichst wenig Nährstoffe enthält. Genau solche Bedingungen herrschen an den feuchten Stellen der Hochmoore. Die Pflanzen sind nur wenige Zentimeter groß, deswegen müsst ihr eure Augen gut aufmachen und den Boden nach den typischen grünen, rundlichen Blättern absuchen. Jedes Blatt ist mit rund 200 rötlichen Tentakeln bewachsen, die in alle Richtungen abstehen wie die Haare eines Kobolds, und an der Spitze der Tentakel sitzen kleine tauartige Tropfen, die aus einem klebrigen Sekret bestehen. An diesem Sekret bleiben kleine Insekten kleben und können von der Pflanze mithilfe von Enzymen verdaut werden. Übrig bleiben nur der Chitinpanzer des Insekts und eine satte Pflanze, die weiter wachsen kann.

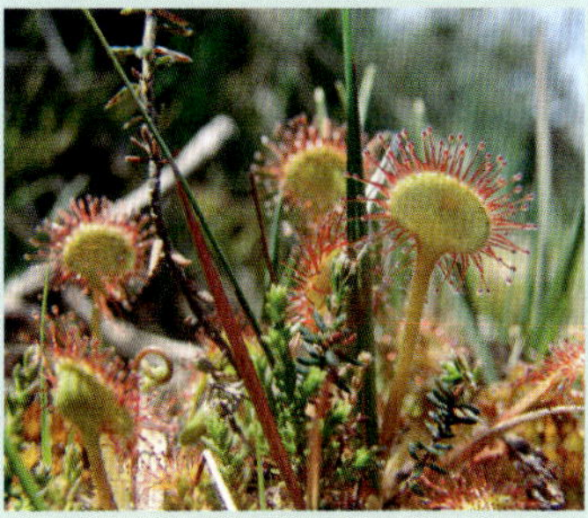

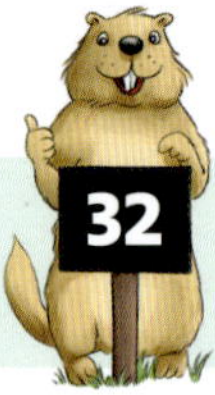

4.00 Std. | 9.5 km | ↗ 170 m | ↘ 170 m | ab 6 Jahren

32 Herrischrieder Moore

Auf dem 7-Moore-Weg durch den Kirchspielwald

Zur Gletschermühle und dem Krai-Woog-Gumpen

Der Obere Hotzenwald zeigt uns auf dieser Wanderung sein ganzes Repertoire an Naturschätzen. Für alle, die gern mit ihren Kindern durch unberührte Tannenwälder streifen, Pilze finden, Moore erkunden oder sich im Sommer an einem Fluss abkühlen möchten, ist das Naturschutzgebiet Kirchspielwald ein idealer Platz für eine ausgedehnte Tour. Wir kommen auf der Runde an sieben verschiedenen Mooren vorbei, eines davon können wir sogar auf einem schönen, langen Holzbohlenweg durchwandern und in einem extra angelegten Moorbeet hautnah erforschen. Danach machen wir einen Abstecher zur Gletschermühle und dem Krai-Woog-Gumpen, mit einem wunderschön schattigen Rastplatz, der die Kinder und uns zum Wasserspielen und Pause machen erwartet. Am Ende erfreuen sich dann alle am Anblick der schneebedeckten Berge, denn wir haben eine weite Sicht bis tief hinein in die Schweizer Alpen und auf ihre Viertausender.

Ausgangspunkt: Bushaltestelle Herrischried Steinernes Kreuz, 1013 m. Anfahrt ab Bahnhof Bad Säckingen oder Todtmoos mit dem SBG-Bus 7328.

Mit dem Auto: Wanderparkplatz Steinernes Kreuz an der L151 zwischen Todtmoos und Herrischried (Navi: N47.699802, E8.0172193).

Ausrüstung: Trekkingsandalen oder Wanderschuhe. Ausreichend Proviant mitnehmen. Eventuell Wechselkleidung fürs Spielen am Wasser.

Anforderungen: Die Wanderung hat wenig Steigungen, jedoch ein paar längere Abschnitte an einer kleinen, kaum befahrenen Kommunalstraße. Mit einem geländegängigen Kinderwagen ist der Weg gut zu bewältigen, den 50 m langen Abstieg zum Krai-Woog-Gumpen kann man jedoch nur zu Fuß machen.

Einkehr: Unterwegs keine. 1 km vom Startpunkt der Wanderung entfernt liegt der Wehrhalder Hof mit gemütlicher Gaststube, tollem Blick ins Tal und Gerichten aus der Region, geöffnet 11.30–14 Uhr und 17.30–22 Uhr, Wochenende 11.30–22 Uhr, Di und Mi Ruhetag, Hoefstr. 20, 79737 Herrischried, Tel. +49 7764 932734, www.wehrhalderhof.de.

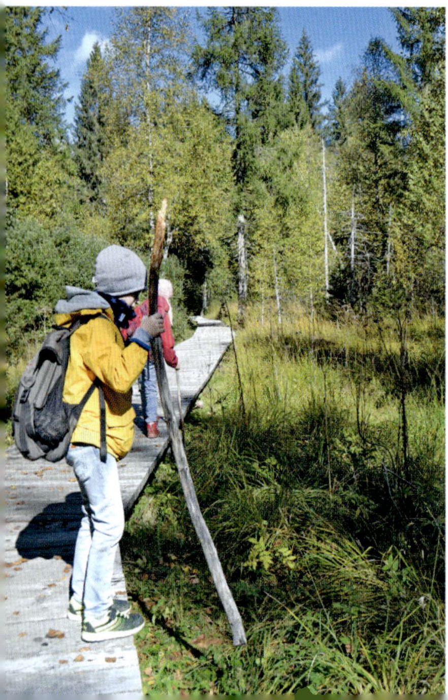

Tiefenmessung im Moor.

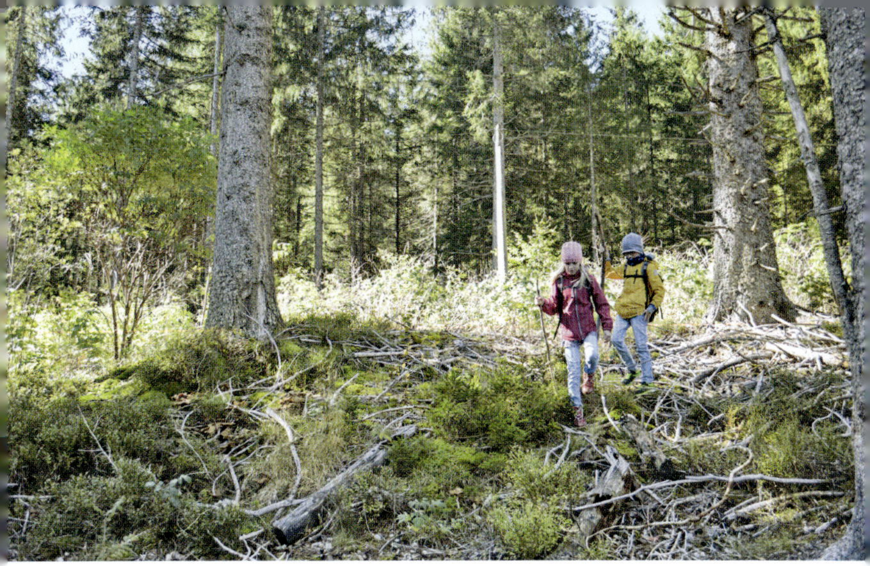

Auf Streifzug durch das Unterholz.

Wir wenden uns von der **Bushaltestelle Steinernes Kreuz** ❶ in Richtung des **Wanderparkplatzes** ❷ und biegen links in die kleine Landstraße ein. Nach 200 m auf der geteerten Straße folgen wir am **Wanderschild »Lochhäuser-Heitere Grube«** ❸ dem Forstweg links Richtung »Gletschermühle und 7-Moore-Weg«, der uns zu einer Weggabelung leitet. Hier steuern wir nach links der gelben Raute nach in einen schmaleren Waldpfad und können in der Ferne hinter dem Wald das **Turbenmoos** mit seinen typischen hellbraunen Gräsern erahnen. Näher herangehen können wir nicht, denn im Naturschutzgebiet bleiben wir auf den gekennzeichneten Wegen. Nach einer Weile in diesem von Pilzen bevölkerten, urwüchsigen Waldstück erreichen wir wieder den gekiesten, breiten Forstweg und zweigen links auf den Hauptweg ab, immer der gelben Raute hinterher. Im Kies des Forstweges finden die Kinder tolle glitzernde Steine, die unsere Rucksäcke noch etwas schwerer werden lassen. Nach einem guten Kilometer entdecken wir das **Schwarze Sägemoos** mit weidenden Kühen und riesigen **Findlingen** ❹, die durch Gletscher hierher gelangt sein müssen und sich gut für eine Rast eignen.

Wenige Minuten sind es dann noch bis zum Wanderschild »Schwarze Säge« und der kleinen Kreisstraße K6591, die wir rechts hinunterwandern, um zum **Krai-Woog-Gumpen** und der eiszeitlichen **Gletschermühle** ❺ am fast kaffeefarbenen Schwarzenbäch-

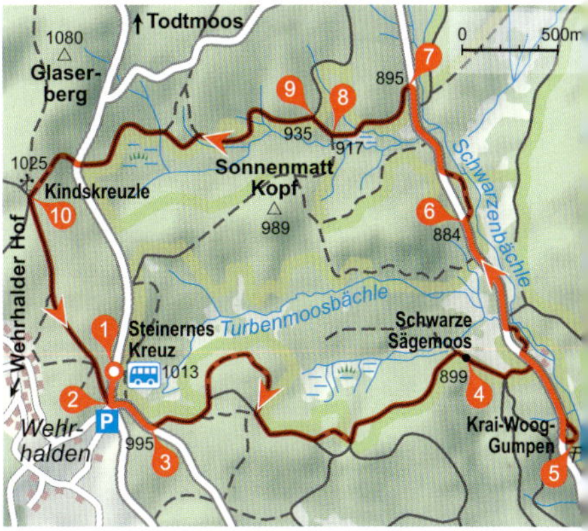

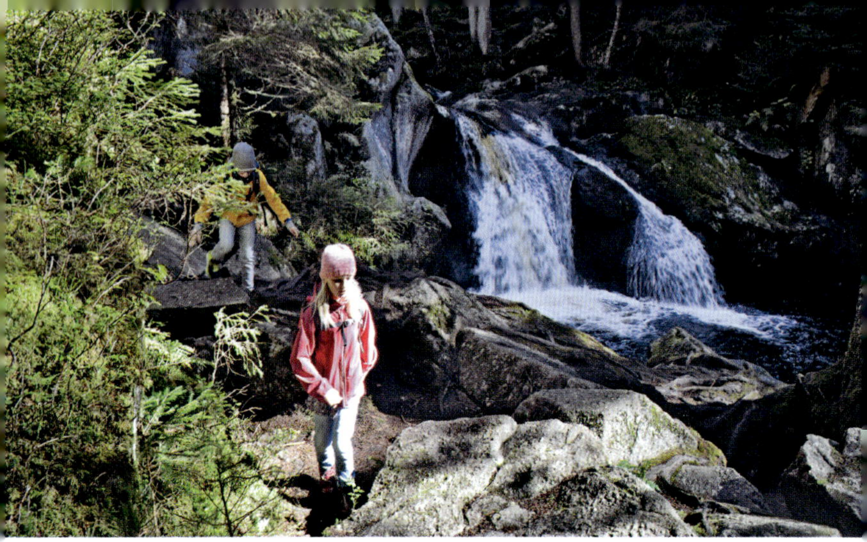

Fast kaffeebraunes Wasser stürzt als Moorwasserfall in den Krai-Woog-Gumpen.

le zu kommen. Im Sommer ist der hier eingerichtete Rastplatz ideal für eine kühlende Pause, solange die Kinder mit Wasserspielen beschäftigt sind.

Am Rand der alten Kreisstraße, die eher wie ein geteerter Forstweg aussieht, kehren wir zum Wanderschild »Schwarze Säge« zurück. Dort setzen wir die Wanderung für gut einen halben Kilometer fort, ehe wir nach der ehemaligen Schwarzen Säge rechts für wenige Meter auf einen kleinen Pfad ausweichen. Wieder zurück auf der Kreisstraße haben wir nun nochmals einen halben Kilometer vor uns, bevor uns das 7-Moore-Schild nach rechts zum abenteuerlichen **Holzbohlenweg** ❻ direkt ins Moor des **Silberbrunnenmooses** führt. An der Infostation können wir eigenhändig die Zusammensetzung des Mooses untersuchen, indem wir im bereitgestellten Beet tüchtig ins Moos greifen und etwas davon herausnehmen, um es zu betrachten.

Möchtest Du gerne unsere Rucksäcke tragen, Eselchen?

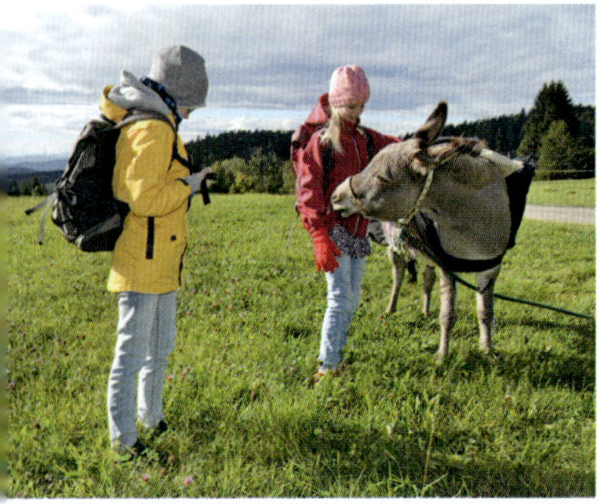

Highlights

- ★ Urwüchsige Wälder.
- ★ Moorlandschaft mit kaffeebraunen Bächen und Flüßchen.
- ★ Gletschermühle und Krai-Woog-Gumpe zum Abkühlen.
- ★ Holzbohlenweg durchs Moor mit Erkundungsstation.
- ★ Fernblick auf schneebedeckte Viertausender.
- ★ Geführte Eseltouren, buchbar unter www.schwarzwald-trekking.de, Tel. +49 160 97001284.

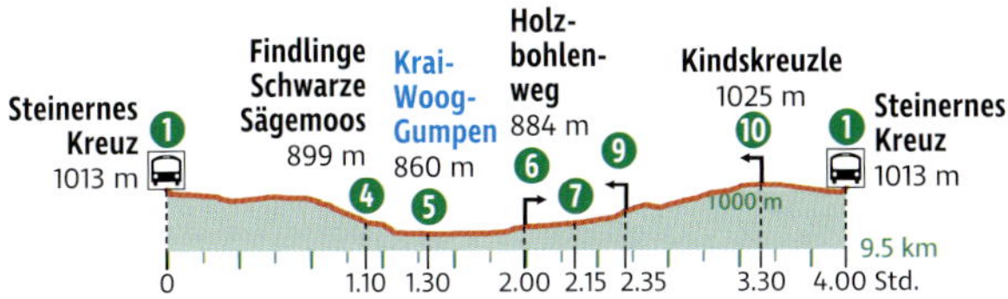

Am Ende des Steges lassen wir uns noch gut 400 m von der Landstraße bergauf zum **Wanderschild »Sonnenmattmoos« 7** begleiten, an dem wir links in den Wald Richtung Kindskreuzle einbiegen. Hier gehen wir direkt am **Sonnenmattmoos** vorbei und bekommen noch mal einen Eindruck der wunderschönen Moorvegetation. An der **Infotafel »Kirchspielwald« 8** erhalten wir eine gute Übersicht darüber, welche Moore wir heute gesehen haben, und wandern bis zum Ende des Weges am **Wanderschild »Sonnenmatt« 9**, wo wir uns nach links in Richtung Kindskreuzle wenden. Wir erhaschen immer wieder Blicke ins **Brunnmättlemoos**, bestaunen die vielen Ameisenhügel und Riesenpilze der Umgebung und erreichen nach 1,5 km die Landstraße, überqueren sie und folgen der gelben Raute steil den Waldweg hinauf, bis wir am **Kindskreuzle 10** stehen. Dort wählen wir den linken, breiten Forstweg mit dem 7-Moore-Schild und gelangen so wieder an den Startpunkt der Wanderung am **Steinernen Kreuz 1**, wo wir zum letzten Mal den Weitblick auf die schneebedeckten Berge im Süden genießen.

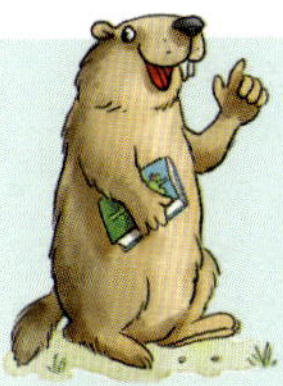

Hallo Kinder,

wusstet ihr, dass Moore (in Süddeutschland sagt man auch Moos) sehr wichtig für unser Klima sind? Moore speichern nämlich sehr viel Kohlendioxid, und dieses Gas trägt zur Klimaerwärmung bei, wenn es in die Atmosphäre gelangt. Moore nehmen nur drei Prozent der Erdoberfläche ein, aber sie speichern doppelt so viel Kohlendioxid wie alle Wälder der Erde zusammengenommen, die immerhin 30 Prozent der Erdoberfläche ausmachen. Da in Mooren keine Nutzpflanzen wachsen, wurden früher riesige Moorflächen trockengelegt, um sie als Äcker und Wiesen nutzbar zu machen. Durch die Trockenlegung von Mooren werden aber auch heute noch große Mengen an Kohlendioxid frei und gelangen in die Atmosphäre. Deshalb ist es unbedingt erforderlich, die vertrockneten Moore wiederzubeleben und sie feucht werden zu lassen. Und mittlerweile kennen die Wissenschaftler auch viele Nutzpflanzen, die man in Mooren prima anbauen könnte, zum Beispiel Hülsenfrüchte, Kartoffeln, Rhabarber, Buchweizen und viele andere. Wir als Wanderer können die Moore schützen, indem wir sie nicht achtlos betreten und damit ihr Wachstum behindern. Und als Verbraucher schützen wir die Torfmoore, wenn wir in unseren Gärten und Blumentöpfen torflose Blumenerde verwenden, denn leider ist in den meisten Blumenerden wertvoller Torf aus den Mooren enthalten.

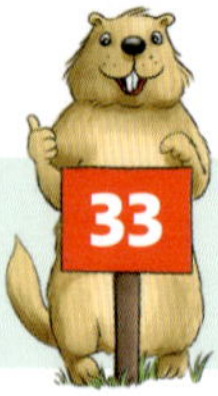

3.30 Std. | 8.2 km | ↗290 m | ↘290 m | ab 6 Jahren

Zum Wiesegletscher in Schönau

Rundtour entlang des Gletscherpfades

Wanderung für junge Gletscherforscher

Aus der Vielzahl an tollen Wanderwegen rundum Schönau haben wir uns für den Gletscherpfad entschieden, denn dass hier einst alles vom Gletschereis eingehüllt war, ist wenig bekannt und auch schwer vorstellbar, wenn wir uns in der vielfältigen Natur umsehen. Vor etwas über 10.000 Jahren gab es in den Schwarzwaldtälern noch bis zu 200 Meter mächtige Gletscher und auch das Tal der Wiese, an deren Ufer Schönau liegt, war vollkommen vergletschert. Das Gletschereis hat zum Glück einige, wenn auch unauffällige Spuren für uns hinterlassen, die wir auf unserer Tour über Berge und Täler hinweg entdecken können. Der zweite Teil der Wanderung beginnt mit der Besichtigung einer Konfitürenmanufaktur und verläuft dann flach immer an der Wiese entlang bis zurück nach Schönau. Im Freibad am Ausgangspunkt können wir den erlebnisreichen Wandertag schließlich mit einem Sprung in den Pool ausklingen lassen.

Ausgangspunkt: Bushaltestelle Schönau Friedhof, 536 m. Anfahrt vom Regionalbahnhof Zell im Wiesental mit dem SBG-Bus 7300 Richtung Titisee bis Schönau Friedhof.

Mit dem Auto: Kostenfreie Parkplätze am Friedhof, Friedrichstraße, 79677 Schönau im Schwarzwald.

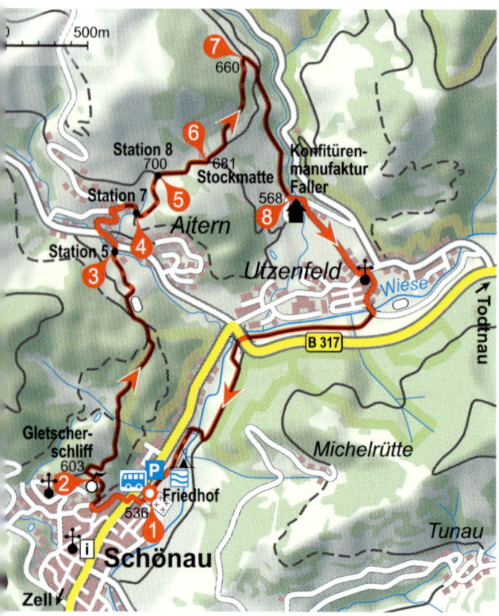

Ausrüstung: Im Winter sind feste Wanderschuhe erforderlich, in der trockenen Jahreszeit genügen auch profilierte Trekkingsandalen. Sonnenschutz, eventuell eine Taschenlampe zur Erkundung des Gletscherschliffs. Badesachen fürs Freibad am Ende der Wanderung nicht vergessen!

Anforderungen: Mittelschwere Wanderung mit mehrmaligem Bergauf und Bergab überwiegend auf Berg- und Waldpfaden. Vor allem auf der etwas längeren Strecke auf dem Fahrradweg am Fluss entlang ist kaum Schatten zu finden.

Einkehr: Frühstück und herzhafte Kleinigkeiten gibt es im Konfitürencafé der Faller Konfitürenmanufaktur, Öffnungszeiten Mo–Fr 8.30–16.30 Uhr, jeden ersten Samstag im Monat: 8.30–13 Uhr, an Sonn- und Feiertagen geschlossen, Seeweg 3, 79694 Utzenfeld/Schwarzwald, Tel. +49 7673 91070, www.fallerkonfitueren.de.

Tipp: In der Tourist-Information in der Neustadtstraße 1 in Schönau kann man eine detaillierte Broschüre zum Gletscherpfad erhalten.

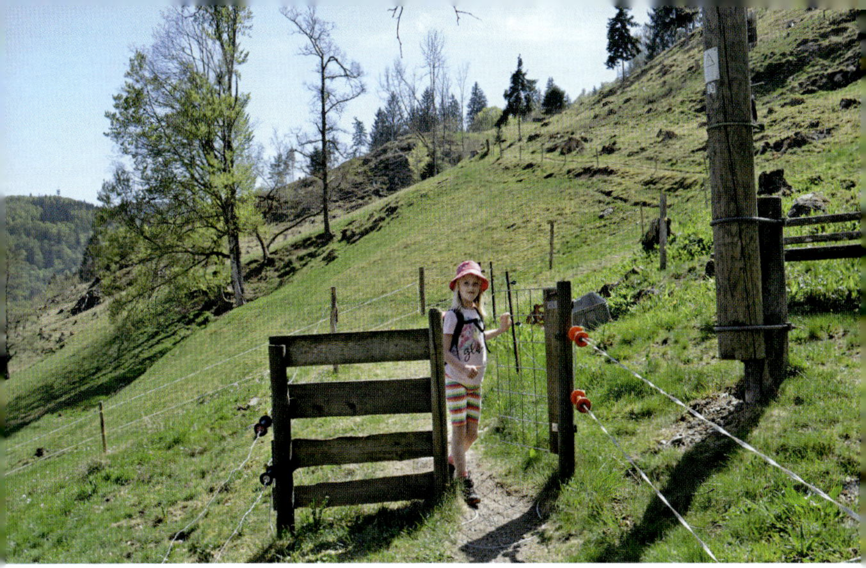

Auf diesen herrlichen Viehweiden fühlen sich Mensch und Tier richtig wohl.

An der Bushaltestelle und dem Parkplatz am **Friedhof Schönau** ❶ überqueren wir die Hauptstraße, wenden uns nach links, biegen gleich darauf in die Lachenstraße rechts ein und folgen am Ende der Straße der gelben Raute rechts in den Belchenweg. Nach wenigen Metern weist uns das Wanderschild nach links in Richtung **Gletscherschliff**, es geht nun auf einem schmalen Bergpfad bergauf, bis wir auf einer Anhöhe einen großen Festplatz mit Sportanlage erreichen. Der riesige Steinsockel dort lässt erahnen, wie groß das Denkmal gewesen sein muss, das die Nationalsozialisten hier einst errichten wollten. Von hier oben haben wir eine tolle Aussicht auf Schönau und das Wiesental. Wir laufen rechts um den Sockel herum und finden eine Metalltür, hinter der in einer dunklen Höhle ein großer, vom Gletscher geschliffener Felsen besichtigt werden kann ❷, eine Taschenlampe ist hier sinnvoll. Gleichzeitig ist hier auch die erste Station des Schönauer Gletscherpfades.

Am Ende des Sportplatzes zeigt uns das Wanderschild den Weg nach rechts Richtung Aitern an, unserem

Highlights

- ★ Gletscherspuren im Fels.
- ★ Wunderbare Aussicht auf das Tal.
- ★ Ein kleiner Spielplatz mit einer Wassertretstelle und einem Holzbrunnen.
- ★ Hühner und Ziegen erwarten uns an einem Bauernhof.
- ★ Besichtigung der Konfitürenmanufaktur, Mo und Fr 10 Uhr, Di und Do 13.30 Uhr.
- ★ Eine kleine Abkühlung im Flussbett der Wiese, wo man tolle Staudämme mit Steinen bauen kann.
- ★ Ein beherzter Sprung in den Pool des Freibads als Belohnung für die lange Tour. Mit Breitwellenrutsche, Kleinkinderbecken, Spielplatz, Minigolfanlage und Volleyballfeld, Tel. +49 7673 8869010, Friedrichstraße 54, 79677 Schönau im Schwarzwald.

nächsten Ziel. Der breite Forstweg bringt uns nach einem guten Kilometer an eine Weggabelung, an der wir der Beschilderung nach rechts folgen, bis wir zu einem kleinen Sportplatz gelangen. Hier biegen wir vom Forstweg nach rechts in Richtung der gelben Raute ab, wo uns an dem Trampelpfad eine gemütliche Bank erwartet. Nach dem Genuss der schönen Aussicht auf das Tal und das Örtchen Aitern zieht sich der Pfad bergab, bis wir ein Bächlein überqueren und an **Station 5 des Gletscherpfads ❸** ein paar kleinere Felsblöcke entdecken, die der Gletscher hierher transportiert haben muss. Auf dem kleinen Spielplatz kommt uns die Wassertretstelle gerade recht für eine Erfrischungspause. Gegenüber dem Spielplatz ist ein alter Bergwerksstollen aus dem 14. Jahrhundert, den man einige Meter tief in den Felsen hinein erkunden kann.

Danach biegen wir links auf die Dorfstraße ein und an der zweiten Abzweigung rechts in den Schulweg, dem Schild nach Utzenfeld mit der gelben Raute auf steiler Teerstraße folgend. Wir passieren Rathaus und Schule, biegen die nächste Straße rechts ab und nach 50 m noch einmal rechts in Richtung des ausgeschilderten Utzenfeld. Hier werden wir von Hühnern und Ziegen des anliegenden Bauernhofs begrüßt.

An der nächsten Gabelung befindet sich **Station 7 des Gletscherpfads ❹**, die gelbe Raute leitet uns nach links steil den Berg hinauf und bringt uns nach wenigen Minuten zu **Station 8 ❺**, wo wir etwas über die Folgen der Vergletscherungen erfahren, und gleich rechts nach Utzenfeld weiterwandern. Nach wenigen Minuten geht es an der Holzbank weiter Richtung Utzenfeld, dann erreichen wir eine Gabelung an der **Stockmatte ❻**, an der unsere Tour links weiterläuft in Richtung Innere Königshütte. Auch an den beiden kurz aufeinanderfolgenden Gabelungen geht es für uns jeweils links weiter zu den Stationen 9 und

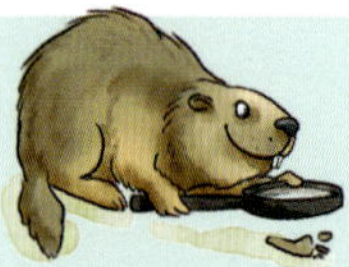

Hallo Kinder,

vor 10.000 Jahren am Ende der Würmeiszeit war hier tatsächlich noch alles vom Gletschereis bedeckt. Der Gipfel des Feldbergs, des höchsten Berges des Schwarzwalds, lag komplett unter dem Eis und die Gletscherzungen reichten mehr als 20 Kilometer in die Täler hinunter. So groß sind heutzutage die längsten Gletscher der Alpen. Durch die Erwärmung des Klimas um rund 10 Grad schmolz das Eis langsam über viele Jahre hinweg ab und floss das Tal hinunter. Dabei bildeten sich in den Senken kleinere Seen, die man teilweise heute noch sehen und genießen kann, zum Beispiel den bekannten Titisee auf der anderen Seite des Feldberges. Hier im Tal der Wiese, die oben am Feldbergpass entspringt, hat das strömende Gletschereis viele kleine und große Steine ins Tal getragen, die dann einfach irgendwo liegen geblieben sind. Manche dieser Felsen, die man als Findlinge bezeichnet, haben einen drei Kilometer langen Weg hinter sich und dienen uns als Zeugen dieser längst vergangenen Zeit. Der größte Findling des Schwarzwalds befindet sich in der Nähe von Utzenfeld 200 Höhenmeter oberhalb der Wiese.

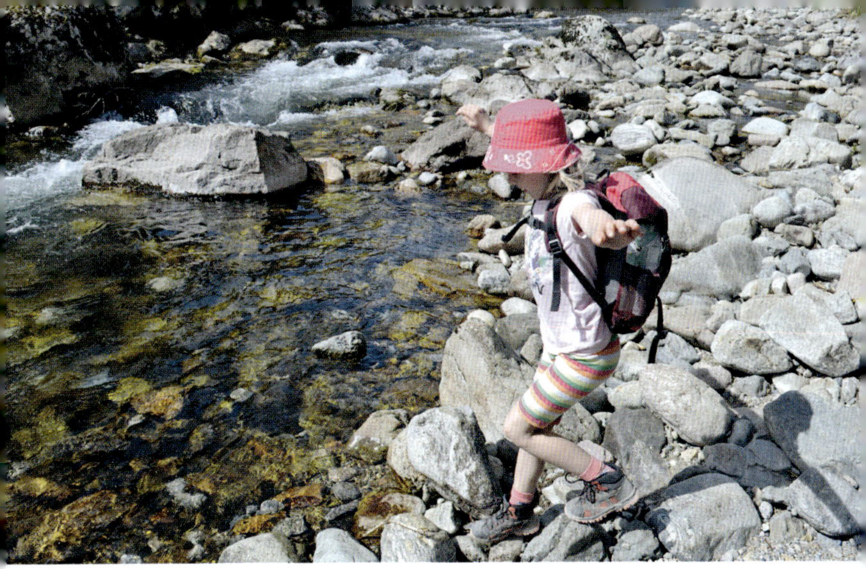

Eine Wiese zum Abkühlen und Planschen gibt es nur im Wiesental.

10; den Holzbrunnen nutzen wir zur Abkühlung, da der Weg bis hierher kaum Schatten bietet.

Nach der Gletscherstation 10 beginnt ein kurzes Waldstück und wir folgen dem kleinen Waldpfad, auch wenn er in den meisten Wanderkarten nach 50 m endet. Wir gelangen dann zum Wendepunkt der Tour am **Wanderschild »Brücke Wiedenbach« ❼**, halten uns rechts Richtung Utzenfeld, überqueren die Teerstraße und kommen nach einem knappen Kilometer mit schönen Ausblicken auf die bergigen Felder und Wälder zur **Konfitürenmanufaktur Faller ❽** sowie zum 12. und letzten Teil des Gletscherweges. Hier schildert die Gletscherbroschüre, wie durch die zunehmende Wärme der Wiesegletscher abschmolz und das Tal zum Vorschein kam. Die Besichtigung der Manufaktur bereichert uns um eindrucksvolle Blicke in die Kupferkessel voller Konfitüre und ein Glas Fruchtaufstrich passt auch noch in unseren Rucksack.

An der Straßengabelung folgen wir rechts weiter der gelben Raute nach Utzenfeld. Dort angekommen biegen wir links in die Hauptstraße ein und gleich darauf rechts in die Spanigasse. Wir folgen der Beschilderung nach Schönau über die Gleise bis zur Brücke und marschieren nun für 2 km flussabwärts an der Wiese entlang, bis wir das Wanderschild »Wiesentalweg« erreichen, den Rad- und Wanderweg verlassen und rechts dem Hebelweg nachgehen. Wir überqueren dazu die hölzerne Kapellenbrücke, wenden uns nach der Brücke nach links und haben es nicht mehr weit bis zum Ausgangspunkt am **Friedhof Schönau ❶**.

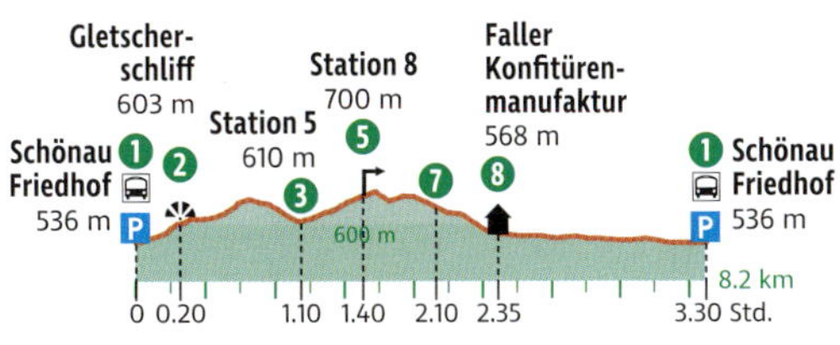

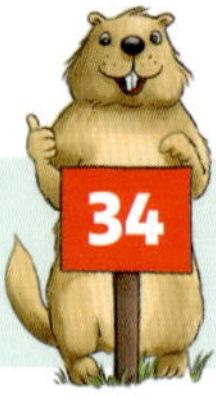

3.00 Std. | 6.5 km | ↗300 m | ↘300 m | ab 6 Jahren

Heißbachschlucht Sallneck

Rundwanderung im Kleinen Wiesental

Zu Köhlgartenwiese, Kähle Bückle und Bücklebodenhütte

Im Kleinen Wiesental sagen sich Fuchs und Hase Gute Nacht, und so genießen wir hier die unberührte Natur, die Aussicht auf die typisch sanften Hügellandschaften und die ansehnlichen Wandergebiete wie die Gegend rund um die Heißbachschlucht bei Sallneck. Vom kleinen Stausee des Flusses Köhlgartenwiese zieht sich die kurze, aber wilde Heißbachschlucht steil hinauf bis zum Kähle Bückle, der uns passend zu seinem Namen einen eindrucksvollen Blick über das herrlich grüne Tal bietet. Weiter geht es auf Pfaden und Forstwegen durch den nach Erdbeeren und Baumharz duftenden Wald zur Bücklebodenhütte, die eine erstklassige Grillstelle im schattigen Wald und einen Brunnen besitzt und zu einer längeren Pause einlädt. Von hier verläuft der Weg nur noch bergab, an Weiden mit grasenden Hinterwälder Kühen vorbei zurück nach Sallneck, wo leckerer Kuchen und kühle Getränke im Gasthof Hirschen auf die kleinen und großen Schluchtenwanderer warten.

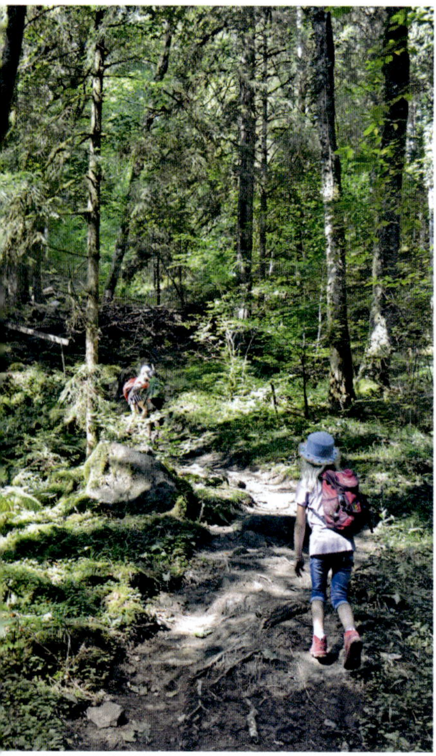

Ausgangspunkt: Bushaltestelle Sallneck Ort, 619 m. Anfahrt ab Regionalbahnhof Schopfheim mit dem SBG-Bus 7310 Richtung Neuenweg Haldenhof bis Tegernau, dort in den SBG-Bus 7310 Richtung Wies.
Mit dem Auto: Kostenfreie Parkplätze am Wanderparkplatz Gasthof Hirschen Sallneck, von dort auf der Wieser Straße ortseinwärts zum Ausgangspunkt an der Bushaltestelle.
Ausrüstung: Feste Wanderschuhe oder gut profilierte Trekkingsandalen. Badesachen für den Stauweiher.
Anforderungen: Mittelschwere Bergwanderung mit steilem Anstieg in der Heißbachschlucht. Die Wege sind teilweise steil und felsig, nach Regenfällen auch glatt.
Einkehr: Unterwegs keine. Gasthof Hotel Hirschen mit feinen selbstgemachten Kuchen und umfangreicher Speisekarte, Wieser Straße 7, 79692 Sallneck/Kleines Wiesental, Tel. +49 7629 249, www.hirschen-sallneck.de.

Die vielen Felsen und Farne zaubern einen Märchenwald in die Schlucht.

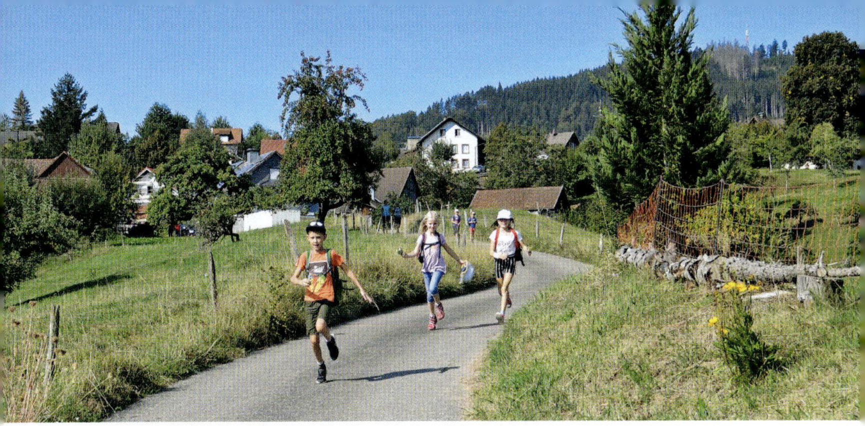

Die Kinder können es kaum erwarten, die Heißbachschlucht zu erreichen.

An der **Bushaltestelle Sallneck Ort ❶** entdecken wir gleich den hölzernen Wegweiser zur Heißbachschlucht. Er führt uns den geteerten Thauenweg hinunter in das Tal der Köhlgartenwiese, einem Zufluss der Kleinen Wiese. In der Ferne sehen wir die typische hügelige Landschaft des Südschwarzwalds, während der große Steinbruch von Tegernau immer mehr in unser Blickfeld rückt. Die Kinder motiviert das Gefälle, die ganze Strecke bis zum nächsten Abzweig im gestreckten Galopp zurückzulegen, ohne aber das **Wanderschild »Thauen« ❷** zu verpassen. An diesem schwenken wir links auf den Forstweg in Richtung Heißbachschlucht ein und wandern bis zur lustig plätschernden Köhlgartenwiese hinab. Hier müssen die Kinder etwas kraxeln, um ans Wasser zu kommen und den kleinen Wasserfall zu begutachten. Gleich dahinter sehen wir die Mauer des lang gezogenen kleinen **Stauweihers ❸**, der am anderen Ende einige gute Badestellen bereithält. Wir folgen dem Weg, bis wir auf den Parkplatz am Ende des Weihers stoßen und links auf die Straße einbiegen, von der aus wir den Eingang zur **Heißbachschlucht ❹** schon erblicken.

Ab hier verläuft ein schmaler, mit der gelben Raute markierter Pfad sehr steil die Schlucht bergauf und die

Highlights

★ An der Köhlgartenwiese mit den kleinen Wasserfällen lässt es sich prima spielen.

★ Der idyllische Stauweiher lädt uns zum Baden ein.

★ In der urwüchsigen Heißbachschlucht steigen wir steil bergauf über Brücken und Bäche.

★ Die gut gepflegte Bückleboden-hütte bietet sich hervorragend zum Grillen und Vespern an.

★ Die postkartenreifen Ausblicke mit Kühen und Bergen begeistern Kinder und Erwachsene.

★ Nicht einmal 1 km von der Wanderroute entfernt in Kirchhausen liegt der Schneiderhof, ein weithin bekanntes Bauernhausmuseum, das Aktionstage rund um das Leben auf einem Bauernhof anbietet. Hier kann man Schafe scheren und Wolle verarbeiten, Körbe flechten oder Seife sieden. Am Schneiderhof 6, 79585 Kirchhausen, Steinen-Endenburg, Tel. +49 7629 1553, www.bauernhausmuseum-schneiderhof.de.

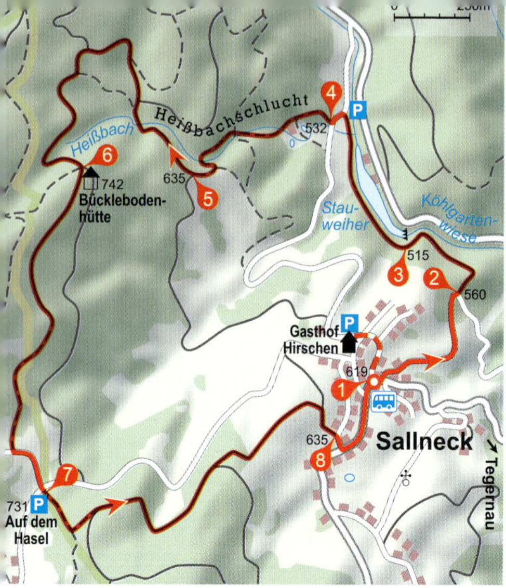

Kinder pusten kräftig. Wir kommen an gurgelnden Staustufen vorbei, bewältigen hohe Steintreppen und überqueren mehrmals auf kleinen Brücken den Bachlauf. Die vertikalen Felswände, die bemoosten Findlinge im Bach und die mit Farnen überwucherten Berghänge zaubern eine geheimnisvolle Märchenatmosphäre in den Wald, sodass wir uns nicht wundern würden, wenn hier Trolle oder Elfen auftauchten. Die Schlucht ist nur 700 m lang, aber durch ihre Steilheit dauert es eine Weile, bis wir das Ende erreichen und sich am Kähle Bückle eine saftig grüne Lichtung auftut, die die Kinder in ihrem Übermut hinuntertollen. Wir jedoch steuern bergauf rechts am Waldrand entlang auf das **Wanderschild »Kähle Bückle« 5** und die beiden privaten Hütten zu. Eine davon dürfen Wanderer laut Hinweisschild freundlicherweise zum Pausieren nutzen.

Sobald sich die Kinder wieder einfinden, führen wir unsere Tour weiter fort, rechts in den Wald in Richtung Bücklebodenhütte abbiegend, unserem nächsten Zwischenziel. Auf dem breiten, gut ausgeschilderten Forstweg überwinden wir nochmals einige Höhenmeter und kommen nach gut 1 km an der **Bücklebodenhütte 6** an. Die Selbstversorgerhütte ist sehr gut mit großer Grillstelle, Brunnen und gemütlichen Bänken ausgestattet und erlaubt es auch, bei schlechtem Wetter eine längere Pause einzulegen.

Die Wanderung setzen wir auf dem breiten Forstweg fort, der rechts an der Hütte leicht bergauf verläuft und nach rund 20 Min. auf einem schmalen Pfad aus dem Wald herausführt. Hier haben wir wieder eine prima Aussicht auf Berge und Wälder, während die Kinder mehr an den großen braunen Kühen auf der benachbarten Weide interessiert sind. Wir stoßen unterhalb der Lichtung auf eine Teerstraße, auf die wir links einschwenken und zum **Wander-**

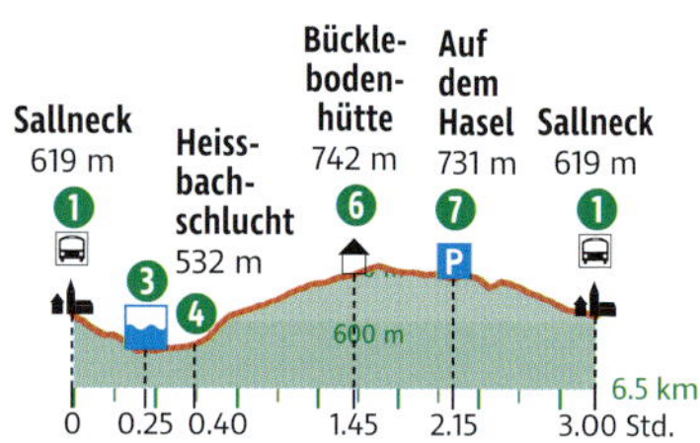

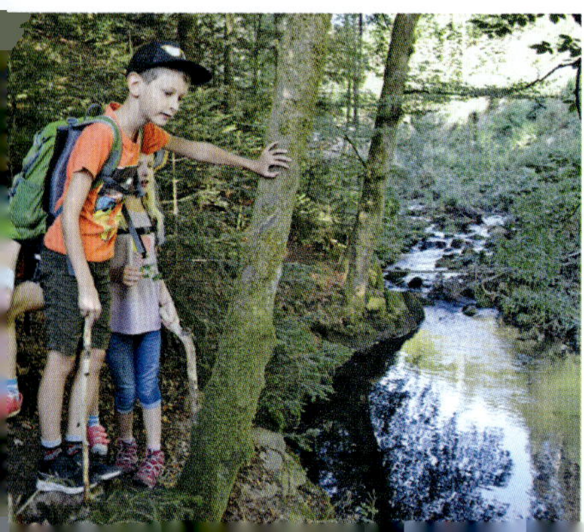

Professionell wird der Bachlauf begutachtet.

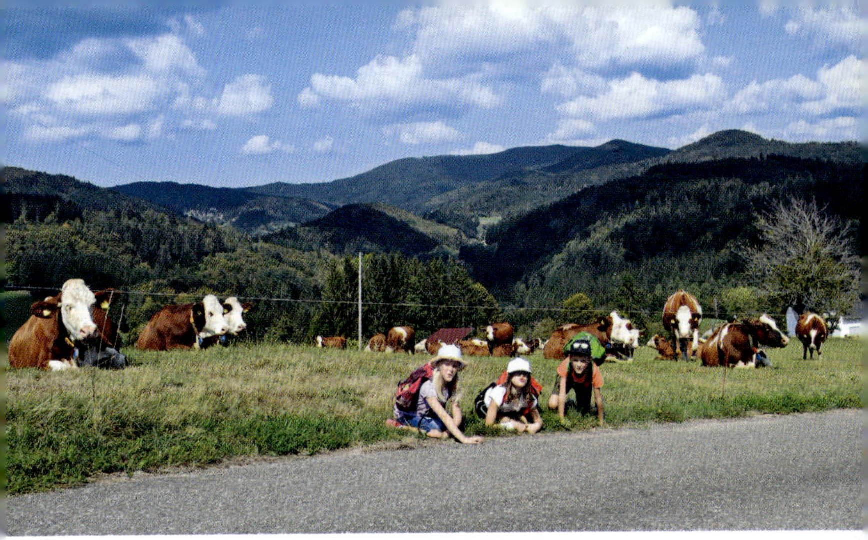

Die Frage, wer die besseren Rindviecher sind, erscheint berechtigt.

parkplatz »Auf dem Hasel« 7 gelangen. Der Weg durchquert den Parkplatz und verläuft über eine kleine Kuppe für einen knappen Kilometer im Wald, immer in Richtung der Beschilderung nach Sallneck. Haben wir den Wald verlassen, öffnet sich uns ein postkartenreifes Panorama mit bunten Hinterwälder Kühen im Vordergrund und den Gipfeln von Belchen und Köhlgarten im Hintergrund. 300 m weiter halten wir uns an der nächsten Kreuzung rechts. Am **Wanderschild »Buchenacker« 8** geht es weiter geradeaus zur Hauptstraße, auf die wir links einbiegen und die 250 m bis zur **Bushaltestelle Sallneck Ort 1** weitermarschieren.

Hallo Kinder,

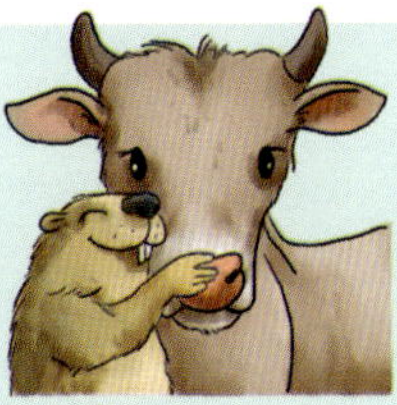

einige der Rinder, denen wir auf dieser Wanderrunde begegnen, gehören zur Rasse der Hinterwälder, einer ganz besonderen Art von Rindviechern. Sie stammen hier aus dem Südschwarzwald und haben sich an die speziellen Verhältnisse in den Berglagen mit ihrem geringeren Nahrungsangebot optimal angepasst. Wie die Ziegen fressen die Hinterwälder auch holzige Strauchteile und Rinden und nicht nur fettes, grünes Weidegras. Und so genießen wir Wanderer dank der Hinterwälder Rinder die freigefutterten Lichtungen und damit die freie Sicht auf Berge und Täler. Übrigens sind die weiblichen Hinterwälder Kühe mit einer Größe von 115 bis 125 Zentimetern die kleinsten und leichtesten Rinder in Mitteleuropa. Dadurch fällt ihnen das Herumklettern und Futtersuchen in steileren Hängen leichter als anderen Rassen. Sie geben zwar wegen des mageren Futters nicht so viel Milch, aber sie leben deutlich länger und machen uns und den Bauern somit länger Freude.

2.00 Std. | 4.8 km | ↗ 80 m | ↘ 300 m | ab 5 Jahren

35 Höllschlucht und Vogelpark Steinen

Streckenwanderung von Endenburg zum Vogelpark

Am Höllbach entlang ins Vogelparadies

Die Höllschlucht bei Endenburg ist eine der schönsten Schluchten im Südschwarzwald, denn sie liegt nahezu unberührt von Menschenhand in einer sehenswerten Panoramalandschaft. Anfangs verläuft die Schlucht entlang des Höllbaches sehr steil bergab, da nehmen wir die kleineren Kinder sicherheitshalber an die Hand. Immer wieder überqueren wir den Bachlauf auf stabilen Holzbrücken, teilweise waten wir aber auch hindurch und fühlen uns inmitten der großen, moosüberwachsenen Felsen wie im Märchenland. An der Höllhütte lässt sich vortrefflich Rast machen und die Kinder finden Gelegenheit, im Wasser zu spielen. Die Schlohmühle weist uns den Weg aus dem dichten Wald und wir marschieren oberhalb der saftig grünen Viehweiden mit toller Aussicht auf die Mittelgebirgshügel des Schwarzwalds in Richtung des Vogelparks Steinen. Auf den wunderschön in einem kleinen grünen Tal gelegenen Vogelpark freuen wir uns besonders, denn es sind außergewöhnliche Erlebnisse, wenn der große Weißkopfseeadler im Vorbeiflug unsere Köpfe mit seinen Schwingen berührt oder die Wellensittiche in der Freiflugvoliere aus unserer Hand fressen.

Ausgangspunkt: Bushaltestelle Endenburg Rathaus, 610 m. Anfahrt vom Lörracher Hauptbahnhof mit der S6 Richtung Zell bis Steinen Bahnhof. Dort die Bahnhofstraße rechts entlang, nach 30 m links in die Eisenbahnstraße und nach 100 m an der Bushaltestelle Rathaus mit dem SBG-Bus 7305 bis Endenburg Rathaus.

Mit dem Auto: Parken am Rathaus Endenburg, Rückfahrt von der Bushaltestelle Weitenau Vogelpark.

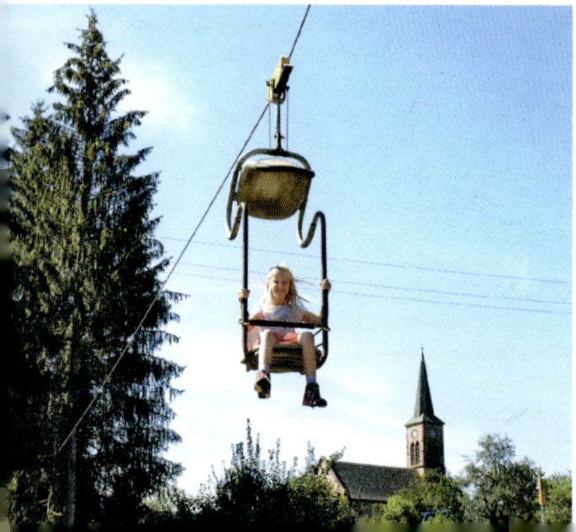

Endpunkt: Bushaltestelle Weitenau Vogelpark, 390 m. Wer mit Bahn/Bus angereist ist, fährt mit dem SBG-Bus 7305 bis Steinen Bahnhof, dort Umstieg in die S6 Richtung Basel bis Lörrach Hauptbahnhof. Autofahrer fahren mit dem SBG-Bus 7305 zurück bis Endenburg Rathaus.

Hinweis: Die Busse fahren nur dreimal täglich, deshalb muss hier gut vorgeplant werden. Eventuell ist es sinnvoll, die Tour in der anderen Richtung zu gehen oder ein Taxi zu nehmen.

Ausrüstung: Feste Wanderschuhe.

Anforderungen: Der schmale Pfad durch die Höllschlucht ist steil und bei Nässe rutschig. An steileren Stellen zu Beginn der Schlucht gut auf kleinere Kinder aufpassen!

Einkehr: Netter Landgasthof Zum Pflug in Endenburg, Im Hofacker, 79585 Steinen/OT Endenburg, Tel. +49 7629 347, www.gasthauspflug.de. Restauration im Vogelpark Steinen.

Im Sessellift über dem Vogelpark.

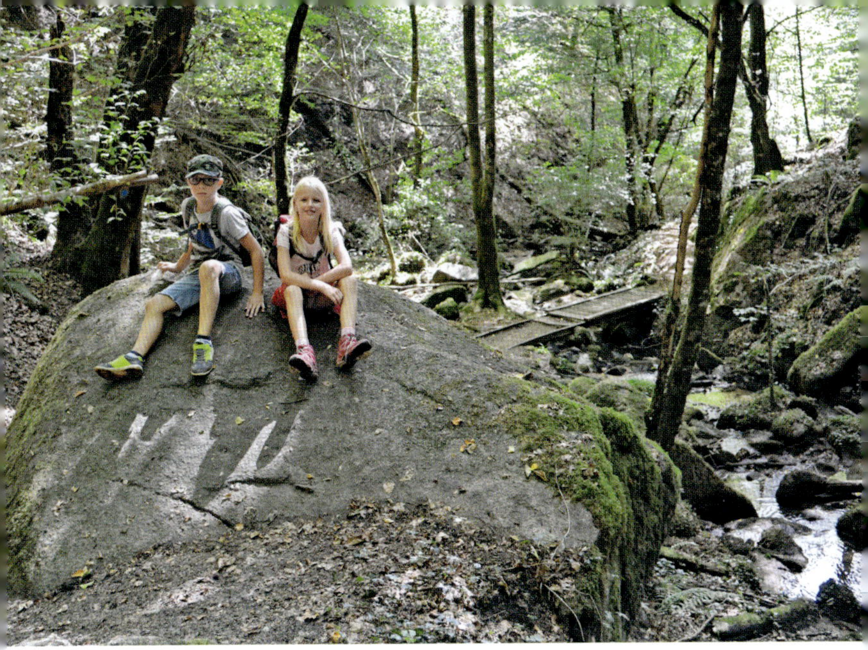

Wasser und Wald machen alle kleinen und großen Wanderer glücklich.

An der Bushaltestelle Rathaus ❶ in Endenburg orientieren wir uns am Wanderschild, das für den Beginn der Höllschlucht eine Entfernung von 400 m anzeigt. Hierfür laufen wir an der Hauptstraße entlang und zweigen am hölzernen Höllschluchtschild rechts ab. Wir wandern auf einem schmalen Pfad in den Wald, wo es gleich steil bergab geht und die kleineren Kinder etwas kraxeln müssen, um über die hohen Steine zu kommen. Von einer Minute auf die andere befinden wir uns nicht mehr auf der Dorfstraße eines kleinen Ortes, sondern in einem märchenhaften Zauberwald. Die moosüberzogenen Felsen und Bäume lassen uns an Riesen denken, die hier Murmeln und Mikado gespielt haben. Der Höllbach plätschert fröhlich neben uns her und das Überqueren der vielen kleinen Holzbrücken macht uns allen Freude. An manchen Stellen verschwindet der Weg im Bach und wir hüpfen von Stein zu Stein, um trockene Füße zu behalten. 15 Min. nach dem Start erreichen wir die **Höllhütte ❷**, wo wir eine erste kleine Spielpause für die Kinder einlegen. Man könnte hier auch grillen und dank des Schattens auch im Hochsommer länger verweilen.

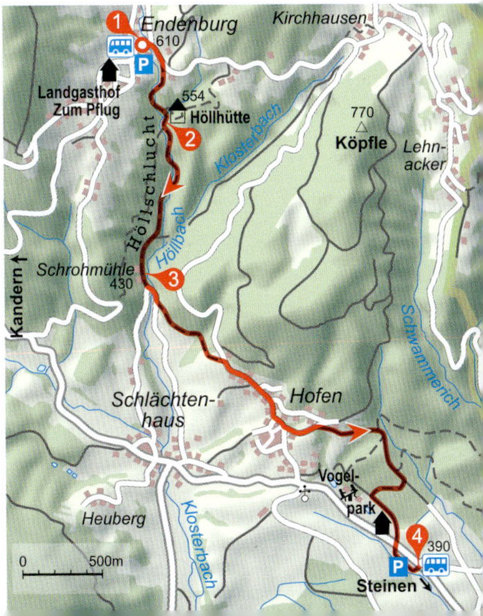

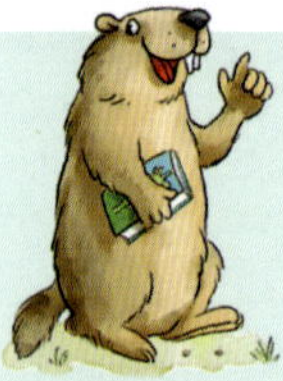

Hallo Kinder,

das schnellste Tier auf unserer Erde ist der Falke. Er kann bis zu 320 Stundenkilometer erreichen, wenn er im Sturzflug aus großer Höhe zu Boden saust. Aus kurzen Distanzen allerdings ist er sehr langsam und könnte nicht mal eine Maus fangen, die 10 Meter vor seinem Baumsitz auftaucht. Er braucht zum Jagen den großen Anlauf, den er durch den Sturzflug gewinnt. Auf der Jagd nach kleinen Säugetieren, wie zum Beispiel Mäusen, kommt ihm noch eine andere Eigenschaft zugute: Während wir Menschen und Säugetiere nur Dinge sehen, die rot, blau, gelb oder grün sind (oder Mischformen davon) kann der Falke auch ultraviolette Strahlung sehen. Und da der Urin von Säugetieren UV-Licht ausstrahlt, kann der Falke auch aus großer Höhe das Mäusepippi gut erkennen. So weiß er bald, wo sich eine oder mehrere Mäuse aufhalten. Und das erhöht seine Chancen, seine Beute zu entdecken und die Jagd erfolgreich abzuschließen.

Nach der Pause folgen wir weiter dem Bachlauf hinunter und halten uns an der nächsten Weggabelung links, bis wir auf dem breiter werdenden Pfad zum Ende der Höllschlucht und wenig später zur **Schrohmühle ❸** gelangen. Hinter der ehemaligen Mühle halten wir uns ganz links, das Wanderschild gibt 1,4 km bis nach Hofen an, unserem nächsten Zwischenziel. Der Forstweg verläuft bergauf am Waldrand und an Kuhweiden entlang und ermöglicht uns schöne Ausblicke auf das Tal. Dann erreichen wir Hofen und wir folgen der Hauptstraße, bis wir am Wanderschild links Richtung Vogelpark Steinen einbiegen und die Straße bergauf steigen, vorbei an einer Schafweide und einem schönen Bauernhof. Dort weist uns das Wanderschild »Höhle Hofen« nach rechts auf einen Forstweg. An der nächsten Gabelung gehen wir geradeaus der gelben Raute hinterher. An der gleich darauffolgenden Gabelung bleiben wir links auf dem breiten Forstweg, man könnte aber genauso gut rechts einbiegen, denn der Weg führt ebenfalls zum Vogelpark. Nach wenigen Minuten schlagen wir uns rechts in einen kleinen, unscheinbaren Forstweg und nach gut 200 m stehen wir vor der Rückseite des Vogelparks. Zum Eingang des Parks gehen wir nun links herum um den Zaun. Die Eintrittskosten für den Park sind kein Schnäppchen, aber sie sind jeden

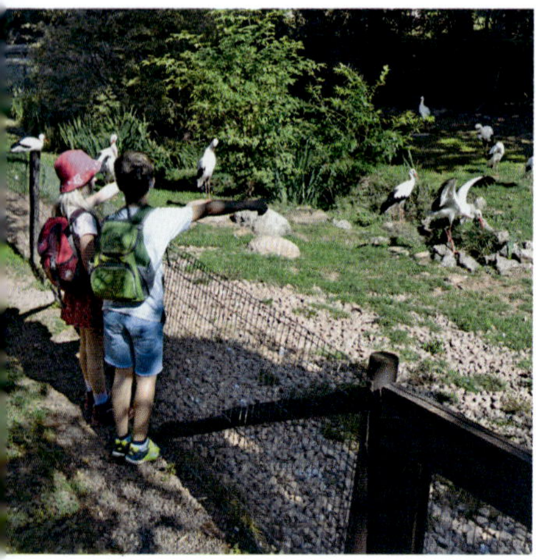

Wir zählen die Störche, ob noch alle da sind.

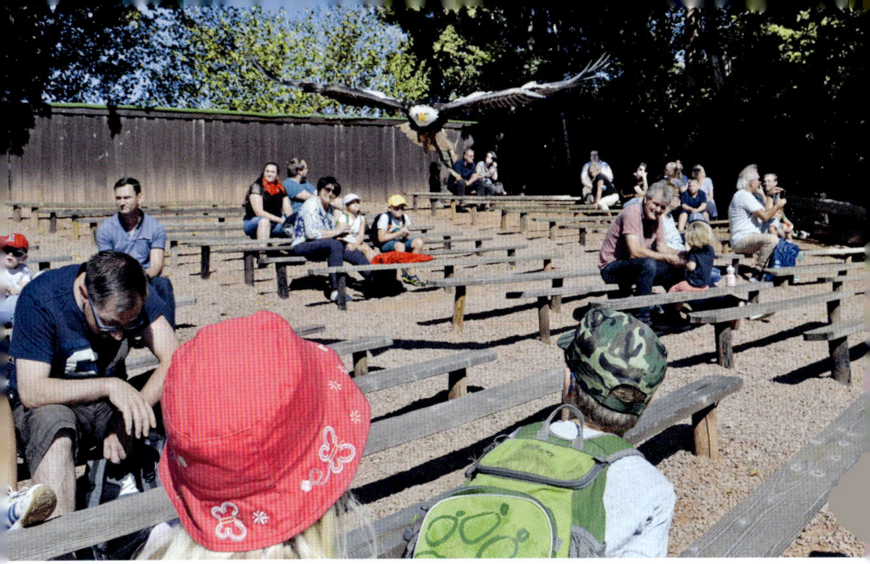

Nicht den Kopf einziehen, denn es soll Glück bringen, wenn uns die Adlerschwinge am Kopf berührt.

Cent wert, denn die Anlage ist gut gepflegt und alleine die Flugshow mit Adlern, Geiern und Milanen in der Falkneranlage ist ein besonderes Erlebnis, nicht nur für die Kinder. Die zwei großen Spielplätze werden intensiv genutzt, die Kinder kommen kaum mehr vom Riesentrampolin und der Miniseilbahn herunter. Der Vogelpark liegt in einem wunderbar grünen Tal, wo sich Mensch und Tier sofort wohlfühlen, und wer keine Vögel mag, kann Kängurus hüpfen sehen, Berberaffen oder Zwergziegen füttern oder das Zusammenleben der putzigen Erdmännchen studieren. Zudem besteht die Möglichkeit, sich eine der schattigen Grillstationen zu reservieren und so den Wandertag ausklingen zu lassen. Die **Bushaltestelle Weitenau Vogelpark** ❹ für unsere Rückfahrt befindet sich direkt bei den Parkplätzen.

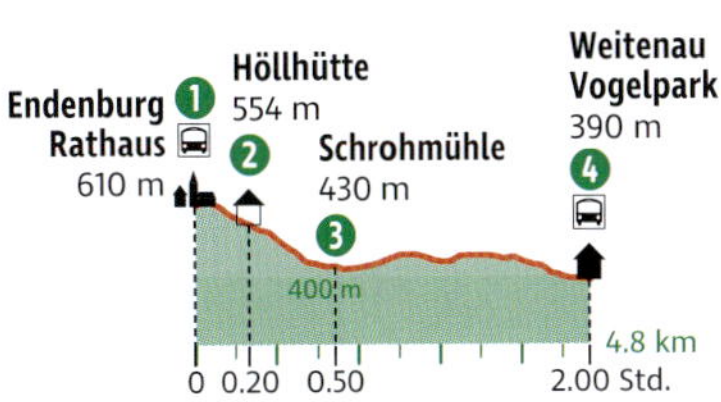

Highlights

- ★ In der scheinbar unberührten Höllschlucht mit dem Höllbach fühlen wir uns wie im verzauberten Märchenwald.
- ★ Wir geniessen die tolle Aussicht auf die weite Hügellandschaft der Hochrheinregion.
- ★ Unser spezieller Höhepunkt ist der Vogelpark mit sehenswerter Flugshow und vielen Tieren. Täglich 10–17 Uhr geöffnet, So, feiertags und in den Sommerferien Baden-Württembergs bis 18 Uhr, Nov.–März geschlossen, Eintrittspreise siehe www.vogelpark-steinen.de, Tel. +49 7627 9729011.
- ★ Abenteuerspielplätze und Grillstellen im schönen Tal des Vogelparks laden zum dauerhaften Verweilen ein.

2.00 Std. | 5.3 km | ↗180 m | ↘180 m | ab 4 Jahren

36 Walderlebnispfad Kandern

Rundweg zu spannenden Waldstationen

Tierspurensuche und Baumkunde

Der erlebnisreiche Waldpfad in Kandern zeigt uns sehr anschaulich, was man alles in der freien Natur finden kann, und erklärt uns nicht nur die verschiedenen Baumarten, sondern auch, was im Wald so kreucht und fleucht. Auf der Pirsch erspähen findige Waldkinder die heimische Vogelwelt vom Auerhahn bis zum Eichelhäher und die Bodenbewohner vom Wildschwein bis zum Dachs. Und wenn sie sich mal nicht in ihrer ganzen Pracht zeigen, kann man auf dem extra angelegten Pirschpfad alle Tiere nochmals suchen und am Ende kontrollieren, ob man eines der versteckten Tiere übersehen hat. Hier erfahren wir auch, warum die Weißtanne im Schwarzwald ihre Heimat hat und wem der Wald eigentlich gehört. Tief im Wald stoßen wir noch auf eine Bienen- und Wildbienenstation, wo wir uns ganz nahe an die kleinen Nektarsammler heranwagen können. Dann probieren wir aus, wie viele Kinder nötig sind, um einen Mammutbaum zu umzingeln. Ein kleiner Barfußpfad, ein Klettergarten und eine Sammlung von musikalischen Waldinstrumenten machen den Erlebnispfad zu einem der spannendsten in der Umgebung.

Ausgangspunkt: Busbahnhof Kandern, 346 m. Anfahrt vom Freiburger Hauptbahnhof mit der Regionalbahn Richtung Basel bis Müllheim Bahnhof (Baden) und mit dem SWEG-Stadtbus 4 nach Kandern Busbahnhof.
Mit dem Auto: Parken an der August-Macke-Schule, Staiggasse, 79400 Kandern (die Wanderung verkürzt sich dann auf 4 km), oder auf dem Parkplatz des Busbahnhofs und der Kandertalbahn (Bahnhofstraße 15).

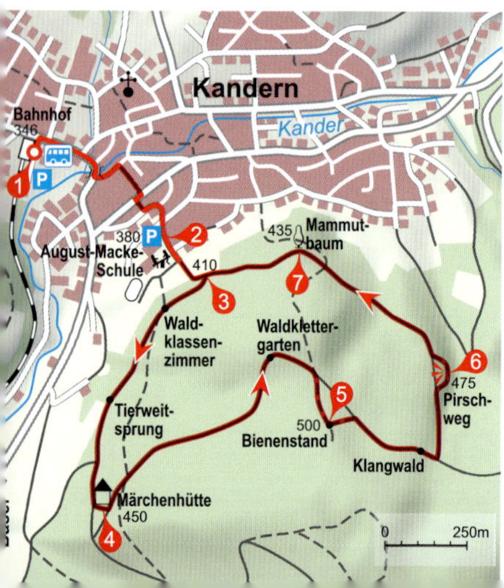

Ausrüstung: Wanderschuhe oder Trekkingsandalen, die kleinen Abstecher in den tieferen Wald sind besser mit hohen, festen Schuhen zu gehen. Die Hauptstationen können mit einem geländegängigen Kinderwagen gut erreicht werden.
Anforderungen: Leichte Wanderung auf breiten Forstwegen und Pfaden mit Steigungen bis zur Mitte der Tour.
Einkehr: Unterwegs keine. Am Start des Erlebnispfades gibt es eine schöne Grillstelle mit mehreren Tischen und Bänken. In der Ortsmitte finden sich mehrere empfehlenswerte Gaststätten.
Tipps: Von April bis Oktober können wir an Sonn- und Feiertagen an der Bienenstation den Imkern beim Arbeiten zusehen. Von Mai bis Oktober fährt die sehenswerte Kandertalbahn, die mit über 100 Jahre alten Dampfzügen herrliche Fahrten durch die nahe liegenden Dörfer anbietet (siehe auch Freizeittipp J4).

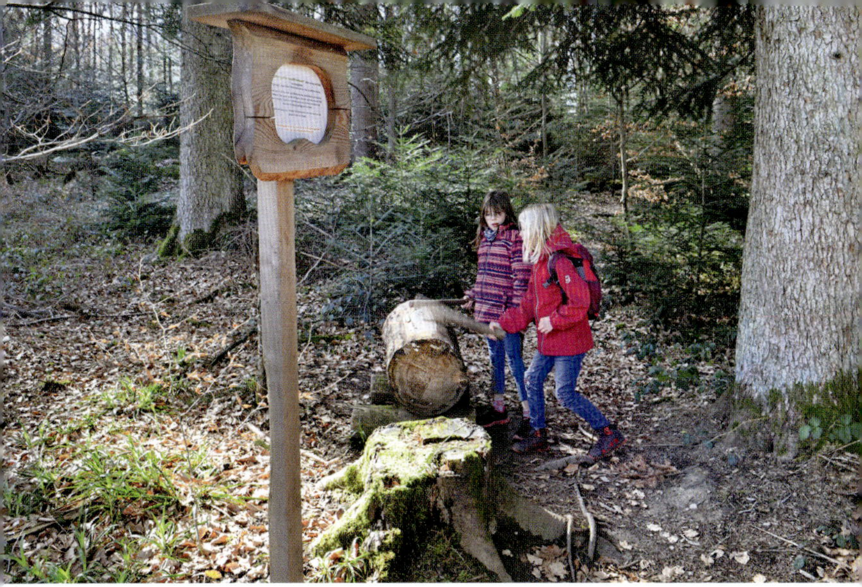

Die Markgräfler Buschtrommeln lassen wir durch den ganzen Wald ertönen.

Am **Busbahnhof Kandern ❶** starten wir unsere Wanderung, indem wir uns nach rechts auf die Bahnhofstraße begeben und die Brücke über die Kander benutzen. Unmittelbar danach biegen wir links in die Hammersteinstraße und gleich darauf nach rechts in das Riemergässli ein. Dann überqueren wir die Waldeckstraße, halten uns auf dieser rechts und biegen nach 20 m links in die Fortführung des Riemergässlis ein, das uns am Ende in die Staiggasse führt. Wir wenden uns nach links und kommen nach der Rechtskurve zur August-Macke-Schule, wo wir an den **Parkplätzen ❷** vorbei zum Startpunkt des **Walderlebnispfades ❸** aufsteigen, allerdings wird von den Kindern erst der Spielplatz an der Schule ausgiebig getestet.

Am Wanderschild folgen wir Wutzi, dem Pfadmaskottchen, und der gelben Raute in Richtung Basel und erreichen die Station 1 des Pfades, die uns die Wichtigkeit der Waldränder erläutert. Ab hier geht es entweder auf dem mit einem Kinderwagen begehbaren Forstweg weiter oder

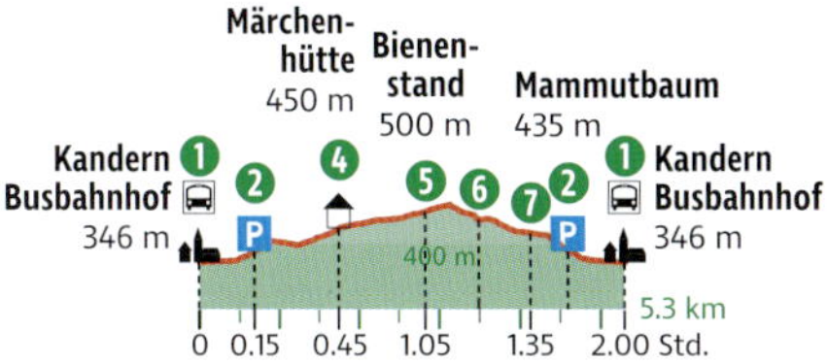

Obwohl es noch früh im Jahr ist, herrscht erstaunliche Aktivität im Bienenstock.

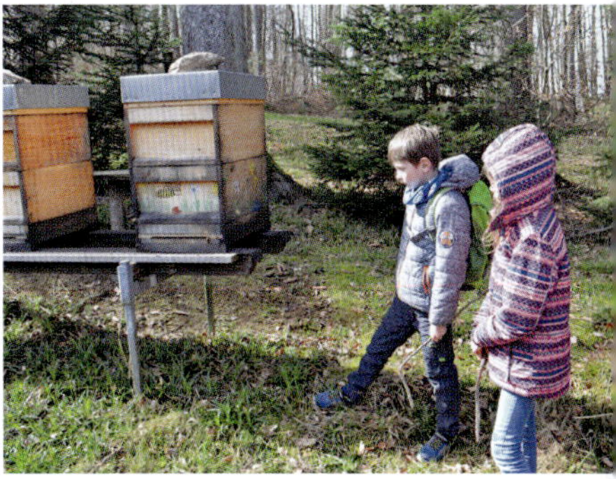

Highlights

- ★ Der Spielplatz an der Schule ist ein guter Startplatz für unsere Rundtour.
- ★ Toben wie die Affen, das geht prima im Waldklettergarten mit seinen Hängeseilen.
- ★ Wer entdeckt alle versteckten Tiere auf dem Pirschpfad?
- ★ Am Bienenstock können wir dem Bienenvolk ganz nahe kommen.
- ★ Wie viele Kinder brauchen wir, um einen echten Mammutbaum zu umarmen?

direkt im Wald auf einem der urigen Trampelpfade, die die Kinder und die Erwachsenen so lieben. Hier heißt es dann, die Tierspuren auf dem Boden richtig zu deuten und den Tieren zuzuordnen. Am witzigsten sind die Spuren der Eichhörnchen – alle vier Pfoten sind nebeneinander angeordnet, immer im Galopp rennend.

Sehr liebevoll ist die **Märchenhütte ❹** gemacht, die wir nach rund 1 km erreichen. Hier kann man Schutz suchen und sich mit einem Märchenbuch und Gedichten die Zeit vertreiben. An der Hütte biegen wir links ab, immer den Wutzi-Schildern hinterher. An der nächsten Station sind Seile zwischen den Bäumen gespannt, und wir gehen mit geschlossenen Augen blind durch den Wald, nur geführt vom Seil und unseren tastenden Händen und Füßen. Wir sind überrascht, wie gut wir auf einmal fühlen und hören können, wenn die Augen keine zusätzlichen Informationen an das Gehirn senden. Ein wirklich anschauliches Experiment!

Ungefähr auf der Mitte der Tour können die Kinder ihre Kletterkünste im Waldklettergarten beweisen und den Barfußpfad erkunden. Dann wird es abseits des Weges im **Königreich der Bienen ❺** interessant und gleichzeitig spannend, denn wir gehen ganz nah an die Bienenkästen heran, um die kleinen Sammlerinnen beim Starten und Landen am Flugloch zu beobachten. An den folgenden Stationen betätigen wir uns als Musikanten und testen alle Holzinstrumente, die hier aufgebaut

Im Waldklettergarten können sich alle so richtig austoben.

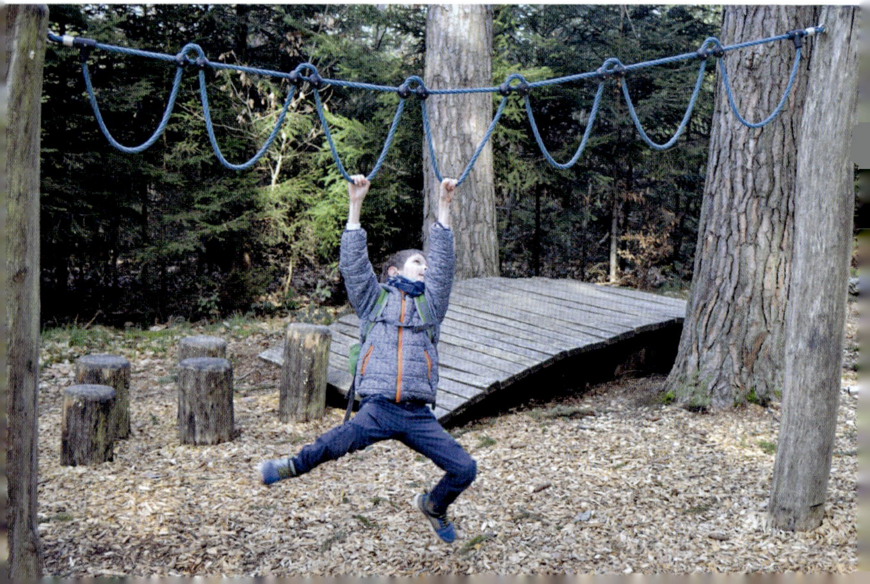

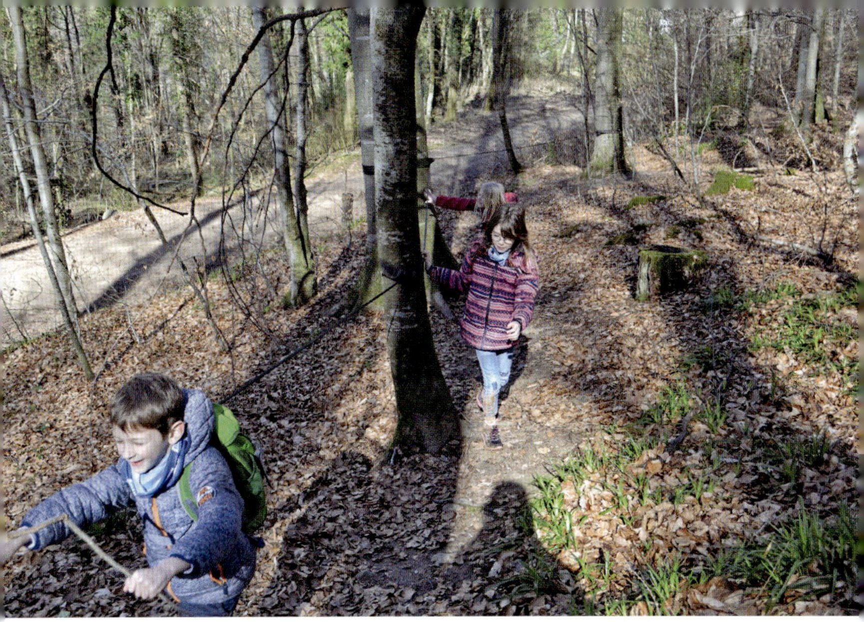

Mit geschlossenen Augen durch den Wald zu gehen, schärft die Sinne.

wurden, und nach einem weiteren halben Kilometer dürfen die Kinder ihre Pirschfähigkeiten beweisen, um alle im Wald versteckten Tiere zu finden. Die Auflösung gibt es am Ende des **Pirschweges 6**. Während die Erwachsenen nun die tolle Aussicht bis zum Hochblauen genießen, geht es vorbei an den letzten Waldstationen, an denen wir unter anderem einen riesigen **Mammutbaum 7** umarmen dürfen. Wir kommen nun aus dem Wald heraus und kehren auf dem bekannten Weg durch das kleine Städtchen zum Ausgangspunkt am **Busbahnhof Kandern 1** zurück.

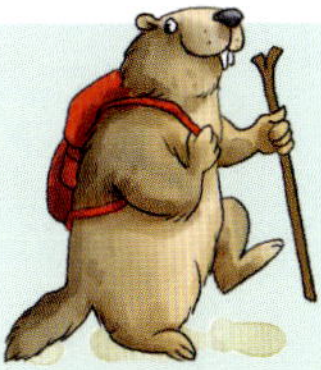

Hallo Kinder,

wusstet ihr, dass Hummeln auch zur Familie der Bienen zählen? Sie bilden Völker wie ihre kleineren Verwandten, die Honigbienen, jedoch nur mit einigen Hundert Tieren, während Honigbienenvölker im Hochsommer bis zu 40.000 Tiere im Stock erreichen. Hummeln sind deutlich kräftiger und weniger empfindlich gegen niedrige Temperaturen, sodass sie schon im beginnenden Frühjahr ausfliegen können, um Nektar zu sammeln. Habt ihr euch schon mal gefragt, warum es im Laden keinen Hummelhonig zu kaufen gibt? Im Unterschied zu den Honigbienen müssen Hummeln keine Wintervorräte an Honig herstellen, denn ein Hummelvolk lebt nur bis zum Herbst. Nur die Hummelkönigin überlebt den Winter und gründet im Frühling wieder ein neues Volk. So gibt es auch keinen Überschuss an Honig, den wir Menschen einsammeln und essen könnten.

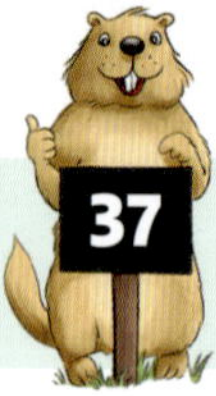

4.00 Std. | 10.2 km | ↗160 m | ↘160 m | ab 6 Jahren

Zum Isteiner Klotz

Rundwanderung um Istein

Tolle Fernsichten und herrlicher Wasserspaß am Rhein

Wer beim Markgräfler Land sofort an Weinberge denkt, liegt mit Sicherheit richtig. Der Rhein hat hier aber auch einmalige Plätzchen geschaffen, die ebenfalls unbedingt besucht und erwandert werden wollen. Der Altrhein ist hier so flach, dass man über Kiesbänke auf die andere Seite gehen kann. Die Kinder lieben es, Staudämme zu bauen und in kleinen, selbst erschaffenen Gumpen zu baden. Viele Interessierte kommen auch, weil es im seichten Fluss ein Edelmetall zu finden gibt, das jeder gerne sein Eigen nennt: Gold. Nicht als große Nuggets, aber immerhin als kleine Flirren lässt sich hier mit Sieb, Pfanne und etwas Geduld tatsächlich Gold finden. Zuerst aber durchwandern wir die sanften Hügel der Rebanlagen von Istein und Efringen-Kirchen, die uns bis nach Basel und in die Vogesen blicken lassen. Dann geht es endlich in die Rheinauen. Das Spielen auf den Kiesinseln des Altrheins ist ein toller Zeitvertreib. Zum Abschluss eines perfekten Wandertages erklimmen wir über Treppen den Isteiner Klotz, einen 150 Millionen Jahre alten imposanten Felsen, wo wir mitten im Berg die 900 Jahre alte St.-Veits-Kapelle finden.

Der idyllische Altrhein ist ein Paradies für Vögel – und für Wandervögel wie uns.

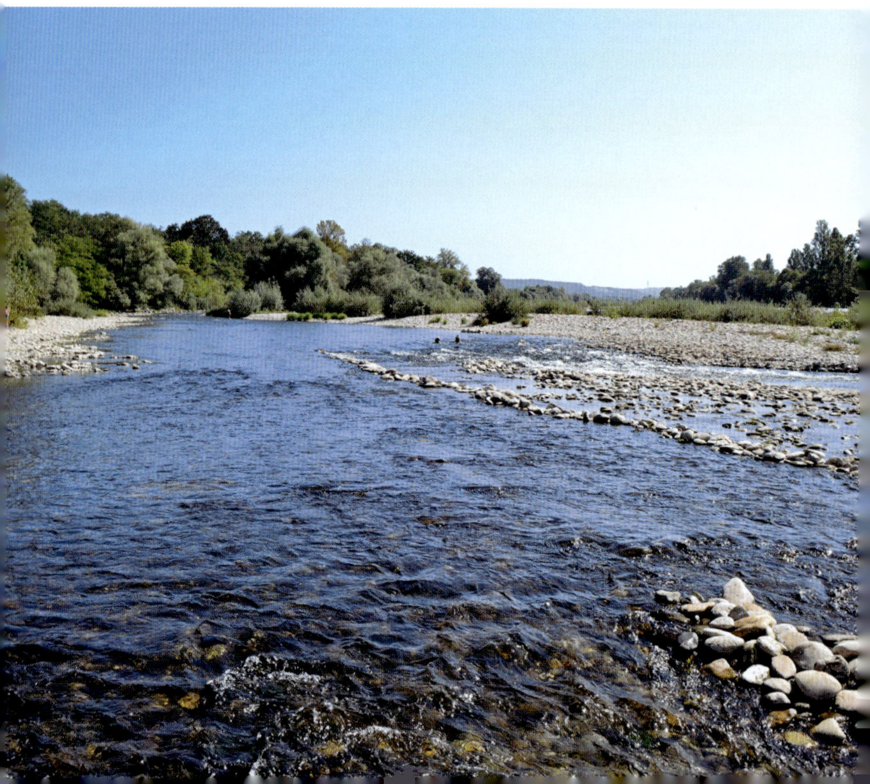

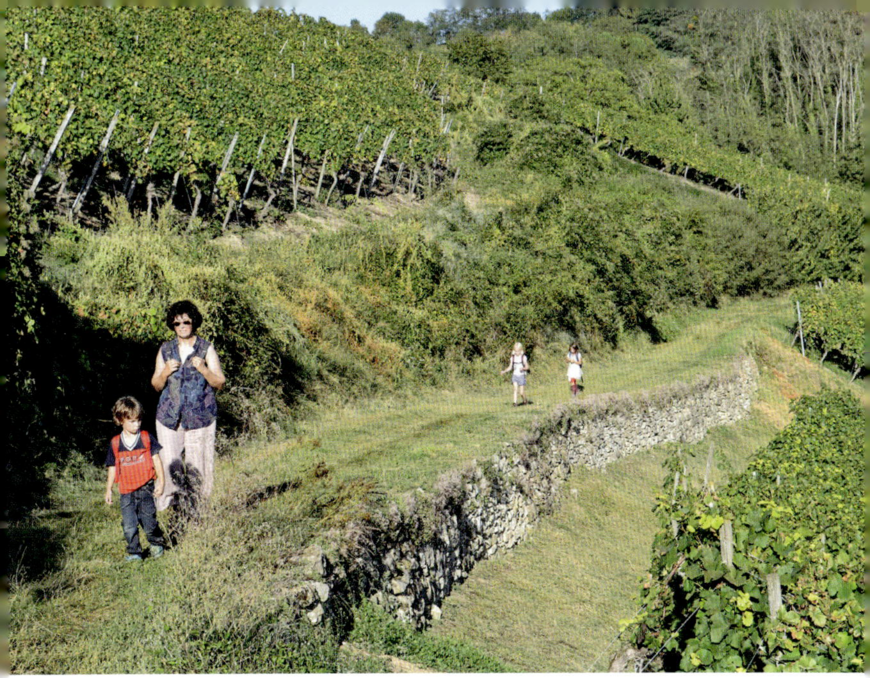

Beim Anblick der prallen Trauben bekommen wir Appetit.

Ausgangspunkt: Bahnhof Istein, 258 m. Anfahrt vom Hauptbahnhof Freiburg mit dem Regionalexpress in Richtung Basel.

Mit dem Auto: Wanderparkplatz St.-Veits-Kapelle, Kapellenweg, 79588 Efringen-Kirchen (Wegpunkt 7). Ab hier geht man den Kapellenweg am Friedhof vorbei 1 km bis zum ausgeschilderten Bahnhof Istein.

Ausrüstung: Wanderschuhe, im Sommer unbedingt Badesachen mitnehmen.

Anforderungen: Längere Wanderung auf breiten Wanderwegen, Teerstraßen und kleinen Pfaden für lauffreudige Kinder, aber ohne nennenswerte Schwierigkeiten. Die Wege sind mit geländetauglichem Kinderwagen befahrbar, bis auf den steilen Hohlweg 500 m nach dem Bahnhof (Umfahrungsempfehlung siehe Wegbeschreibung). Viel Zeit sollte man zum Spielen am Altrhein einplanen.

Einkehr: Sehr empfehlenswert für Freunde authentischer italienischer Küche ist das Café Cosi, geöffnet 9–22 Uhr, Di und Mi Ruhetag, Hauptstr. 29, 79588 Efringen-Kirchen, Tel. +49 7628 8033500, www.cafe-cosi.de. Ansonsten hat Efringen-Kirchen eine Anzahl von gutbürgerlichen Restaurants.

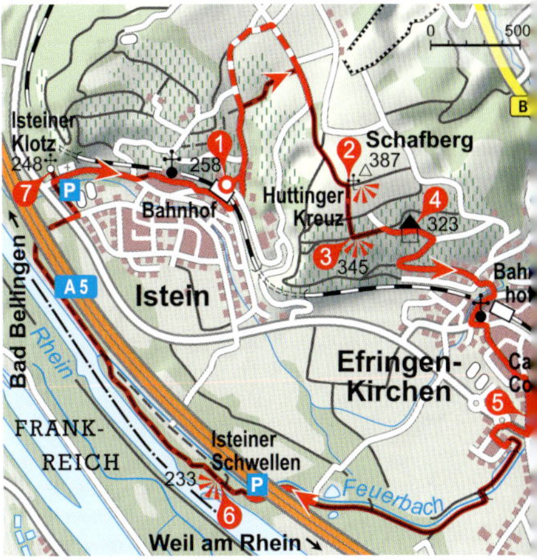

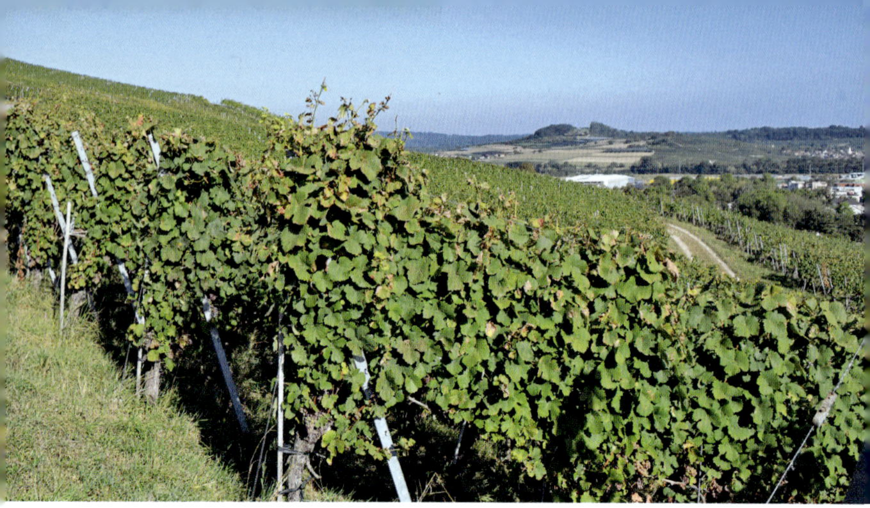

Trauben über Trauben, soweit das Auge reicht.

Der **Bahnhof Istein** ❶ ist Ausgangspunkt unserer großen Markgräfler Tour. Wir verlassen ihn am Kieswerk vorbei und biegen links ab, sehr steil zieht nun die asphaltierte Winzerstraße den Weinberg zwischen den Reben hinauf. Nach einigen Minuten zweigen wir an der ersten Gelegenheit rechts ab auf einen alten Holzfällerweg, der steil und tunnelartig von Wald bewachsen aufwärtsführt (Mit Kinderwagen bleiben wir auf der Teerstraße und biegen erst 300 m später rechts ein und gelangen dann zur Römerstraße). Dann stoßen wir auf die Römerstraße und schwenken rechts ein in Richtung Huttinger Kreuz. Die Schotterstraße führt uns wenig später auf den Gipfel unserer Rebentour, das **Huttinger Kreuz** ❷ auf dem Schafberg. Wir sind der Hinweistafel zufolge nun auf einem Teil des berühmten Jakobsweges, dem Himmelreich-Jakobus-Weg. Von hier aus sind es über Basel noch 2213 km bis Santiago-de-Compostela, was aber zum Glück heute nicht unser Ziel ist. Wir genießen die tolle Aussicht auf die Basler Bucht und die Vogesen und können sogar das Berghaus Blauen auf dem Hochblauen im Nordosten erkennen.

Wir überschreiten den Gipfel und gehen geradeaus weiter Richtung Efringen-Kirchen, immer bergab mitten durch die Reben hindurch, um dann auf eine **Panoramatafel** ❸ mit den Gipfeln von Ost bis West zu treffen. Hier biegen wir nach links in den

Highlights

- ★ Der 150 Millionen Jahre alte, imposante Isteiner Klotz.
- ★ Tolle Aussicht von den Weinbergen des Markgräfler Landes auf die Vogesen und das Basler Land.
- ★ Wir streifen durch eine bezaubernde Auenlandschaft am Altrhein und finden Muscheln am Strand.
- ★ Im flachen Flussbett lassen sich mit den Flusskieseln tolle Staudämme bauen.
- ★ Herrliche Bademöglichkeit im kühlen Rhein.
- ★ Mit etwas Glück findet man die Stelle am Ufer, an der man mit einer langen Schaukel weit über das Wasser schaukeln kann.

Weinbergweg, der zum Panoramaweg Schafberg von Efringen-Kirchen gehört. Wir pilgern die Straße für rund 150 m weiter und halten uns an der nächsten Kreuzung rechts, um uns dann weitere 150 m später an der kleinen **Schutzhütte** ❹ mit der Tafel zum Ökologischen Landbau wiederzufinden. Hier entscheiden wir uns für den kürzeren Weg geradeaus hinunter, da wir später unbedingt noch Zeit am Rhein verbringen wollen. Die Abkürzung bringt uns wieder auf den Panoramaweg, dem wir rechts entlang für 250 m folgen, um dann links über den Gehrenweg ins Dorf Efringen-Kirchen zu gelangen. Am Ende des Gehrenwegs wendet sich der Weg nach rechts in die Engetalstraße. Den Dorfbrunnen lassen wir links liegen und gehen links in die Straße »Im Ölgarten«, die am Ende auf die Steingartenstraße führt. Dort verläuft unser Weg rechts auf die Hauptstraße, unter der Bahnunterführung hindurch und nach links in die Bahnhofstraße. Hier zweigt nach dem Friedhof rechts

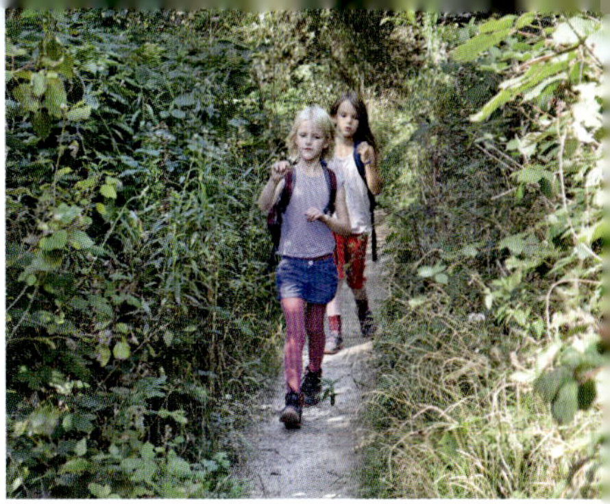

Wir kämpfen uns durch das Dickicht der Rheinauenwälder.

der Nikolaus-Däublin-Weg ab, den wir bis zum Ende laufen. Der Hölzeleweg links befördert uns auf die Hauptstraße und damit näher an unser Ziel, das italienische **Café Cosi** ❺, das wir hungrig und erwartungsvoll erreichen.
Nach der Stärkung mit italienischem Kuchen marschieren wir auf der Hauptstraße weiter, bis wir rechts in die Isteiner Straße einbiegen, uns am Kreisverkehr ganz links halten und gleich die nächste Straße links, »Am Feuerbach«, nehmen. Nach 100 m

Ein glücklicher Zufall ist der Fund dieser tollen Schaukel am Flussufer.

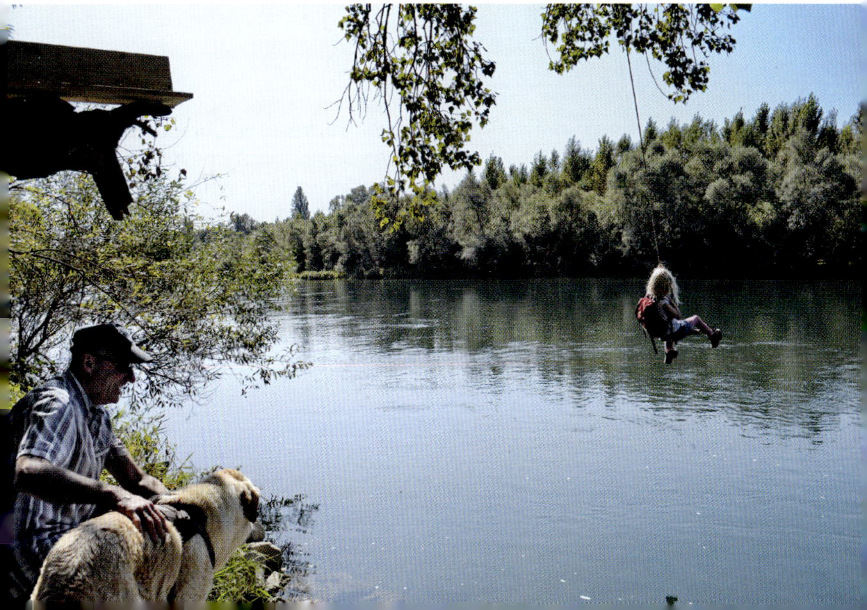

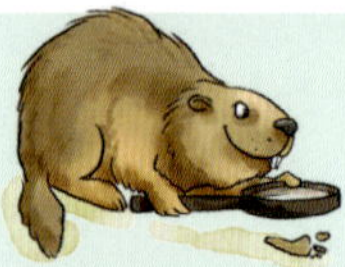

Hallo Kinder,

es gibt hier im Rhein tatsächlich Gold zu finden, wie in vielen weiteren Flüssen in Deutschland auch, zum Beispiel in der Donau, der Isar oder dem Inn. Da Gold schwerer als Steine oder die meisten anderen Metalle ist, wird es zwar von starken Strömungen mitgerissen, aber an Stellen mit geringerer Strömung lagert es sich vermehrt ab. An Flüssen sind deshalb die Innenkurven goldreicher als die Außenkurven, und hinter großen Steinen oder in tieferen Senken schwebt das wertvolle Edelmetall ebenfalls schneller zu Boden. Wenn ihr also auf den Geschmack gekommen seid, rüstet euch mit einer Waschpfanne aus Metall oder Kunststoff aus, dazu noch eine Schaufel und ein paar hohe Gummistiefel, und los geht's! Eine Schaufel voll Sand, Kies und Steine kommt in die Pfanne und dann wascht ihr mit dem Flusswasser die leichteren Bestandteile heraus, bis winzig kleine Flirren von Gold übrigbleiben, die man mit einem Pinsel oder der Fingerspitze in einem kleinen Glasröhrchen sammeln kann. Aber Vorsicht, es herrscht Suchtgefahr! So mancher Goldsucher im Amerika der Goldrauschzeit um 1850 hat sich ruiniert, weil er mehr Geld für die Suche ausgegeben als Gold gefunden hat.

gehen wir links zwischen den Häusern hindurch und treffen auf einen kleinen lauschigen Pfad, der uns am Feuerbach entlang über kleine Brücken in Richtung Rhein führt. Knapp 200 m nach den letzten Wohnhäusern überqueren wir eine weitere kleine Brücke auf die linke Bachseite. Bald darauf beginnt der Wald und wir halten uns hier an der Weggabelung rechts bis zur nächsten Gabelung, wo wir den linken Weg wählen. Wir kommen nun auf eine asphaltierte Straße und nach der Autobahnunterführung rechts an den Parkplätzen entlang sind es nur noch wenige Meter bis zur Aussichtsplattform der **Isteiner Schwellen** ❻, immer in Richtung des Wanderschildes »Isteiner Klotz«. Hier begeistert uns der paradiesische Anblick des im Gegenlicht der Sonne glitzernden Flusswassers mit den Felsinseln und Kiesbänken.

Nach dem Studium der Infotafeln über die Renaturierung des Altrheins schlagen wir uns auf einem der zahlreichen Pfade zum Fluss hinunter,

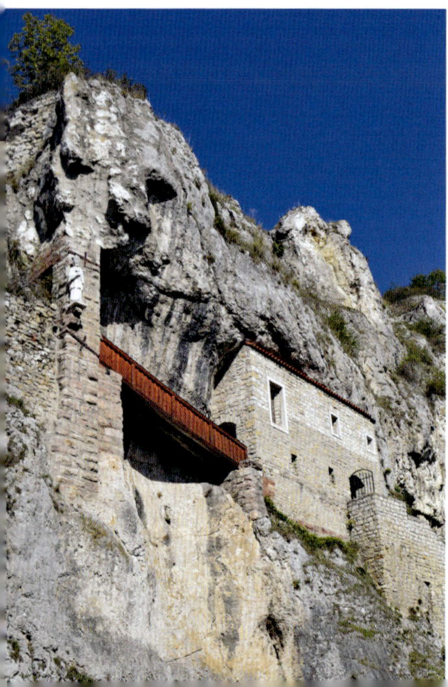

In eine der Höhlen im Isteinklotz ist die St.-Veits-Kapelle eingelassen.

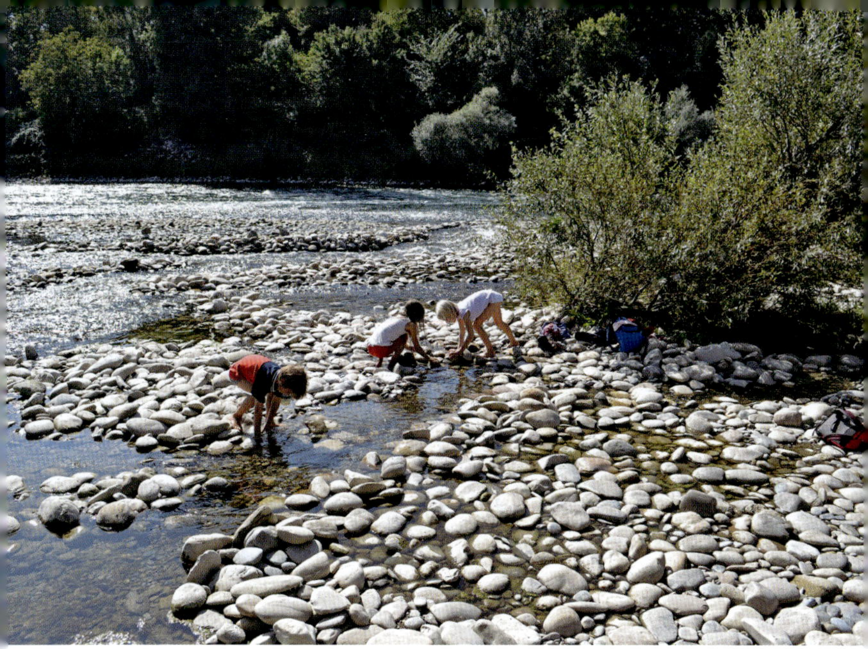

Die Rheinauen sind der schönste Spielplatz, den sich Kinder vorstellen können.

da die Kinder natürlich ganz wild auf das Wasser sind. Sofort wird sich der Schuhe entledigt und mit vereinten Kräften werden Staudämme aus schweren Flusskieseln errichtet oder den Goldsuchern des Rheins nachgeeifert. Auf kleinen Pfaden steuern wir dann durch das auch von Nudisten geschätzte Dickicht der Rheinauen weiter flussabwärts bis zum Wanderschild »Altrhein Istein«. Dort wenden wir uns nach rechts Richtung Istein und Isteiner Klotz, kommen am Parkplatz der Wassersportler vorbei und unter der Autobahn hindurch auf die Hauptstraße. Diese überqueren wir und haben es auf einem kleinen Weg links entlang der Straße nicht mehr weit bis zum Wanderparkplatz und dem **Isteiner Klotz** 7 mit seiner alten St.-Veits-Kapelle. Natürlich wollen die Kinder sofort die Treppen hinauf – eine hoch oben in den Fels gemeißelte Kapelle sehen wir schließlich nicht alle Tage!

Danach wandern wir den Kapellenweg am Friedhof vorbei sanft bergauf und halten uns immer in Richtung der Beschilderung »Istein Mitte« und **»Istein Bahnhof«** 1, unserem Ausgangspunkt.

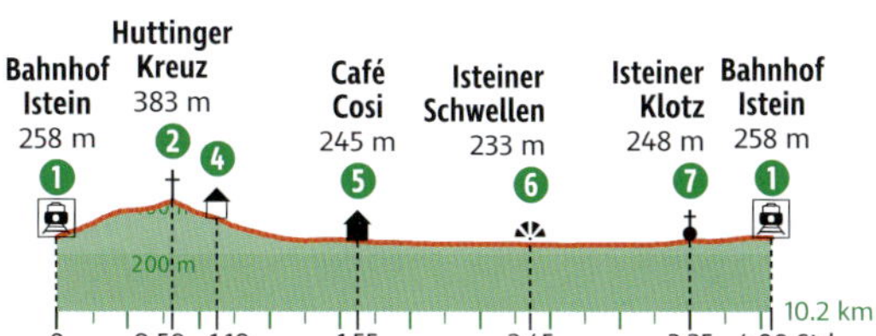

3.00 Std. | 7.4 km | ↗140 m | ↘140 m | ab 6 Jahren

38 Zur Burg Rötteln

Rundtour in Lörrach

Markgrafenburg hoch über dem Lörracher Grütt-Park

Lörrach liegt genau im Dreiländereck zwischen Frankreich, Deutschland und der Schweiz, sodass wir beim Wandern immer wieder zu unseren Nachbarn hinüberschauen können. Im wunderschönen, 1983 zur Landesgartenschau angelegten Grütt-Park blühen die Bäume im Frühling in üppiger Pracht, während im Hintergrund die hoch oben auf einem Bergsporn errichtete Burg Rötteln hervorlugt. Sie ist das Wahrzeichen der Stadt Lörrach und gewährt uns von ihren altehrwürdigen Burgmauern Ausblicke tief ins Land hinein. Hier kann man seiner Fantasie freien Lauf lassen und Ritter und Burgfräulein auferstehen lassen. Bei einer Führung durch die Burg bekommt man tolle Einblicke in den Alltag der mittelalterlichen Bewohner, und Gruselgeschichten von Hexen und geheimen Gängen gibt es gratis dazu.

Ausgangspunkt: S-Bahnhof Lörrach-Schwarzwaldstraße, 301 m. Anfahrt vom Freiburger Hauptbahnhof mit dem Regionalexpress nach Weil am Rhein, dort umsteigen in die S-Bahnlinie 5 Richtung Steinen.
Mit dem Auto: Parken in der Robert-Bosch-Straße im Gewerbegebiet neben dem S-Bahnhof Lörrach Schwarzwaldstraße.
Ausrüstung: Wanderschuhe oder Trekkingsandalen.

Anforderungen: Etwas längere Wanderung mit stärkerer Steigung zur Burg Rötteln hinauf. Zumeist geht man auf breiten Forstwegen und asphaltierten Straßen, nur der Anstieg zur Burg ist etwas unwegsamer. Mit dem Kinderwagen kann dieser Abschnitt der Wanderung umgangen werden (siehe Tourenbeschreibung).
Einkehr: Café & Biergarten Fräulein Burg, direkt an der Burg, mit schönem Ausblick auf Lörrach, selbst gemachte Kuchen und Vesperteller, Tel. +49 7621 7069066, www.fräulein-burg.de.

Der Grüttsee strahlt eine sehr angenehm-ansteckende Ruhe aus.

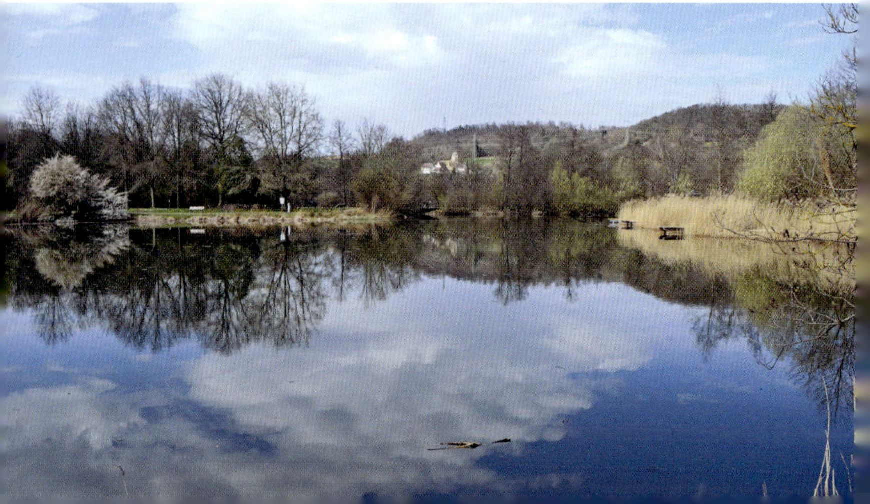

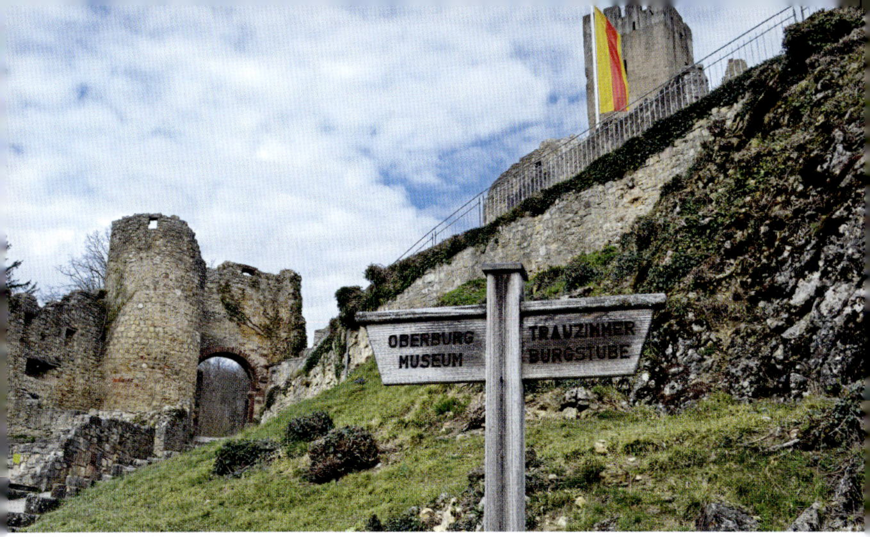

Die Burg Rötteln thront stolz über Lörrach und versetzt uns zurück ins Mittelalter.

Von der **S-Bahnhaltestelle Lörrach-Schwarzwaldstraße ❶** laufen wir am Bahngleis den Fahrradweg entlang in nördlicher Richtung, vorbei an den Parkplätzen des Kaufland-Supermarkts, bis zu einer Bahnunterführung linker Hand. Hier gehen wir hindurch und stehen im Frühling schon mitten in den Osterglocken und Blausternen des Landschaftsparks Grütt. Wir halten uns am zweiten Parkweg links, um den künstlich angelegten **Grüttsee ❷** zu erreichen, der mit seinen Holzstegen sehr zum Verweilen einlädt. Wir spazieren links am See vorbei, studieren die Infotafel mit Wissenswertem über die pflanzlichen und tierischen Seebewohner und wandern dann dem Hinweisschild Richtung Kandern nach. Nun überqueren wir auf einer 85 m langen überdachten **Holzbrücke ❸** den Fluss Wiese, der auch dem Tal seinen Namen gab, und wenden uns am Ende der Brücke nach rechts. Gleich danach geht es links dem Radweg Richtung Burg Rötteln hinterher, unter der großen Autobahnbrücke hindurch und links über die

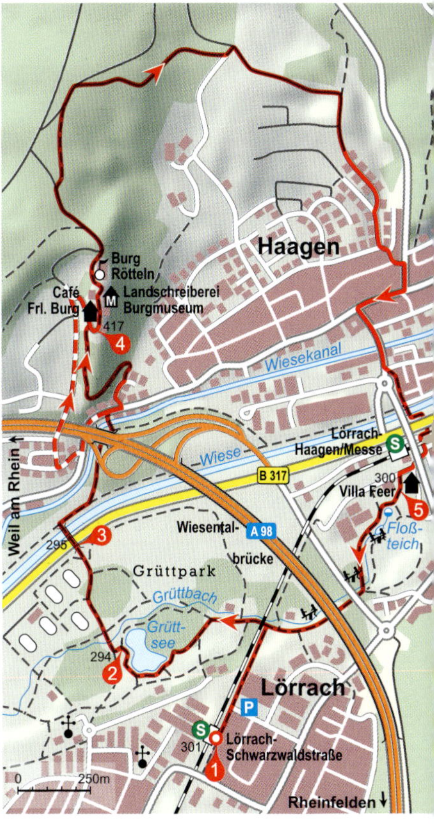

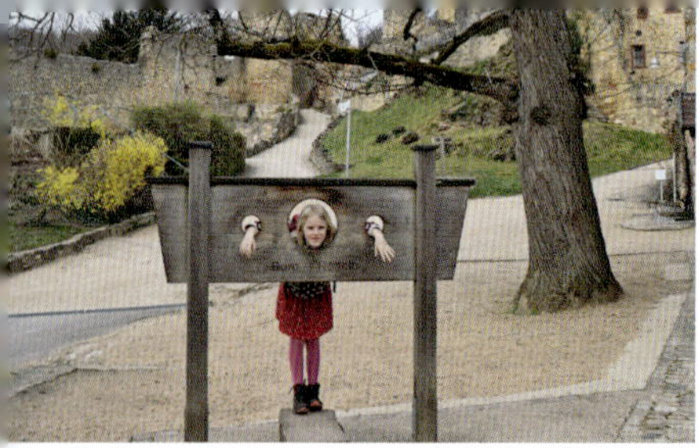

In den Holzblock wurden früher ganz schlimme Verbrecher gesperrt.

Wiesekanalbrücke auf die Hauptstraße, die Röttler Straße. Sind wir mit Kinderwagen unterwegs, wandern wir nun links auf der Röttler Straße unter der Autobahnbrücke hindurch bis zur nächsten Einbiegung rechts in den Röttelnweiler, der gleich nach rechts abzweigt und nach wenigen Minuten zur Schlossgass wird. Dieser können wir immer geradeaus bis zur Burg hinauf folgen.
Ohne Kinderwagen können wir uns nach rechts auf die Röttler Straße begeben, um gleich darauf links in die Straße »Unter der Burg« einzubiegen. Dann halten wir uns immer links, bis uns das Wanderschild zur Burg Rötteln den Weg links steil den Berg hinaufweist. Nach rund einem halben Kilometer Aufstieg auf dem beschilderten Fußweg kommen wir an der **Burg Rötteln** ❹ an. Für den Besuch der markgräflichen Burg, des dazugehörigen kleinen Museums in der ehemaligen Landschreiberei und einer Einkehr im Café haben wir einiges an Zeit eingeplant und können uns so nach Herzenslust in Gedanken ins Ritterleben versenken. Die außergewöhnliche Aussicht vom Burgturm reicht bei gutem Wetter bis zu den Alpen, das Wiesental und Basel im Rheintal sind auch sonst meist gut zu erkennen. Eine Burgführung lassen wir uns hier auch nicht entgehen.
Nachdem der Wissensdurst gestillt ist, setzen wir die Tour links an der Burg vorbei auf dem berühmten Westweg fort, der hier Interregio Wanderweg heißt und mit einer roten Raute markiert ist. Am Wanderschild »Schloßhalde« geht es für uns

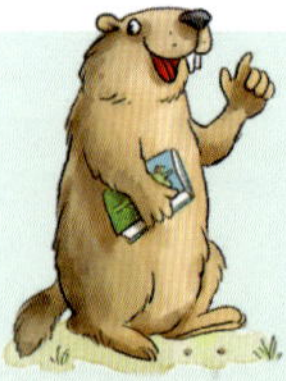

Hallo Kinder,

auf so einer Burg erfährt man vieles vom Alltagsleben der Ritter und der anderen Burgbewohner, denn sie waren ja nicht immer nur mit Ritterturnieren oder Feldzügen beschäftigt. Eines der sonderbarsten Dinge auf der Burg ist der von außen schön anzusehende Erker, der wie ein kleines Kämmerchen an der Mauer der Burg zu kleben scheint. Von innen ist das jedoch nur eine Nische in der Wand, die mit einem Vorhang verhüllt ist und früher als Toilette diente. Wenn der Herr Ritter nun die Toilette benutzte, fiel einfach alles nach unten in den Burggraben und verbreitete eher keinen Rosenduft. Auch aus hygienischen Gründen war dieser Aborterker kritisch, denn so konnten sich Krankheiten ausbreiten. Solche Toiletten waren auch in mittelalterlichen Städten üblich, was für uns schwer vorstellbar sein mag. Wasserklosetts gab es zwar schon bei den alten Römern, aber im Mittelalter war diese Technik verloren gegangen und erst ab Ende des 18. Jahrhunderts wurde die Idee der Wasserspülung neu aufgegriffen und vermehrt in Wohnhäusern installiert.

Highlights

- ★ Riesige Ritterburg mit spannender Führung nur nach Vereinbarung, Öffnungszeiten siehe unter www.burgruine-roetteln.de.
- ★ Tolle Ausblicke vom Burgturm.
- ★ Bunter Landschaftspark im Grütt.
- ★ Grüttsee mit gemütlichen Holzstegen zum Ausruhen.
- ★ Floßteich und Abenteuerspielplatz im Park.
- ★ Im Dreiländermuseum, Basler Straße 143 in Lörrach, ist der Großteil der in der Burg gefundenen Gegenstände wie Waffen, Werkzeuge oder Küchenutensilien aufbewahrt. Zudem gibt es dort häufig Spezialausstellungen zur Burg Rötteln, Tel. +49 7621 415150, www.dreilaendermuseum.eu.

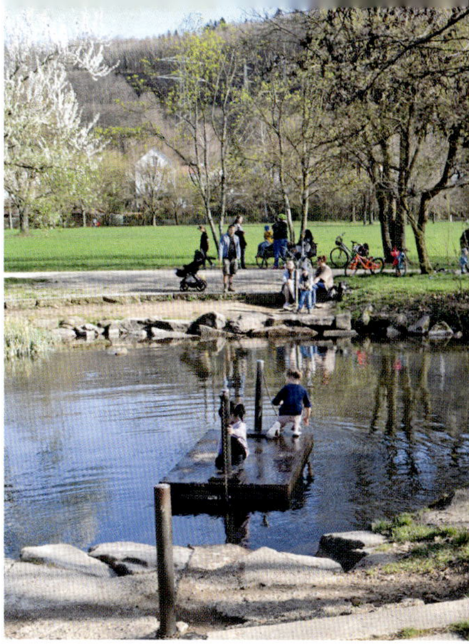

Mit einem Floß über den Teich zu fahren, ist ein besonderer Spaß.

rechts weiter bis zum Schild »Am Trimm-Dich-Pfad«, an dem wir uns rechts Richtung Lörrach halten. An der nächsten Weggabelung wandern wir wieder rechts und kommen aus dem Wald heraus auf den geteerten Lichsenweg, in den wir links einbiegen und durch die Kurve hindurch bergab Richtung Lörrach laufen. Vorbei an schönen Pferdekoppeln folgen wir der geteerten Straße bis zum Städtchen. Der Lichsenweg mündet in die Wittlinger Straße, in die wir rechts einschwenken und am Ende rechts der Hauinger Straße für 150 m folgen. Dann geht es links ab in die Eisenbahnstraße, auf der wir den Wiesekanal überqueren. An der Verkehrsinsel angekommen, verlassen wir die Eisenbahnstraße, orientieren uns nach links den Fahrradweg hinunter und steuern über die Fußgängerbrücke der Wiese und unter der Schnellstraße hindurch den Bahnhof Haagen/Messe an. Nachdem wir die Gleise überschritten haben, gelangen wir nach 50 m rechts zum Ostende des Grüttparks und der romantischen **Villa Feer** ❺. Von der Villa flanieren wir am Bouleplatz vorbei zum versteinerten Quellwächter, der die künstliche Quelle des Grüttbachs bewacht, und weiter zum Wasserspielplatz an einem Teich, den die Kinder auf einem hölzernen Floss überqueren können. Der Bach geleitet uns nun an einem kleinen Spielplatz mit Brunnenpumpe vorbei und unter der Autobahn hindurch zur Bahnunterführung, vor der wir links in den Fahrradweg einbiegen und wieder den Startpunkt unserer Tour am **Bahnhof Lörrach** ❶ erreichen.

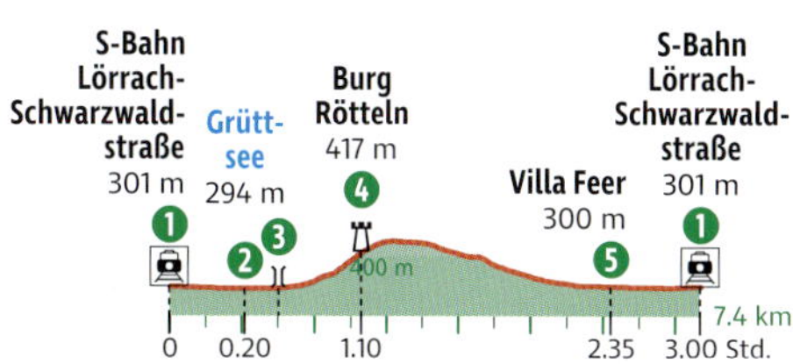

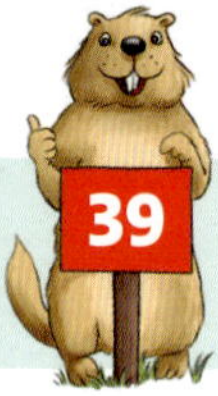

2.00 Std. | 6.1 km | ↗ 140 m | ↘ 200 m | ab 5 Jahren

39 Hauensteiner Murgtalpfad

Streckentour von Wickartsmühle nach Friedborn

Auf der alten Postkutschenstrecke durchs wilde Murgtal

Eine herrlich vielfältige Wanderung finden wir im Tal der wildromantischen Hauensteiner Murg, einem nur 22 Kilometer langen Zufluss des Rheins. Anfangs am kleinen Seelbach entlang erfahren wir an den Infotafeln des Steinbruchs Wickartsmühle alles über verschiedene Mineralien, die hier gefunden wurden, und wie sie vor vielen Millionen Jahren entstanden sind. Der Bach stürzt sich dann mit voller Wucht als Wasserfall Strahlbrusch einen 12 Meter hohen Felsen hinunter und mündet gleich darauf in der Murg. Nun wandern wir auf historischen Spuren, denn die Murgtalstraße mit ihrer Postkutschenverbindung führte ab 1869 als erste befahrbare Straßenverbindung vom Hotzenwald ins Rheintal hinab. Die Schlucht der Murg ist hier besonders tief eingeschnitten und nach starken Regenfällen und zur Zeit der Schneeschmelze verwandelt sich der kleine Bach in einen reißenden Gebirgsfluss. Nach einigen Kilometern entlang des Tales überqueren wir die Murg und steigen steil bergauf über eine verwitterte Natursteintreppe bis zur Burgruine Wieladingen, deren Bergfried einen tollen Ausblick in das Hochrheintal und in die Schweiz zulässt.

Ausgangspunkt: Bushaltestelle Rickenbach Abzw. Wickartsmühle, 708 m. Anfahrt ab Bahnhof Bad Säckingen mit dem SBG-Bus 7328 Richtung Rickenbach/Todtmoos bis Rickenbach Abzw. Wickartsmühle.

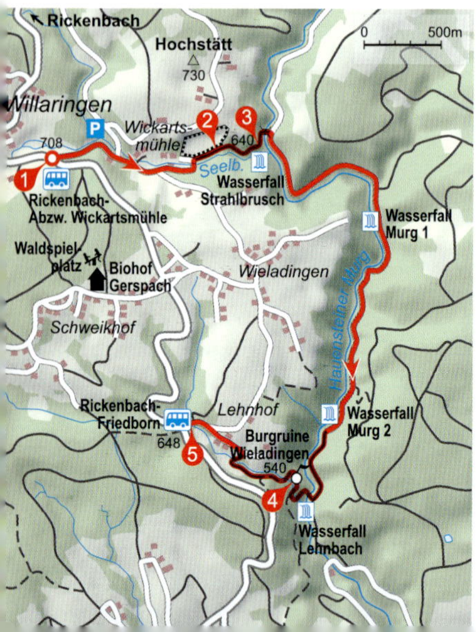

Mit dem Auto: Parken am nahe gelegenen Wanderparkplatz Wickartsmühle (Navi: N47.606383, E7.982378).

Endpunkt: Bushaltestelle Rickenbach Friedborn, 648 m. Von dort zurück zum Ausgangspunkt mit dem SBG-Bus 7328 Richtung Todtmoos bis Rickenbach Abzw. Wickartsmühle oder zum Bahnhof Bad Säckingen.

Ausrüstung: Gut profilierte Trekkingsandalen oder Wanderschuhe. Proviant und wegen der Spielmöglichkeiten am Wasser eventuell Wechselkleidung.

Anforderungen: Bis auf den sehr steilen Anstieg zur Burgruine verläuft die Tour auf einem Forstweg stetig bergab. Um an das Flussufer der Murg hinunterzugelangen, gibt es nur wenige Möglichkeiten, da die Böschung recht steil ist.

Einkehr: Unterwegs keine. Rund einen Kilometer vom Start- und Endpunkt entfernt: Leckere Bauernvesper und Übernachten im Holzfass bietet der Biohof Gerspach Schweikhof, Schweikhof 23, 79736 Rickenbach, Tel. +49 7765 8481, www.gerspach-schweikhof.de.

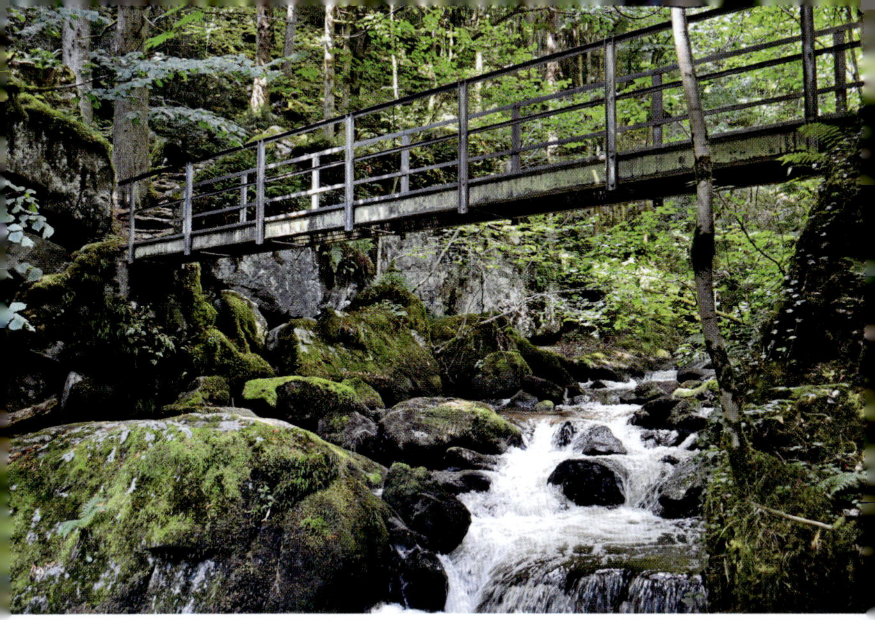

Wildromantisch fließt die Hauensteiner Murg durch ihr Felsenbett.

An der **Bushaltestelle Rickenbach-Abzweigung Wickartsmühle ❶**, mitten an der Landstraße 152 bei Willaringen, folgen wir dem Wanderschild bergab auf einer geteerten Straße in Richtung Strahlbrusch, wobei uns erst der Stammbach und dann der Seelbach am Waldrand begleiten. Nach einer guten Viertelstunde gelangen wir zum Steinbruch Wickartsmühle, der Steine für den Straßenbau liefert und der eine kleine **Schauhütte ❷** mit einigen Gesteinsproben zum Anfassen eingerichtet hat. Den Weg weiter ist es nicht mehr weit bis zum **Wasserfall Strahlbrusch ❸**, und das Plätschern des Seelbaches geht langsam in ein Rauschen über. Von einer Aussichtskanzel hat man einen schönen Blick auf den herabstürzenden Seelbach, der sich gleich danach in die Murg ergießt. Wir überqueren hier die Brücke und stehen auf der historischen Murgtalstraße, die heutzutage als Murgtalpfad von Wanderern und Radfahrern genutzt wird. Von 1869 bis 1913 wurden hier mit Postkutschen Reisende und die tägliche Post durch die Schluchten

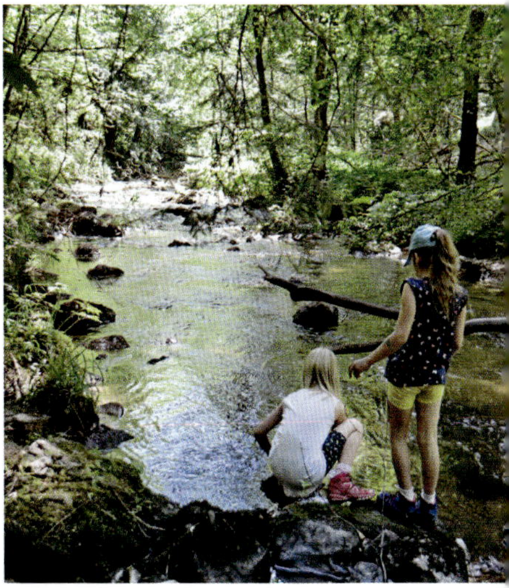

Im Hochsommer finden sich schöne schattige Plätzchen zum Spielen.

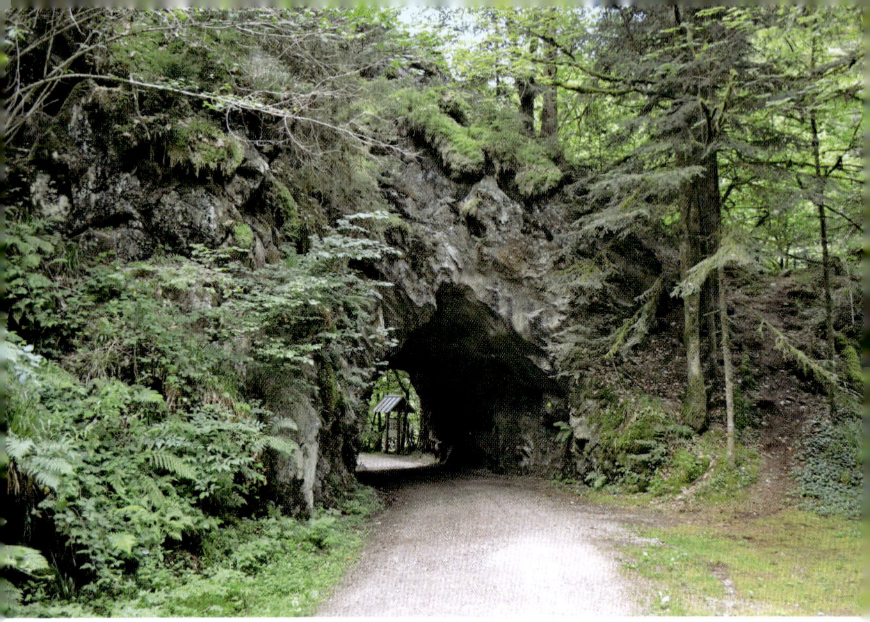

Felsdurchbrüche verleihen dem Murgtalpfad einen geheimnisvollen Charakter.

transportiert. Vier kleinere Tunnels mussten dafür mit Hammer und Meißel in den harten Felsen gehauen werden. Unser Weg verläuft nun immer weiter durch das Murgtal, rechts und links über uns die steil ansteigenden Berghänge und einige senkrecht aufragende Felswände und unter uns die wild brausende Murg, wobei sich ruhigere Flussabschnitte mit steileren Stellen und kleineren Wasserfällen abwechseln. Eine gute Stunde lang folgen wir der Beschilderung Richtung Ruine Wieladingen, dann erblicken wir durch den lichten Baumbestand hoch oben am Berg den Turm der Burgruine, die auf einem schmalen, 100 m hohen Felsensporn thront. Um dort hinaufzukommen, folgen wir dem Wanderschild »Murgtalbrücke zur Ruine« in Richtung der Burg und verlassen somit den Murgtalpfad. An der Brücke über die Murg kann der Nachwuchs nochmals in den Fluss steigen und Dämme bauen, bevor wir die sehr steile Natursteintreppe hinauf zur Burg erklimmen. Hierbei kommt uns der Lehnbach entgegen, der kaskadenartig ins tiefe Tal fällt, vorbei an moosüberwachsenen Felsen und dem sich selbst überlassenen Wald. Nach einer guten Viertelstunde erreichen wir durch ein Tor in der Burgmauer die im 13. Jahrhundert erbaute **Burg Wieladingen ❹**. Den Bergfried mit 28 Meter Höhe erklimmen wir auch noch, schließlich hat man von dort oben eine noch bessere Aussicht über das weite Land bis in die Schweiz.

Nach einer ausgiebigen Besichtigung der Ruine führt

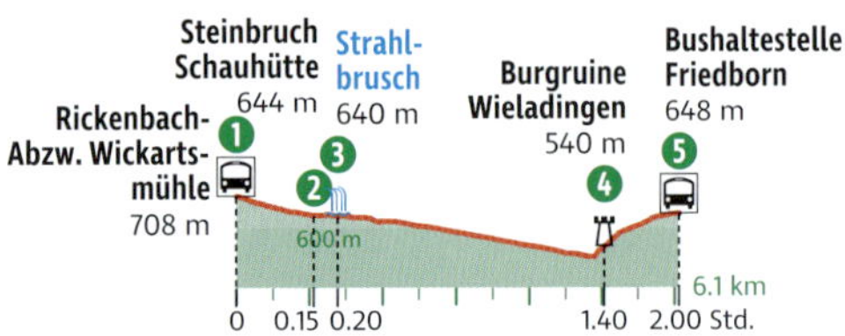

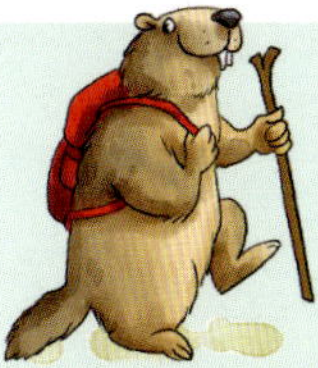

Hallo Kinder,

früher hieß das Murgtal Elendstal, weil die Bewohner bitterarm waren, denn es gab keine Verbindungsstraßen zu den Städten am Rhein, mit denen man Handel hätte treiben können. Dies änderte sich erst, als der Karlsruher Bauingenieur Robert Gerwig neben vielen anderen Straßen und Bahnlinien im Schwarzwald auch die Murgtalstraße erbaute. Eine Postkutsche, wie ihr sie aus dem Wilden Westen kennt, fuhr nun bis 1913 zweimal täglich hin und her und transportierte Passagiere und Postsachen durch den Hotzenwald. Auf der Hälfte der Strecke in Hottingen wurden die erschöpften Pferde gegen frische ausgetauscht. Nach der Erfindung des Automobils wurden die Pferdekutschen überall nach und nach gegen motorisierte Fahrzeuge ersetzt. Der Nachfolger der Postkutschen war die Kraftpost, eine Art Kutsche mit Motorbetrieb, die schon so ähnlich wie ein uns heute bekannter Omnibus aussah. Diese Kraftpostwagen konnten jedoch hier auf diesem schmalen Weg nicht entlangfahren, sie nahmen stattdessen die Route auf der neu gebauten Landstraße.

uns der Pfad weiter bergauf. Wir ignorieren die nächste kleine Abzweigung, kommen erst zum Grillplatz und dann zum Wanderschild »Ruine Wieladingen«, wo es für uns geradeaus in Richtung Lehnhof weitergeht. Nach kurzer Zeit geht der Pfad in eine geteerte Straße über und wir spazieren an den Obstbaumwiesen und Kuhweiden des Lehnhofes vorbei. An der Absperrung biegen wir links weg und wandern bis zur **Bushaltestelle Friedborn** ❺ an der Hauptstraße.

Highlights

- ★ Im Steinbruch Wickartsmühle können wir die steinernen Anschauungsobjekte anfassen und uns an den Tafeln über Granit und andere Mineralien informieren.
- ★ Von einer Kanzel aus bestaunen wir den tosenden Wasserfall Strahlbrusch.
- ★ Wanderung an der wilden Murg entlang, mit kleinen Wasserfällen und tunnelartigen Felsdurchbrüchen.
- ★ Steile Felswände und Sturzbäche wie in einer Abenteuerlandschaft.
- ★ Die mittelalterliche Burgruine mit dem hohen Bergfried ist ein toller Spielplatz für die Kinder.

Das steinerne Tor führt vom Wald direkt in die Burg Wieladingen hinein.

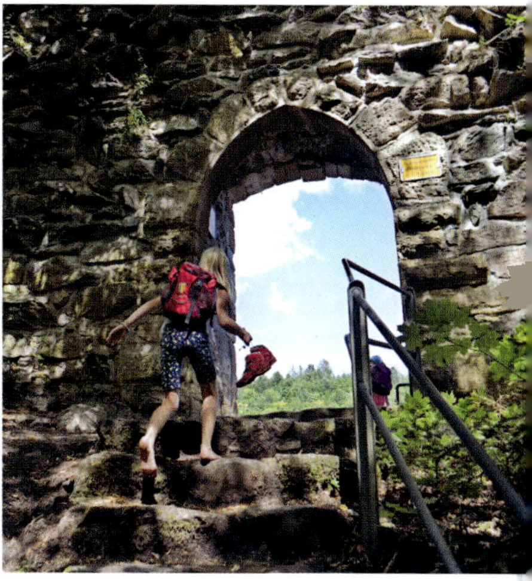

3.00 Std. | 7.0 km | ↗250 m | ↘250 m | ab 6 Jahren

40 Zum Höllbachwasserfall in Görwihl

Rundwanderung über Albschlucht und Wühre

Wo es plätschert, tost und braust

Rund um den beschaulichen Ort Görwihl, der mitten im Hotzenwald liegt, lassen wir uns von den Gewässern der Umgebung durch die Wälder geleiten. Von den höchsten Höhen des Schwarzwalds wie dem Feldberg oder dem Seebuck strömen die Bäche und Flüsse durch Hochtäler und Schluchten dem Hochrhein entgegen und plätschern und tosen um uns herum, denn schließlich überwinden sie von der Bergquelle bis zur Mündung in den Rhein bis zu 1000 Höhenmeter. Auf unserem Weg steigen wir tief in die Albschlucht hinab, wo es zwischen der gemächlich dahinströmenden Alb und dem brausenden Höllbach einen natürlichen Rastplatz gibt, der die Kinder zum Steineversenken und Dammbauen einlädt. Wir folgen dem Höllbach schluchtaufwärts und können den Höllbachwasserfall schon von Weitem hören, der sich hier wild und wunderbar eingebettet in bemooste Felsen ins Tal stürzt. Man kann hier die Kraft des Wassers förmlich spüren. Einmalig ist der Barfußpfad, dem wir auf halbem Weg begegnen und den die Barfüßigen entweder im flachen Bach der Hinteren Wühre oder auf dem Waldpfad so richtig genießen können.

Ausgangspunkt: Bushaltestelle Görwihl Marktplatz, 680 m. Anfahrt ab Bad Säckingen Bahnhof mit dem SBG-Bus 7328 bis Rickenbach Bahnhof, dort umsteigen in den SBG-Bus 7327 nach Görwihl.

Mit dem Auto: Kostenfreie Parkplätze am Marktplatz in 79733 Görwihl.

Ausrüstung: Feste Wanderschuhe oder gut profilierte Trekkingsandalen. Eventuell Ersatzkleidung oder kleines Handtuch zum Abtrocknen nasser Füße. Proviant mitnehmen.

Anforderungen: Mittelschwere Wanderung auf teils steilen Waldpfaden mit einer längeren Steigung. Am Höllbachwasserfall fällt das Gelände steil ab, hier ist mit kleineren Kindern Vorsicht geboten.

Einkehr: Auf dem Weg gibt es keine Einkehrmöglichkeit, aber einen großen Grillplatz am Sägmoos. Gleich am Marktplatz steht zudem der Gasthof Adler mit gutbürgerlicher Küche für Klein und Groß, geöffnet Mo–Fr 11–14 Uhr und 17–22 Uhr, Sa ab 17 Uhr, So 10–21 Uhr. Marktplatz 7, 79733 Görwihl, Tel. +49 7754 9294111, www.adler-goerwihl.de.

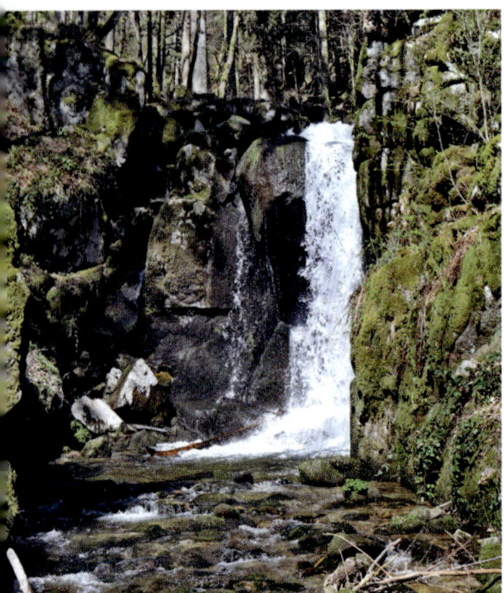

Steht die Sonne günstig, entsteht in der Gischt ein Regenbogen.

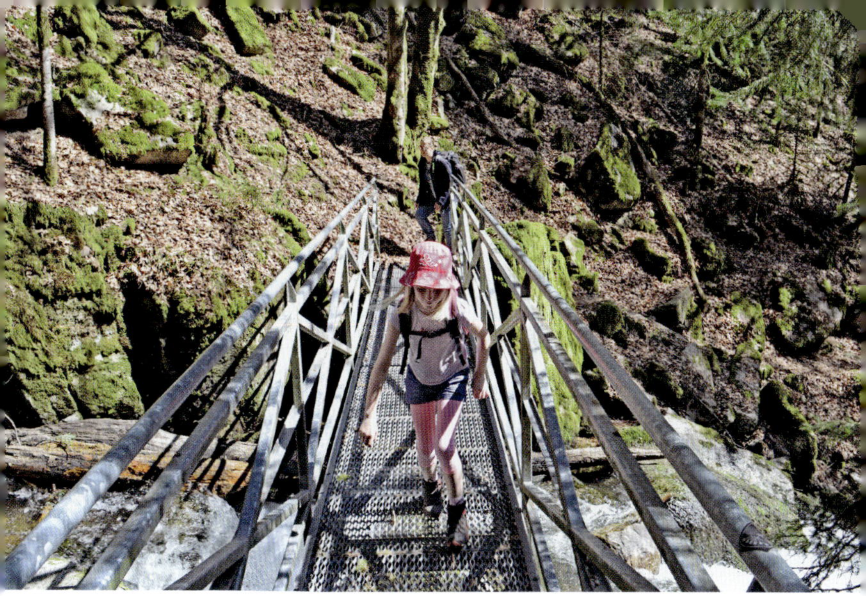

Auf den Brücken kommen wir dem Getöse des Höllbaches sehr nahe.

Mitten in Görwihl startet unsere Tour am **Marktplatz 1** und folgt der schwarz-weißen Raute Richtung Höllbachwasserfall. Die Schilder führen uns rechts auf die Dorfhauptstraße, an der nächsten Seitenstraße links in den Kirchgrund am Friedhof und an der Dorfkirche vorbei. Die nächste Straße biegen wir rechts ab und gehen weiterhin den schwarz-weißen Rauten auf geteertem Weg immer bergab Richtung Wald hinterher. Im Wald gabelt sich der Weg und wir folgen dem rechten Abzweig. Den tief unten im Tal rauschenden Fluss hören wir jetzt auch schon. 400 m später zweigt scharf rechts und etwas steiler hinunter ein kleiner schwarz-weiß gekennzeichneter Pfad vom Forstweg ab und wir erreichen kurz darauf das **Wanderschild »Beim Albsteg« 2**. Der kleine Pfad zum Höllbachwasserfall ist ausgeschildert und geleitet uns nach wenigen Minuten über eine Brücke und zum Ufer der Alb, dem tiefsten Punkt der Tour. Hier lässt es sich vorzüglich Pause machen, denn das Wasser ist flach und ruhig, und es gibt sogar etwas feinen Sand am Flussufer, über den sich natürlich die Kinder sehr freuen.

Ab hier geht es steil bergauf, denn wir steigen nun am kleinen tosenden

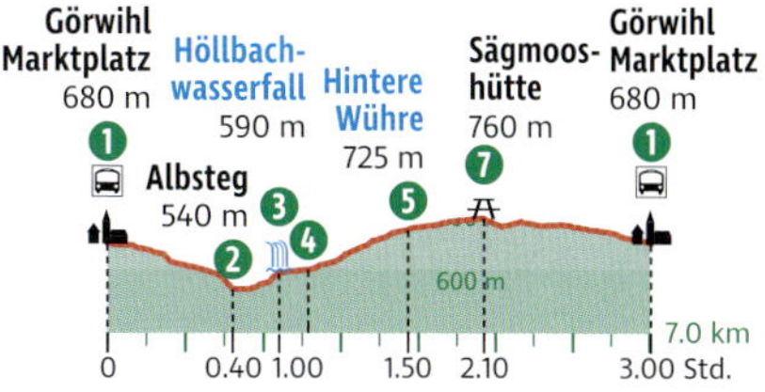

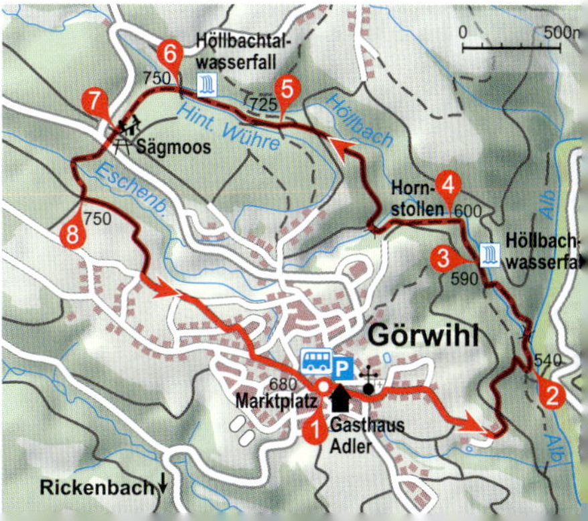

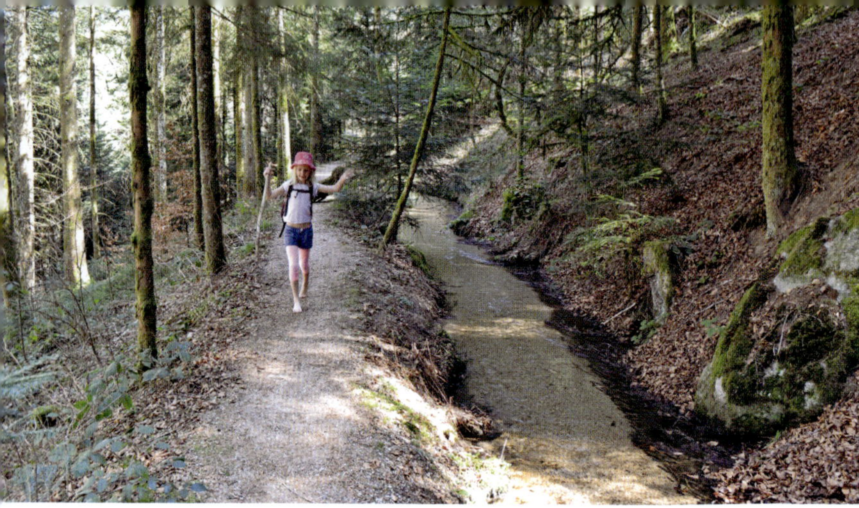

Der Barfußpfad kann neben oder im kleinen Bachbett begangen werden.

Höllbach die Schlucht hinauf, vorbei an bemoosten Felsen und dichter, wilder Vegetation, bis sich vor uns der **Höllbachwasserfall ❸** auftürmt. Er ist zwar nur kaum neun Meter hoch, aber das Gebraus ist ohrenbetäubend und die Kinder können einen Regenbogen bewundern, der in der Gischt aufleuchtet.

Highlights

- ★ Ein idyllischer Rastplatz am Fluss verlockt zur längeren Rast.
- ★ Der tosende Höllbach mit seinen Wasserfällen nötigt uns mit seiner Kraft Respekt ab.
- ★ Urige, naturnahe Wanderwege im Wald begeistern unsere Wanderkinder.
- ★ Ein genialer Barfußpfad am und im Bach der Hinteren Wühre zieht uns die Socken aus.
- ★ Geheimnisvoll mit Moosen bewachsene Bäume verbreiten ihren Zauber im Wald.
- ★ Ein großer Grillplatz mit Spielplatz am Ende der Tour rundet das tolle Wandererlebnis ab.

Bald darauf orientieren wir uns am Wanderschild in Richtung **Hornstollen ❹**, den wir nach 100 m erreichen. Wir halten uns an die gelbe Raute Richtung Görwihl, kommen zum Abzweig Bertschwend und wandern den rechten Weg Richtung Sägmoos ein kurzes, flaches Stück weiter. Wir überqueren einen Höllbachzufluss und folgen dem breiten Forstweg namens Albhaldenweg rechts hinauf. Wir kreuzen in den nächsten 15 Min. auf dem breiten, gelb markierten Forstweg mehrere Wege, bis wir zum **Wanderschild »Hintere Wühre« ❺** gelangen. Hier entscheiden wir uns rechts für den kleinen Barfußpfad, der am künstlich angelegten Bachbett entlangführt und mit einem Nabu-Schild kenntlich gemacht ist. Wir ziehen Schuhe und Socken aus und testen das Gehen im Bach, bis unsere Füße frieren. Einige Zeit wandern wir nun zwischen dem rauschenden Höllbach zur Rechten und dem leise plätschernden Hinteren Wührebach zur Linken, der im Mittelalter angelegt wurde, um als Löschwasser zu dienen und Mühlen anzutreiben. Er ist ideal, um barfuß darin zu laufen, denn das Bachbett wurde künstlich geformt und das Gehen erfordert keine Mühe. Der Bach endet an seinem Abfluss aus dem Höllbach, dem **Wühreabgang ❻**, und ab hier verläuft die Tour nun ohne Flussbegleitung links weiter auf dem Barfußpfad in Richtung Sägmoos und Görwihl. Nach einem knappen halben Kilometer vorbei an einer Station mit Tiertafeln und an geheimnisvoll aussehenden Bäumen, die über und über mit Moos bewachsen sind, breitet sich der **Rastplatz Sägmoos ❼** mit großer Grillhütte, Spielplatz und Wanderparkplatz vor uns aus. Die Kinder sind besonders von den Kletterfelsen angetan, die hier übereinander getürmt wurden. Hinter der Schaukel führt uns ein kleiner Pfad der gelben Raute nach in Richtung Günnetsmättle über die Landstraße hinüber. Wir überqueren einen weiteren Bach und folgen dem Verlauf des Weges,

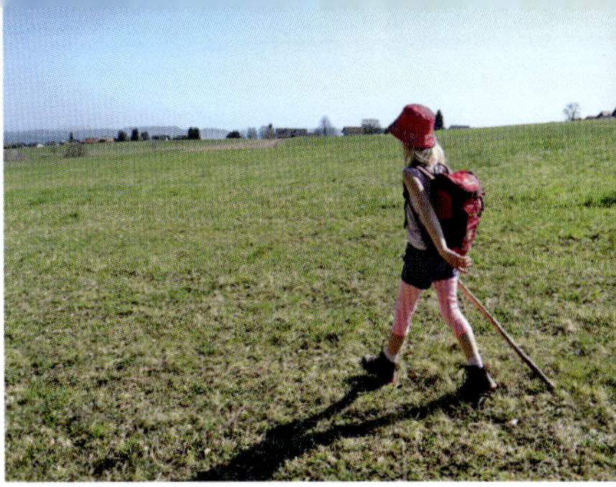

Von den Wiesen bei Görwihl blicken wir bis in die Schweiz hinüber.

bis wir zum **Wanderschild »Heiligsmoos« ❽** kommen. Hier biegen wir links Richtung Görwihl ein und wandern mit grandiosem Fernblick bis in die Schweiz am Waldrand entlang der bunten Wiesen, bis wir auf eine geteerte Straße stoßen, die uns links nach Görwihl führt. Nach 300 m gabelt sich die Straße, die gelbe Raute führt uns nach rechts und begleitet uns die letzten Meter durch den Ort bis zum **Marktplatz ❶**.

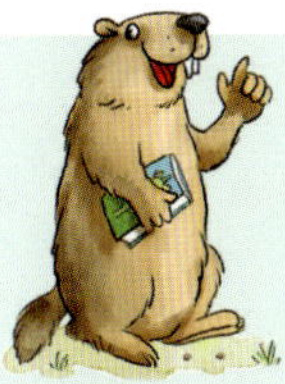

Hallo Kinder,

auf fast allen unseren Touren begegnen uns weiche, moosüberwachsene Steine oder geheimnisvoll in Moos gehüllte Bäume. Warum können Moose überall wachsen, wo sonst nichts wächst? Sie sind weniger kompliziert aufgebaut als die meisten anderen Pflanzen und sind deshalb sehr genügsam und benötigen weniger Nährstoffe. Kälte und Trockenheit machen ihnen auch nicht viel aus, in schlechten Zeiten fahren sie einfach ihren Stoffwechsel herunter wie Tiere im Winterschlaf und überstehen dadurch Dürre- oder Hitzeperioden. Zudem haben Moose ganz tolle Eigenschaften, die dem Menschen sehr hilfreich sein können. Mithilfe von Moosen kann man zum Beispiel Medizin gegen verschiedene Krankheiten herstellen, Luft- oder Wasserverschmutzungen messen oder Klimaanlagen bauen. Zudem hilft Moos dabei, viel kohlenstoffhaltige Treibhausgase in Torfmooren zu binden und trägt somit zur Verbesserung unseres Klimas auf der Erde bei.

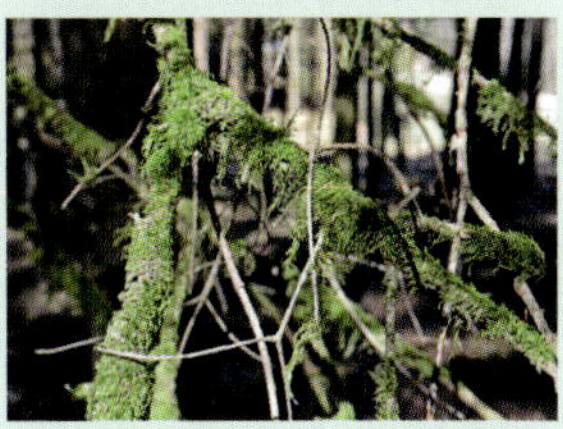

Freizeit- und Schlechtwettertipps

Burgen, Klöster, Schlösser

- Burg Husen (s. Tour 3)
- Burgruine Hauenfels (s. Tour 22)
- Burgruine Scharfenstein (s. Tour 25)
- Burg Rötteln (s. Tour 38)
- Burgruine Wieladingen (s. Tour 39)

A1 Hochburg Emmendingen

Eine der größten Burganlagen in ganz Baden ist die Hochburg in Emmendingen, die an sich schon einen Besuch wert ist. Nicht entgehen lassen sollte man sich jedoch im Herbst das Burgfest, wenn ein historisches Feldlager mit Landsknechten, Marketendern und Handwerksbetrieben mittelalterlichen Zauber über das Burggelände legt. Tipp: Außerhalb der Burgfeste kann man sich wunderbar auf der Hofgut Domäne Hochburg mit Bio-Produkten aus eigener Herstellung verköstigen und den Schulbauernhof bewundern.

Öffnungszeiten: Tagsüber immer zugänglich. Von April bis Oktober hat das Burgmuseum jeden Sonn- und Feiertag 13–17 Uhr geöffnet. Weitere Infos unter www.hochburg-emmendingen.de, Tel. +49 7641 959586.

Mit Bahn/Bus: Ab Freiburg mit Regionalexpress Richtung Offenburg nach Emmendingen Hauptbahnhof, dort umsteigen in den Stadtbus 5 oder in das Anruf-Sammeltaxi AST 5.

Mit dem Auto: Parkplatz an der Panoramastraße, 79312 Emmendingen.

A2 Burgruine Kastelburg

Das Wahrzeichen der Stadt Waldkirch ist von überall gut sichtbar und bietet eine wunderbare Übersicht über die Stadt und das Elztal. Hier lässt es sich idyllisch picknicken und den Burgturm erklimmen. Der Ritterweg zur Burg erzählt mit seinen acht mannshohen Rittern einiges über das Leben im Mittelalter.

Öffnungszeiten: Die Burg ist frei zugänglich und immer geöffnet.

Mit der S-Bahn: Ab Freiburg mit der Breisgau-S-Bahn-Linie 2 nach Waldkirch Bahnhof. Von dort in 20 Min. zu Fuß auf dem Ritterweg zur Burg hinauf.

Mit dem Auto: Parkplätze am Bahnhofsplatz 2, 79183 Waldkirch.

A3 Burg Zähringen

Ein lohnenswertes Ziel bei Spaziergängen rund um Freiburg ist die Ruine der Burg Zähringen in Gundelfingen, der einstige Stammsitz der Zähringer Herzöge. Der Burgfried ist 18 m hoch und bietet eine tolle Aussicht bis zum Kandel. Den Schlüssel für den Burgfried bekommt man im beliebten Waldrestaurant Zähringer Burg mit Spielplatz und Trampolin, Tel. +49 761 54322, www.waldrestaurant-zaehringerburg.de.

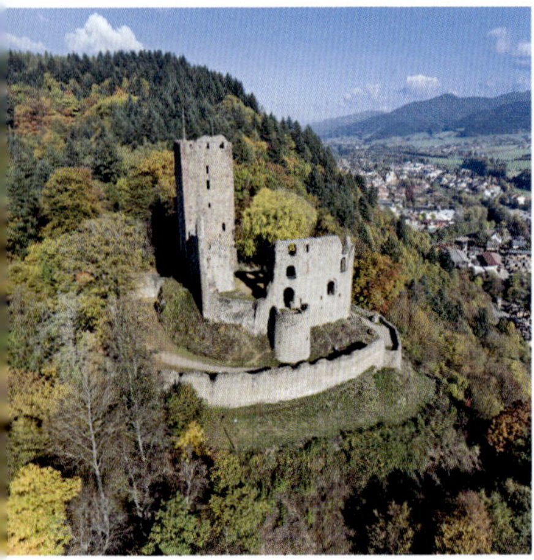

Hoch über Waldkirch thront die fast 800 Jahre alte Kastelburg.

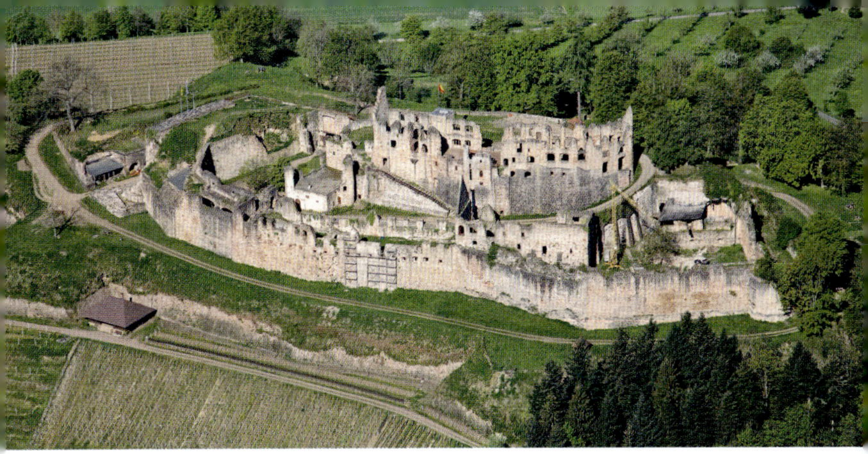

Mit 250 Metern Länge eine der größten Festungsanlagen in Baden: die Hochburg Emmendingen.

Öffnungszeiten: Die Burg ist frei zugänglich und immer geöffnet.
Mit Bahn/Bus: Ab Freiburg Hauptbahnhof mit der Breisgau-S-Bahn-Linie 2 Richtung Waldkirch bis Freiburg Zähringen, von dort die Pochgasse bergauf und nach 700 m links in den Köhlerweg einbiegen und diesem für 1 km folgen.
Mit dem Auto: Parkplätze am Waldrestaurant Zähringer Burg, Reutebacher Höfe 7, 79104 Freiburg (Gundelfingen/Zähringen).

A4 Burg Baden, Badenweiler

Einen tolle Aussicht auf die alte römische Bäderstadt Badenweiler genießen wir von der Burg Baden, die sehr malerisch auf einer Anhöhe mitten im Kurpark thront. Die Mauern und der Bergfriedturm sind begehbar und bieten weite Blicke ins Umland (siehe auch Tour 23).
Öffnungszeiten: Tagsüber immer zugänglich.
Info: www.burg-badenweiler.de, Tel. +49 7632 799300.
Mit Bahn/Bus: Ab Freiburg mit Regionalexpress Richtung Basel bis Müllheim, dort umsteigen in den SWEG Regionalbus 111 bis Badenweiler Evangelische Kirche, dann noch 100 m Richtung Kurhaus, von dort der Beschilderung zur Burg folgen.
Mit dem Auto: Parkgarage Schlosspark, Hebelweg 18, 79410 Badenweiler.

A5 Kloster Museum St. Peter

Riesige Klosteranlage aus dem 11. Jahrhundert, mit Zwiebeltürmen und prachtvoller Innenausstattung. Die überaus sehenswerte Bibliothek und der Festsaal sind nur mit Führungen zugänglich.

Außen Barock, innen Rokoko: das Kloster St. Peter.

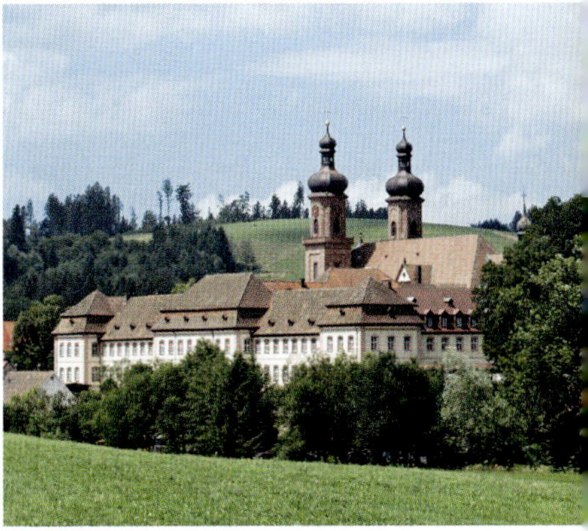

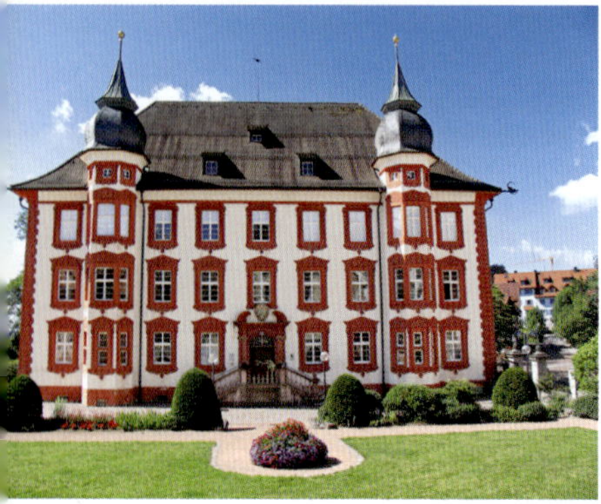

Von schönen Gärten umgeben ist Schloss Bonndorf.

Öffnungszeiten der Barockkirche: Sa–Do 8–18 Uhr, Fr 11–18 Uhr.
Info: www.geistliches-zentrum.org, Tourist-Info Tel. +49 7652 1206 8370.
Mit Bahn/Bus: Ab Freiburg Hauptbahnhof mit der S-Bahn-Linie 1 Richtung Seebrugg bis Kirchzarten, Umstieg in den SBG-Bus 7216 bis St. Peter Zähringer Eck.
Mit dem Auto: Parkplatz Rossweiher im Schulweg oder Parkplatz Weiherloch in der Eschbachstraße, 79271 St. Peter.

A6 Kloster Museum St. Märgen

Sehenswertes Augustinerkloster aus dem 12. Jahrhundert. Im Kloster Museum wird die Geschichte der Schwarzwalduhren erklärt. Das Kloster ist Ausgangspunkt der Tour 14.
Öffnungszeiten: Sonn- und Feiertage 10–13 Uhr.
Info: www.sankt-maergen-kulturwege.de.
Mit Bahn/Bus: Ab Freiburg Hauptbahnhof mit der S-Bahn-Linie 1 Richtung Seebrugg bis Kirchzarten oder Hinterzarten, dort in den SGB-Bus 7216 Richtung Hinterzarten oder Kirchzarten umsteigen (Ringbus) bis Haltestelle St. Märgen Post.
Mit dem Auto: Ausgeschilderter Parkplatz in der Wagensteigstraße, hinter dem Kloster, 79274 St. Märgen.

A7 Schloss Bonndorf

Restauriertes kleines Schloss aus dem 16. Jahrhundert mit einer auch für Kinder beeindruckenden Sammlung von Faschingsfiguren und Holzmasken. Im Schlosspark befindet sich ein Japanischer Garten, der mit seinem Schildkrötenteich wirklich sehenswert ist.
Öffnungszeiten: Siehe unter www.bonndorf.de/tourismus/freizeit-und-ausfluege/sehenswuerdigkeiten.html.
Mit Bahn/Bus: Ab Freiburg Hauptbahnhof mit der S-Bahn-Linie 1 Richtung Seebrugg bis Titisee, Umstieg in den SBG-Bus 7257 bis Neustadt Bären, Umstieg in den SBG-Bus 7258 bis Bonndorf Rathaus. Vom Rathaus der Schloßstraße für 100 m folgen.
Mit dem Auto: Parkplatz an der Spiegelstraße, 79848 Bonndorf.

A8 Schloss Donaueschingen

Das Fürstlich Fürstenbergische Residenzschloss Donaueschingen wird immer noch von den Besitzern, der Fürstenfamilie zu Fürstenberg, bewohnt, ist aber zu bestimmten Zeiten für Führungen geöffnet. Das Innere des Schlosses, der prächtige Park sowie die historische Donauquelle auf der Rückseite des Schlosses sind einen Besuch wert.
Öffnungszeiten: Anmeldung zur Führung unter Tel. +49 771 229677563, www.fuerstenberg-kultur.de.
Mit der Bahn: Vom Bahnhof Donaueschingen sind es 600 m zu Fuß zum Schloss.
Mit dem Auto: Fürstenbergstraße 2, 78166 Donaueschingen. Parkplatz an der Fürstenbergstraße oder in der Tiefgarage unter dem Max-Rieple-Platz, An der Stadtkirche, 78166 Donaueschingen.

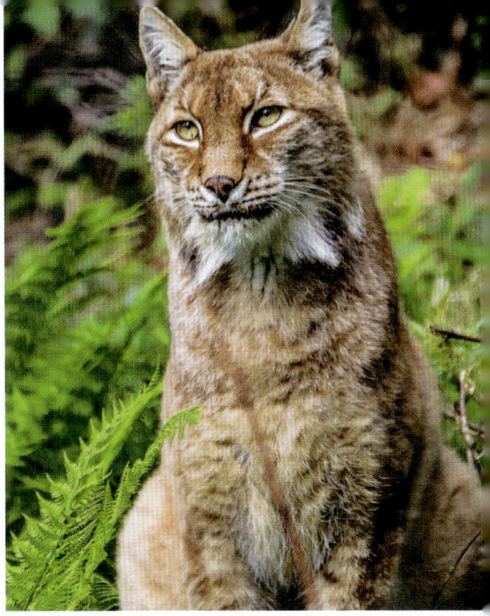

Auch außerhalb des Schwarzwaldzoos soll es mittlerweile Luchse geben.

Tiere und Pflanzen

- Wildgehege St. Blasien (s. Tour 29)
- Vogelpark Steinen (s. Tour 35)

B1 Mundenhof, Freiburg

Der Gegenentwurf zum normalen Tierpark: Wenig Tiere auf großer Fläche tummeln sich im Tier-Natur-Erlebnispark Mundenhof, der am Freiburger Naturschutzgebiet Rieselfeld rund 40 Hektar einnimmt und ca. 40 Tierrassen beherbergt. Mehrere Abenteuerspielplätze, leckere Hofprodukte und viele Aktionstage machen den Mundenhof zu etwas ganz Besonderem.

Öffnungszeiten: Ganzjährig geöffnet und immer zugänglich. Der Eintritt ist frei, lediglich das Parkticket kostet unter der Woche 5 Euro, am Wochenende und an Feiertagen 10 Euro.

Info: www.mundenhof.de, Tel. +49 761 201-6580.

Mit Bahn/Bus: Ab Freiburg Hauptbahnhof mit der Straßenbahnline 1 Richtung Landwasser bis Paduaallee, dort Umsteigen in den Bus 19 Richtung Mundenhof.

Mit dem Auto: Kostenpflichtiger Parkplatz am Mundenhof, Lehenerwinkelweg, 79111 Freiburg.

B2 Schwarzwaldzoo Waldkirch

Ein wunderbar in die Natur hineingewachsener Zoo ist der Schwarzwaldzoo Waldkirch. Er liegt direkt am Hang gegenüber der Kastelburg (siehe Freizeittipp A2) und ist sehr familienfreundlich eingerichtet mit Grill- und Spielplätzen. Hunde sind hier erlaubt, wenn sie an der Leine gehen.

Öffnungszeiten: März bis Oktober 9–18 Uhr, November 9–18 Uhr.

Info: Tel. +49 7681 8961, www.schwarzwaldzoo.de.

Mit Bahn/Bus: Ab Freiburg Hauptbahnhof mit der S-Bahnlinie 2 Richtung Denzlingen, dort Umsteigen in den SBG-Bus 7206 Richtung Elzach bis Haltestelle Kastelberghalle, von dort in 10 Min. zu Fuß zum Zoo.

Mit dem Auto: Parkmöglichkeiten sind am Zoo sehr begrenzt (ein Behinderten-Stellplatz), Am Buchenbühl 8a, 79183 Waldkirch. Am besten man parkt am öffentlichen Parkplatz in der Erwin-Sick-Straße.

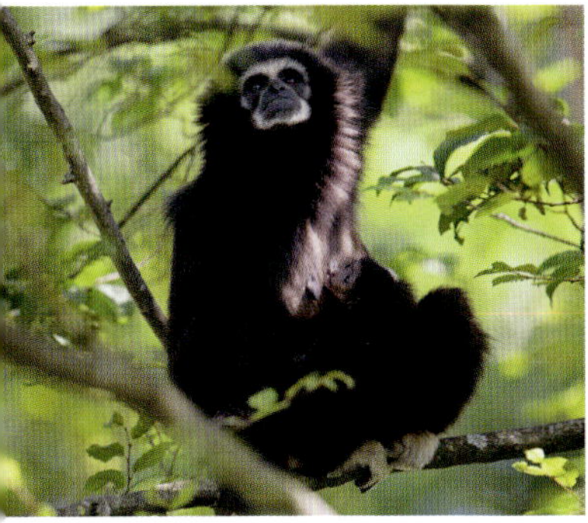

Morgens ist der Gesang der Gibbons überall im Mundenhof zu hören.

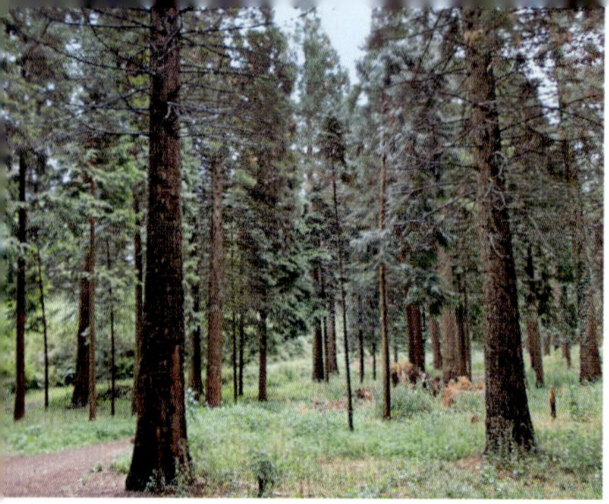

Einen Wald von Mammutbäumen finden wir im Arboretum Liliental.

B3 Damwild-Tiergehege im Rheinwald, Hartheim

Wer im Schwarzwald Hirsche vermisst, wird hier im Rheinwald einige stattliche Exemplare mit Muttertieren und Kälbern finden. Das eingezäunte Revier kann leicht umrundet werden, Picknickplätze sind vorhanden.

Öffnungszeiten: Das Gelände ist ganzjährig frei zugänglich.

Mit Bahn/Bus: Ab Bad Krozingen Bahnhof mit dem Regionalbus 242 Richtung Bremgarten Stube bis Hartheim Rathaus. Von dort 30 Min. Fußweg in Richtung Forsthaus.

Mit dem Auto: Forsthaus 1, 79258 Hartheim am Rhein, begrenzte Parkmöglichkeiten entlang der Straße »In der Rheinaue« am Rheinwald.

B4 Tatzmania, Löffingen

Einheimische Wildtiere wie Steinböcke oder Wölfe sowie exotische Wildtiere wie Tiger, Löwen oder Affen präsentiert uns der Zoo- und Freizeitpark Tatzmania. Großzügige und gepflegte Anlage, die im Jahr 2018 neu eröffnet wurde. Hunde sind hier erlaubt, wenn sie an der Leine gehen, nur ins Raubtierhaus dürfen sie nicht hinein.

Öffnungszeiten: Täglich 10–17 Uhr.

Info: www.tatzmania.com, Tel. +49 7654 8068144.

Mit Bahn/Bus: Ab Löffingen Bahnhof mit dem SBG-Bus Nr. 7259 bis Schwarzwaldpark Löffingen.

Mit dem Auto: Parkplatz am Eingang des Zoos, Wildpark 1, 79843 Löffingen.

B5 Forstliches Arboretum Liliental am Kaiserstuhl

Seltene Riesenmammutbäume und andere exotische Baumarten finden wir im Liliental am Kaiserstuhl. Der Baumpark liegt wunderschön in einem kleinen Tal, das auch über 20 einheimische Orchideenarten beherbergt. Für Kinder gibt es hier auch einen kleinen Abenteuerspielplatz.

Öffnungszeiten: Ganzjährig frei zugänglich.

Mit der S-Bahn: Ab Freiburg Hauptbahnhof mit der S1 bis Ihringen. Ab dort sind es noch 3,8 km zu Fuß zum Eingang des Baumparks.

Mit dem Auto: Wanderparkplatz Liliental, Lilienhof 7, 79241 Ihringen.

B6 Botanischer Garten der Universität Freiburg

Schon seit 400 Jahren existiert der Botanische Garten der Uni Freiburg und zeigt im Außenbereich Nutzpflanzen, Teiche, Heil- und Gebirgspflanzen und 20 verschiedene Rebsorten. In den vier Schaugewächshäusern finden wir tropische Pflanzen wie Palmen oder Kaffeesträucher.

Öffnungszeiten: Außenbereich ganzjährig 8–18 Uhr, Gewächshäuser Mo–Do 12–16 Uhr, Sonn- und Feiertage 14–16 Uhr.

Mit der Bahn: Ab Freiburg Hauptbahnhof mit der Stadtbahn 4 Richtung Zähringen bis Haltestelle Botanischer Garten.

Mit dem Auto: Schänzlestr. 1, 79104 Freiburg, es gibt keine eigenen Parkplätze.

Baden und Wassersport

- Naturbad Sulz (s. Tour 2)
- Freibad Oberprechtal (s. Tour 4)
- Hallenschwimmbad Unterkirnach (s. Tour 7)
- Naturfreibad St. Märgen (s. Tour 14)
- Dobelsee (s. Tour 21)
- Nonnenmattweiher (s. Tour 24)
- Klosterweiher (s. Tour 31)
- Freibad Schönau (s. Tour 33)

C1 Rulantica, Europa-Park Rust

Dutzende Rutschen sowie ein Wellenbad und viele aufwendig dekorierte Abenteuerbereiche zeichnen die neue Hallenwasserwelt Rulantica des Europa-Parks in Rust aus.

Öffnungszeiten: Ganzjährig 10–22 Uhr (an Sylvester 10–19 Uhr, an Weihnachten geschlossen).

Info: www.europapark.de, Tel. +49 7822 6688.

Mit Bahn/Bus: Ab Freiburg im Regionalexpress Richtung Offenburg bis Ringsheim, dann mit dem SBG-Bus 7231 Richtung Rust Europa-Park.

Mit dem Auto: Anfahrt über die Autobahn A5, Ausfahrt 57b Rust. Parkeigener, kostenpflichtiger Parkplatz, Roland-Mack-Ring 1, 77977 Rust.

C2 Freibad Bötzingen

Das Freibad Bötzingen ist ein Magnet für Besucher aus Nah und Fern. Das großzügige Kinderbecken beherbergt zwei Wasserrutschen, am Sprungturm mit 1-m- und 3-m-Brett zeigen die jungen Wilden ihre Sprungkünste. Für die Allerkleinsten gibt es ein Babybecken und einen Spielplatz. Die riesigen Liegewiesen mit schattigen Bäumen machen das Freibad auch für Erwachsene sehr attraktiv. Dazu gibt es Beachvolleyballplätze, Fußballtore, Minigolf und einen Kiosk (siehe auch Tour 11).

Öffnungszeiten: Von Mai bis Oktober Mo–Sa 9.30–19.30 Uhr, So 9–19.30 Uhr.

Info: www.boetzingen.de/start/tourismus/Freibad.html, Tel. +49 7663 949972.

Mit der S-Bahn: Ab Freiburg Hauptbahnhof mit der S11 Richtung Endingen/Riegel bis Bötzingen Bahnhof. Von dort ca. 15 Min. Fußweg.

Mit dem Auto: Parkplätze Im Ried 3 oder auf dem Parkplatz am Sportplatz, 79268 Bötzingen.

C3 Wakepark Tunisee

Wer nicht bis zum nächsten Strandurlaub warten will, kann hier nach Herzenslust dem Wassersport frönen. Neoprenanzug, Helm und Schwimmweste werden ausgeliehen, und dann geht's mit Wasserski, Wakeboard oder Wakeskates über den See.

Öffnungszeiten: April bis Oktober, Mo–Fr 14–21 Uhr, Wochenende und Feiertage 13–21 Uhr.

Info: www.wakepark-tunisee.de, Tel. +49 7665 9329910.

Mit Bahn/Bus: Ab Freiburg mit der S1 nach Landwasser, dann mit dem VAG-Bus 36 nach Benzhausen St.-Agatha-Weg, von dort 25 Min. Fußweg zum Tunisee.

Mit dem Auto: Kostenpflichtiger Parkplatz am Wakepark Tunisee, Seestraße 28, 79108 Freiburg-Hochdorf.

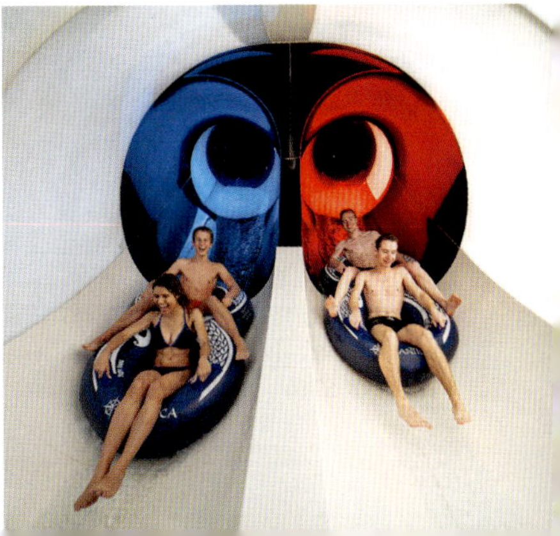

Wettrutschen auf Zweierreifen im Rulantica im Europa-Park Rust.

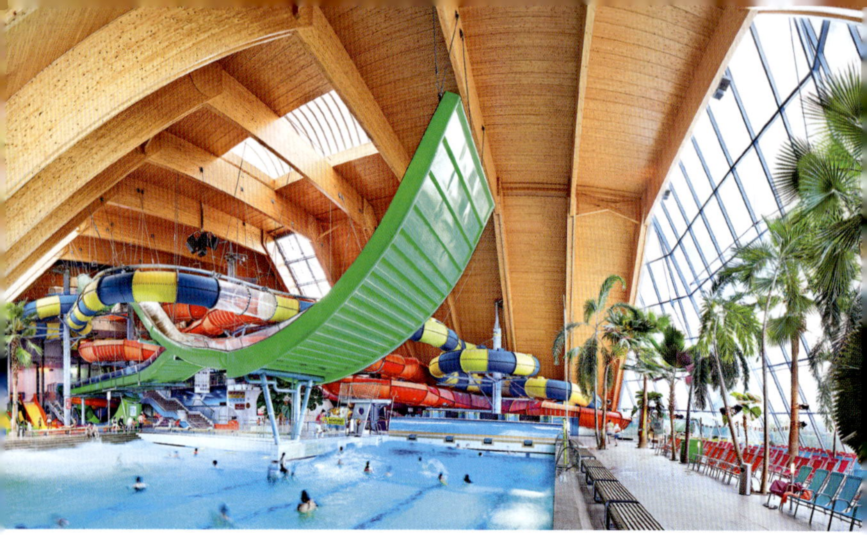

Bunter Badespaß bei jedem Wetter im Badeparadies Galaxy am Titisee.

C4 Badeparadies Galaxy Schwarzwald am Titisee

Palmenoase, tropische Temperaturen und ein Rutschenparadies lassen das riesige, komplett überdachte Erlebnisbad am Titisee wie einen Karibiktraum für die ganze Familie erscheinen. Im Sommer kann das Glasdach sogar geöffnet werden.

Öffnungszeiten: Mo–Fr 10–22 Uhr, Sa 9–23 Uhr, So und Feiertage 9–22 Uhr.

Info: www.badeparadies-schwarzwald.de, Tel. +8000 4444 333.

Mit der Bahn: Ab Freiburg Hauptbahnhof mit der S-Bahn Richtung Titisee/Seebrugg/Neustadt bis Titisee, von dort 10 Min. zu Fuß.

Mit dem Auto: Großer Parkplatz, Am Badeparadies 1, 79822 Titisee-Neustadt.

C5 Action Forest Stand Up Paddling am Titisee

Das trendige Paddeln im Stehen lässt sich auf dem Titisee sehr gut betreiben, denn zum einen ist die umgebende Natur einfach herrlich, zum anderen gibt es außer dem Dampferbetrieb keine Segel- oder Motorboote wie auf den meisten Seen. Die Station befindet sich auf dem Gelände des Strandbades Titisee (siehe auch Tour 16).

Öffnungszeiten: Mai bis September, täglich 9–18 Uhr.

Info: www.action-forest-sup.de/content/sup-station, Tel. +49 7651 9331170.

Mit Bahn/Bus: Ab Freiburg Hauptbahnhof mit der S-Bahn-Linie 1 Richtung Seebrugg bis Titisee Bahnhof. Dort umsteigen in den SBG-Bus 7300 Richtung Zell bis Freibad Titisee oder in 10 Min. zu Fuß vom Bahnhof zum See.

Mit dem Auto: Begrenzte Anzahl kostenpflichtiger Parkplätze, Strandbadstr. 15, 79822 Titisee.

C6 Strandbad Windgfällweiher

Der malerische Windgfällweiher ist weniger bekannt und deshalb auch weniger frequentiert als seine großen Kollegen Titisee und Schluchsee. Dabei ist er mindestens genauso schön und verfügt über ein kleines Strandbad mit Kiosk, Liegewiesen

und Vermietung von Surfbrettern und Stand-Up-Paddleboards.
Öffnungszeiten: Täglich 10–19 Uhr.
Info: www.strandbad-windgfaellweiher.de, Tel. +49 176-98285016.
Mit Bahn/Bus: Mehrmals täglich ab Titisee oder Bärental mit dem SBG-Bus 7255 Richtung Seebrugg bis Haltestelle Windgfällweiher, von dort 15 Min. zu Fuß auf die andere Seite des Weihers.
Mit dem Auto: Parkplatz Strandbad Windgfällweiher direkt an der B 500, Raitenbucher-Str. 37, 79853 Lenzkirch.

C7 Freibad aqua fun Schluchsee

Freibad mit allem, was das Kinderherz begehrt, von der Wasserrutsche bis zum Abenteuerspielplatz. Wem das Becken zu klein ist, der nutzt einfach den Zugang zum Schluchsee und schwimmt im größten See des gesamten Schwarzwalds.
Öffnungszeiten: Mai bis September täglich 9–19 Uhr.
Info: www.aquafun-schluchsee.business.site, Tel. +49 7656 571.
Mit der Bahn: Ab Freiburg Hauptbahnhof mit der S-Bahn Richtung Seebrugg bis Schluchsee, von dort 10 Min zu Fuß.
Mit dem Auto: Parkplatz in 150 m Entfernung vom Freibad, Freiburger Straße 16, 79859 Schluchsee.
Tipp: Wer im Juli die Gelegenheit hat, sollte sich den Schluchsee-Triathlon ansehen, der im Freibad startet.

C8 Laguna Badeland in Weil am Rhein

Badespaß im äußersten Südwesten verspricht das Laguna Badeland. Vom Ganzjahresaußenbecken über ein Wellenbad und zwei 100 m lange Wasserrutschen gibt es alles, was Badefreunde lieben.
Öffnungszeiten: Mo–Fr 6.30–20 Uhr, Wochenende und Feiertage 9–20 Uhr.
Info: www.laguna-badeland.de, Tel. +49 7621 956740.
Mit der S-Bahn: Ab Lörrach Hauptbahnhof mit der S5 Richtung Weil am Rhein bis Haltestelle Gartenstadt, von dort 5 Min. Fußweg.
Mit dem Auto: Parkplatz an den Laguna Freizeitanlagen, Am Wasserwerk 2, 79576 Weil am Rhein.

Schwimmen im Schluchsee mit Blick auf die Berge ist ein besonderes Vergnügen.

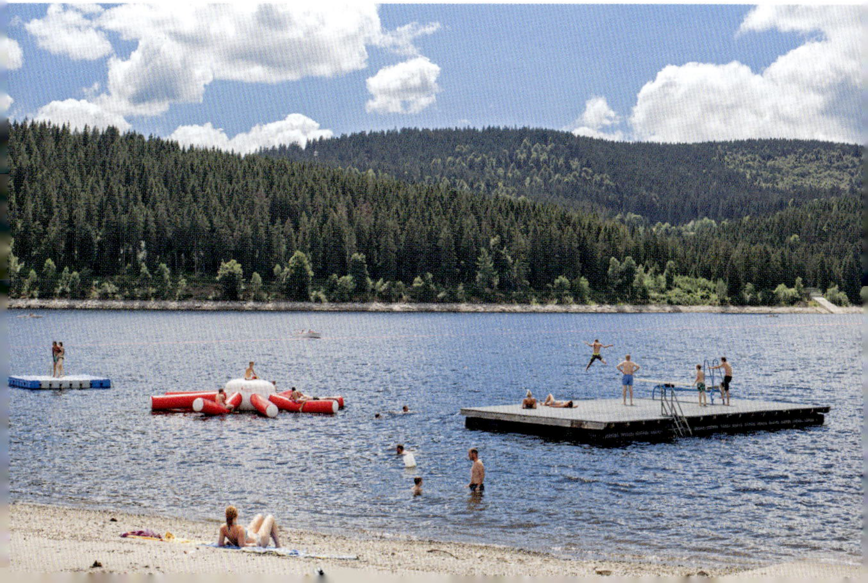

Bergwerke und Höhlen

- Museums-Bergwerk Schauinsland, (s. Tour 21)

D1 Besucherbergwerk Finstergrund, Wieden

Mit der einmaligen Grubenbahn werden die Besucher in das rund 800 (!) Jahre alte Bergwerk gefahren. Die Führung vermittelt eindrücklich die Geschichte und Technik der Silber- und Bleigewinnung. Im Bergwerksstüble mit Biergarten kann man sich für die Tour ins Berginnere stärken.

Öffnungszeiten: Von Juli bis September jeden Mi, Sa, So und an Feiertagen stündliche Führungen, im Mai, Juni und Oktober alle 1.30 Std.

Info: www.finstergrund.de.

Mit Bahn/Bus: Ab Münstertal Bhf. mit dem Regionalbus 291 bis Wiedener Eck, Umstieg in den SBG-Bus 7306 Richtung Schönau, dann 500 m zu Fuß zum Bergwerk.

Mit dem Auto: Parkplatz direkt am Eingang, beschildert ab der L123 zwischen 79695 Wieden und 79694 Utzenfeld (N47.83293, E7.903330).

D2 Erdmannshöhle, Hasel

Die Erdmannshöhle mit ihren riesigen Tropfsteinen befindet sich in Hasel in der Nähe des Wiesentals. Der Sage nach haben Erdweiblein und Erdmännlein diese über 2 km lange Höhle bewohnt. Die ersten 350 m der Höhle können besichtigt werden. Manchmal wird die Höhle auch für Konzerte genutzt, dabei bildet das Geräusch der fallenden Tropfen eine ganz besondere Klangkulisse. Neben der Höhle gibt es eine Lilliput-Eisenbahn für Groß und Klein.

Öffnungszeiten: April bis November jeweils am Wochenende und feiertags, in den Schulferien auch unter der Woche, jeweils 10–16 Uhr finden die stündliche Führungen statt.

Info: www.gemeinde-hasel.de, Tel. +49 7762 806890.

Mit Bahn/Bus: Ab Basel Badischer Bahnhof mit der Regionalbahn Richtung Waldshut bis Brennet, dort Umsteigen in den SBG-Bus 7335 Richtung Schopfheim bis Hasel Dorfplatz, von dort 500 m Fußweg.

Mit dem Auto: Wehrer Straße 25, 79686 Hasel.

Mit einer echten Grubenbahn fahren wir ins Innere des Bergwerks Finstergrund.

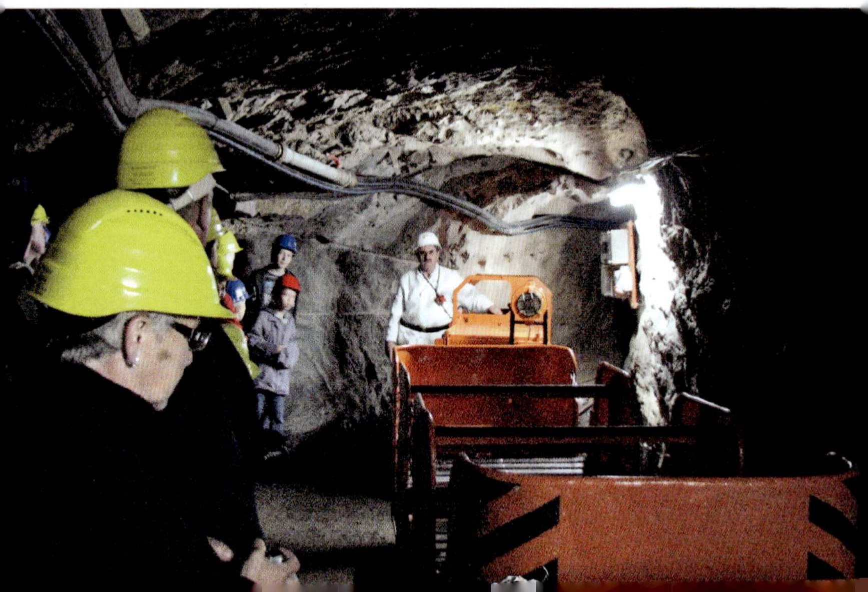

D3 Tschamberhöhle, Rheinfelden

In der Tschamberhöhle in Rheinfelden ergießt sich ein Höhlenbach über einen großen Wasserfall in die Quellgrotte und erzeugt eine faszinierende Atmosphäre. Die Tschamberhöhle ist eine von nur drei Schauhöhlen in Deutschland, die aus Muschelkalk bestehen, und kann auf rund 600 m besichtigt werden. Helm und Schutzmantel werden gestellt.

Öffnungszeiten: An Sonn- und Feiertagen 13–17 Uhr.

Info: www.tschamberhoehle.info, Tel. +49 7623 9668720.

Mit Bahn/Bus: Ab Rheinfelden Bahnhof mit dem SGB-Bus 7312 oder 7301 bis Riedmatt Storchen, von dort 150 m Fußweg.

Mit dem Auto: Kostenlose Parkplätze befinden sich am Restaurant Storchen in der Brombachstr. 3, 79618 Rheinfelden-Riedmatt, von dort führt ein Pfad zum Eingang.

Wasserfälle

- Triberger Wasserfälle (s. Tour 6)
- Stampfbachwasserfall (s. Tour 25)
- Todtnauer Wasserfälle (s. Tour 26)
- Menzenschwander Wasserfälle (s. Tour 27)
- Höllbachwasserfall Görwihl (s. Tour 40)

E1 Zweribachwasserfälle

Über drei Stufen hinweg stürzt sich der Zweribach im Bannwald bei Simonswald rund 40 m in die Tiefe. Als Wanderziel ist er vom Wanderparkplatz Zweribach aus gut zu erreichen (Gehzeit rund 30 Min.). In strengen Wintern lässt sich der gefrorene Wasserfall auch besteigen und evtl. kann man dort Eiskletterer beobachten.

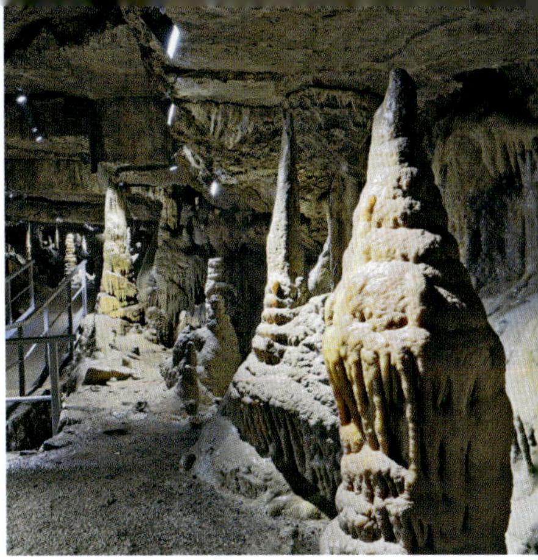

In der Erdmannshöhle treffen wir auf fantastische Tropfsteine, die wie Kunstwerke aussehen.

Öffnungszeiten: Frei zugänglich.

Mit Bahn/Bus: Ab Waldkirch Stadtmitte mit dem SB-Bus 7272 Richtung Furtwangen oder dem SBG-Bus 7201 Richtung Bleibach, sitzen bleiben bis Wildgutach Pfaffmühle. Ab dort sind es 2 km Fußweg bis zum Wanderparkplatz Zweribachfälle.

Mit dem Auto: Kostenloser Wanderparkplatz Zweribach/Haldenschwarzhof (N48.042562, E8.101769).

E2 Haselbach-Wasserfall

Kleinerer Wasserfall in der Nähe von Waldshut bei Indlekofen an einer beschaulichen Wanderstrecke, die sich gut für Familien eignet.

Öffnungszeiten: Frei zugänglich.

Mit Bahn/Bus: Ab Waldshut Busbahnhof mit dem SBG-Bus 7342 Richtung Ühlingen bis Gurtweil Bad Bruckhaus, Umsteigen in den SBG-Bus 7341 Richtung Oberbierbronnen bis Aispel. Von dort zu Fuß 250 m bis zum Wanderparkplatz Wasserfall.

Mit dem Auto: Kostenloser Wanderparkplatz Indlekofen Wasserfall zwischen Aispel und Indlekofen, Obere Landstraße 19, 79761 Waldshut-Tiengen.

Hochseilgärten und Waldabenteuer

F1 Abenteuer im Wald Kenzingen

Auf einer Länge von 3 km kann hier im Wald auf Brücken und Seilbahnen herumgekraxelt werden, und auf drei Kinderparcours ist das schon ab 1,20 m Größe möglich. Für ganz Mutige ist eine freier Fall aus über 12 m Höhe eine kitzlige Herausforderung.

Öffnungszeiten: Von April bis Oktober, genauere Zeiten unter www.abenteuer-im-wald.de, Tel. +49 7644 927874. Spätnachmittags gibt es eine Happy Hour, Klettern zum halben Preis 17.30–19 Uhr.

Mit Bahn/Bus: Ab Freiburg mit Regionalexpress nach Kenzingen und mit dem SWEG-Bus 281 Richtung Herbolzheim bis Bombach Rathaus, vom Bahnhof 1 km Fußweg auf der Karlstraße Richtung Sportplatz.

Mit dem Auto: Bombacher Straße direkt am Sportplatz Bombach, 79341 Kenzingen.

F2 Baumkronenweg Waldkirch

Der Waldkircher Baumkronenweg hält für alle etwas bereit: Zuerst geht es über einen Waldlehrweg mit vielen Stationen, die alle unsere Sinne ansprechen, zum Eingang des eigentlichen Baumkronenwegs, der bis zu 23 Meter über dem Boden zwischen den Wipfeln der Bäume verläuft. Von den vier Aussichtplattformen lässt es sich herrlich ins Land schauen. Dazu kann man sich noch auf einem Barfußpfad die Fußsohlen von Zapfen und Ästen massieren lassen oder auf dem Abenteuerpfad wie Tarzan von Baum zu Baum schwingen. Am Eingang kann auch eine Grillstelle inklusive Rost gemietet werden.

Öffnungszeiten: Ende März bis Ende April 12–17.30 Uhr, Mai bis Mitte September 11–18.30 Uhr.

Info: www.baumkronenweg-waldkirch.de, Tel. +49 151 50404867.

Mit Bahn/Bus: Ab Freiburg mit der S-Bahn Richtung Elzach bis Wald-

Richtig stolz kann der junge Klettermaxe im Kenzinger Abenteuerwald auf sich sein.

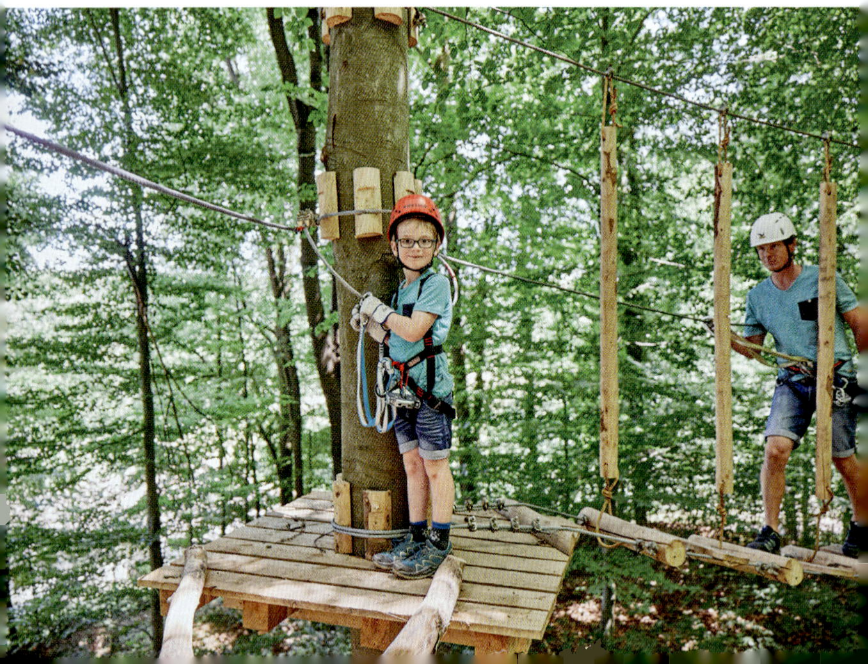

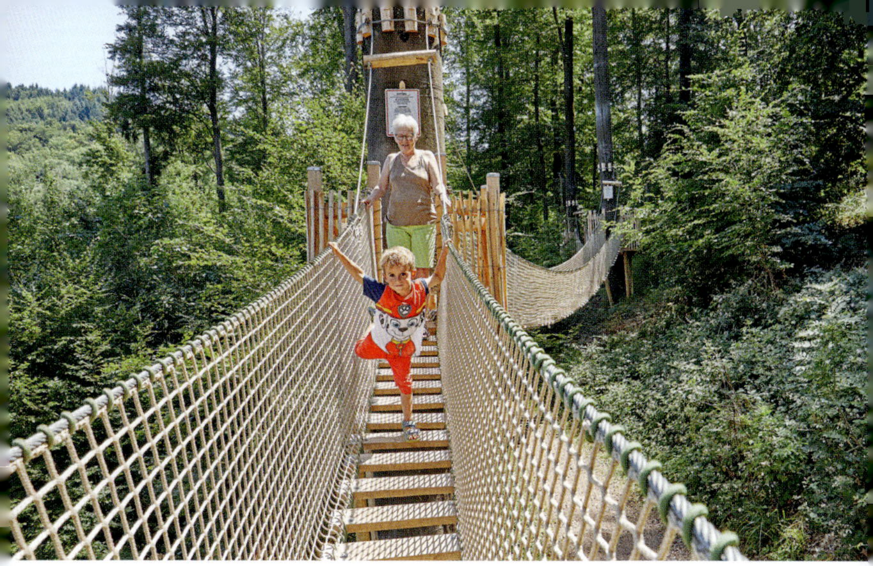

Im Baumkronenweg Waldkirch kommen auch die Kleinsten in den Klettergenuss.

kirch Bahnhof. 1 km zu Fuß weiter in Richtung Schwarzwaldzoo/Baumkronenweg.
Anfahrt: Parkplatz in der Erwin-Sick-Straße, 79183 Waldkirch.

F3 Hochseilgarten Triberg Forest fun

Ein Naturhochseilgarten im Wasserfallgebiet bei Triberg, in dem auch schon die Allerkleinsten auf einer Höhe von 1 m klettern können, wenn sie eine Greifhöhe von 1,20 m erreichen. Natürlich mit Helm und Klettergurt.
Öffnungszeiten: Am Wochenende und in den Ferienzeiten 13–18 Uhr, außerhalb der Ferienzeit Di–Fr 13–18 Uhr. Letzter Einlass ist um 16 Uhr. Regen ist kein Problem, nur bei Sturm und Gewitter sowie im Winter bleibt die Anlage geschlossen.
Info: www.hochseilgarten-triberg.de, Tel. +49 152 206034979.
Mit Bahn/Bus: Siehe Tour 6.
Mit dem Auto: Da keine direkte Zufahrt möglich ist, parkt man am besten in Triberg und folgt der Beschilderung zum Wasserfall und von dort den gelben Hinweisschildern (siehe Tour 6).

F4 Kletterwald Staufen

Unter einem dichten Blätterdach lässt es sich auch bei leichtem Regen noch gut im Kletterwald Staufen kraxeln. Am besten man ruft im Zweifel vorher an. Hier gibt es auch die Möglichkeit, Kindergeburtstage mit Schatzsuche zu feiern.
Öffnungszeiten: Im April, Mai, Juni, September und Oktober nur am Wochenende, im Juli und August sowie in den Ferienzeiten täglich außer Mo 11–18 Uhr.
Info: www.kletterwald-staufen.de, Tel. +49 174 910 6186.
Mit Bahn/Bus: Ab Freiburg Hauptbahnhof mit dem Regionalexpress nach Bad Krozingen, dort umsteigen in die S-Bahn S3 Richtung Müntertal bis Etzenbach, vom Bahnhof sind es noch 150 m Fußweg.
Mit dem Auto: Parkplatz am Kletterwald, Etzenbach 1, Staufen im Breisgau 79219.

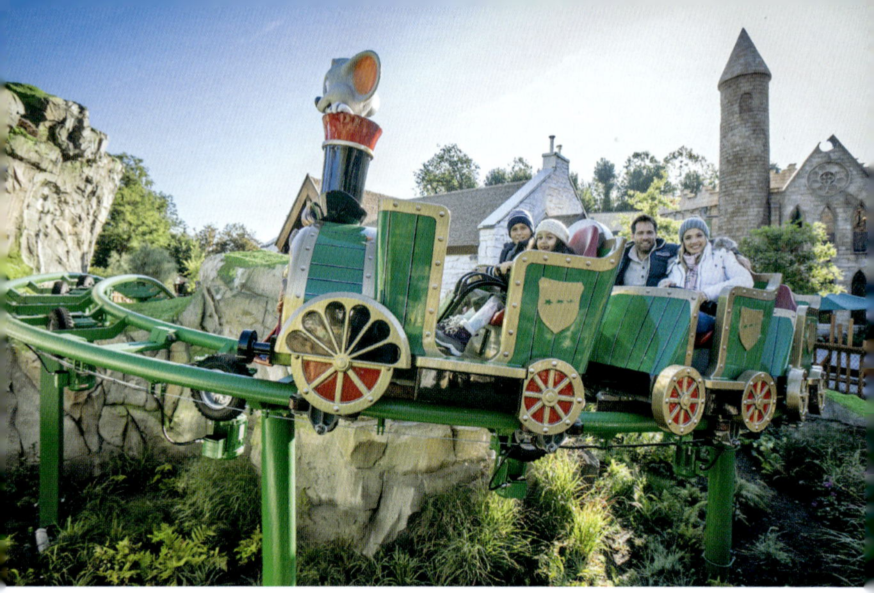

Der sanfte Ba-a-a Express im Europark Rust ist für kleine Achterbahnfreunde ab 3 Jahren geeignet.

F5 Action Forest Kletterwald am Titisee

Aus der Perspektive eines Eichhörnchens können wir auf vier Parcours und zwei Seilrutschen durch die Baumwipfel der Wälder am Titisee streifen. Eine kurze Sicherheitseinweisung macht uns mit dem Material vertraut und los geht's. Dank eines neuen Sicherungssystems gegen unabsichtliches Aussichern muss man sich auch in großer Höhe keine Sorgen um die Jüngsten machen.

Öffnungszeiten: April–Oktober, genauere Infos unter www.action-forest-kletterwald.de, Tel. +49 7651 9331170.

Mit der S-Bahn: Ab Freiburg Hauptbahnhof mit der S-Bahn S1 bis Titisee Bahnhof. Dann zu Fuß auf der Parkstraße Richtung Westen, nach 100 m auf der Seestraße rechts unter der Eisenbahn hindurch und rechts die Neustädter Straße hinauf.

Mit dem Auto: Kostenpflichtige Parkplätze, Neustädter Str. 41, 79822 Titisee-Neustadt.

F6 Hochfirst Aussichtsturm

Bis zu den Alpen reicht der Blick vom Hochfirstturm, einer stählernen Gitterkonstruktion mit Wendeltreppe. Wer den 25 m hohen Turm über die 123 Treppenstufen erklimmt, hat den ganzen Titisee und das Feldbergmassiv gerade vor sich. Zur Stärkung mit badischen Spezialitäten und leckerem Kuchen ist das Berggasthaus Hochfirst unterhalb des Turms bestens geeignet. Hier bekommt man auch die Tickets für die Turmbesteigung.

Öffnungszeiten: Täglich außer Di 11–19 Uhr.

Info: www.berggasthaushochfirst.de, Tel. +49 7651 7575.

Mit der S-Bahn: Ab Freiburg mit der S-Bahn S1 Richtung Villingen bis Neustadt Bahnhof, ab dort führt ein Wanderweg in ca. 1 Std. und über 185 Höhenmeter auf den Hochfirst.

Mit dem Auto: Parkplatz neben dem Berggasthaus Hochfirst, Auf dem Hochfirst 10, 79822 Titisee-Neustadt.

Outdoor-Funparks, Rodelbahnen und Bergroller

G1 Europa-Park Rust

Zum größten Freizeitpark in Deutschland muss man wohl nicht mehr viel schreiben. Er ist vielfach preisgekrönt und wird von über 5 Millionen Menschen pro Jahr besucht. Für alle, die gerne Achterbahnen und andere Fahrgeschäfte mögen.

Öffnungszeiten: Ende März bis Anfang November 9–18 Uhr, Ende November bis Anfang Januar 11–19 Uhr, dazwischen ist der Park geschlossen.

Info: www.europapark.de, Tel. +49 7822 6688.

Mit Bahn/Bus: Ab Freiburg im Regionalexpress Richtung Offenburg bis Ringsheim, dann umsteigen in den SBG-Bus 7231 Richtung Rust Europa-Park.

Mit dem Auto: Über die Autobahn A5, Ausfahrt 57b Rust. Parkeigener, kostenpflichtiger Parkplatz, Europa-Park-Straße 2, 77977 Rust.

G2 Maisfeldlabyrinth Opfingen

Seinen Orientierungssinn kann man wunderbar im Opfinger Maislabyrinth auf die Probe stellen. Auf insgesamt 4 km Irrwegen haben Jung und Alt eine Menge Spaß auf der Suche nach dem richtigen Weg. Und die Jüngsten freuen sich über einen Buggyparcours und über die riesige Burg aus Stroh, auf der man nach Herzenslust springen, klettern und toben kann. In der Welschkornhütte gibt es eine Auswahl an Speisen und Getränken und an heißen Tagen bieten einen Dusche, eine Handpumpe und ein Bach genügend Abkühlung. Ab 6 Jahren können hier auch Kindergeburtstage gefeiert werden.

Die Waschbären im Steinwasenpark sehen besonders putzig aus.

Öffnungszeiten: Von Juni bis November ab 11 Uhr bis Sonnenuntergang.

Info: www.maisfeld-opfingen.de, Tel. +49 7664 4744.

Mit Bahn/Bus: Ab Freiburg mit der Straßenbahn 3 Richtung Haid bis Munzinger Straße, dort umsteigen in den VAG-Bus 32/33 Richtung Munzingen bis Opfingen-Ziegelei.

Mit dem Auto: Kostenlose Parkplätze direkt am Eingang, Waldmösle 2, 79112 Freiburg-Opfingen.

G3 Steinwasenpark Oberried

Der Steinwasenpark in Oberried steht mitten am Berg des Schauinsland, eingebettet in Gehege mit Wildschweinen, Mufflons, Murmeltieren, Gämsen und Hirschen. Die meisten Fahrgeschäfte sind unterirdisch gebaut, sodass man die Natur beim Erklimmen der Sommerrodelbahn oder beim Spazieren auf einer riesigen Hängebrücke unverbaut genießen kann. Hier wurde ein Kindertraum wirklich mit viel Liebe und Sorgfalt umgesetzt. Kinderkino und Indoorspielplatz komplettieren das vielfältige Angebot. Und ein kleiner Doppelsessellift hilft beim Erreichen der Rodelbahn, wenn die Kräfte vom Spielen nachlassen. Geburtstagskinder bis 12 Jahre haben freien Eintritt.

Öffnungszeiten: Von April bis Juni und von September bis November 10–17 Uhr, Juli und August 9–18 Uhr.

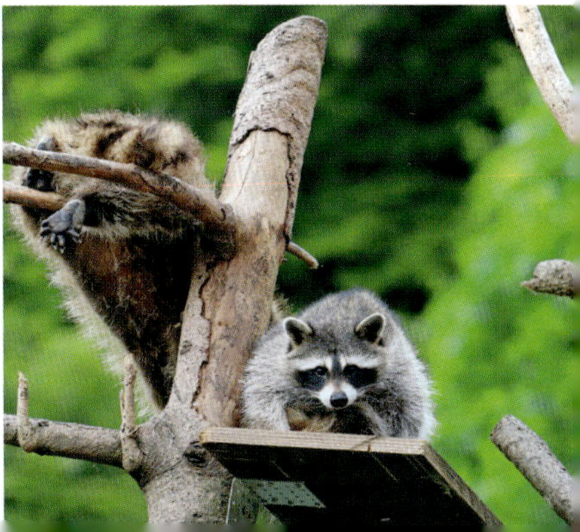

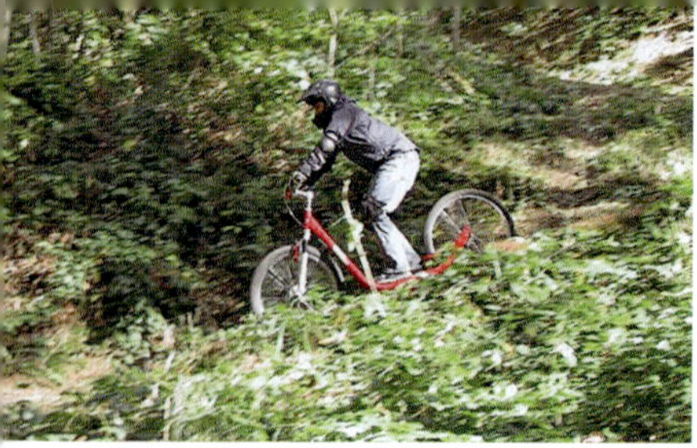

Viele Höhenmeter in kurzer Zeit überwinden die Downhill-Roller am Schauinsland.

Info: www.steinwasen-park.de, Tel. +49 7602 944680.
Mit Bahn/Bus: Ab Freiburg mit der S-Bahn S1 Richtung Seebrugg bis Kirchzarten Bahnhof. Dort weiter mit dem SBG-Bus 7215 Richtung Todtnau Busbahnhof bis Haltestelle St. Wilhelm Steinwasen.
Mit dem Auto: Kostenlose Parkplätze direkt am Parkeingang, Steinwasen 1, 79254 Oberried.

G4 Schauinsland Roller

Rollerfahren ist angesagt und macht vor allem bergab auf Waldwegen einen Heidenspaß. Sage und schreibe 8 km lang ist die Rollerfahrt am Schauinsland, sie beginnt auf 1220 m Höhe, dauert rund 1 Std. und führt bis zur Talstation der Bergbahn auf 474 m ins Tal zurück. Für Kinder ab 12 Jahren und einer Mindestgröße von 150 cm (siehe auch Tour 21).
Öffnungszeiten: Mai und Juni an Sonn- und Feiertagen, Juli bis Oktober an Wochenenden und Feiertagen, Startzeit jeweils um 14 und 17 Uhr.
Info: www.schauinsland.de, Tel. +49 761 26468.
Mit Bahn/Bus: Siehe Tour 21.
Mit dem Auto: Parkplätze an der Talstation der Bergbahn, Bohrerstraße 11, 79289 Horben. Dann mit der Bergbahn und dem ermäßigten Rollertarif hinauf zur Bergstation. Die Rollerstation ist direkt an der Bergstation. Oder Anfahrt direkt zur Bergstation, Schauinslandstraße 390, 79100 Freiburg (bei 79254 Oberried), und nach der Rollerfahrt mit der Bahn wieder hinauf.

Sommerschlitteln und viele andere verrückte Dinge bietet der Spaß-Park Hochschwarzwald.

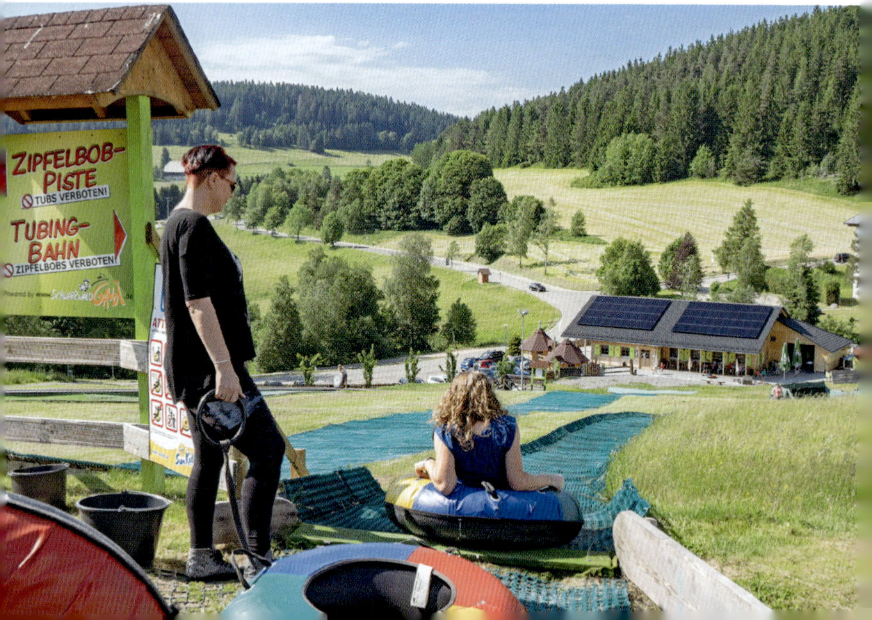

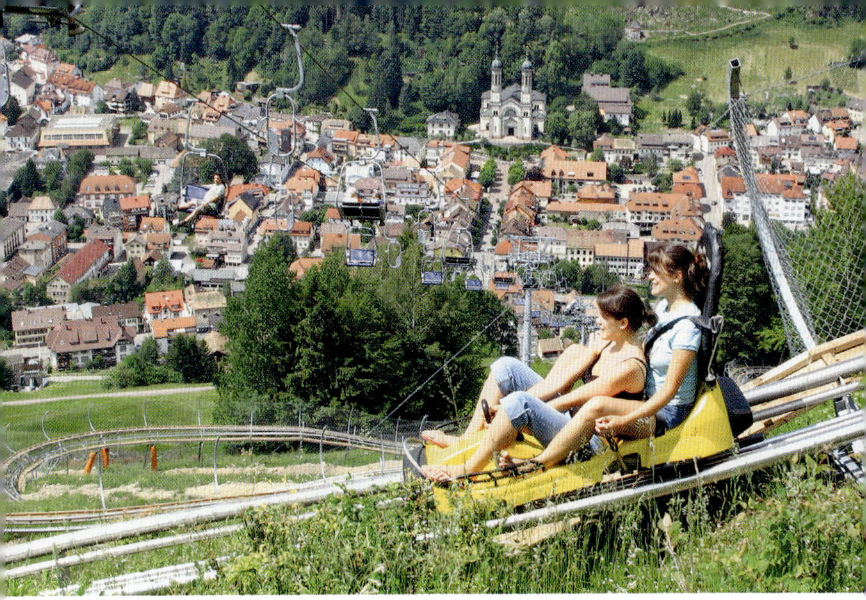

Natürlich haben die Coaster am Hasenhorn für dieses steile Gelände auch eine Bremse.

G5 Hasenhorncoaster Todtnau

Wunderschön auf dem Todtnauer Hausberg, dem Hasenhorn, liegt die Sommer- und Winterrodelbahn, auf der man mit bis zu 40 km/h den Berg hinuntersausen kann. Die vielen Kurven, Schleifen und Wellen auf der fast 3 km langen Strecke dürfen Kinder ab 3 Jahren und 95 cm Größe in Begleitung eines Erwachsenen genießen, ab 8 Jahren und 140 cm Größe darf man auch alleine fahren.

Öffnungszeiten: Täglich 10–16.30 Uhr, Juli–August 9–16.30 Uhr, bei unklarem Wetter bitte vorab anrufen.

Info: www.hasenhorn-rodelbahn.de, Tel. +49 7671 508.

Mit Bahn/Bus: Ab Freiburger Hauptbahnhof mit der S-Bahn Richtung Seebrugg bis Titisee, von dort mit dem SBG-Bus Richtung Zell bis Busbahnhof Todtnau. Von dort sind es ca. 500 m Fußweg.

Mit dem Auto: Ausgeschilderte kostenfreie Parkplätze in der Brandenbergstraße, 79674 Todtnau.

G6 Spaß-Park Hochschwarzwald am Schluchsee

Wer es ganz verrückt mag, dem sei dieser Spaßpark empfohlen. In einem riesigen Gummiball durch die Gegend kullern? Golfspielen oder Billard mit einen Fußball oder mit einem luftgefüllten Reifen durch Steilkurven rasen? Hier scheint alles möglich und im Winter geht's auch noch mit dem Zipfelbob die Schneepiste hinunter. Ab 6 Jahren können Kindergeburtstage gefeiert werden.

Öffnungszeiten: Täglich außer Mi 10–17 Uhr, in Ferienzeiten auch Mi.

Info: www.hochschwarzwald.de/Attraktionen/Spass-Park-Hochschwarzwald-Schwarzwaldmarkt, Tel. +49 7656 9882916.

Mit der S-Bahn: Ab Freiburg mit der S-Bahn S1 Richtung Seebrugg bis Schluchsee Bahnhof, ab dort sind es 15 Min. Fußweg hinauf zum Spaßpark.

Mit dem Auto: Parkplatz direkt am Spaßpark, Fischbacher Str. 16, 79859 Schluchsee.

Indoor-Funparks und Boulderspaß

■ Spielscheune Unterkirnach (s. Tour 7)

H1 KinderGalaxie Freiburg

Wahrscheinlich war schon fast jedes Freiburger Kind einmal in seinem Leben in der KinderGalaxie. Der Hallenspielplatz ist seit 2005 für große und kleine Kinder ein Spieleparadies zum Toben. Wer nur als Aufpasser dabei ist, freut sich über kostenfreies WLAN.

Öffnungszeiten: Mi Ruhetag, ansonsten werktags 14–19 Uhr, Sa und Sonn- und Feiertage sowie in den Schulferien von Baden-Württemberg 10–19 Uhr.

Info: www.kinder-galaxie.de, Tel. +49 761 40140800.

Mit Bahn/Bus: Ab Freiburg Hauptbahnhof mit der Buslinie 14 bis Haltestelle Am Mettweg.

Mit dem Auto: Kostenfreie Parkplätze, Basler Landstr. 17, 79115 Freiburg.

H2 Schwarzlichtpark Denzlingen

Minigolf und Billard in leuchtenden 3D-Farben sind für die meisten Besucher neuartig und deshalb besonders anziehend. Auch geeignet für größere Gruppen, Schulklassen oder Firmenevents. Empfohlenes Mindestalter 8 Jahre, Kinder von 0 bis 5 Jahren haben freien Eintritt.

Öffnungszeiten: Mi und Do 15–20.30 Uhr, Fr 14–22 Uhr, Sa 12–22 Uhr, Sonn- und Feiertage 12–20 Uhr.

Info: www.schwarzlichtpark.de, Tel. +49 7666 9379026.

Mit Bahn/Bus: Ab Freiburg Hauptbahnhof mit dem SBG-Bus 7200 Richtung Emmendingen bis Denzlingen Leimenstoll, von dort 600 m zu Fuß die Kronenstraße entlang.

Mit dem Auto: Kostenfreie Parkplätze, Markgrafenstraße 125/10, 79211 Denzlingen.

H3 Impulsiv Kinderland Emmendingen

Neben einem riesigen Hallenspielplatz mit Wabbelberg, Bungeespringen, Reifenrutsche und vielen anderen Möglichkeiten zum Toben gibt es ein großes Freizeitcenter mit sportlichen Aktivitäten wie Klettern, Tennis, Badminton, Squash, Kegeln oder Indoor Soccer.

Öffnungszeiten: Werktags 14–19 Uhr, Sa, So und an Feiertagen 10–19 Uhr, in den Ferien siehe www.impulsiv-kinderland.de, Tel. +49 7641 48899.

Mit der Bahn: Ab Freiburg Hauptbahnhof mit der Regionalbahn Richtung Offenburg bis Emmendingen, von dort 10 Gehminuten.

Mit dem Auto: Kostenlose Parkplätze, Am Sportfeld 21, 79312 Emmendingen.

H4 Fundorena am Feldberg

Maximalen Spaß verspricht die Fundorena am Feldberg, denn hier kann man sich aus 8 m Höhe in ein Riesenkissen fallen lassen, bouldern, indoor und outdoor klettern, Trampolin springen oder den Kleinsten ab 2 Jahren im Funpark oder in der Reithalle zusehen. Und das alles di-

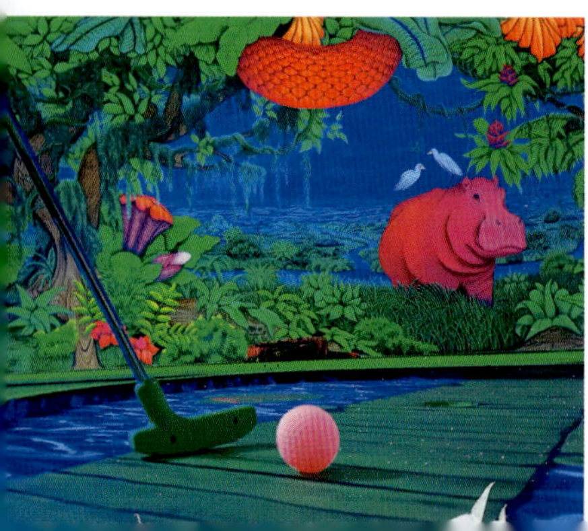

Minigolf in einer leuchtend-bunten Welt spielt man im Schwarzlichtpark.

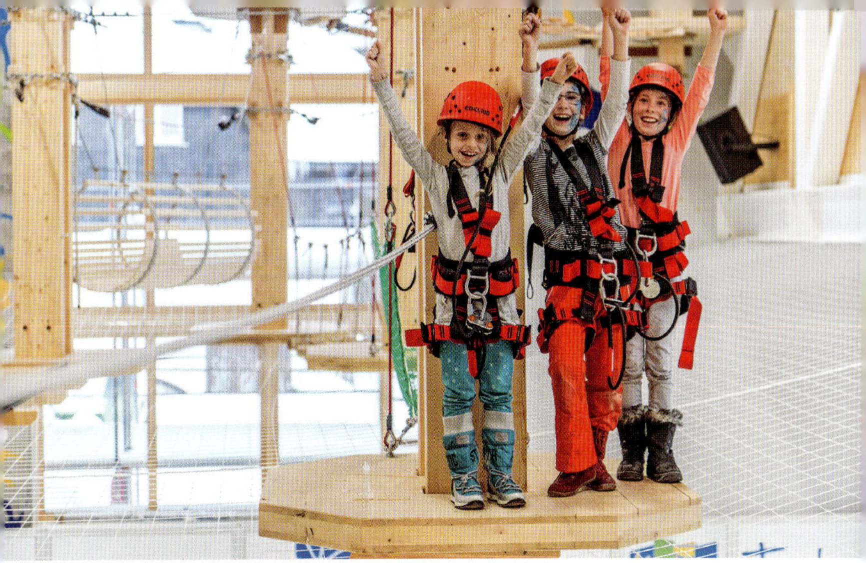

In der Fundorena am Feldberg starten die Kinder vielleicht eine spannende Kletterkarriere.

rekt auf dem Feldberg oben bei der Talstation des Sessellifts (siehe auch Tour 19).
Öffnungszeiten: Täglich 10–21.30 Uhr. Der Outdoor-Klettergarten hat nur in der warmen Jahreszeit geöffnet.
Info: www.fundorena.de, Tel. +49 7676 18690.
Mit Bahn/Bus: Siehe Tour 19.
Mit dem Auto: Parken im Parkhaus Dr.-Pilet-Spur 2, 79868 Feldberg, von dort 300 m zur Dr.-Pilet-Spur 11.

H5 OKIDOKI-Kinderland Lörrach

Ein Indoorspieleparadies auf 4000 m² mit riesigem Kletterspielturm, Hüpfburgen, Autoscooter, Trampolinen und vielen anderen Spielgeräten. Dazu gibt es im Außenbereich einen Biergarten sowie jede Menge Wasserrutschen und Planschmöglichkeiten. Für bewegungsmüde Erwachsene stehen kostenlose Internetplätze sowie Zeitungen und Gesellschaftsspiele zur Verfügung.
Öffnungszeiten: Mo–Fr 14–19 Uhr, an Wochenenden, Feiertagen und in den Ferienzeiten 10–19 Uhr.
Info: www.okidoki-loerrach.de, Tel. +49 7621 424940.
Mit der Bahn: Ab Basel Badischer Bahnhof mit der S-Bahn 6 Richtung Zell bis Lörrach-Stetten, von dort 200 m Fußweg.
Mit dem Auto: Kostenfreie Parkplätze, Küpferstr. 3, 79540 Lörrach.

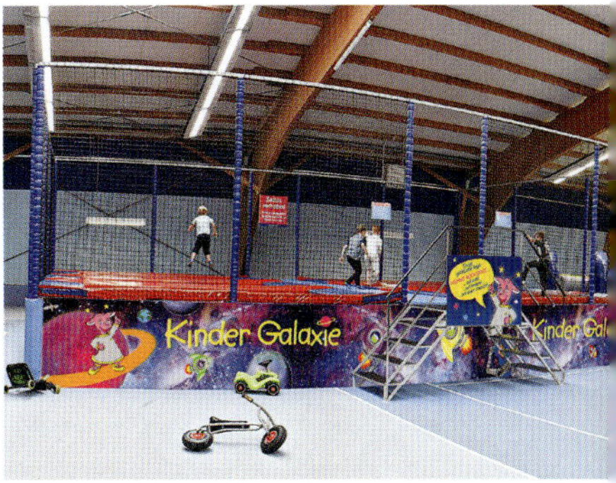

Einmal im Monat dürfen in der KinderGalaxie nur Erwachsene toben, zur Afterwork-Party.

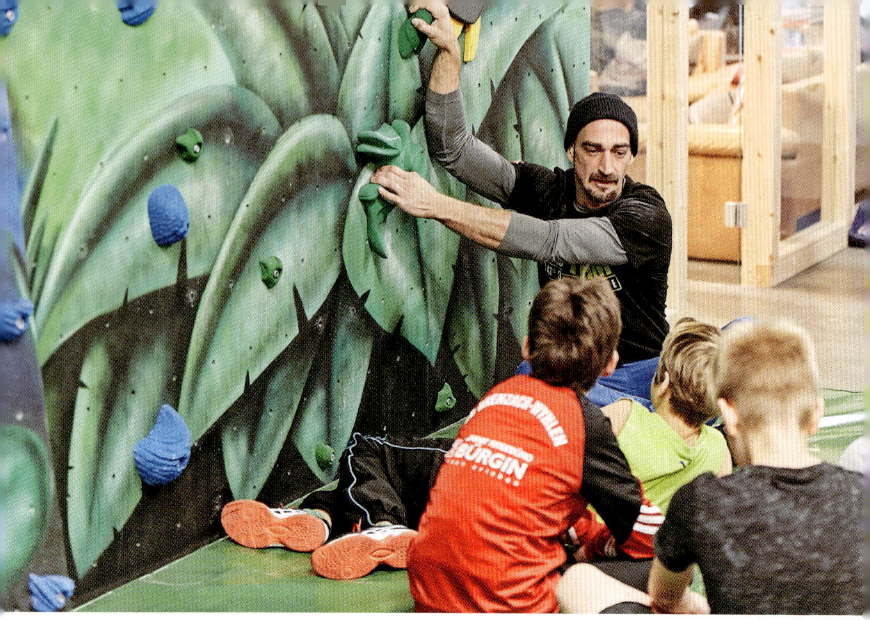

Beim Schnupperkurs im LÖ bloc erfahren die Kletterer alles Wichtige für einen guten Einstieg.

H6 Lazerfun Lörrach

Schon mal Lasertag oder Glowgolf gespielt? Wer gerne seine Freunde im dunklen Nebellabyrinth mit Laserkanonen fängt oder im Neonlicht in 3D-Welten Golf spielt, ist hier genau richtig. Beide Spiele sind im Lazerfun Lörrach ohne Altersbegrenzung, aber 8 Jahre sollten die Kinder beim Lasertag und 4 Jahre beim Glowgolf schon mindestens sein, um Spaß an diesen innovativen Spielen zu haben.

Öffnungszeiten: Mi und Do 14–21 Uhr, Fr 14–23 Uhr, Sa 11–23 Uhr, So 11–20 Uhr.

Info: www.lazerfun-loerrach.de, Tel. +49 7621 1680333.

Mit der Bahn: Ab Basel Badischer Bahnhof mit der S-Bahn 6 Richtung Zell bis Lörrach Hauptbahnhof, von dort zu Fuß 800 m.

Mit dem Auto: Kostenfreie Parkplätze, Oetlingerstraße 13, 79539 Lörrach.

H7 LÖ bloc Boulderhalle, Grenzach-Wyhlen

Boulderschuhe anziehen und schon kann es losgehen mit dem freien Klettern auf Absprunghöhe. Bouldern fördert und fordert Körper und Geist und liegt voll im Trend. Wer es erst einmal in der geschützten Atmosphäre einer Halle versuchen möchte oder auch schon geübt ist, findet in den acht Schwierigkeitsstufen in der Boulderhalle LÖ bloc bestimmt seinen Weg.

Öffnungszeiten: Täglich zu verschiedenen Zeiten geöffnet.

Info: www.loebloc.de, Tel. +49 7624 8099970.

Mit Bahn/Bus: Ab Basel Badischer Bahnhof mit der Regionalbahn Richtung Lauchringen bis Wyhlen, von dort mit dem City-Bus 7311 bis Haltestelle Im Fallberg.

Mit dem Auto: Kostenfreie Parkplätze, Im Fallberg 6, 79639 Grenzach-Wyhlen.

Museen, Freiluftmuseen und Erlebnisbauernhöfe

- Erzpoche (s. Tour 3)
- Hammerschmiede Oberprechtal (s. Tour 4)
- Baldenwegerhof (s. Tour 13)
- Schniederlihof (s. Tour 21)
- Bauernhausmuseum Schneiderhof (s. Tour 34)

⓫ Hammerschmiede in Lahr-Reichenbach

Die glühenden Funken fliegen hier nur so herum, wenn der Schmied das glühende Eisen am riesigen Schleifstein bearbeitet oder den gewaltigen Hammer auf das Werkstück niedersausen lässt. Angeboten werden nur Gruppenführungen, dabei können aber auch das Heimatmuseum und der Bienengarten besichtigt werden. Zudem ist eine Bewirtung in der Schmiedestube möglich.

Öffnungszeiten: Führungen nach Absprache unter Tel. +49 7821 77281 oder +49 7821 977923, www.schwarzwaldverein-reichenbach.de.

Mit Bahn/Bus: Ab Freiburger Hauptbahnhof mit der Regionalbahn bis Lahr Bahnhof und mit dem Regionalbus SL Richtung Biberach bis Haltestelle Reichenbach Krone. Von dort sind es noch 500 m bis zur Hammerschmiede.

Mit dem Auto: Parken an der Schmiede, Schindelstraße 8/1, 77933 Lahr-Reichenbach.

⓬ Schwarzwälder Freilichtmuseum Vogtsbauernhof

Im ältesten Freilichtmuseum des Schwarzwalds erfahren wir alles über das bäuerliche Leben der letzten 600 Jahre, vom täglichen Leben genauso wie von den verschiedenen Arbeitstechniken, die auf einem Bauernhof nötig waren, um zu überleben. Die Kinder dürfen hier mit Holz arbeiten oder selber Besen binden u. v. a. m.

Öffnungszeiten: Von Ende März bis Anfang November täglich 9–18 Uhr, im August 9–19 Uhr.

Info: www.vogtsbauernhof.de, Tel. +49 7831 93560.

Hitze und Funkenflug erleben die Kinder bei einer Vorführung in der Hammerschmiede.

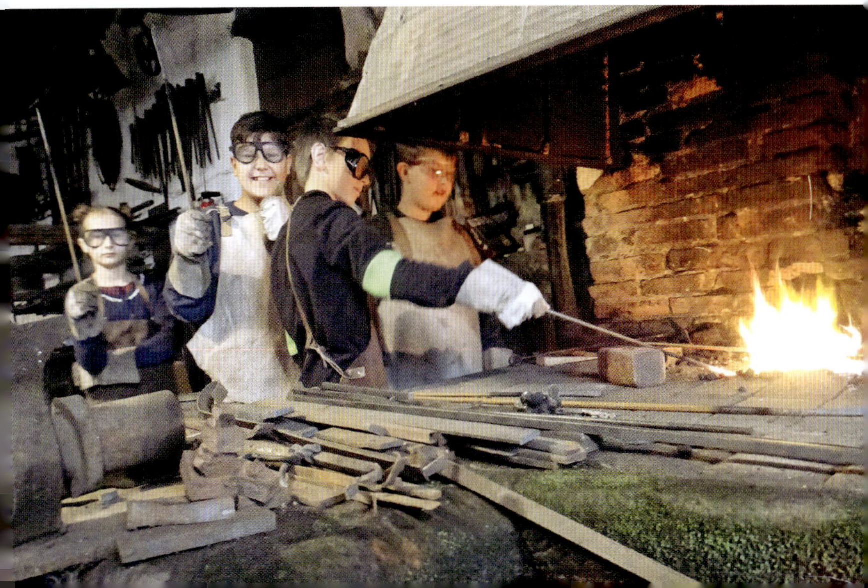

Mit Bahn/Bus: Ab Offenburg Bahnhof stündliche Verbindung mit der Regionalbahn RE2 Richtung Konstanz bis Gutach Freilichtmuseum.
Mit dem Auto: Museum und Parkplätze liegen direkt an der B 33 zwischen Hausach und Gutach/Schwarzwaldbahn (N48.27065, E8.20057).

⑬ Erlebnisbauernhof in Schramberg

Der Erlebnisbauernhof öffnet seine Pforten und lässt uns in Kuh-, Schweine- und Pferdestall blicken. Auf Schautafeln wird erklärt, was so alles auf einem Bauernhof abläuft. Wer gerne länger bleiben möchte: Das Übernachten in der hofeigenen mongolischen Jurte ist für alle ein richtiges Erlebnis. Und einen Abenteuerspielplatz gibt es auch noch nebendran.
Öffnungszeiten: Der Hof ist jederzeit frei und kostenlos zugänglich, die Vesperstube hat im Sommer 11–20 Uhr geöffnet.
Info: www.erlebnis-bauernhof.de, Tel. +49 7402 91124.
Mit Bahn/Bus: Ab Oberndorf am Neckar Bahnhof mit dem SBG-Bus 7477 Richtung Schramberg bis Haltestelle Waldmössingen Ortsverwaltung, von dort 1 km Fußweg.
Mit dem Auto: Parkplatz am Eingang oder am Abenteuerspielplatz, Weiherwasenstraße 46, 78713 Schramberg-Waldmössingen.

⑭ Naturzentrum Kaiserstuhl in Ihringen

In Deutschlands wärmster Gemeinde steht das Naturzentrum Kaiserstuhl, das viele interessante Erlebnisse in der Natur des Kaiserstuhls verspricht. Ausstellungen, Führungen durch die Berge des Kaiserstuhls, Fackelwanderungen, Wildbienenbeobachtung und vieles mehr.
Info: www.naturzentrum-kaiserstuhl.de, Tel. +49 7668 7108 80.
Mit der S-Bahn: Ab Freiburg Hauptbahnhof mit der S1 Richtung Breisach bis Ihringen Bahnhof.
Mit dem Auto: Begrenzte Parkmöglichkeiten, Bachenstraße 42, 79241 Ihringen.

Viel Wissenswertes gibt es auf den geführten Touren am Kaiserstuhl zu entdecken.

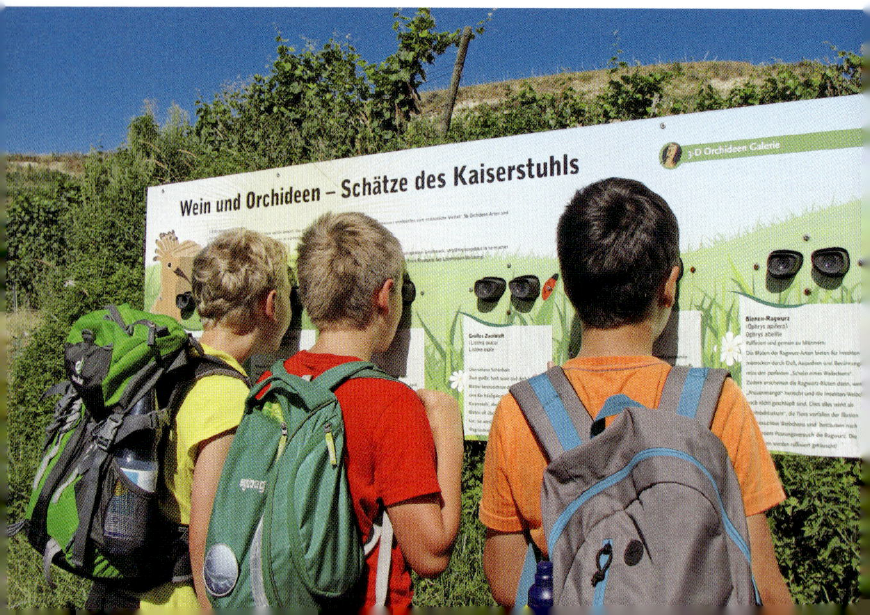

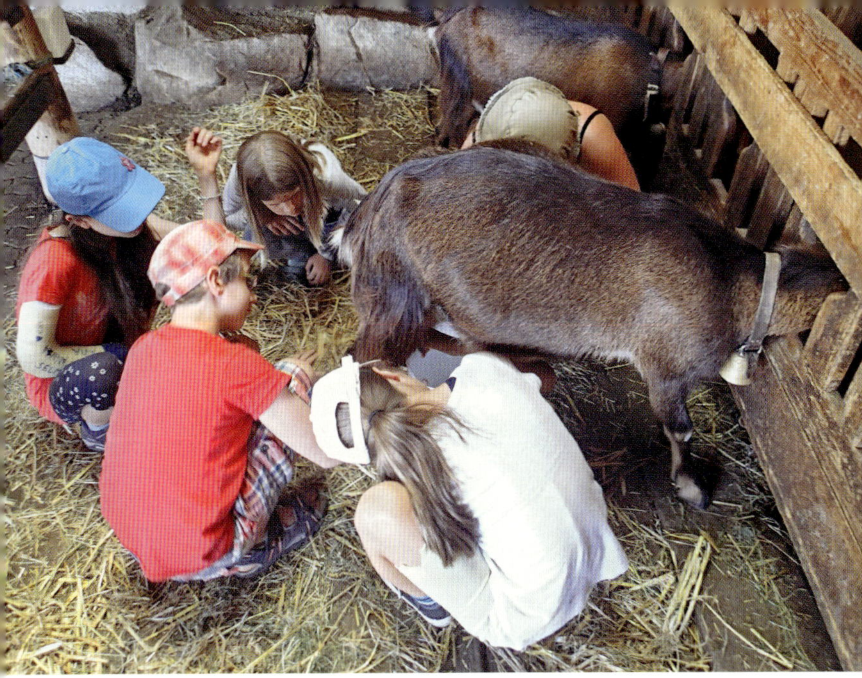

Am Kunzenhof dürfen die Kinder Ziegen melken, Hufe auskratzen und Esel striegeln.

⑮ Museum Natur und Mensch in Freiburg

Im Museum Natur und Mensch finden wir Mineralien und Fossilien wieder, die uns auf mancher Wanderung begegnet sind, zum Beispiel auf der Tour 21 im Bergwerk des Schauinsland. Und wer zur Osterzeit kommt, kann echte Küken beim Ausschlüpfen aus ihrem Ei und beim Spielen beobachten.

Öffnungszeiten: Di 10–19 Uhr, Mi–So 10–17 Uhr.

Info: www.freiburg.de, Tel. +49 761 2012566.

Mit der Bahn: Ab Freiburg Hauptbahnhof mit den Stadtbahnlinien 1, 2 oder 4 bis zum Bertoldsbrunnen, von dort 5 Min. Fußweg zum Museum.

Mit dem Auto: Parkhaus Schlossberggarage, Schlossbergring 14, 79098 Freiburg, von dort zu Fuß 400 m zum Museum, Gerberau 32.

⑯ Kunzenhof in Freiburg-Littenweiler

Der Lernbauernhof in Freiburg-Littenweiler bietet die Möglichkeit, bei vielen Arbeiten rund um das Versorgen der Tiere und die Pflege von Hof und Garten selbst mit anzupacken. Kleine und Große, Junge und Alte können dabei mit Freude viel lernen. Geöffnet ist der Bauernhof nur zu den verschiedenen Veranstaltungen. Das Konzept des Bauernhofes und das Engagement der Mitarbeiter sind auf jeden Fall einen Besuch wert. Für Familien und Gruppen werden auch Eselwanderungen angeboten.

Öffnungszeiten: Auch an den Mitmachtagen ist eine vorherige Anmeldung unter post@kunzenhof.de sinnvoll. Tel. +49 761 63726, www.kunzenhof.de.

Mit der Bahn: Vom Freiburger Hauptbahnhof fahren die Stadtbahnlinie 1 und die S-Bahn S1 nach Littenweiler

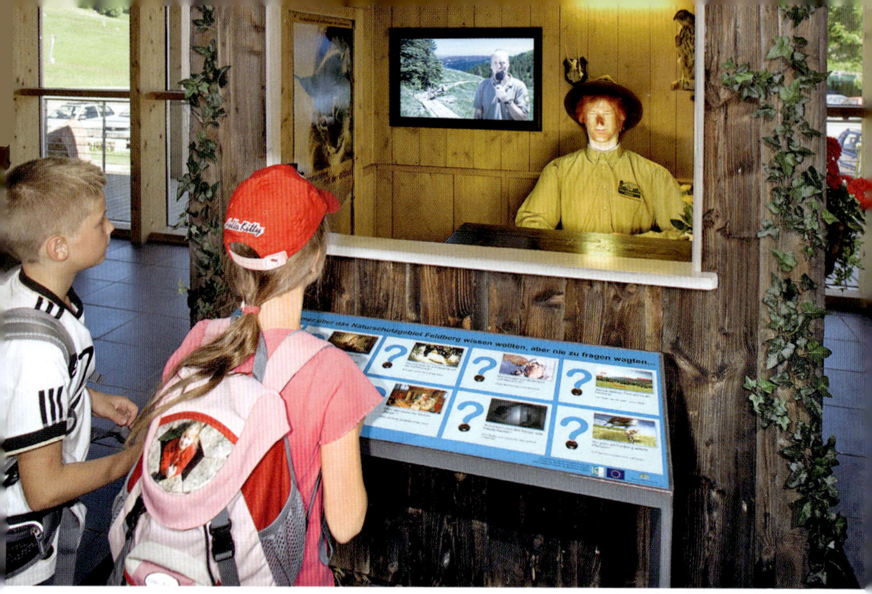

Der Talking Ranger beantwortet alle Fragen über das Naturschutzgebiet.

Bahnhof. Ab dort ist es ein knapper Kilometer zu Fuß zum Kunzenhof.

Mit dem Auto: Parkmöglichkeiten an der Straße, Littenweilerstraße 25a, 79117 Freiburg im Breisgau.

⑰ Haus der Natur Feldberg

Fast auf dem Gipfel des Feldberges auf 1280 m Höhe liegt das Haus der Natur mit seinen interaktiven Dauer- und Sonderausstellungen zum Thema Mensch und Natur. Hier fahren wir virtuell mit einem Ballon oder kommunizieren mit dem Talking Ranger. Hinter dem Haus liegt der Feldberggarten, wo man in der Pflanzenwelt des Feldbergs eine gemütliche Pause einlegen kann. Im Winter leihen sich hier Sportbegeisterte Schneeschuhe zum Wandern aus (siehe Tour 19).

Öffnungszeiten: Täglich 10–17 Uhr, am 25.12. sowie an Montagen zwischen November und April außerhalb der Schulferien in Baden-Württemberg geschlossen.

Info: www.haus-der-natur-feldberg.de, Tel. +49 7676 933630.

Mit Bahn/Bus: Siehe Tour 19.

Mit dem Auto: Parkhaus am Feldberg, Dr.-Pilet-Spur 2, 79868 Feldberg.

⑱ Vitra Design Museum

Das Museum in Weil am Rhein zeigt in seinen außergewöhnlichen Gebäuden einen Querschnitt an sehenswerten und kuriosen Möbelstücken. Es gehört zu den weltweit führenden seiner Art und macht auch Kindern Spaß, denn es gibt witzige Objekte zu bestaunen, ein Rätsel zu lösen und einen 30 m hohen Aussichtsturm, den Vitra Slide Tower, mit einer 38 m langen Wendelrutsche zu besteigen.

Öffnungszeiten: Täglich 10–18 Uhr.

Info: www.design-museum.de, Tel. +49 7621 7023200.

Mit Bahn/Bus: Ab Basel Badischer Bahnhof mit dem SWEG-Bus 55 Richtung Kandern bis Haltestelle Weil am Rhein Vitra.

Mit dem Auto: Großer Parkplatz in der Charles-Eames-Str. 1, 79576 Weil am Rhein.

Seilbahnen, Dampfloks und Schifffahrt

- Schauinslandbahn (s. Tour 21)

J1 Schlossbergbahn Freiburg

Für alle, die nicht zu Fuß auf den historischen Freiburger Schlossberg kommen wollen, ist die Schlossbergbahn genau das richtige Vehikel. Es startet auf unseren Knopfdruck hin und bringt uns in drei Minuten mitten vom Stadtzentrum auf den stadtnahen Schwarzwaldausläufer hinauf, von dem aus man Wanderungen starten, die wunderbare Aussicht auf die Stadt genießen oder den Schlossbergturm erklimmen kann.

Öffnungszeiten: Täglich 9–22 Uhr.
Info: www.schlossberg-bahn.de, Tel. +49 761 13717090.
Mit Bahn/Bus: Ab Freiburg Hauptbahnhof mit den Stadtbahnlinien 1, 3 und 5 bis Haltestelle Stadttheater, von dort mit Buslinie 27.
Mit dem Auto: Parkgarage am Schlossbergring 14, 79098 Freiburg.

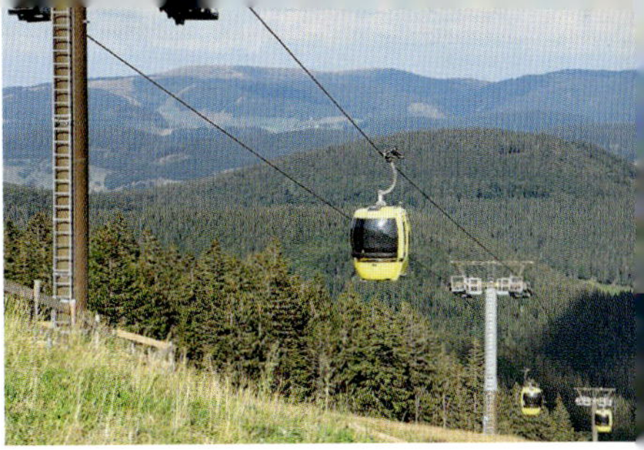

Futuristisch sehen die Gondeln der Belchenbahn aus.

J2 Belchenbahn

Seilbahnfahren ist für Kinder immer ein kleines Abenteuer und die Belchenbahn bringt uns dazu noch auf den Berg mit der vermutlich schönsten Aussicht im ganzen Schwarzwald. Bei guter Sicht reicht der Blick bis zur Zugspitze und dem Mont Blanc. Oben kann man prima vor dem Belchenhaus sitzen und Brotzeit machen.

Öffnungszeiten: Ganzjährig täglich 9.15–16.30 Uhr.
Info: www.belchen-seilbahn.de, Tel. +49 7673 888280.
Mit Bahn/Bus: Ab Münstertal Bahnhof mit dem Regionalbus 291 bis

Die Schauinslandbahn lässt seit 1930 wanderfreudige Naturliebhaber auf den Berg schweben.

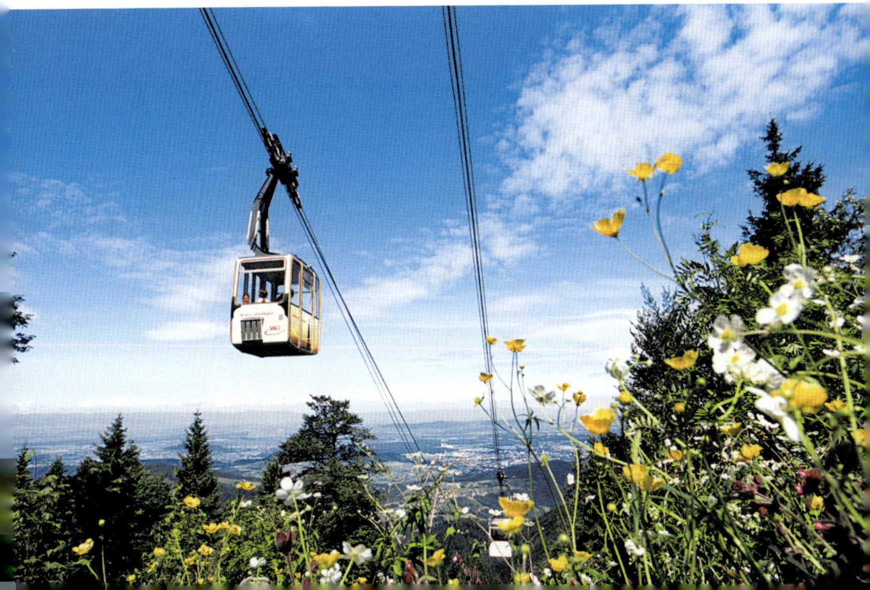

Wiedener Eck, Umstieg in den SBG-Bus 7306 Richtung Schönau bis Haltestelle Belchenbahn.
Mit dem Auto: Obermulten 5, 79677 Aitern. Die Seilbahn ist ab Münstertal bzw. Schönau ausgeschildert.

J3 Sauschwänzlebahn Blumberg

Unbedingt ein Muss für jeden Dampflokfan ist eine Fahrt mit der historischen Sauschwänzlebahn durch die berühmte Schlucht der Wutach. Der Zug vollführt unter anderem eine komplette Schleife im Berg, woher die Bahn auch ihren Namen hat.
Öffnungszeiten: Zwischen Mai und Oktober dampft die Lok immer am Wochenende, meistens auch donnerstags und freitags.
Info: www.sauschwaenzlebahn.de, Tel. +49 7702 51300.
Mit Bahn/Bus: Ab Donaueschingen Bahnhof mit dem Regionalbus 900 Richtung Blumberg bis Bahnhof Blumberg-Zollhaus.
Mit dem Auto: Parkplatz Bahnhofstraße 1, 78176 Blumberg.

J4 Kandertalbahn Haltingen

Seit 1895 fahren auf dieser Strecke durch das 13 km lange Kandertal die alten Dampfloks und bimmeln, dampfen und ruckeln über die Gleise. Schranken gibt es keine und so bimmelt sich S'Chanderli seinen Weg durch die typische Landschaft des Schwarzwalds. Ein Ausflug mit der Kandertalbahn lässt sich gut mit einer Wanderung auf dem Wald-Erlebnispfad Kandern verbinden (siehe Tour 36).
Öffnungszeiten: Immer sonntags zwischen Mai und Oktober gibt es drei Fahrten täglich.
Info: www.kandertalbahn.de, Tel. +49 7626 8990.
Mit der Bahn: Ab Freiburg Hauptbahnhof mit dem Regionalexpress Richtung Basel bis Bahnhof Haltingen, von dort zu Fuß in wenigen Minuten zum Kandertalbahnhof Haltingen.
Mit dem Auto: Parkplatz am Bahnhof Haltingen, Kanderstraße, 79576 Weil am Rhein-Haltingen.

Spannende Abwechslungen für die Kinder: Eine Dampferfahrt auf dem Hochrhein oder ...

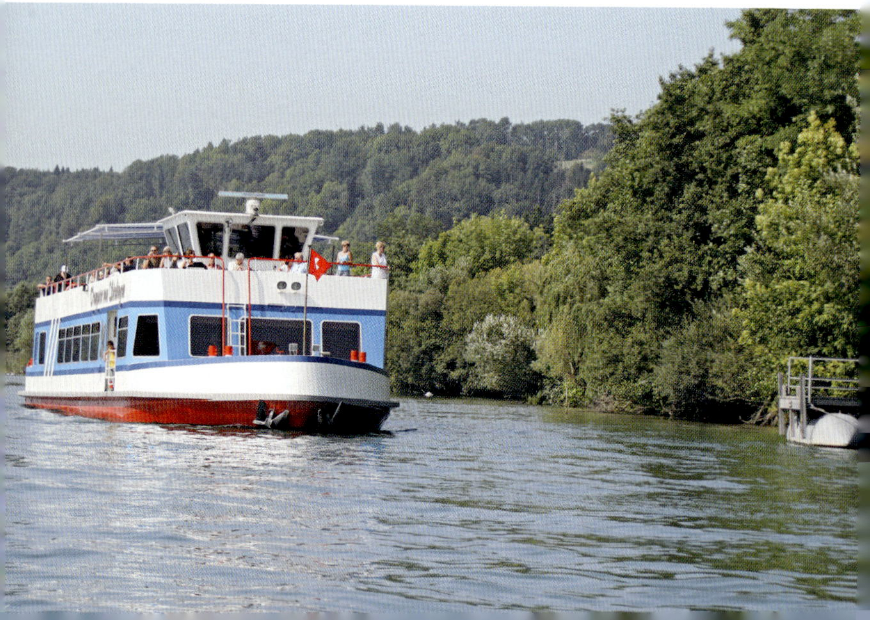

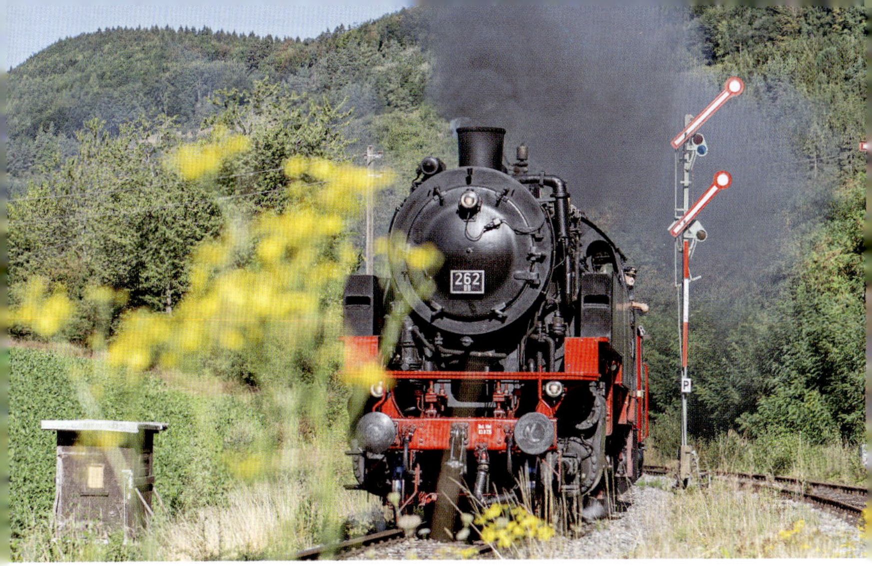

… eine Fahrt mit den Dampfloks von Sauschwänzlebahn (s. o.) oder Kandertalbahn (s. u.).

J5 Rheinschifffahrt Bad Säckingen

»Trompeter von Säckingen« ist der Name des Ausflugsdampfers, der uns zu einer sehenswerten Kurzreise auf dem Rhein einlädt. Für Kinder besonders spannend ist die Fahrt unter der 400 Jahre alten Holzbrücke von Bad Säckingen hindurch.

Öffnungszeiten: Vom Frühjahr bis in den Herbst legt der Dampfer einmal pro Tag in Bad Säckingen ab. Die genauen Tage und Uhrzeiten gibt es unter Tel. +49 7761 4441 oder unter www.trompeter-schiff.de.

Mit der Bahn: Ab Bad Säckingen Bahnhof sind es noch ca. 10 Gehminuten zum Rhein und zur Anlegestelle gegenüber der Fridolinsinsel.

Mit dem Auto: Großer Gratisparkplatz, Austraße 32, 79713 Bad Säckingen.

J6 Rheinschifffahrt Laufenburg

Mit der »Löwe von Laufenburg« genießt man tolle Blicke auf die beiden Laufenburgs, das rechtsrheinische Laufenburg auf der deutschen Rheinseite und das linksrheinische Laufenburg auf der schweizerischen Rheinseite. Natürlich kann man auf dem Schiff auch etwas essen und trinken.

Öffnungszeiten: Von April bis Oktober immer sonntags um 14.30 Uhr, weitere Termine unter Tel. +49 7656 9888744 und www.juergenschroff.de.

Mit der Bahn: Ab Bahnhof Laufenburg (Baden) Ost sind es noch 500 m zum Rhein und zur Anlegestelle.

Mit dem Auto: Parkplätze vorhanden, Andelsbachstraße 16, 79725 Laufenburg.

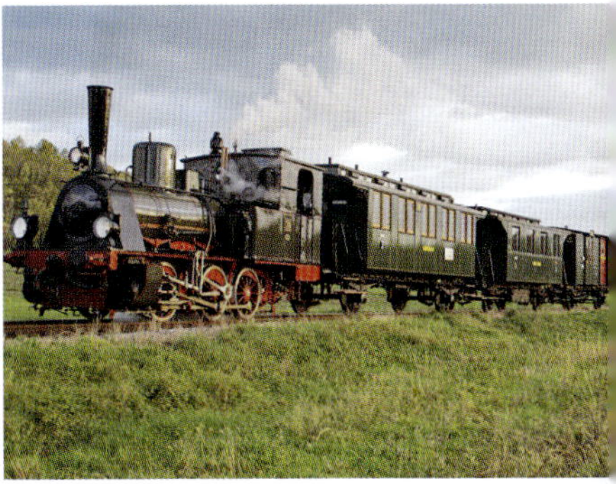

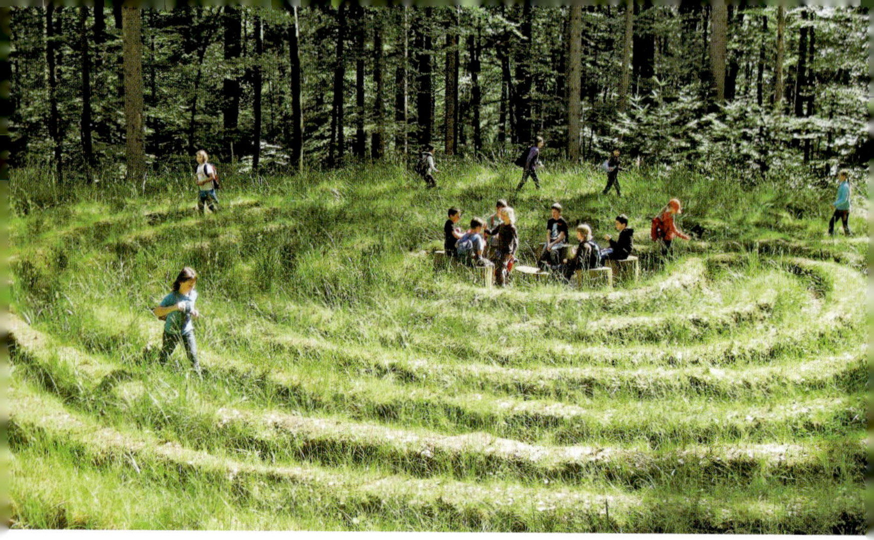

Das Labyrinth auf dem Rollberger Walderlebnispfad ist ein Riesenspaß.

Themenpfade

- Ritterpfad Scharfenstein im Münstertal (s. Tour 25)

K1 Naturlehrpfad Litschental

Südlich von Lahr liegt dieser wunderschöne 1,2 km lange Holzbohlenweg mit elf Infotafeln und einer Vogelwarte entlang des Schilfgürtels des Litschentales. Ritter Quirin erklärt hier die Tier- und Pflanzenwelt des Tales. Es bietet sich an, an der Sporthalle in Seelbach zu starten und bis zur Geroldsecker Waffenschmiede zu wandern. Sie ist aus dem 13. Jahrhundert und kann besichtigt werden.

Info: www.seelbach-online.de.

Mit Bahn/Bus: Ab Lahr Bahnhof mit dem Regionalbus 106 Richtung Schweighausen bis Haltestelle Seelbach Rathaus.

Mit dem Auto: Parkplätze an der Sporthalle in der Ludwig-Auerbach-Straße, 77960 Seelbach.

K2 Flößerpfad im Kinzigtal

Als Streckenwanderung im Kinzigtal zwischen Wolfach und Schiltach verläuft auf 12 km der südliche Teil des Flößerpfades, auf dem die Kinder großen Spaß beim Wasserspielen, Geocaching oder an den Infotafeln zur Flößerei haben.

Info: www.floesserpfad.de

Mit Bahn/Bus: Regionalbusse verkehren regelmäßig zwischen Wolfach und Schiltach.

Mit dem Auto: Parkplätze an der Bahnhofsstraße in 77709 Wolfach.

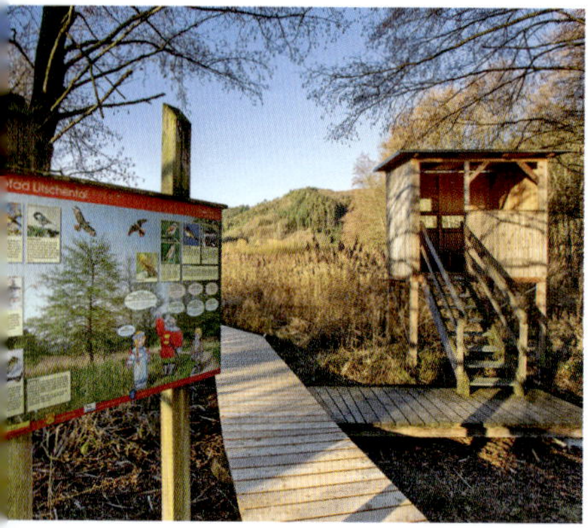

Im Litschental: Holzbohlenwege durch unberührte Natur.

Auf den Spuren von Auerhahn Anton auf dem Wichtelpfad.

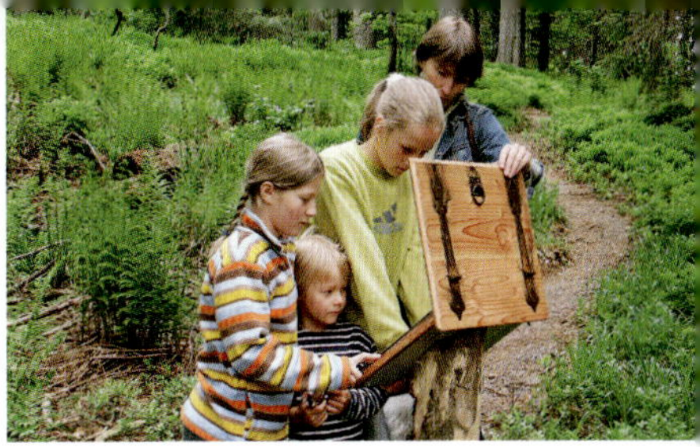

K3 Walderlebnispfad Rollberg

Richtig austoben können sich alle Kids bis 12 Jahren auf dem 2,5 km langen Walderlebnispfad rund um den Rollberg bei Ottoschwanden. Baumtelefon, Wildbienenstation, die Klangstation und weitere spannende 16 Stationen sorgen für eine kurzweilige Wandertour. Die Grillstelle und der Waldspielplatz verspricht einen tollen Wandertag mit der ganzen Familie.

Info: tourismus.freiamt.de/de/erleben-entdecken/aktiv-natur/walderlebnis-und-waldsportpfad-rollberg.

Mit Bahn/Bus: Ab Emmendingen Bahnhof mit dem Regionalbus 211 oder 231 bis Haltestelle Ottoschwanden Café Hipp, von dort ist der Pfad ausgeschildert.

Mit dem Auto: Parkplatz Rollberg, (N48.201816, E7.902057), ab Ortsmitte Ottoschwanden der Beschilderung zum Walderlebnispfad folgen.

K4 Kuhnigundes Kuhle(h)rpfad am Kuhberg

Die Kuh Kuhnigunde führt kleine Wanderer auf acht Stationen über den Kuhlehrpfad in Lenzkirch-Saig, der ihnen die Landwirtwirtschaft im Hochschwarzwald näherbringen möchte. Kuhglockenläuten, Aufgabe lösen, Gummistiefelkegeln oder den Spielplatz am Ende des zwei Kilometer langen Weges nutzen können hier schon Kinder ab 3 Jahren und der Lehrpfad ist auch noch kinderwagentauglich.

Info: www.hochschwarzwald.de.

Mit Bahn/Bus: Vom Bahnhof Titisee fährt der SBG-Bus 7257 bis zur Haltestelle Saig Ochsen.

Mit dem Auto: Parkplätze am Dorfplatz 10, 79853 Lenzkirch-Saig.

K5 Feldberg-Wichtelpfad

Für die Kleineren unter den Wanderkindern ist dieser sehr liebevoll erstellte, 2 km lange Wichtelpfad eine kleine Zauberwelt. Auf ihrer Suche nach dem Auerhahn Anton kommen sie auf verschlungenen Wurzelpfaden an viele spannende Stationen. Für die Allerkleinsten braucht man hier eine Trage, der Weg ist nicht für Kinderwägen geeignet.

Info: www.wichtelpfad.info.

Mit Bahn/Bus: Siehe Tour 19.

Mit dem Auto: Parkhaus am Feldberg, Dr.-Pilet-Spur 2, 79868 Feldberg.

K6 Schlühüwana-Pfad in Grafenhausen

Für unseren kleinsten Wanderer bis ca. 6 Jahre eignet sich dieser Wanderpfad mit seinen riesigen geschnitzten Fabelwesen und den vielen Erlebnisstationen. Hier kann man auf rund 2,5 km Tierweitsprung üben, Barfußlaufen, ein Waldxylofon ertönen lassen oder einen Pirschpfad erkunden. Im Sommer bietet sich ein Sprung in den nur 200 m entfernten Schlüchtsee an.

Info: www.hochschwarzwald.de.

Mit Bahn/Bus: Ab Titisee Bahnhof mit Bus oder Bahn nach Seebrugg, dort Umstieg in den SBG-Bus 7342 Richtung Ühlingen bis Grafenhausen Rothaus.

Mit dem Auto: Parkplatz an der Tourist-Information Grafenhausen, Hüsli 1A, 79865 Grafenhausen.

Stichwortverzeichnis

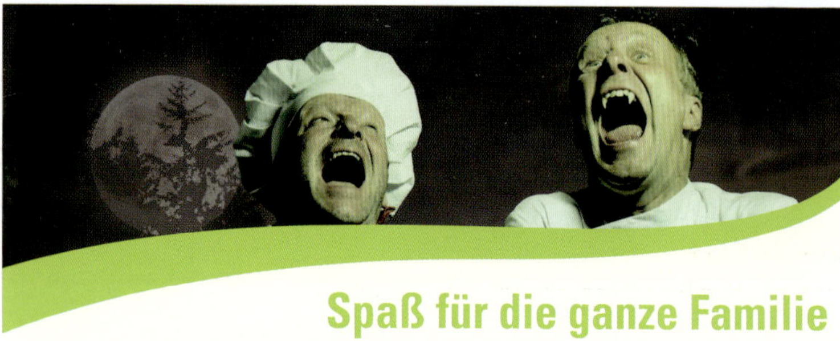

Bildnachweis:

Alle Fotos vom Autor bis auf die Bilder auf S. 23 (pixabay, gemeinfrei), S. 184 (Wikimedia, Thomas Berwing), S. 185 o. (Staatliche Schlösser und Gärten Baden-Württemberg, Achim Mende), S. 185 u. (Leopold Rombach), S. 186 (Touristinfo Bonndorf), S. 187 o. (Schwarzwaldzoo Waldkirch), S. 187 u. (Mundenhof), S. 188 (Wikimedia, Baumfreund-FFM), S. 189 (Europa-Park GmbH & Co. Mack KG), S. 190 (Badeparadies Schwarzwald), S. 191 (© Hochschwarzwald Tourismus GmbH), S. 192 (C. Rößler, kartan.de), S. 193 (Erich Meyer, Luftaufnahmen Hasel), S. 194 (Abenteuer im Wald, Kenzingen), S. 195 (Baumkronenweg Waldkirch), S. 196 (Europa-Park GmbH & Co. Mack KG), S. 197 (Steinwasenpark Oberried), S. 198 o. (Forschergruppe Steiber), S. 198 u. (Spaß-Park Hochschwarzwald), S. 199 (Datacreate Asal), S. 200 (Schwarzlichtpark Denzlingen), S. 201 (Fundorena), S. 202 (Raphaela Schiller), S. 203 (Schwarzwaldverein Reichenbach), S. 204 (Birgit Sütterlin), S. 205 (Lernbauernhof Kunzenhof), S. 206 (Naturschutzzentrum Südschwarzwald, Jürgen Gocke), S. 207 o. (Klaus-Peter Rudiger), 207 u. (Freiburger Verkehrs AG/Schauinslandbahn), S. 208 (Personenschifffahrt J.-P. Michlmayr), S. 209 o. (Sauschwänzlebahn), S. 209 u. (Uwe Bodinus), S. 210 o. (Bernd Nold); S. 210 u. (© Ronald Buck/Gemeinde Seelbach), S. 211 (Naturpark Südschwarzwald).

Impressum

Umschlagbilder: Oben: Tolle Kraxelei auf dem Günterfelsen (Tour 9) und volle Konzentration, um trockene Füße zu behalten (Tour 2).
Unten: Auf dem Weg zum Nonnenmattweiher (Tour 24).

Bild Seite 1: Unterwegs auf Tour 24: Ob hier vielleicht ein Bär wohnt?
Bild Seite 18/19: Traumhafte Berglandschaft am Schauinsland (Tour 21).

Der Autor:
Marcel Gisler, geboren 1966 in St. Gallen, ist in Ottobrunn bei München aufgewachsen und hat in den Alpen die Leidenschaft für das Bergwandern entwickelt. Nach 20 Jahren in der Industrie sattelte der studierte Lebensmitteltechnologe um und betreut seitdem als Tagespapa Kleinkinder bis 3 Jahre. Er wohnt im naturnahen Bötzingen am Kaiserstuhl und wandert in der Freizeit am liebsten mit seinen eigenen drei Kindern über die Höhen des Schwarzwalds.

Kartografie: Tourenkarten im Maßstab 1:15.000 bis 1:50.000, © Bergverlag Rother GmbH, München (gezeichnet von Barbara Häring/Martina Rieger, Gröbenzell), Übersichtskarten © Freytag & Berndt, Wien.

Illustrationen:
Alle Illustrationen von Stephanie Stickel (www.stephanie-stickel.de).

Die Ausarbeitung aller in diesem Führer beschriebenen Touren erfolgte nach bestem Wissen und Gewissen des Autors. Die Benutzung dieses Führers geschieht auf eigenes Risiko. Soweit gesetzlich zulässig, wird eine Haftung für etwaige Unfälle und Schäden jeder Art aus keinem Rechtsgrund übernommen.

1. Auflage 2021

ISBN 978-3-7633-3280-9

FSC
www.fsc.org
MIX
Papier aus verantwortungsvollen Quellen
FSC® C021956

Wir freuen uns über jeden Korrekturhinweis zu diesem Wanderbuch!
Bitte per E-Mail an: **leserzuschrift@rother.de**

ROTHER BERGVERLAG · Keltenring 17 · D-82041 Oberhaching
Tel. +49 89 608669-0 · www.rother.de